# Hoher

Fritz Müller

# Norden

## Natur und Mensch in der Arktis

Atlantis

*To Barbara with love ...*   *und Barbara Ann und Hanna Tia,*
*die die Sommer ihrer Jugend ohne Vater verbrachten,*
*auf daß Nunassiaq,*
*das wunderschöne Land, erhalten bleibe*

Atlantis Verlag AG, Zürich und Freiburg im Breisgau

Schutzumschlag:
Meereis und Wolken des Nordwassers
bei Coburg Island (76° Nord),
nördliche Baffin Bay

© 1977 Atlantis Verlag AG, Zürich
Gestaltung: Rolf A. Stähli
Photolithos: Vontobel Druck AG, Feldmeilen
Satz: Filmsatz Stauffer + Cie., Basel
Druck: Vontobel Druck AG, Feldmeilen
Einband: Buchbinderei Burkhardt AG, Zürich
Printed in Switzerland
ISBN 3 7611 0522 3

# Inhalt

- 6 Übersichtskarte
- 7 Vorwort
- 9 Einleitung
- 13 Die Grenzen der Arktis
- 25 Wetter und Klima
- 32 *Ein Klimatologe in der Arktis.*
  *Atsumu Ohmura*
- 41 Die Gletscher
- 57 Geologie und Landformen
- 75 Das Polarmeer
- 80 *Das Nordwasser.*
  *Fritz Müller*
- 89 Leben unter Grenzbedingungen
- 113 Die Eskimos
- 130 *Tuktoyaktuk – 1955.*
  *Fritz Müller*
- 141 Die Ressourcen des Nordens und der Weiße
- 153 Transportmittel und Verkehrswege
- 163 Die Veränderung des Lebensraumes
- 170 *Mahlzeit in Thule.*
  *Roger Braithwaite*
- 187 *Ein arktischer Winter.*
  *Jakob Weiss*
- 199 Gefährdung und Fortschritt
- 209 *Anfänge eines Forschungsprojektes – Axel Heiberg Island.*
  *Fritz Müller*
- 219 Aus der Entdeckungsgeschichte
- 238 *Zu Fuß durch das nördlichste Grönland – Peary Land.*
  *Fritz Müller*

- 257 Bilderläuterungen

- 277 Anhang

# Übersichtskarte

— Baumgrenze
— Permafrostgrenze
— Maximale Meereisbedeckung
······ Minimale Meereisbedeckung
▓ Landeisbedeckung
----- 10°-Juli-Isotherme

# Vorwort

Eureka – Wohlklang eines trefflichen Namens für die zweitnördlichste Wetterstation der Erde. Für uns, die seit 1959 wie im Vogelzug alljährlich wiederkehrende Mannschaft der Axel-Heiberg-Island-Expedition, bedeuteten in den sechziger Jahren die paar einsamen Häuser am Slidre Fiord auf Ellesmere Island eine Art Ersatzheimat. Wer krank oder verletzt war, wer ein kompliziertes Instrument dringend reparieren mußte, flog im zweisitzigen Piper-Flugzeug nach Eureka, wo er sichere Hilfe fand. Hier nahm auch das Buch seinen Anfang. Der damalige Koch der kanadisch-amerikanischen Station, Gene Brawley aus Hannibal, Missouri, besaß eine erstaunlich reiche Bibliothek arktischer Forschungsberichte. Eines Tages, nachdem er mich nach einem strapaziösen Aufenthalt auf der McGill-Eiskappe wieder einmal fürsorglich verpflegt hatte, wollte er mich «in einer wichtigen Sache» sprechen. «Nansen schrieb seine Expeditionserlebnisse und -ergebnisse in einer verständlichen Sprache nieder; ihr aber, die heutigen Naturwissenschafter, füllt Rapport um Rapport mit Zahlen, Formeln, Fachausdrücken und Daten, die nur wenigen etwas sagen», beklagte er sich, «uns Laien bietet ihr nichts, ihr laßt sogar ohne Widerspruch falsche Vorstellungen aufkommen.» Er hatte zum Beispiel aufgrund seines Schulwissens lange Zeit geglaubt, eine zusammenhängende Eiskappe mit Zentrum über dem Nordpol bedecke die Arktis, und von dort aus fließe das Eis nach Süden.

Bei diesem Gespräch, das weit über den Tiefststand der Sonne hinaus dauerte, wurde mir klar, wie wenig die Leute über die Arktis wissen. Leichtfertig versprach ich ihm, ein Buch zu schreiben, das diese Lücke füllen, zum besseren Verständnis der Arktis beitragen und die Ergebnisse der modernen Expeditionen darlegen sollte.

Das war vor mehr als zehn Jahren. Je länger ich mit dem Einlösen meines Versprechens wartete, um so mehr sah ich die Problematik dieses Unterfangens. In den vergangenen zehn Jahren haben sich Berge von Fakten und Fragen angehäuft, die es beim Schreiben dieses Buches zu berücksichtigen galt. – Der missionarische Drang des Menschen, sich die Welt untertan zu machen, hat inzwischen auch auf die Arktis übergegriffen. Unerwartet ist er auf den noch ungeordneten Widerstand all jener gestoßen, welche die Arktis gegen Eingriffe und Zerstörungen kompromißlos verteidigen. Mitten in diesem Kreuzfeuer der Weißen stehen die Eskimos, sprachlos und verloren.

Erfahrungen und Erlebnisse eines einzelnen vermögen dieses vielfältige Kräftespiel zwischen industriellem Zugriff und ökologischer Belastbarkeit kaum mehr zu erfassen. Sogar große interdisziplinäre Symposien zeigen nur Teilaspekte auf. Es ist daher schwierig, ein genaues Porträt der Arktis zu entwerfen. Eine Gesamtschau, obwohl wünschenswert, ist kaum möglich.

Das Buch basiert auf drei Quellen: Die erdwissenschaftlichen Grundlagen entstammen, wo immer möglich, eigenen Arbeiten und Kenntnissen; die Kapitel über Biologie, Erforschungsgeschichte, Eskimos und teilweise jenes über die Weißen beruhen auf dem Studium einer mächtig anwachsenden Literatur. Die eingestreuten Berichte einiger Expeditionsteilnehmer sind persönliche Erlebnisse und spiegeln

Vorwort

Härte und Entspannung, Freude und Enttäuschung, Romantik und Wirklichkeit in der Arktis wider. Auch im Bildteil wird die Dreiteilung deutlich: wissenschaftliche Dokumentation der Naturgegebenheiten; sodann eine wertende und mahnende Schau, die uns gleichsam einen Spiegel unserer Umweltgebundenheit entgegenhält und uns zur Stellungnahme auffordert; schließlich Aufnahmen einer kleinen Schar von Expeditionsphotographen, die persönliche Eindrücke von fast religiöser Bewunderung und Hingabe, über Begeisterung bis zu trotziger Ablehnung, wiedergeben.

Sowohl Text als auch Bild sind letztlich durch den eigenen Erlebniskreis bedingt. Persönlich bekannt sind mir einige fast zufällige Ausschnitte aus Raum und Zeit der Arktis: Aus meinen Lehr- und Wanderjahren sind mir Nordost- und Ostgrönland (1952 bis 1955), das nördliche Peary Land (1953) und Tuktoyaktuk im Mackenzie-Delta (1955) vertraut. Frobisher Bay war seit 1959 Durchgangsstation nach meiner zweiten Heimat, Axel Heiberg Island, sowie nach dem North Water (seit 1971) und Thule (1972 bis 1975).

# Einleitung

In einer Zeit der zunehmenden Übervölkerung und Verschmutzung bewohnter Gegenden gilt unsere Aufmerksamkeit vermehrt dem Ödland. Bisher für wertlos gehaltene Gebiete rücken plötzlich in den Brennpunkt der Interessen.

Was unsere Vorfahren in den Ebenen mit Rodungen und Entsumpfungen und an den Berghängen mit Terrassierungen erreichten – nämlich eine Erweiterung des Kulturlandes – geschieht heute in viel größerem Ausmaß im Norden. Nicht, daß die Arktis zu einem Ackerland werden soll, aber sie ist doch das ausgedehnteste Neuland unserer Zeit. Sie bietet dem Menschen ein unermeßliches Potential für körperliches und geistiges Wohlbefinden. Bodenschätze und Raum für eine allfällige Besiedlung sind nur Teilaspekte des hohen Nordens. Genauso bedeutend ist das schwer zu wertende Phänomen der arktischen Landschaft selbst, mit ihrer unverbrauchten Ästhetik und Ethik. Sie ist neuer Raum, in dem sich der Mensch betätigen, bewähren, ausgleichen und erholen kann.

Zuerst sollte dieses Buch den Titel «Neues Land II» tragen, denn das Land der Entdecker – ich denke besonders an Otto Sverdrup, der um die Jahrhundertwende große Gebiete der kanadischen Hocharktis entdeckte und sie 1904 in seinem Buch «Neues Land» beschrieb – war längere Zeit beinahe vergessen und wurde eigentlich erst in den vergangenen drei Jahrzehnten wiederentdeckt. Ob die Beteiligten an dieser Neuentdeckung sich dazu eignen, das Geschehen zu erfassen und die Akzente richtig zu setzen, muß dem Urteil der Zukunft überlassen werden. Doch scheint es, daß sich seit meiner ersten Arktisfahrt im Sommer 1952 die Ziele der Forschung und Exploration nur wenig geändert haben. Der Schwerpunkt der heutigen Anstrengungen liegt, schwer bestimmbar, irgendwo im Kräftedreieck Wirtschaft–Natur–Wissenschaft. Während die beiden ersten in einem komplexen Widerstreit liegen, maßt sich die letztere eine verbindende, vermittelnde Rolle an.

Mit den wirtschaftlichen Interessen an den Reichtümern des hohen Nordens verbinden sich solche politischer und militärischer Natur. Zwangsläufig bildete sich im Gefolge der ökonomischen Entwicklung auch in der arktischen Wüste eine Infrastruktur. Isolierte, weit verstreute Oasen entstanden, deren Merkmale – kubische Häuserblöcke sowie Radio- und Radarantennen – nicht mehr zu übersehen sind. Der Mensch, zumindest der Weiße, bedient sich hier, bei seinen spezialisierten Arbeiten, aber auch für seinen eigenen Bedarf, täglich der neuesten technischen Errungenschaften aus dem Süden. Auf diese Weise wird die Arktis immer mehr zu einer modernen, technologisch weit fortgeschrittenen Region umgestaltet. Für die Eingeborenen jedoch bringen diese Neuerungen widersprüchliche Erfahrungen. Nur wenigen ist es bis jetzt gelungen, sich dieser Umgestaltung ihres Lebensraumes, die auch neue Lebensformen erfordert, anzupassen.

Dem «Homo oeconomicus» und seinen ortsfremden Einrichtungen diametral gegenüber steht die Natur des Nordens. Unberührtheit, Ruhe und Schönheit sind Eigenschaften der Polarwelt, die sich nicht in Zahlen ausdrücken lassen wie Erz- und Ölvorkommen, Rendite

Einleitung

und militärische Stärke. Sogar das kalte, rauhe Klima gehört zu den grundlegenden Lebenswerten der arktischen Natur. Würde man die Kältewüsten morgen in heiße Wüsten umwandeln, so wäre unsere Erde wesentlich ärmer, denn Kälte ist, im Gegensatz zu Hitze, eine den Menschen anregende Kraft; sie zwingt ihn zur Aktivität; ihre Härte kann er mit Tatkraft und Erfindungsgeist überwinden.
Der Rhythmus der Natur ist anders als im Süden: Monatelange Dunkelheit und Winterkälte lassen alles Leben scheinbar erstarren; Schnee und Eis verwandeln die Polarwelt in eine endlose Einöde, in deren Weiß sich die Grenzen zwischen Land und Meer verlieren. Erst im kurzen Frühling bringt die Sonnenwärme des 24-Stunden-Tages erwachendes Leben in die Landschaft zurück. Plötzlich sind Farben und Formen wieder sichtbar. Das Rauschen der Bäche und andere Stimmen der Natur mischen sich wieder mit den Tönen des Windes. Blumen von außerordentlicher Schönheit sprießen auf der dünnen Auftauschicht über dem Dauerfrostboden, und in unglaublicher Eile wachsen die Jungtiere heran, um kräftig genug zu sein, wenn der nächste Winter Einzug hält. Verglichen mit südlicheren Breiten ist die Zahl der Pflanzen- und Tierarten gering. Dafür entfalten sich Fauna und Flora der Arktis um so eindrucksvoller. Das Auge erblickt farbige Blüten auf kargem Boden, verfolgt erfreut hüpfende Polarhasen, verspielte Füchse, wandernde Karibuherden oder den majestätischen, an Eiszeiten erinnernden Moschusochsen. Die rauhe Tundrenlandschaft ist eines der letzten Paradiese.
Aus der Luft betrachtet ist die Arktis – mit Ausnahme von Grönland – zunächst eine eisfreie, leblose Einöde. Dafür werden ihre interessanten geologischen und morphologischen Formen um so sichtbarer. Durch das sich in und über der sommerlichen Auftauschicht sammelnde Schmelz- und Regenwasser ist die Arktis viel reicher an Seen und Sümpfen, als die geringen Niederschläge erwarten ließen. Überdies erzeugt der zerstörerische Wechsel von Gefrieren und Auftauen unendlich viel zuerst grobkörnigen, dann immer feineren Schutt. So entstehen die merkwürdigsten Bodenstrukturen, die sich von oben gesehen als großartige Mosaiken erkennen lassen. Schutt- und Bodenfließen, Erosion und Ablagerung sind in der Arktis kräftiger am Werk als anderswo, obwohl diese Prozesse nur im Sommer spielen. Auch Wetter und Klima sind hier weit dynamischer, und nicht selten wird das Wetter unserer gemäßigten Breiten in der Arktis «zusammengebraut». Auch das Klima der Vergangenheit wurde offenbar weitgehend von der Arktis aus gesteuert. Und jenes der Zukunft...?
Pflanze, Tier und Mensch, sie alle funktionieren als Teile des arktischen Ökosystems. Oberstes Glied in dieser Kette sind die Menschen. Während Jahrtausenden haben sie, ohne Spuren zu hinterlassen, in der Arktis gelebt. Sie waren den gleichen Gefahren und Gesetzmäßigkeiten der Natur ausgeliefert wie die Pflanzen und die Tiere. Doch instinktiv paßten sie sich den Gegebenheiten ihrer Umwelt an; das Wissen um deren verletzliche Grenzen ließ sie in Übereinstimmung mit ihr leben. – Fröhlichkeit und Sorglosigkeit zeichnen diese Menschen aus. Ihre mündlich überlieferten Sitten und Gebräuche, wie

# Einleitung

auch ihre Märchen und Gedichte sind Ausdruck dieses Einsseins mit der Natur. Knud Rasmussen, der zu Beginn unseres Jahrhunderts den Thule-Eskimos begegnete, schrieb über sie: «Am nördlichsten von allen Erdenbewohnern leben die Polar-Eskimos, deren geniale und einfache Jagdmethoden ihr rauhes und kahles Land in eine von den Weltoasen verwandelt haben, wo wirklich glückliche Menschen hausen.»

Vereint in der Sorge um die Natur haben sich die Wissenschafter in den letzten Jahrzehnten immer mehr in der Arktis engagiert. Trotz großer finanzieller und logistischer Schwierigkeiten wurde mit der Grundlagenforschung begonnen. Nur allzu bald verlangten Wirtschaft, Militär und Industrie nach praktischen Gutachten, die als Entscheidungsgrundlagen für ihre Aktivitäten dienen sollten. Um Zeit zu gewinnen, forderten die Forscher ein mehrjähriges Moratorium für alle nicht-wissenschaftlichen Tätigkeiten und gerieten damit in harte Auseinandersetzung mit den risikofreudigen Ölgesellschaften und deren Geist des «go-ahead» aus der amerikanischen Pionierzeit. Die Forschung verlor diese erste Runde.

Doch inzwischen hat sich das Interesse an der Natur vergrößert. Die schwere Bedrohung des ökologischen Gleichgewichtes der Arktis wurde plötzlich von vielen und nicht mehr nur von einzelnen ernstgenommen. Bereits entstandene, in menschlichen Zeiträumen nicht wiedergutzumachende Schäden beschleunigten die wissenschaftlichen Untersuchungen und riefen die Gesetzgeber auf den Plan, die in kürzester Zeit Vorbildliches leisteten. Man erkannte unter dem fördernden Zwang der alarmierenden Geschehnisse und angesichts noch zu erwartender, weit größerer Schwierigkeiten, daß die Arktis mehr ist als nur ein Etwas aus Eis, Öl und Konflikten mit der Urbevölkerung. Deren Anspruch, alles Land nördlich der Baumgrenze gehöre ihr, erschien zunächst absurd. Doch die viel prinzipiellere Frage nach dem eigentlichen Sinn und Zweck der Arktis hat die Diskussion weitgehend beruhigt. Die praktikablen Lösungen in dieser Frage sind jedoch noch nicht gefunden worden. Wer kann schon objektiv beurteilen, wie schön oder wie wertvoll eine Landschaft ist? Wer kann ihre «Seele» gegen die Gewinne aus Erdöl und Erdgas abwägen? Sind die sozial-ethischen und politischen Ansprüche der Eingeborenen auf ein «homeland» überhaupt mit schwarzem oder klingendem Gold abzugelten? Auch die weißen Immigranten und Besucher sehen die Fragen in einem neuen Licht. Ist letztlich nicht auch für sie der Erlebniswert der arktischen Landschaft höher einzustufen als die materielle Bedeutung der Bodenschätze? Heute bietet die Arktis zwar nicht mehr jene körperlich-physische Herausforderung, welche die Entdecker und Pioniere faszinierte, doch ist sie noch immer ein Land ursprünglichen Erlebens und neuer Möglichkeiten. Seit Flugzeug und Radio die Distanzen so gewaltig verkürzt haben, nimmt eine immer größere Zahl von Menschen an diesen Möglichkeiten teil. Touristen beginnen das Land zu durchstreifen. Dadurch wird aber die Belastung der Umwelt größer und der gordische Knoten, Erhaltung der Natur einerseits und menschliche Tätigkeit andererseits, läßt sich noch schwerer lösen. Sicher steckt in diesem Dualis-

Einleitung

mus auch Hoffnung für die Zukunft: Die sinnvolle Nutzung der Güter der Arktis muß von einer aktiven Pflege, deren Richtlinien aus dem ökologischen Denken kommen, begleitet werden. Dieses Denken beruht auf der Einsicht, daß die gegenseitigen Abhängigkeiten und Anpassungen von Boden, Pflanzen, Tieren und Menschen sich über Jahrtausende hinweg mit dem Klima entwickelt haben und sich auch heute weiterentwickeln. Die Besonderheit der Arktis besteht darin, daß ihr Gefüge außerordentlich empfindlich ist. Wird auch nur ein kleiner Teil verletzt, können große Schäden entstehen. Schließlich lehrt uns globales Denken, daß selbst ein Ödland wie die Arktis ein wesentliches Glied des weltweiten Ökosystems ist, das zu «verbessern» wir kaum befugt, das zu erhalten wir aber verpflichtet sind.
Es gibt Anzeichen genug – ich erwähne nur den Rapport «Northern Frontier – Northern Homeland» –, die zur Hoffnung berechtigen, der hohe Norden werde sich sinnvoll und vernünftig entwickeln. Das Buch «Hoher Norden» will einen Beitrag zur Selbstverwirklichung der Arktis leisten, indem es natürliche Grundlagen, geschichtliche Begebenheiten und aktuelle Probleme beschreibt und auf die menschliche Situation sowohl der Eingeborenen als auch der Weißen eingeht. Es ist der Hoffnung gewidmet, daß mehr und mehr Menschen die seltsame Schönheit und das Wesen der Arktis verstehen und schätzen lernen.

# Die Grenzen der Arktis

Die Arktis ist das weitaus größte Ödland der nördlichen Hemisphäre. Ihre Fläche wird mit 28 Millionen Quadratkilometer angegeben. Diese Zahl kann jedoch je nach Definition ganz anders lauten. Den Griechen war «Arktis» ein astronomischer Begriff, der die Stellung der Erde zu den Sternbildern des Bären (griech: arktos = Bär) festlegte. Später nannte man jenes Gebiet Arktis, in dem die Sonne für mindestens einen Tag im Jahr nicht untergeht. Der Breitenkreis 66° 32′ 51″ N, der diese Gebiete umschließt, wurde Polarkreis genannt. Aber diese mathematische Linie hat nur beschränkt praktische Bedeutung für die Trennung der kalten nördlichen Zone von der gemäßigten südlichen, obwohl sie das Gebiet der Mitternachtssonne und der Polarnacht von jenen abgrenzt, in denen diese faszinierenden Phänomene nicht zu beobachten sind.

Bei wachsendem Interesse für den Norden werden immer neue Versuche unternommen, eine allgemeingültige Definition der Arktis zu finden. Aber je nach Interesse ergeben sich neue Kriterien, die zu teilweise stark verschiedenen Grenzen führen. Die Geomorphologen betrachten das Vorkommen von permanent gefrorenem Boden, den sogenannten Dauerfrostboden oder Permafrost, als das wichtigste Element für die Abgrenzung. Sie werden von den Baufachleuten unterstützt. Die Geophysiker hingegen möchten am liebsten die Arktisgrenze um die Gebiete der starken magnetischen Stürme, der Nordlichter und der Radio-black-outs legen. Die Ozeanographen schlagen vor, auf dem Meer die maximale Ausdehnung des Packeises im Winter oder die Verbreitung der arktischen Wassermassen als südliche Begrenzung der Arktis anzunehmen.

Oft besteht eine recht gute Übereinstimmung zwischen der Baum- und Waldgrenze und der 10 °C-Juli-Isotherme (Verbindungslinie der Orte gleicher Monatsmittel-Temperatur). Die Baumgrenze folgt den nördlichsten Einzelbäumen, während die Waldgrenze den geschlossenen Baumbestand nach Norden abschließt. Zwischen ihnen oszilliert recht oft die erwähnte 10 °C-Linie des wärmsten Monats. An dieser Grenzzone entsteht eine krasse Umweltdiskordanz: Nördlich der Grenze wehen merklich stärkere Bodenwinde, die Mensch und Tier wegen des erhöhten Windchill weit mehr zu schaffen machen als diejenigen in den schützenden Wäldern. Auch die Schneeverfrachtung ist nördlich der Grenze deutlich stärker.

Die Landgrenze der Arktis läßt sich zuverlässig und gut überprüfbar mit Hilfe von Luftbildern, Satellitenphotos und Klimadaten festlegen. Sie ist sowohl in ihrem allgemeinen Verlauf als auch im Detail sehr unregelmäßig. In gewissen Gebieten, wie zum Beispiel der Hudson Bay, erstreckt sie sich weit auf die Südseite des Polarkreises hinüber, während sie in Skandinavien eine gute Strecke nördlich davon verläuft. Der dadurch umschriebene Landgürtel ist in zwei Abschnitte geteilt: den nordamerikanischen Streifen mit seinen vielen, teils großen Inseln samt Grönland, und den eurasischen Streifen, entlang dem Nordrand Skandinaviens und Sibiriens, der nur wenige Inseln umfaßt. Kommen die beiden Teile an der weniger als 100 Meter tiefen Beringstraße bis auf 80 Kilometer aneinander heran, so sind am anderen Ende Grönland und Skandinavien durch 1300 Kilo-

Die Grenzen der Arktis

meter Meer, mit Tiefen weit über 4000 Meter, getrennt. Island, obwohl größtenteils baumlos, wird seit Nordenskiölds Untersuchung im Jahre 1926 in der Regel nicht zur Arktis gezählt. Die oben genannte Definition schließt auch den weitaus größten Teil von Sibirien aus, obwohl gerade Sibirien im Volksmund zum Inbegriff der Arktis wurde, da es dort bekanntlich im Winter kälter ist als in der eigentlichen Arktis. In Sibirien reicht der Dauerfrostboden als Reliktform der Eiszeit weit nach Süden bis zum Baikalsee. Da aber in der Taiga, dem lockeren Sumpfwald Sibiriens, auf Permafrost gebietsweise bis weit in den Norden Ackerbau möglich ist, erscheint auch hier die gewählte Abgrenzung vertretbar.

Die Arktis ist aber vor allem Meer und nicht Land. Es ist ein Ozean, dessen Fläche und dessen Fruchtbarkeit in den Randgebieten jene des Landes weit übersteigen. Das Polarmeer, auch Nördliches Eismeer oder Arktischer Ozean genannt, ist größtenteils von einer dikken Packeisschicht überzogen. Jahreszeitlich gebildetes und durch Schmelzen wieder abgebautes Meereis sowie Treibeis verändern im Verlaufe eines einzelnen Jahres die Fläche der Eisbedeckung um Zehn-, ja Hunderttausende von Quadratkilometern. Dazu kommen die noch größeren Veränderungen, die sich im Verlaufe der Jahre ergeben. Es überrascht deshalb nicht, daß die Abgrenzung des marinen Anteils der Arktis immer noch große Mühe bereitet, da sie neben der komplexen Meereisverbreitung, die für Schiffahrt und Klima ausschlaggebend ist, auch die ozeanographischen Unterschiede der Wassermassen, die das marine Leben bestimmen, berücksichtigen soll. Erst in neuerer Zeit haben Satelliten und atomare Unterseeboote Unterlagen beigebracht, die sich für eine zuverlässigere Grenzbestimmung auf dem Meere eignen.

Die Sub-Arktis spielt eine große Rolle als Basisland zur eigentlichen Arktis. Zu ihr gehören die riesigen Flächen der borealen Nadelwälder Alaskas und Kanadas und der russisch-sibirischen Taiga. Jeder Arktisreisende kennt sie heute aus der Vogelschau des Jetflugzeugs. Ihre südliche Abgrenzung wird nach Washburn durch die Temperatur der vier wärmsten Monate bestimmt; diese soll weniger als 10 °C betragen. Wie die Arktis durch Meer und Eis, ist die Sub-Arktis durch Wald und Seen gekennzeichnet. Das arktische Land hingegen ist gewissermaßen nur eine Übergangszone von der Sub-Arktis zum Polarmeer, eine nach Norden gerichtete Küste mit Inseln.

1. Föhnartiger Lokalwind an einem Frühlingsabend auf Coburg Island.

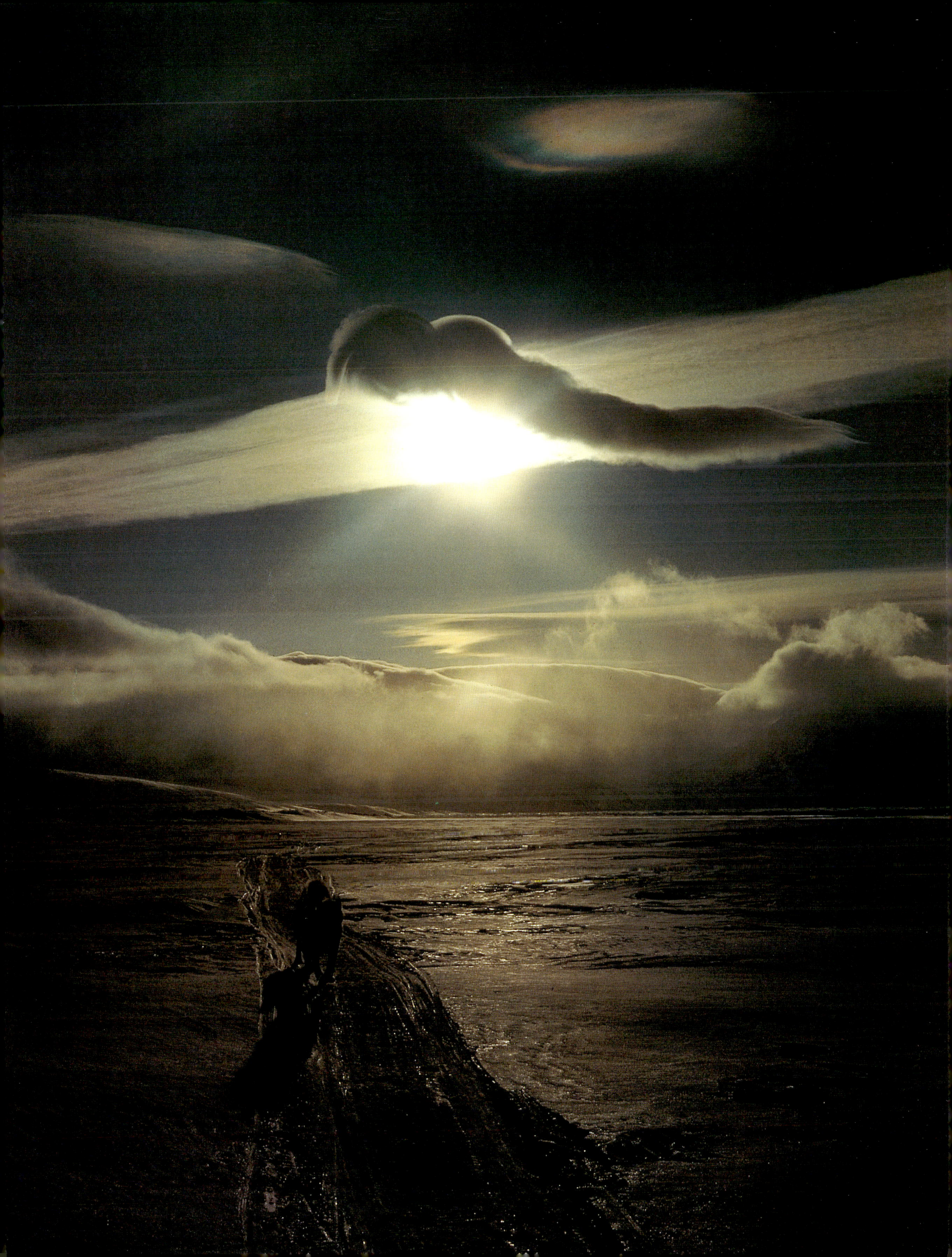

2

2. Eskimofamilie in Resolute Bay erwartet den Vater von der Jagd zurück.

3. Treibeis in der Nordwasser-Polynya (76° N) im April.

4. Arktischer Mohn und Thompson Glacier im Expedition Valley (80° N), Axel Heiberg Island.

5. Vogelfelsen und wohlgedüngte Matten auf den Carey Øer bei Thule.

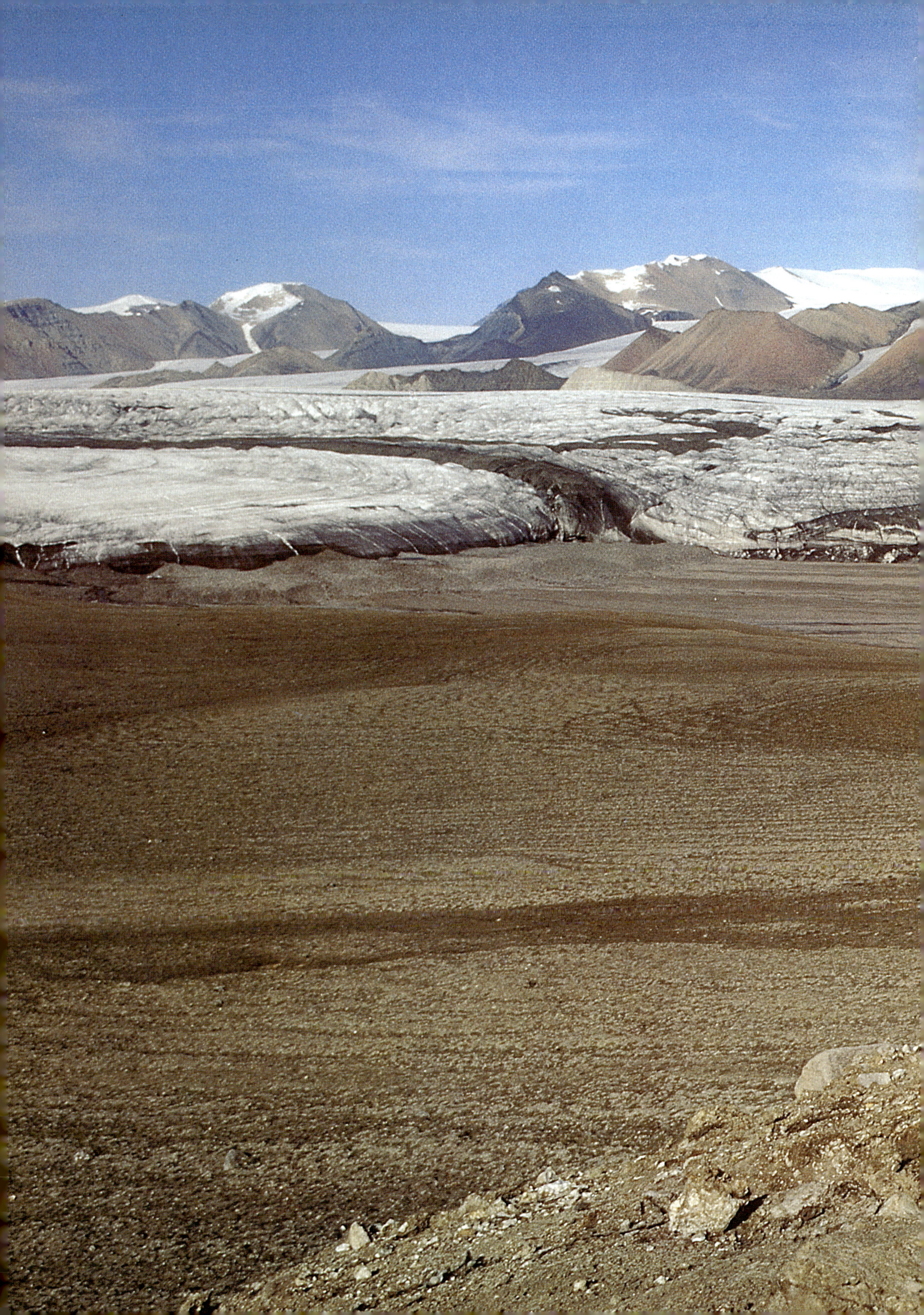

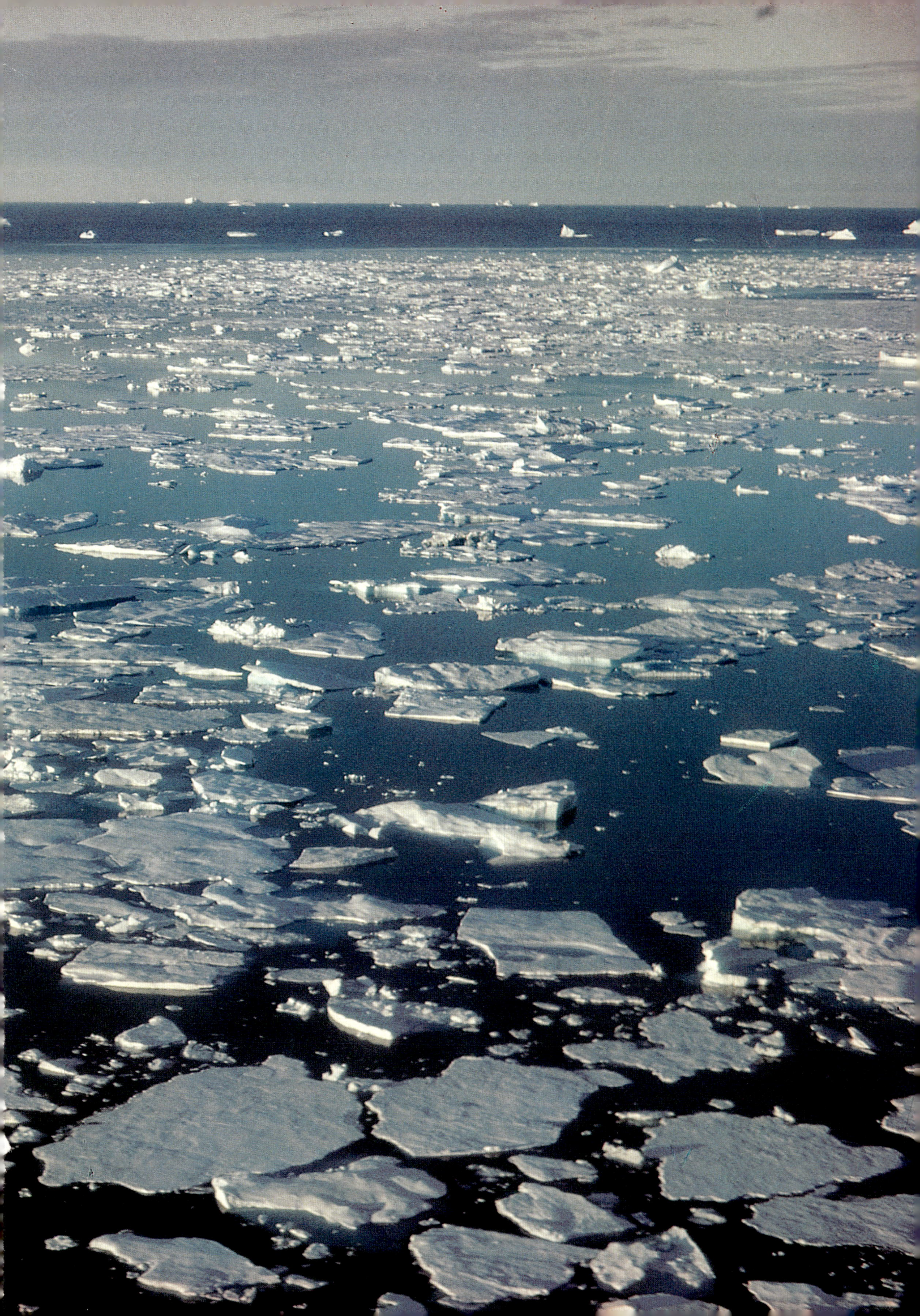

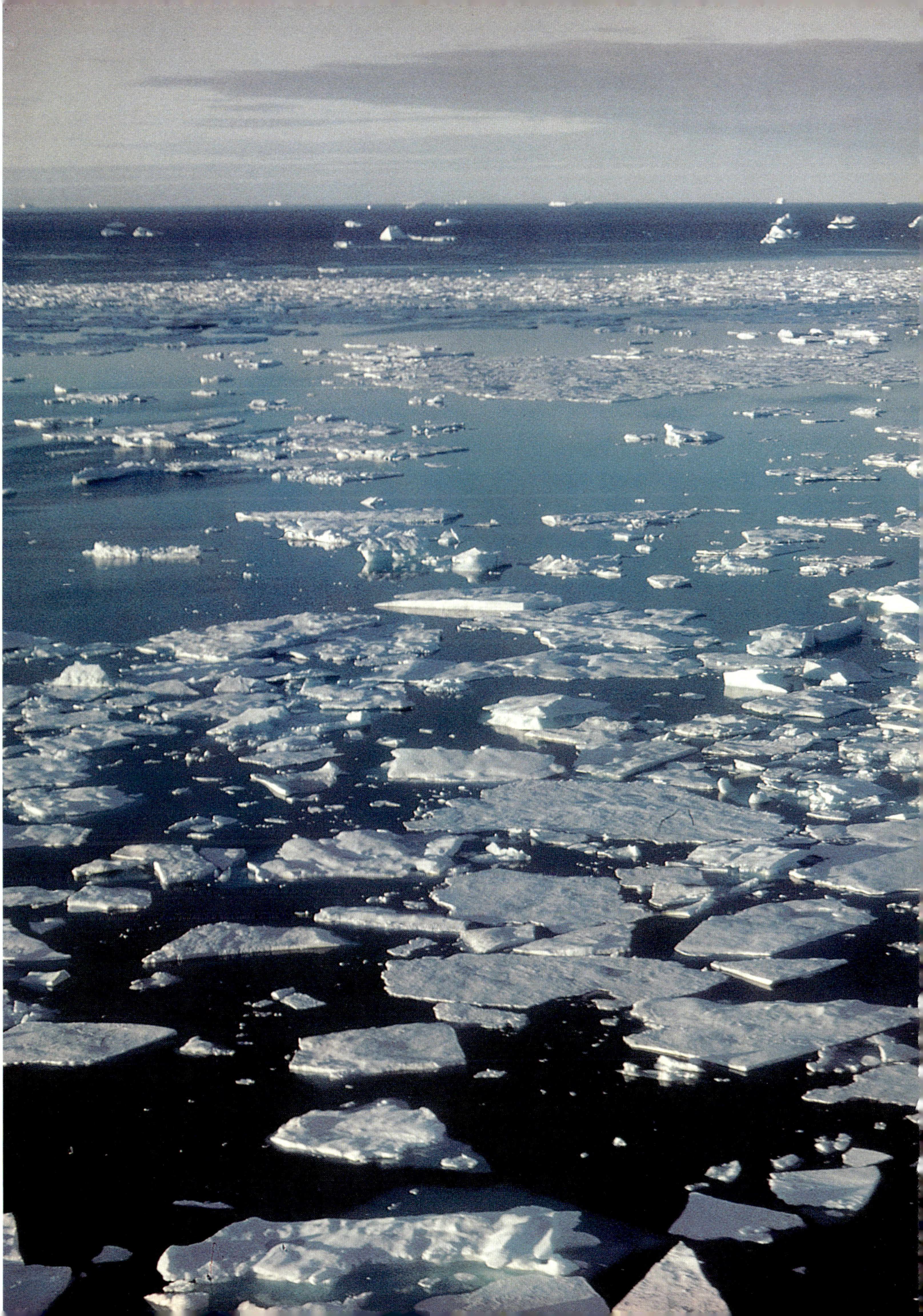

3

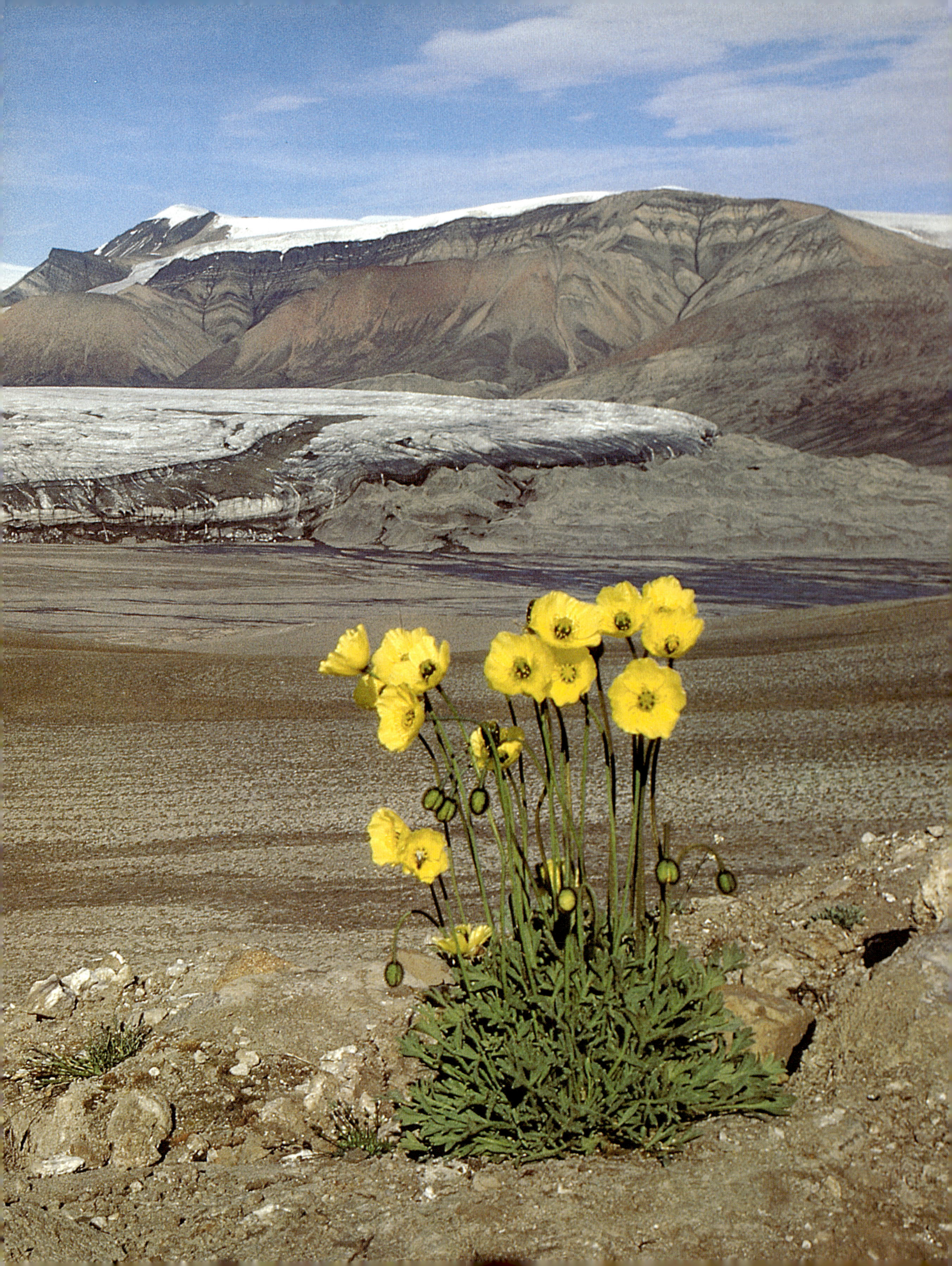

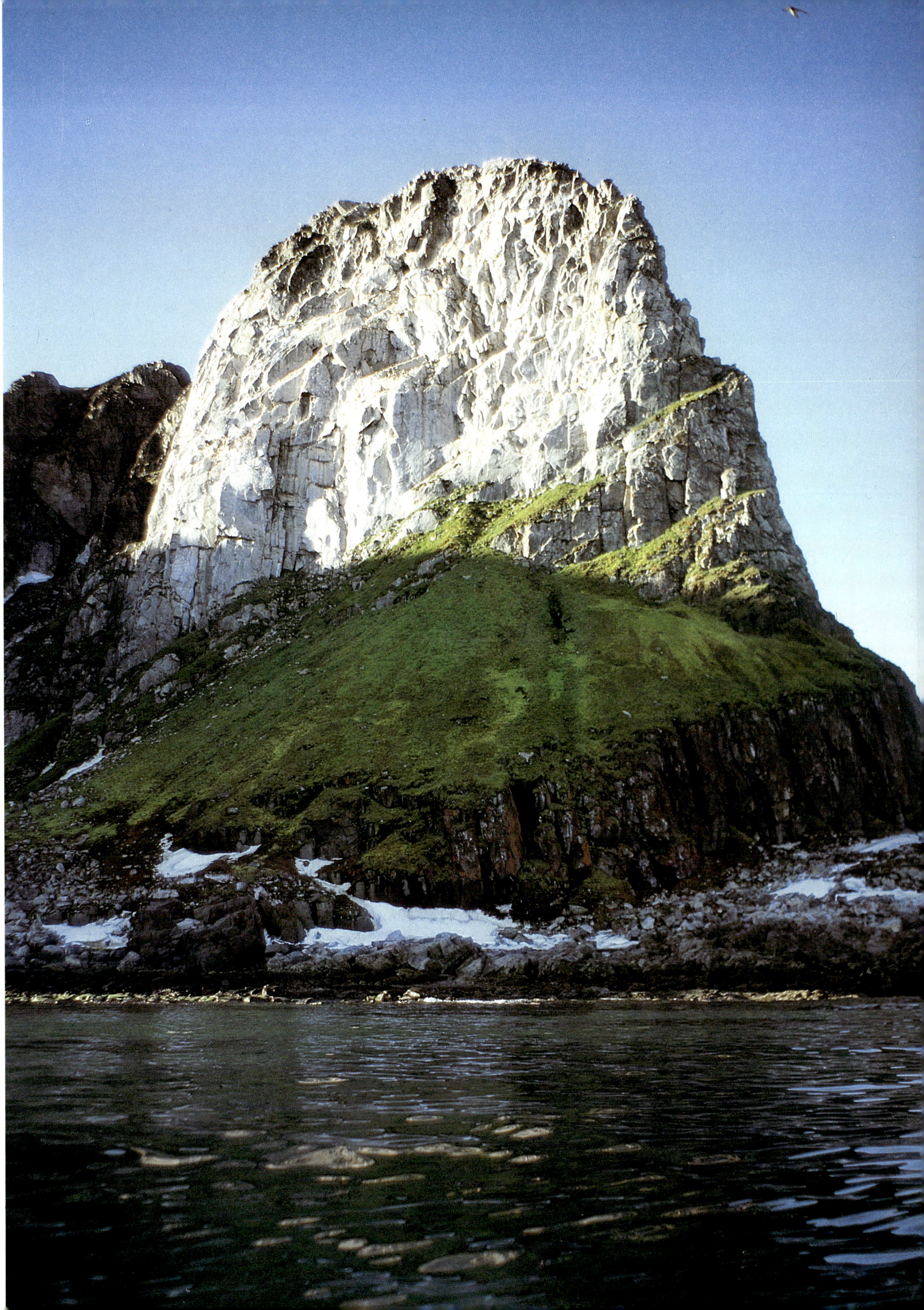

◁4
5

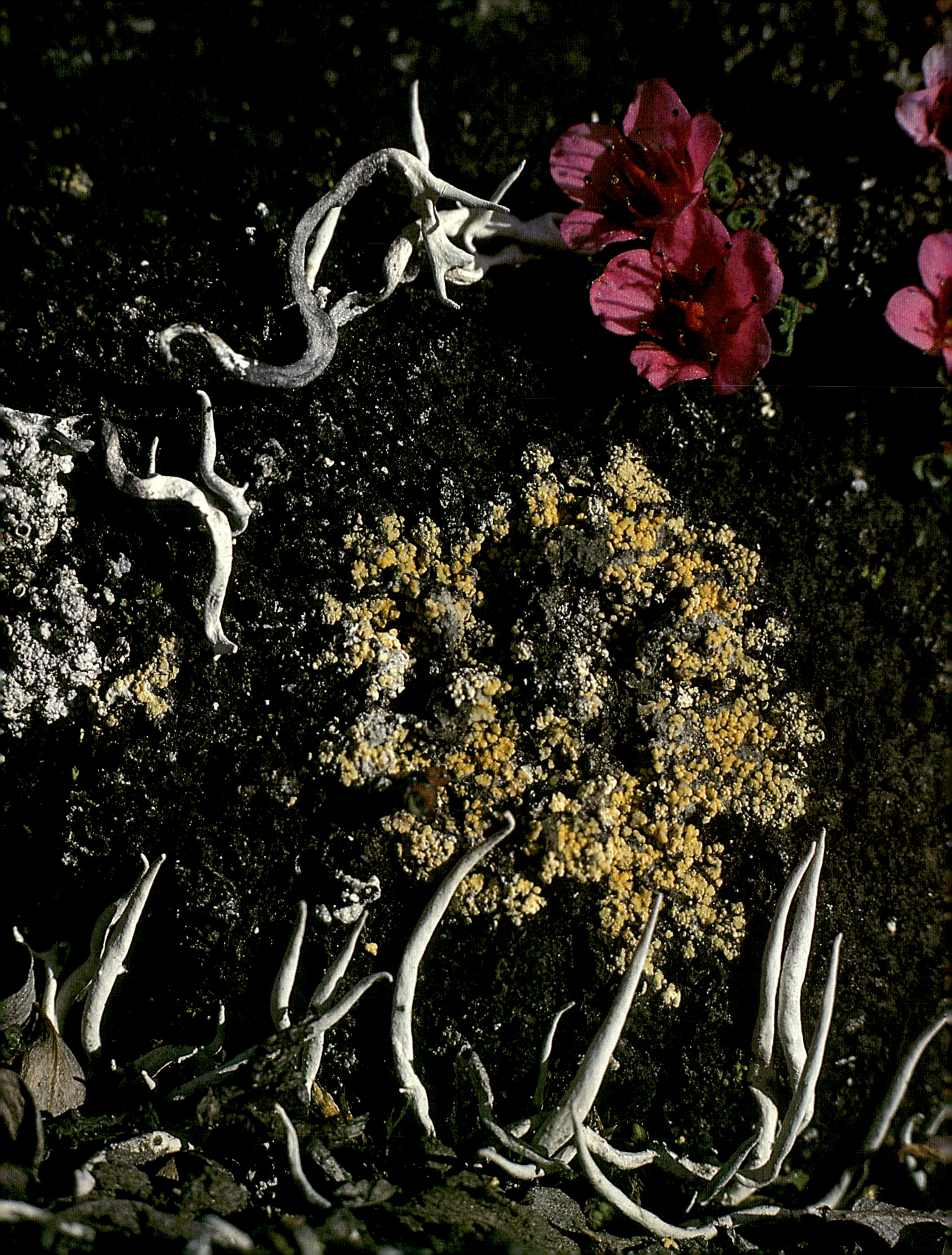

6. Tundra-Vegetation auf Axel Heiberg Island.

7. Moschusochsenherde am Slidre Fiord, Ellesmere Island.

8

# Wetter und Klima

Der Frühling ist die schönste Jahreszeit der Arktis. Die Sonne scheint Tag und Nacht. Durch das langsame Steigen des Einfallswinkels der Strahlen wird es täglich wärmer; ja, die bestrahlte Seite des Körpers fühlt sich wohlig warm an, auch wenn das Thermometer im Schatten des Wetterhäuschens noch Temperaturen weit unter Null registriert. Über den weißen Schneeflächen zittert die Luft wie bei uns auf den Asphaltstraßen im Sommer, nur daß im Norden die Schneekristalle glitzern und keine Autos flitzen. Der Himmel ist von einem milden Blau, das sich am Horizont in ein kalt-grünes Flimmern verliert. Zirruswolken fächern am Himmel. Erste Wassertröpfchen spielen auf den dunkelfarbigen Flechten exponierter Steine. Sie erstarren gegen Abend wieder, um sich im warmroten Licht der Mitternachtssonne zu spiegeln.

Im Sommer legen sich graue Stratuswolken auf das Gemüt. Der Regen ist langweilig, mehr ein Netzen als echte Tropfen. In dem weichen Boden sinken die Schuhe ein. Der Wind, obwohl nur schwach, belastet die Moral. Man sehnt sich nach einem Sturm, doch Gewitter gibt es fast nie in der Arktis. In zwanzig Sommern erlebte ich nur einmal Hagel.

Im späten Juli, wenn das Wasser an den Küsten mit letzten Eisschollen spielt, wird der Föhn besonders kräftig. Böig fegt er durch die Fjorde. Wasser und Himmel sind tiefblau. Die Temperaturen klettern auf Höchstwerte. Die Blütenpflanzen stehen in ihrem vollen Schmuck. Und doch beginnt schon der Herbst. Am Abend bilden sich Nebelschwaden, die sich erst spät am Vormittag verziehen.

Irgendwann im August, manchmal schon sehr früh, fällt der erste Schnee. Die Blumen nicken und werden steif. Die gespeicherte Sommerwärme reicht, daß unter dem Neueis noch ein wenig Wasser langsam fließt, bis dann die große Kälte alles zum Erstarren bringt; die Steine sind wieder festgefroren und dröhnen unter den steifen Schuhen. Die Winternacht beginnt.

Die Berge und Eiskappen der Arktis haben trotz ihrer relativ geringen Höhe großen Einfluß auf das Wettergeschehen. Die 2000 bis 3000 Meter hohen Erhebungen wirken wegen der Verdichtung der untern Atmosphäre wie 4000 bis 6000 Meter hohe Gebirge der niedrigen Breiten. Sie schaffen, zusammen mit der komplexen Meer- und Landverteilung, eine unvermutete Vielfalt von Klimata. Diese sind durch viele verschiedenartige Lokaleinflüsse weiter gegliedert, so daß das Klima der Arktis bei weitem nicht so einheitlich ist, wie es ihm nachgesagt wird. Natürlich ist es im allgemeinen kalt in der Arktis, doch bestehen drastische Unterschiede in bezug auf das Wo, Wann, Für-wie-Lange und sogar das Wie dieser Kälte.

Die Einteilung in ein Eiskappenklima – über dem Inlandeis von Grönland –, dessen wärmstes Monatsmittel die Nullgradgrenze nicht übersteigt, und ein Tundrenklima, in dem die Temperatur des wärmsten Monats zwischen 0 °C und höchstens 10 °C liegt, berücksichtigt die wichtige Unterscheidung zwischen maritimen und kontinentalen Teilen der Arktis nur ungenügend. Die dem Atlantik und dem Pazifik zugewandten Randpartien der Arktis haben nur selten extrem tiefe Temperaturen, dafür aber oft beachtliche Schneefälle.

8. Lower-Ice-Station auf Axel Heiberg Island spiegelt sich in der Glaskugel eines Meßgerätes.

Nordalaska, die kanadische Festlandarktis und deren Archipel sowie der Nordrand Sibiriens sind hingegen Gebiete mit typisch kontinentalem Klima: Kalter Winter mit minimalem Schneefall und (absolut gemessen) sehr trockener Luft; selbst während der Sommermonate steigen die Temperaturen nur wenig über Null; örtlicher Niederschlag ist häufig, aber höchst selten ergiebig.

Der unterschiedliche Charakter der Land- und Meeresoberflächen im Wechsel der Jahreszeiten ist aus der untenstehenden Tabelle zu ersehen:

|  | Land | Meer |
|---|---|---|
| Winter (6–8 Monate) | Schneedecke; durch Wind freigeblasene Felsen | Schneedecke auf Packeis mit einigen offenen Stellen |
| Frühling (1 Monat) | Unstabile Schneedecke, Schmelzwassertümpel im Süden | Unstabile Schneedecke auf Packeis, Minimum offenen Wassers |
| Sommer (2–3 Monate) | Nasse und trockene Tundra, Seen, nackte Felsen, Schneeflecken, Gletscher und Eiskappen | Schmelztümpel auf Eis; zahlreiche Leads (Rinnen); Randgewässer offen |
| Herbst (1–2 Monate) | Schneedecke, Zufrieren der Seen, zum Teil nackte Felsen | Schneedecke auf Eis; Maximum offenen Wassers in Randzonen |

Das Mosaik dieser verschiedenartigsten Oberflächen ist von ausschlaggebender Wichtigkeit für den Strahlungsenergiehaushalt der Arktis. Je weiter wir uns nach Norden begeben, desto flacher wird der Einfallswinkel der Sonnenstrahlen, und um so geringer ist daher die Energiezufuhr. Während der Sommermonate wird dank des 24-Stunden-Tages trotzdem viel Sonnenenergie eingestrahlt. Im Norden des kanadischen Archipels, über Nordgrönland und über dem Packeis des Grönlandmeeres bis zur Nordküste Sibiriens wurden trotz der langen Polarnacht Jahressummen der Sonnenstrahlung von 70 Kilokalorien pro Quadratzentimeter gemessen. Die entsprechenden Mengen sind im Süden Kanadas höchstens doppelt so groß. Für einzelne Sommermonate kann die Einstrahlung in der Hocharktis jene der bewohnten Breiten sogar deutlich übertreffen. Aber die hohe Reflektivität, Albedo genannt, der arktischen Schnee- und Eisoberflächen reduziert den absorbierten Anteil der Strahlung auf einen kleinen Bruchteil der genannten Menge. In Baker Lake (64° N, 96° W), nur wenig nördlich des Polarkreises, beträgt die vom Tundraboden aufgenommene jährliche Strahlungsmenge (unter Berücksichtigung der langwelligen Strahlungsverluste) nur 11 Kilokalorien pro Quadratzentimeter; am Nordpol selbst ist diese Menge sogar leicht negativ ($-2{,}7$ kcal/cm$^2$). Das Packeis im Nordpolgebiet verliert also im Winter mehr Energie, als es durch Sonnenstrahlung im Sommer gewinnt. Hingegen resultieren für die Randpartien des Polarmeeres, und ganz besonders für die riesigen Tundraflächen der Arktis, erstaunlich positive Strahlungsergebnisse.

Die weitaus größten Energieverluste der Arktis entstehen durch die

## Wetter und Klima

langwellige Strahlungsenergieabgabe der Atmosphäre an den Weltraum, hauptsächlich aus der mittleren und oberen Troposphäre. Als Ersatz für das Verlorene transportieren Winde und Meeresströmungen Wärme in die Arktis, Energie, die mit der bewegten Luft und dem Wasser reist. Über relativ ruhige Luft in Bodennähe schiebt sich in einem stark bewegten höheren Teil der Atmosphäre warme, feuchte Luft in komplexen Bahnen aus dem Süden, oft angedeutet durch die faszinierendsten Wolkengebilde. Ganz besonders malerisch sind die vielen Zirrusformen.

Die Temperaturen sind das Sprachrohr der Energieverhältnisse auf der Erde, so auch in der Arktis. Von September bis Mai sind die untersten 300 bis 500 Meter der Luft durch starke Temperaturinversionen charakterisiert: Kalte, stabile Luft liegt unter wärmeren Schichten. Über dem Packeis und im kontinentalen Innern bleibt diese bodennahe Luft oft wochenlang kälter als $-30\,°C$. Die kältesten Gebiete der nördlichen Hemisphäre liegen aber nicht im Polarbekken, sondern im Innern Grönlands und über den kontinentalen Landgebieten südlich der Arktisgrenze, in der Sub-Arktis Kanadas und Sibiriens. An diesen Kältepolen fallen die Temperaturen bis $-60\,°C$, in Extremfällen sogar auf $-80\,°C$. Bei $-38{,}8\,°C$ gefriert das Quecksilber, so daß Alkohol- oder elektrische Widerstandsthermometer eingesetzt werden müssen. Die Wintertemperaturen der maritimen Küstengebiete – Aleuten, Südwestgrönland, Nordskandinavien – und einiger Klima-«Oasen» – wie das North Water der nördlichen Baffin Bay – sind verblüffend gemäßigt; das kälteste Monatsmittel liegt selten tiefer als $-7\,°C$ bis $-10\,°C$ (im North Water auf $75°\,N$ bei $-20\,°C$).

Im Sommer sind die Temperaturen über der ganzen Arktis erstaunlich einheitlich. Vom Südrand, wo die Temperatur des wärmsten Monats $10\,°C$ beträgt, bis über die endlose Fläche des polaren Packeises ist der Unterschied nur $10\,°C$. Für kurze Perioden kann zwar über den kontinentalen Teilen der Tundra die Tagestemperatur auf $+25\,°C$ steigen; sogar auf $80°$ nördlicher Breite können im Sommer gelegentlich Temperaturen bis $+20\,°C$ gemessen werden. An den Küsten, wo Treibeis die Meeresbuchten füllt, wird es selten wärmer als einige Grad über Null. Selbst für abgehärtetste «Outdoor fans» ergeben sich nur wenige Gelegenheiten zum Freiluftbaden. Die sommerlichen Wetterwechsel sind oft drastisch: Nachdem man um die Mittagszeit noch ohne Hemd gearbeitet hat, kann es am Abend schneien.

Die Winde in der Arktis sind, wie überall, durch Unterschiede in der atmosphärischen Druckverteilung gesteuert. Im Winter ist die Luftdruckkarte durch die quasi-stationären Tiefdruckgebiete über dem südlichen Beringmeer und Island, dem Aleuten- und Islandtief, beherrscht. Über den polaren Landmassen Nordamerikas (Yukon- und Mackenzietal) und Nordostsibiriens liegen dann zwei Hochdruckregionen, die quer über das Eismeer durch eine Hochdruckbrücke verbunden sind, die ihrerseits als eine Art Windscheide wirkt. Die Gebirge Alaskas verhindern, daß sich das Aleutentief im Eismeerbecken auswirken kann. Das Islandtief hingegen macht seinen Einfluß unge-

1. Mittlere Bewölkung in %
für den Monat Juli
(nach Orvig, 1970).

2. Durchschnittlicher jährlicher Nettobetrag der Strahlung in kcal·cm$^{-2}$
(nach Barry und Hare in Ives
und Barry, 1974).

3 und 4. Mittlere Tagestemperaturen
in °C für die Monate Januar und Juli
(aus Orvig, 1970, mit Ergänzungen).

hindert bis zum Nordpol geltend. Es dirigiert warme Südwestströmungen weit in den Norden von Skandinavien und Rußland. Auf der polwärtigen Seite der Tiefdruckzentren entwickeln sich Ostwinde, die aber nicht besonders kräftig sind. Weit wichtiger ist, daß sie an ihren Westflanken kalte, arktische Luftmassen zum Ausfließen nach Süden, über das östliche Kanada und Ostasien, verleiten. Im Verlaufe des Sommers verschwindet das Aleutentief, während sich das Islandtief westwärts bis ins südliche Baffingebiet verschiebt und dabei an Gestalt verliert.

Die Luftdruckverhältnisse bringen es mit sich, daß die Oberflächenwinde der Arktis, verglichen mit denjenigen der mittleren Breiten oder gar der Antarktis eher schwach und zudem sehr komplex sind. Im warmen Büro des Klimatologen zusammengetragene Statistiken vermögen zwar den Mann im Feld wenig zu überzeugen, besonders dann nicht, wenn er mit dem Gesicht gegen den Wind einem «bescheidenen» Wintersturm zu trotzen hat. Selbst mäßige Winde wer-

Wetter und Klima

den bei Kälte wegen der Unterkühlung, dem sogenannten «Windchill», unangenehm und manchmal gefährlich. Die verschiedenen Formeln zur Berechnung des Windchill-Faktors mögen manchmal unbefriedigende Resultate liefern, sind aber trotzdem oft aufschlußreicher als Temperaturtabellen. Die kanadische Windchill-Karte für Januar zeigt, daß in den Barren Grounds nordöstlich von Churchill Windchill-Werte von über 1900 Einheiten auftreten. Selbst in Sibirien werden nur an ganz wenigen Stellen so hohe Werte erreicht. Diese Karte zeigt, daß nicht die Gebiete der kältesten Temperaturen – Snag (–62,8 °C) im Yukon-Territorium oder Ojmjakon (–77,8 °C) in Sibirien – den Menschen am meisten zu schaffen machen, sondern die Gegenden, in denen Wind und Kälte zugleich herrschen.

Trotz ihrer relativen Mäßigkeit werden die arktischen Winde dem Menschen auch auf andere Weise als durch die Chill-Wirkung oft lästig und gefährlich: Bei Windgeschwindigkeiten von fünf Metern pro Sekunde beginnen sich Schnee- und Eispartikel vom Boden abzuheben und bilden bald eine undurchsichtige Wand, so dicht und trügerisch wie Nebel. Selbst bei strahlender Sonne können bei Treibschnee Flugzeuge nicht mehr landen. Auch die Hunde verweigern den Weitermarsch. Der kurze Marsch vom Haus zum Wetterhüttchen kann zum gewagten Unternehmen werden, besonders wenn Eisbären die Gegend mitbewohnen. – Der winterliche Treibschnee ist durch seine harten Eiskörner auf die Dauer schmerzhaft und ermüdend. Im Sommer hingegen sind es die Nebel, die manchmal ebenso zermürbende Auswirkungen zeigen.

Wo sich Luftmassen verschiedener Temperatur, Feuchte und Dynamik treffen, bilden sich Fronten und Frontalzonen, an denen Niederschläge entstehen. Die Arktikfront trennt Arktik- von Polarluft, und die Polarfront scheidet Polar- von Tropikluft. Die welligen, stets veränderlichen Fronten sind die Entstehungs- und Leitgebiete der Zyklonen, die die Feuchte transportieren. Jedoch sind die Niederschläge in der Arktis recht gering. Es wird von der arktischen Kältewüste gesprochen. Der Hauptteil der zwischen 70 Millimeter und nur an

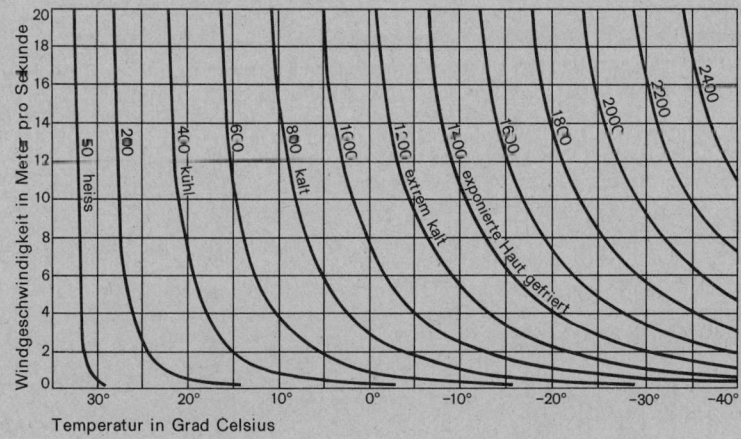

Windchill-Nomogramm (oben), berechnet nach der Formel von P. Siple: Windchill-Faktor = $(33-T) \cdot (10{,}45 + 10\sqrt{v} - v)$, wobei T die Temperatur in °C und v die Windgeschwindigkeit in Metern pro Sekunde ist. – Nebenstehend die Verteilung der mittleren Januarwerte der Windchill-Faktoren über Kanada. (Nach Baird, 1964.)

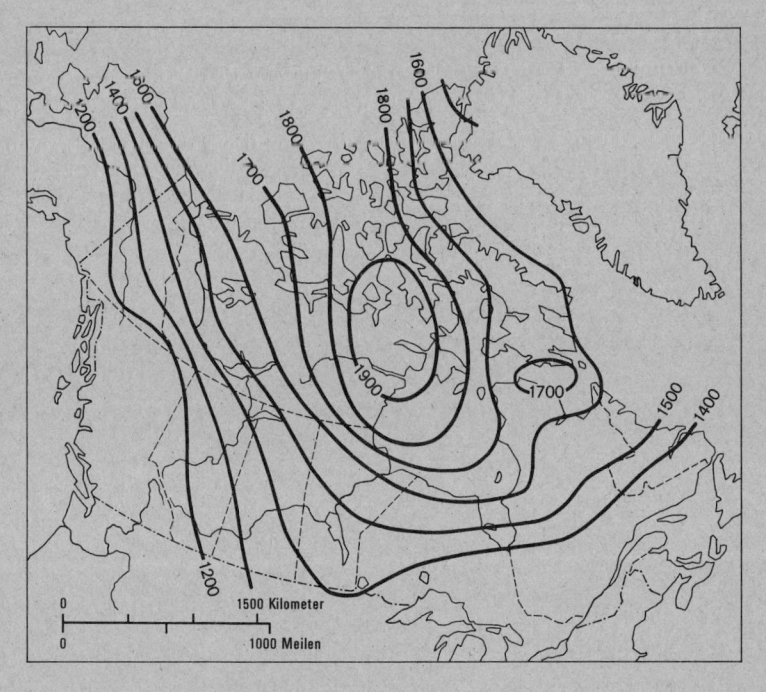

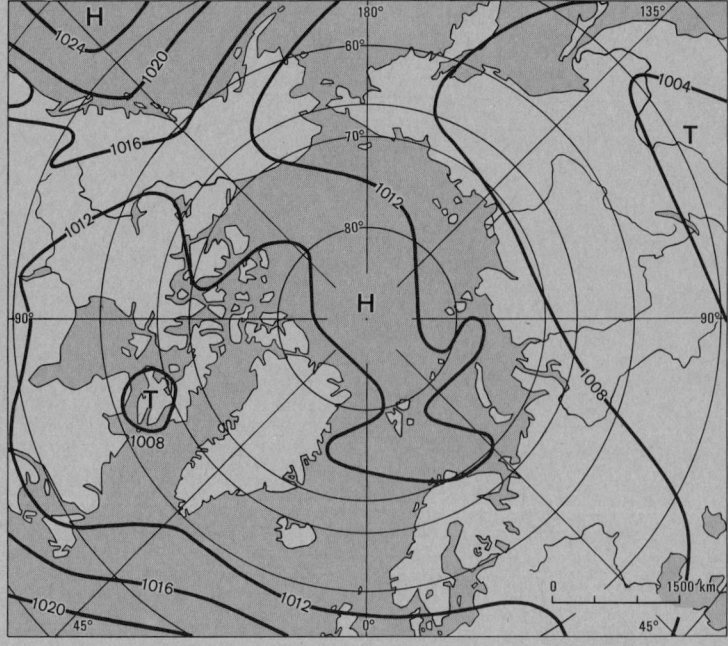

Mittlerer Luftdruck auf Meeresniveau in Millibar für die Monate Januar und Juli (aus Barry und Hare in Ives und Barry, 1974).

einzelnen Stellen mehr als 200 Millimeter ausmachenden Niederschlagsmenge fällt in fester Form. Im zentralen Teil des Polarbeckens ist der Wasserwert des gefallenen Schnees durchwegs weniger als 100 Millimeter. Hingegen wurden im westgrönländischen Ivigtut, wo ein Großteil des Niederschlages als Regen fällt, Extremwerte bis zu 1400 Millimetern gemessen. Im westlichen Teil des grönländischen Inlandeises haben Glaziologen Schneemengen von bis zu 700 Millimetern Wasserwert als repräsentativ für größere Gebiete festgestellt.

Trotz vereinzelter hoher Werte bleibt der Mangel an Niederschlag gebietsweise ein Hauptmerkmal des arktischen Klimas. Die Verfrachtung des Schnees durch die Winde bedingt eine zusätzliche Unregelmäßigkeit in der Verteilung des Niederschlags. Die Leeseite jeder noch so kleinen Erhebung und Vertiefung erhält zusätzlichen Schnee, der als Schneefleck den Sommer, zumindest teilweise, überdauert. Ausgesetzte Hochflächen und Grate hingegen werden entblößt und verlieren einen Großteil des an sich schon kärglichen Niederschlags. Diese spezielle Verteilung der Feuchte ist weitgehend bestimmend für den Standort der Pflanzen.

Die Verdunstung differenziert die Feuchteverteilung in der Tundra noch weiter. Bei dem flachen Sonnenstand werden im Sommer alle nach Süden gerichteten Flächen stark erwärmt und verlieren Wasser durch Verdunsten, während die langen Schlagschatten nördlich der topographischen Hindernisse die Erwärmung, und damit die Verdunstung, reduzieren. Besonders intensiviert wird die Verdunstung durch föhnartige Fallwinde, die im Sommer und Herbst in vielen Tälern der Arktis auftreten. Die merklichen Verluste von Niederschlag durch Schneeverfrachtung und Verdunstung bewirken, daß fast überall in der Arktis lokal wüstenartige Klimaverhältnisse auftreten. Doch darf man deswegen nicht die ganze Arktis als Wüste bezeichnen. Der Dauerfrostboden, der sich zumeist nur wenige Dezimeter unter der Oberfläche befindet, verhindert das Versickern des Wassers. Die Erfahrung von vielen Sommern Feldarbeit in den verschiedensten Bereichen der Tundra zeigt, daß in Mulden und Talböden oft recht viel Wasser vorhanden ist. Trotzdem gelten große Landstriche der nördlichsten Arktis als echte Wüsten. In Nordgrönland treten Salzverkrustungen und kleine Salzseen auf. Klimatologen und Morphologen sind sich einig, daß neben Peary Land und Inglefield Land auch Teile der Queen Elizabeth Islands, von Banks Island sowie die Neusibirischen Inseln und Sewernaja Semlja Wüsten sind.

Im Verlaufe der Jahrtausende hat sich das Klima der Arktis, wie jenes anderer Kontinente, deutlich verändert. Die im 20. Jahrhundert beobachtete Erwärmung war am deutlichsten an der geringen Meereisbedeckung und etwas weniger ausgeprägt am Gletscherschwund zu erkennen. Das Packeis in der Karasee, um Spitzbergen, Island und vor dem südwestlichen Grönland hat merklich abgenommen. Die Eisbedeckung des Polarmeeres ist dünner geworden. Die mittlere Wintertemperatur ist im Verlaufe unseres Jahrhunderts auf Spitzbergen um etwa 8 °C, im südlichen Grönland um 4 °C gestiegen. Eine Reihe von Veränderungen auf dem Lande wie auch im Meer wurden nachgewiesen; so tauchten zum Beispiel der atlantische Kabeljau und der Hering auf der Westseite Grönlands viel weiter nördlich auf als früher. Der Fischfang nahm zu, die Seehundjagd ab. Solche Umstellungen können das prekäre Leben der Anwohner stark beeinflussen. Leider sind die klimatischen Meßreihen der Arktis nicht lang genug, um Veränderungen, die mehr als etwa 70 bis 80 Jahre zurückliegen, zu erfassen. Auch erschwert die erwähnte Vielfalt des arktischen Klimas verallgemeinernde Schlüsse. Erst in den letzten Jahren konnten durch das Studium von Firn- und Eisprofilen und Bohrkernen von Tiefseesedimenten aus dem Polarmeer recht zuverlässige Informationen über das Klima der letzten Jahrhunderte und Jahrtausende gewonnen werden. Über diese Ergebnisse wird in den Kapiteln «Vergletscherung» und «Polarmeer» ausführlicher berichtet. Die Suche nach den Gründen und Zusammenhängen der Klimaänderungen in der Arktis dürfte noch sehr viel Interessantes und Wichtiges für das Verständnis der globalen Klimawechsel liefern.

# Ein Klimatologe in der Arktis

*Vor zehn Jahren begann ich, mich mit der Arktis zu befassen. Damals bot die Arktis zahllose herausfordernde Aufgaben für einen jungen Wissenschaftler, heute ist dies noch mehr der Fall. Aus der Fülle interessanter Aufgaben wollte ich einen Teil meiner Zeit dem Studium des Tundraklimas, welches damals noch relativ wenig erforscht war, widmen.*

*Die Tundra bedeckt gegenwärtig 17 Prozent der Erdoberfläche nördlich des 70. Breitengrades. Es gibt zahlreiche Aspekte von besonderem Interesse: die Tundra ist die Grundlage für das Leben der Pflanzen und Tiere. Das im Sommer herrschende Wetter beruht teilweise auf dem großen Wärmegefälle zwischen der erwärmten Tundra und dem kalten Polarmeer. Aus diesen und manchen anderen Gründen entschloß ich mich, einen bescheidenen Beitrag zur Tundra-Forschung zu liefern. So wenigstens pflege ich jeweils die Anfänge meiner gegenwärtigen Hauptbeschäftigung zu erklären. Der tiefere Grund jedoch ist innerer und instinktiver Natur: vom allerersten Tag in der Arktis bis heute fürchte ich Gletscher. Obwohl ich alle Gletscherlandschaften und Erlebnisse auf Gletschern in den schönsten Farben ausmalen kann, war mein Leben auf den Gletschern im Grunde eine schreckliche Zeit. Im Frühling waren die schneebedeckten Spalten eine ständige Bedrohung für mein Leben. Obwohl man das Leben nicht so leicht verliert, mußte ich doch alle Gefahren schwerer Verletzungen vermeiden, weil ich seit meiner Kindheit auf lokale Anästhesie mit einem Schock reagiere. Im Sommer verunmöglichten die reißenden Wasserströme auf der Eisoberfläche gefahrloses Vorwärtskommen. Allein schon der Anblick eines tosenden Baches, der in eine bodenlose Gletschermühle stürzte, war eine Einladung in die Hölle. Weiter oben am Gletscher versanken meine Füße manchmal in matschigen Schneelawinen, und wie schwierig war es, aus der sich bewegenden schweren Masse wieder herauszukommen! Nach Tagen auf Gletschern gab mir die erste Berührung mit festem Boden jedesmal das zuversichtliche Gefühl von Leben und Sicherheit. Die Tundra war warm. Es war der Mühe wert, sie zum Studienobjekt zu machen.*

*Kummer*

*Wenn man für lange Zeit in die Arktis fährt, beschäftigen einen stets eine Menge Sorgen, größere und kleinere, doch alle ausgesprochen menschlicher Natur. Ich werde nun nicht über all meinen doch sehr persönlichen Kummer schreiben. Der Leser möge sich nur vorstellen, sich morgen auf eine längere Reise in die Abgeschiedenheit zu begeben, und einiges Bangen wird sich in ihm breitmachen. Er wird meine Beklemmung besser verstehen. Eine der größten Sorgen, die mich in jeder Periode im Feld verfolgten, betraf die Genauigkeit der Instrumente. Gewöhnlich wurde das Möglichste getan, um die Instrumente vor dem Aufbruch zur Expedition zu eichen, aber während des Transports und der Feldarbeit konnte vieles geschehen. Bei gewissen Instrumenten bemerkt man Ungenauigkeiten überhaupt erst im Feld. Einige Geräte sind sehr empfindlich. Am heikelsten sind die Strahlungsmesser. Bereits eine geringe Veränderung der Empfindlichkeit genügt bei einem Standard-Strahlungsmesser, um Monate mühevoller Arbeit zunichte zu machen. Und die Ungewißheit über eine mögliche Veränderung hält üblicherweise bis zum Ende der Expedition an, bis das Instrument in einem südlichen Forschungszentrum neu geeicht ist. Wenn dann die nachträgliche Eichung eine Veränderung in der Empfindlichkeit an den Tag bringt, ist es sehr schwierig herauszufinden, wann genau sie eingetreten ist. Jedermann weiß, daß Sorgen nichts nützen, sondern die Gesundheit ruinieren.*

# Ein Klimatologe in der Arktis

*Aber mich brachten sie wenigstens dazu, die Instrumente so sorgfältig wie nur möglich zu behandeln – und am Ende hat es sich gelohnt.*

## Freude

*Kummer ist kompliziert, Freude ist einfach. Ich war überglücklich, wenn ich im Frühling zum ersten Mal das Geräusch von fließendem Wasser hörte. Man hatte schon fast vergessen, daß Wasser auch flüssig sein konnte. Der erste Bach entsteht an den Südabhängen der Tundra. Wenn sich genügend Schmelzwasser gesammelt hat, beginnt der Bach auf der Oberfläche der Schneedecke abzufließen. Natürlich frißt er sich sofort in den Schnee ein, aber an der Spitze bleibt der eben geborene Bach über dem Schnee. An den ersten sonnigen Frühlingstagen kann man oft Hunderte solcher Bäche sehen, die alle gleichzeitig in der Landschaft entstehen, einige Tage später sind sie zu mächtigen Flüssen angewachsen und haben ihre eigentlichen Flußbette gefunden. Obwohl die Zeit der Schneeschmelze für die tägliche Arbeit unbequem ist, freut man sich über das fröhliche und erfrischende Geräusch der Bäche und Flüsse.*

## Krankheit

*In der Arktis war ich nie ernsthaft krank, nur zweimal mußte ich wegen kleinerer Übel im Bett bleiben. So plötzlich von der für meteorologische Beobachtungen unerläßlichen Pünktlichkeit befreit, verlor ich jedes Gefühl für die Zeit. Der Sonnenstrahl, der auf die Seitenwand meines pyramidenförmigen Zeltes fällt, bewegt sich langsam im Gegenuhrzeigersinn und beschreibt schließlich einen Kreis, was für einen Kranken etwa einen Tag bedeutet. Die Helligkeit des Lichtes im Zelt zeigt an, wie bewölkt der Himmel ist. Wenn sich die Form der Wände verändert, hat sich der Wind gedreht. Das Geräusch auf den Planen verrät die Art und Menge der Niederschläge. Auf diese Weise gehen die Wetterbeobachtungen – unwissenschaftlich zwar – noch im Bett weiter.*

## Familie

*Als unverheirateter Student war ich zuhause, wo immer mein Rucksack zu Boden fiel. Ich war ständig unterwegs. Seit ich eine Familie habe, hat sich mein Lebensrhythmus, wie der anderer Leute auch, merklich verlangsamt. Diese Entwicklung spiegelt sich auch in meiner Arbeitsweise in der Arktis. Heute arbeite ich wesentlich gemächlicher als früher, ich scheine mich sorgfältiger vorzubereiten und auch die Messungen genauer durchzuführen. Mein Denken wurde methodischer, und Gedankensprünge sind seltener. Somit hat sich, alles in allem, die Qualität meiner Arbeit verbessert, seit ich eine Familie habe. Zugleich aber litt ich, von meiner Familie getrennt, täglich mehr unter der Einsamkeit. Es war nicht die Einsamkeit, die man erfährt durch kühles Verhalten anderer oder durch Unzufriedenheit mit sich selbst und dem, was man erreicht hat, sondern es war das Gefühl, wirklich aller Menschen, die man liebt, beraubt zu sein. So erinnerte mich während arbeitsamer Tage im Feld schon der Anblick eines jungen Hasen an meinen kleinen Sohn im Süden, und der Wunsch heimzukehren wurde täglich größer. Es genügt nicht, wenn die Familie geistig in der Nähe ist, sie muß wirklich zugegen sein.*

## Geburtstage

*In der Polargegend ist das Arbeiten nur möglich, wenn die Expeditionsteilnehmer zusammenarbeiten. Man kommt sich sehr nahe, was unvermeidlich entweder zu dauerhafter Freundschaft oder, im schlimmsten Fall, zu völliger Verachtung und Abneigung führt. Wie immer die menschlichen Beziehungen auch waren, Geburtstage der Teilnehmer wurden nie vergessen oder wegen der Arbeit übergangen. Ein Geburtstag war heilig. Er wurde von allen herzlich gefeiert. Das*

Ein Klimatologe in der Arktis

*ist richtig so, denn es gibt vermutlich einen tieferen Grund, warum man sich aus der Unendlichkeit des Weltalls in dieser winzigen Ecke der Erde zusammenfand. Allmählich hatten wir die Geburtstage ausgeschöpft, denn schließlich waren ihrer ja nicht viele. So war uns ein Halbjahresgeburtstag zum Feiern ebenso willkommen. Dann gingen auch die Halbjahresgeburtstage zur Neige, und ein Vierteljahresgeburtstag wurde gefeiert. Und dies war dann gewöhnlich der Beginn des arktischen Herbstes, und wir bereiteten uns langsam auf die Heimkehr vor.*

Rückkehr

*Der Zeitpunkt für die Rückkehr in den Süden gab im Basislager immer Anlaß zu Diskussionen. Der Grund dafür war einfach: Einige wollten schon am nächsten Tag abreisen, andere wollten so lange wie möglich in der Arktis bleiben. Was immer die einzelnen Gründe waren, es galt, einen Kompromiß zu finden. Doch ob dieser Entscheid persönlich vorteilhaft ausfiel oder nicht, der Aufbruch von der Arktis war immer ein denkwürdiges Ereignis. Obwohl die Abreise das Ende eines interessanten Experimentes bedeutete, war ich äußerst froh, das Flugzeug zu besteigen. In dieser Situation beschlich mich ein Schuldgefühl, ein Gefühl der Abtrünnigkeit. Doch ich war immer noch sehr glücklich. Alle Entbehrungen waren nun vorüber. Als ich zur alten Station zurückblickte, wo uns niemand zuwinkte, kam es mir seltsam traurig vor, daß ich diese vertraute Landschaft nie mehr in meinem Leben sehen sollte. Auf dem Weg nach Süden versicherte mir der erste Anblick hochgetürmter Kumuluswolken, daß ich mich der Heimat näherte. Die Dunkelheit der ersten Nacht nach vielen Monaten ununterbrochenen Tageslichtes und das Grün der Bäume brachten das ungewohnte Auge zum Schmerzen.*

*Atsumu Ohmura*

9

9. Wind und Wolken über dem Festeis bei Coburg Island.

10. Polarhund nach Schneesturm.

11. Brandung an Eisschollen, Coburg Island.

12. Kontrollmessung an der automatischen Wetterstation am Cape Herschel, Nordwasser.

10–11

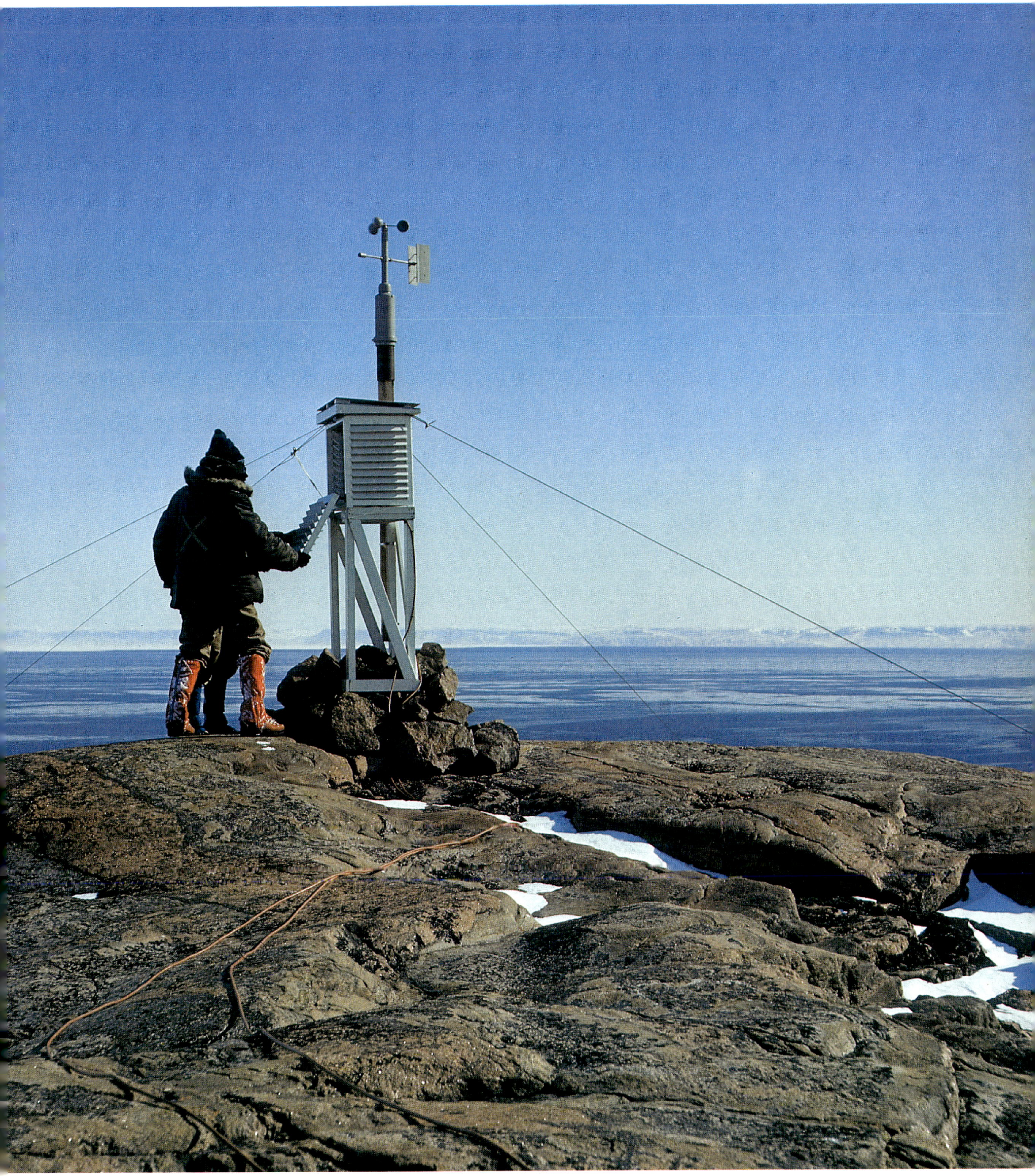

13

14

13. Aufstieg einer Radiosonde auf Coburg Island.
14. Kontrolle der Windmesser vor dem nächsten Sturm.

15. Überwinterungsstation Coburg Island im Frühjahr mit Antenne für Radiosonden-Empfang.

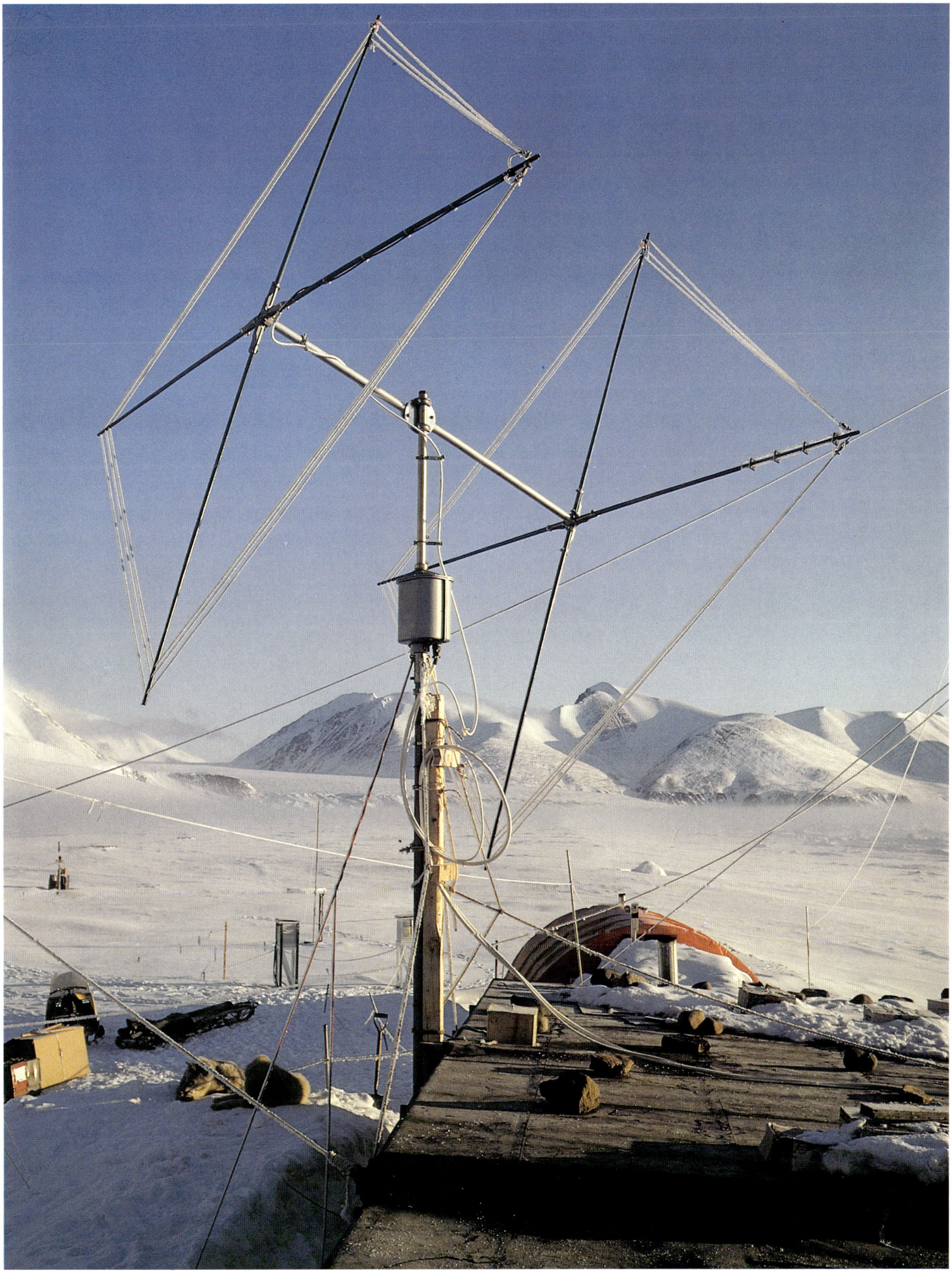

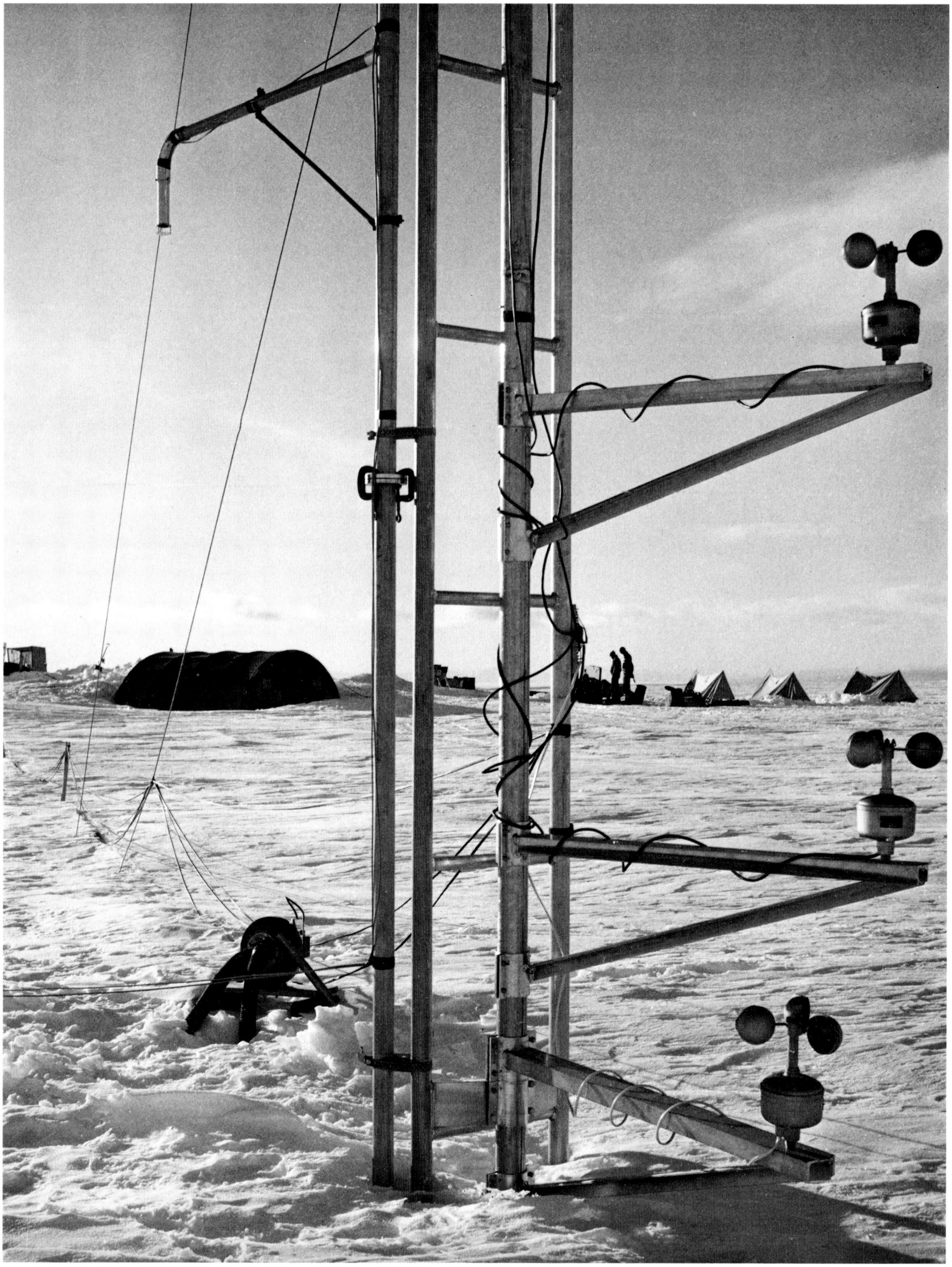

# Die Gletscher

Heute liegt die Arktis nicht mehr unter riesigen Eismassen begraben. Im Gegenteil, sie ist nur spärlich vergletschert. Wenn wir von Grönland absehen, sind nur 4 Prozent des zur Arktis zählenden Landes von Gletschern bedeckt. Etwa 84 Prozent der heute noch vergletscherten Fläche, das sind 1,8 Millionen Quadratkilometer, befinden sich in Grönland. Die restlichen 360 000 Quadratkilometer verteilen sich auf viele kleine Eiskappen und Einzelgletscher auf den kanadischen Inseln, Spitzbergen, Franz-Josef-Land, Nowaja Semlja und Sewernaja Semlja, während das nördliche Alaska, das kanadische Festland, die skandinavische Arktis und Sibirien sozusagen eisfrei sind.

Seit dem Zweiten Weltkrieg ist dank Luftaufnahmen und stark vermehrter Feldarbeit die Ausdehnung der heutigen Vergletscherung besser bekannt geworden. Zurzeit wird mit Unterstützung der UNESCO und der UNEP (United Nations Environment Programme) ein detailliertes Inventar aller Gletscher der Welt aufgenommen, wobei für jeden Einzelgletscher mindestens dreißig Elemente gemessen werden: geographische Position, Höhenlage, Länge, Steilheit, Fläche, Form, Volumen (zumeist nur Schätzung), Schneegrenzenhöhe und vieles mehr. Diese internationale Arbeit, die die Arktis sorgfältig miteinbezieht, hat zum Ziel, einerseits die Gletscher als wesentlichen Bestandteil des globalen Wasserhaushalts zu registrieren und sie anderseits als einen der wichtigsten Klimaindikatoren zu erfassen. Es ist geplant, dieselbe Bestandesaufnahme in fünfundzwanzig bis fünfzig Jahren, je nach Verlauf der Klimaänderungen der nächsten Jahrzehnte, zu wiederholen.

Vorläufig ist noch nicht einmal die Anzahl der Gletscher bekannt. Allein in der kanadischen Arktis dürften es mehr als 30 000 Einheiten sein. Für das Studium der Klimaänderungen sind kleine Gletscher und Gletscherflecken besonders aufschlußreich, da sie unmittelbarer auf Klimaänderungen reagieren als große. Auf Axel Heiberg Island (80° N, 90° W) im kanadischen Archipel befinden sich zum Beispiel in ein und demselben Talkessel drei Gletscher unterschiedlicher Größe nur wenige Kilometer voneinander entfernt, die sehr verschieden reagieren. Der kleine, nur 1,5 Kilometer lange Baby Glacier, hat während der vergangenen achtzehn Jahre anfänglich rasch an Masse eingebüßt, später aber wieder gewonnen. Der mittelgroße, 16 Kilometer lange White Glacier zeigt einen nur geringen Schwund im Zungengebiet; hingegen rückte der 40 Kilometer lange Thompson Glacier, dessen Einzugsgebiet Teil der McGill-Eiskappe ist, während derselben Beobachtungsperiode jährlich zwischen zwanzig und fünfundzwanzig Meter vor. Dieser Befund zeigt deutlich, warum für die Untersuchung der Gletscher-Klima-Beziehung nicht nur Zungenänderungen beobachtet werden, sondern bei einigen ausgewählten Gletschern auch der Massenhaushalt gemessen wird. Jedes Jahr werden sowohl der Schnee- und Firnzuwachs im Nährgebiet als auch die Ablation im Zehrgebiet registriert. Parallel zu diesen aufwendigen glaziologischen Messungen werden in demselben Raum klimatische Daten, meistens mit Hilfe von automatischen Wetterstationen, erfaßt. Erst wenn für eine Reihe von Testgletschern klimatische Daten

16. Mikroklimamessungen auf Devon Ice Cap.

einiger Jahrzehnte zusammen mit glaziologischen Werten zur Verfügung stehen, können entsprechende theoretische Modelle der Klimaänderung überprüft werden.

Für das Verständnis des Verhaltens arktischer Gletscher sind zwei Konzepte von Bedeutung: Erstens die Gliederung des Nährgebietes in glaziologisch deutlich verschiedenartige Zonen und zweitens das Temperaturregime.

Gletscher entstehen dort, wo Schnee im Sommer für mehrere Jahre liegenbleibt und sich langsam in Firn und später in Gletschereis umwandelt. Die Gleichgewichtslinie trennt das Nähr- vom Zehrgebiet. Oberhalb dieser Linie, die auf dem Gletscher nicht direkt erkennbar ist, sondern durch Messungen ermittelt wird, liegt eine Zone, als «plaine morte» bekannt, in der sich der Winterschnee im Verlaufe des Sommers vollständig durchnäßt und zu einem Schnee-Wasser-Gemisch wird. Ein Teil dieses Breies rutscht als sogenannte Schneeschlamm-Lawine ab; ein gewisser Anteil fließt als Wasser ab, um, wenigstens teilweise, gleich wieder als «superimposed» Eis zu gefrieren und damit zur bleibenden Akkumulation beizutragen. Weiter oben auf dem Gletscher dringt das sommerliche Schmelzwasser durch Perkolation in die tiefer liegenden Schneeschichten ein. In der «Unteren Perkolationszone» sickert es gelegentlich durch mehrere Jahresschichten hindurch, während es in den höheren Lagen innerhalb der ersten Jahresschicht gefriert und Eislinsen und -schichten bildet. Die Schmelzwärme, nämlich 80 Kalorien pro Gramm gefrierenden Wassers, wird dabei freigegeben und heizt den Gletscher gewissermaßen auf. Die wassergefüllten Gletscherspalten wirken in gleicher Weise erwärmend. Erst in den höchstgelegenen Partien arktischer Gletscher mag es vorkommen, daß selbst während der wärmsten Tage die Schneekristalle nicht mehr zu schmelzen vermögen. Dann ist das Gebiet des Trockenschnees erreicht. Nur im Innern von Grönland und in der Antarktis gibt es große zusammenhängende Trockenschneeregionen. In kalten Sommern findet man Trockenschnee auch in tieferen Lagen und auf weiter südlich liegenden Gletschern der Arktis.

Die Besprechung des Temperaturregimes der arktischen Gletscher muß mit einem Hinweis auf die Arbeiten des schwedischen Glaziologen Ahlmann beginnen, der diese aufgrund der Eistemperaturen in polare, subpolare und temperierte Typen einteilte. Beim polaren Gletscher ist die ganze Eismasse jahrein-jahraus kälter als die Gefrierpunkt-Temperatur. Solche Gletscher sind am Dauerfrostboden festgefroren. Sie verlieren Eis nur durch Kalbung von Eisbergen und sind typisch für die Antarktis, kommen aber in der Arktis kaum vor. Die meisten Gletscher der Arktis gehören zum subpolaren Typ. Im Zehrgebiet dieser Gletscher rinnen im Sommer Schmelzwasser ab; im Nährgebiet bilden sich die erwähnten «superimposed» Eis-, Schneeschlamm- und Perkolations-Zonen. Obwohl auch bei diesem Typ ein Teil des Gletschereises negative Temperaturen aufweist, ist er nicht durchgehend am Untergrund festgefroren. Im Sommer nimmt, sobald sich größere Schmelzwassermengen durch Gletschermühlen und randliche Entwässerungen am Gletscherbett auswirken

**Die Gletscher**

können, die Fließgeschwindigkeit infolge Gleitens auf dem Untergrund drastisch zu.

Die Höhenlage der Gleichgewichtslinie entspricht ungefähr derjenigen der klimatischen Schnee- oder Firngrenze. Die genannten Linien sind in der Arktis nicht identisch und werden vom Fachmann möglichst sorgfältig auseinandergehalten; für grobe Annäherungen dürfen sie jedoch meistens gleichgesetzt werden. Liegen sie auf einem bestimmten Gletscher höher als es dem ausgeglichenen Massenhaushalt entspricht, so stellt sich Gletscherschwund ein. Liegen sie tiefer, so nimmt der Gletscher zu und reagiert – zwar erst verspätet – mit einem Zungenvorstoß. Befinden sie sich für Jahre über den Gipfeln eines Gebietes, so verschwinden die Gletscher. Neubildungen treten erst auf, wenn sie für mehrere aufeinanderfolgende Sommer unter die höchsten Berggipfel oder Plateaus zu liegen kommen. Die Höhe dieser Linien schwankt sowohl örtlich als auch über größere Räume. Abweichungen werden durch Unterschiede in der Bestrahlung, den vorherrschenden Windrichtungen, der Bewölkung, der Entfernung von Feuchtelieferanten und weiteren klimatischen und topographischen Faktoren hervorgerufen. Die Höhe nimmt mit der Kontinentalität zu; anderseits fällt sie mit höherer geographischer Breite ab, erreicht aber in der Arktis (im Gegensatz zur Antarktis) das Meeresniveau – auch im Polarmeer – nur an wenigen Stellen.

Für das grönländische Inlandeis wird für die Höhe der Gleichgewichtslinie ein Mittelwert von 1100 bis 1200 Metern angegeben. In den Bergen der Westküste soll sie aber nur 600 bis 900 Meter und an der Ostküste 900 bis 1200 Meter betragen. In Peary Land, dem nördlichsten Teil Grönlands, hat ausgeprägte Kontinentalität mit mittleren Jahresniederschlägen von nur 125 Millimetern Wasserwert bewirkt, daß sich kein Inlandeis, sondern nur eine lokale Gebirgsvergletscherung mit einer Gleichgewichtslinienhöhe von etwa 600 Metern über Meer entwickeln konnte. Dies scheint auch während der Eiszeit der Fall gewesen zu sein. Aus demselben Grunde ist die Umgebung des Kap Morris Jesup (83° 40′ N) frei von Gletschern, während sich am Nordende von Ellesmere Land, infolge der dortigen lokalen Absenkung der Gleichgewichtslinie auf Meeresniveau, ein sogenanntes Eisschelf entwickelte, wie es sonst nur in der Antarktis bekannt ist. Auch am Nordende von Sewernaja Semlja (81° N) fällt die Gleichgewichtslinie lokal auf null Meter, befindet sich aber im stark vergletscherten Spitzbergen trotz der hohen Breitenlage von 78° bis 80° Nord auf 300 bis 700 Meter über Meer. Die Gletscher Spitzbergens scheinen teilweise zum temperierten Typ zu gehören.

In Baffin Land, das heute nur zu 7 Prozent vergletschert ist, tangiert die Gleichgewichtslinie die höchstgelegenen Plateaus und Gipfel, so daß die Ernährung der dortigen Gletscher ausschließlich durch «superimposed» Eis erfolgt. Eine noch so geringe Aufwärtsverschiebung der Gleichgewichtslinie kann die verbleibenden Gletscher in Baffin Land zum Verschwinden bringen. In der faszinierend schönen Gebirgslandschaft des östlichen Baffin Land sind die höchsten Karmulden durch Gletscher besetzt, während die nur 200 Meter tiefer gelegenen leer sind. Ein Absinken der Gleichgewichtslinie um 200 Meter

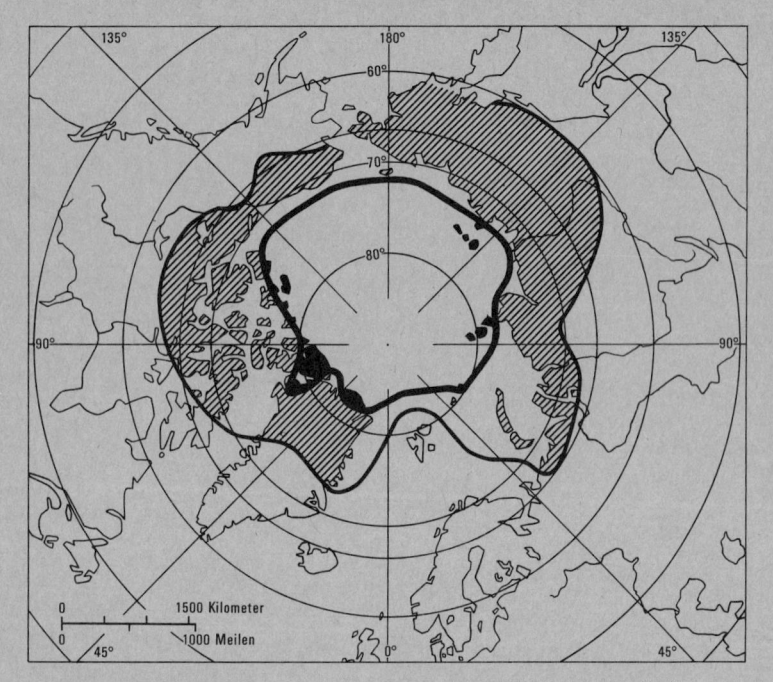

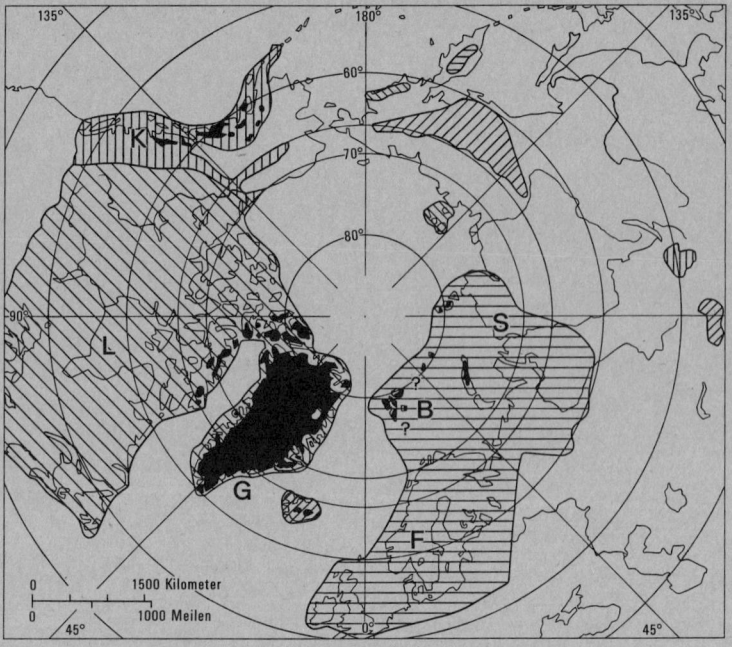

Oben links: Verteilung von Wüsten (schwarz) und Halbwüsten (schraffiert) aufgrund der Turc-Verdunstungsformel. (Nach Bovis und Barry in Smiley und Zumberge, 1974.)

Heutige Vergletscherung (schwarz) und eiszeitliche Maximalvergletscherung. (Nach Cox in Andrews, 1975.)
S = Sibirischer Eisschild
B = Barentstraße-Eisschild (teilweise unsicher)
F = Fennoskandisch-britischer Eisschild
G = Grönland
L = Laurentischer Eisschild
K = Kordilleren-Eisschild

würde nicht nur diese Mulden wieder mit Gletschern füllen, sondern auch gleichzeitig große Flächen des Hochplateaus von Baffin zuerst mit vielen kleinen und später durch Zusammenfließen entstehenden größeren Eisschilden überziehen.

Die Rekonstruktion der Gletscher- und Klimageschichte der Arktis ist heute von ganz besonderem Interesse. Das Kommen und Gehen von Eisschilden mit kontinentalen Ausmaßen, wie es in der Arktis während ein bis zwei Millionen Jahren mehrmals stattfand, gehört zu den faszinierendsten Vorgängen der Erdgeschichte. Daß vor etwa 14000 Jahren arktische Eismassen Kanada bis zu den großen Seen sowie ganz Nordeuropa und Teile von Rußland und Sibirien bedeckten und dann in weniger als 7000 Jahren fast restlos verschwanden, ist vom Gesichtspunkt des Energiehaushaltes nicht völlig geklärt.

Es wird mit Recht darauf hingewiesen, daß wir uns heute in einer Zwischeneiszeit befinden, deren Dauer wir nicht kennen. Eine zunehmend größere Anzahl von Wissenschaftern kam in den letzten Jahren zum Schluß, daß sich die entscheidenden Veränderungen für die Einleitung der letzten Eiszeit in einer Zeitspanne von vielleicht nur 100 Jahren ereignet haben. Der Aufbau der Eisschilde und die dazugehörige Verdoppelung der Fläche der Arktis benötigte jedoch nach heutigen Schätzungen 5000 bis 20000 Jahre. Die Nordamerikaner, Nordeuropäer und Russen hätten also noch Zeit, sich im Falle einer Wiederholung des Ereignisses aus den «umstrittenen» Gebieten zurückzuziehen. Immerhin dürften die ökonomischen, sozialen und ökologischen Veränderungen sehr rasch zu einem äußerst ernsthaften Problem werden. Die allgemeinen Folgen einer solchen Umstellung auf eine Zeit der Groß-Vergletscherung sind noch nicht abzuschätzen. Doch der Mensch könnte durch seine eigenen Eingriffe in die Natur möglicherweise eine solche Klimaänderung verursachen.

Aus noch ungenügend geklärten Gründen haben Grönland und die Antarktis an den großen eiszeitlichen Fluktuationen nur beschränkt teilgenommen. Beide Gebiete haben seit Beginn des Pleistozäns, eventuell schon früher, größtenteils in einem quasi-stationären Zu-

## Die Gletscher

stand verharrt. Das Grönlandeis verlor seit der größten Vergletscherung höchstens ein Viertel seiner Fläche (statt 2,3 Millionen sind es jetzt 1,8 Millionen Quadratkilometer), während in der gleichen Zeitepoche der Fennoskandische Eisschild von 6,7 Millionen auf klägliche 4000 Quadratkilometer und jener über Kanada von 13,4 Millionen (das entspricht der Größe der Antarktis) auf 150000 Quadratkilometer zusammenschrumpften.

Der Ablauf des wiederholten Auf- und Abbaus der großen, unstabilen Eisschilde im Norden Amerikas und Eurasiens wird nur langsam bekannt. Die klassische Unterscheidung von vier, fünf oder sechs zyklischen Vergletscherungen mit entsprechenden Zwischeneiszeiten – aus dem alpinen Bereich als Günz, Mindel, Riß und Würm bekannt – muß im Lichte neuerer Forschungsergebnisse ernsthaft überprüft werden. Bohrkerne von Tiefseesedimenten aus dem Karibischen Meer bei Neufundland und Alaska sowie die glazialen Ablagerungen auf Island, die in Basaltlava-Ergüsse eingebettet wurden, deuten auf eine größere Zahl von Kaltperioden mit Groß-Vergletscherung im Verlaufe des Känozoikums hin; vielleicht waren es deren acht, zehn oder gar sechzehn.

Die weitaus beste Information besitzen wir über die letzte Vergletscherung, die vor etwa 100000 Jahren begann. Im nördlichen Kanada scheinen sich nach Absenkung der Firnlinie pilzartig und rasch mehrere Vereisungsgebiete gebildet zu haben, die dann zusammenwuchsen und bald auch die Hudson Bay überdeckten. Erst viel später bildete sich wahrscheinlich ein separater Eisschild über den Queen Elizabeth Islands. Der Kanadische Eisschild erreichte seine maximale Ausdehnung nicht überall zur selben Zeit. Am Südrand wurde der Maximalstand vor 15000 bis 24000 Jahren erreicht. Auch der Rückzug erfolgte nicht überall gleichzeitig. Im Nordwesten begann er vor 12500 Jahren, im östlichen Baffin Land aber erst vor 8000 bis 10000 Jahren. Im Verlaufe des Abbaus zerfiel der Kanadische Laurentide-Eisschild wiederum in mehrere Einzelzentren, die sich anhand der Rückzugsmoränen und der Strandlinien rekonstruieren lassen. Die Entlastung der Erdkruste durch den Abbau der Eisschilde führte – zwar mit Verzögerung – zu einer Hebung der Strandlinien. Das Maximum dieser isostatischen Anpassung erfolgte am Südende der Hudson Bay, wo die Hebung im Verlauf der letzten 6000 Jahre 100 Meter betrug. Ein zweites Hebungszentrum liegt im Nordwesten der Hudson Bay, ein drittes über den Queen Elizabeth Islands, wo die Krustenhebung etwa 60 Meter erreicht.

Der nordeuropäische, sogenannte Fennoskandische Eisschild soll, nach neuesten Untersuchungen schwedischer Forscher, bei seiner maximalen Ausbreitung das untiefe Schelf der Barentssee überspannt und dadurch die letzteiszeitlichen Gletscher von Spitzbergen und Franz-Josef-Land mit den Eiszentren über Skandinavien und Sibirien verbunden haben. Der Zerfall dieses Rieseneisschildes erfolgte vermutlich etwas früher als derjenige in Kanada. Die höchste Strandlinie des skandinavischen Hebungszentrums, deren Höhe mit 120 Metern angegeben wird, datierte man auf ein Alter zwischen 7000 und 7500 Jahren.

Die Gletscher

Während der letzten 10000 Jahre der Vergletscherungsgeschichte der Arktis ereignete sich aber nicht nur der dramatische Abbau der großen Eisschilde. Auch das Pendel der Klimaänderungen schwang kräftig in dieser Richtung aus. Etwa vor 8000 bis 5000 Jahren herrschte eine Warmperiode, Hypsithermal oder auch Atlantikum genannt, in der nahezu alles Eis der Arktis mit Ausnahme des grönländischen verschwand. Die Barnes-Eiskappe auf Baffin Island und einige ähnlich situierte Eiskappen «überlebten». Während dieses nacheiszeitlichen Wärmeoptimums zog sich auch in Grönland das Inlandeis hinter den heutigen Stand zurück. Dieses warme Intermezzo, das in einzelnen Gebieten nur 1000 bis 2500 Jahre dauerte, ist durch fossile Pflanzen- und Tierreste nachgewiesen.

Die Neuvergletscherung begann – auch nicht überall gleichzeitig – mit einem drastischen Temperaturabfall vor etwa 5000 Jahren. In den arktischen Meeren setzte sie etwas später, zirka vor 3500 Jahren, ein, da sich die nachglaziale Wärmeperiode hier länger auswirkte.

Seit Beginn der Neuvergletscherung war das Klima launisch wechselhaft. Es sind zwei, stellenweise sogar vier Neuvorstöße der Gletscher zu erkennen. Verschiedene Moränenstände, aber auch Unterschiede der Flechtenbewachsung, des Verwitterungszustandes der Gesteine sowie des Pollengehaltes in Mooren und Sedimenten gestatten die Details der Klimaänderungen und der Vergletscherungen besser zu erkennen. Auch die Aussagen von Eisbohrkernen, die bei Camp Century in Nordwest-Grönland und auch auf Devon und Meighen Island gehoben wurden, haben viel zur jüngeren Glazialgeschichte beigetragen. Die Analyse von Sauerstoff-, Tritium- und anderen Isotopen, die im Eis eingeschlossen sind, gestattet, die Temperaturen und Niederschlagsraten vergangener Zeiten zu rekonstruieren. Das markanteste Ereignis in der Zeit nach Christus ist die «Kleine Eiszeit», die etwa von 1400 oder 1500 (Zeit des Verschwindens der Wikinger) bis um das Jahr 1925 dauerte. Die Kälteakzente der «Kleinen Eiszeit» um 1680 bis 1730 und zum Teil nochmals zu Beginn des 19. Jahrhunderts schufen deutliche Endmoränen, von denen sich die mittelgroßen und kleineren Talgletscher als Folge der Erwärmung in unserem Jahrhundert leicht abgesetzt haben.

Die verschiedenen Wanderbewegungen der Eskimos von Alaska bis Grönland, aber auch viele der tragischen Ereignisse der Entdeckungsgeschichte der Arktis, erhalten durch das Studium der Vergletscherungs- und Klimageschichte eine neue Interpretation. Die verhängnisvollen Mißerfolge der Arktisforscher früherer Jahrhunderte wie auch die gefeierten Erfolge unseres Jahrhunderts sind vielleicht ebensosehr den Eis- und Klimalaunen der betreffenden Zeiten zuzuschreiben wie dem Versagen oder Geschick der «Verlierer» und «Sieger».

17. Namenloser Talgletscher im südlichen Axel Heiberg Island.

18. Oberfläche des Iceberg Glacier auf Axel Heiberg Island.

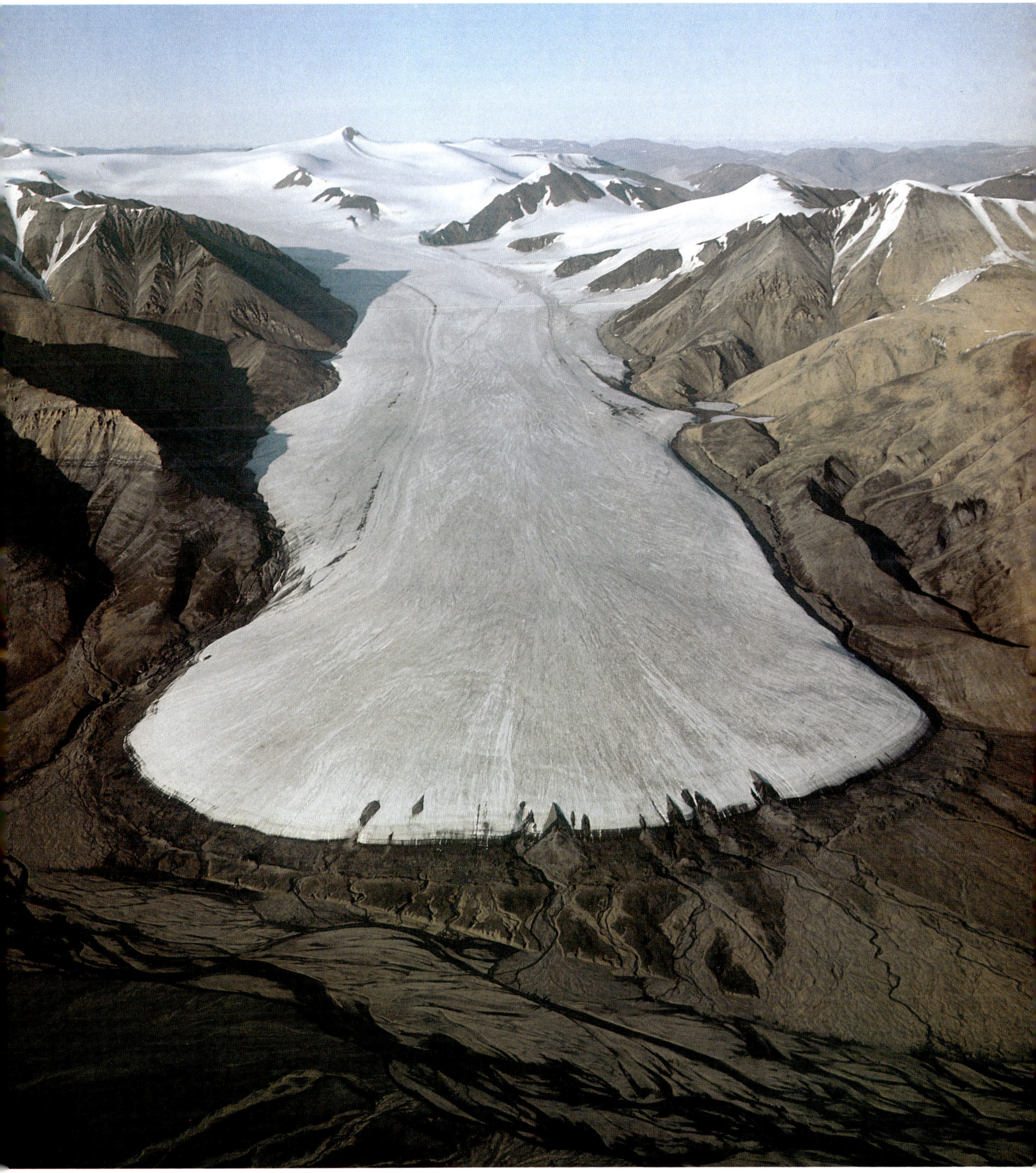



18 ▷

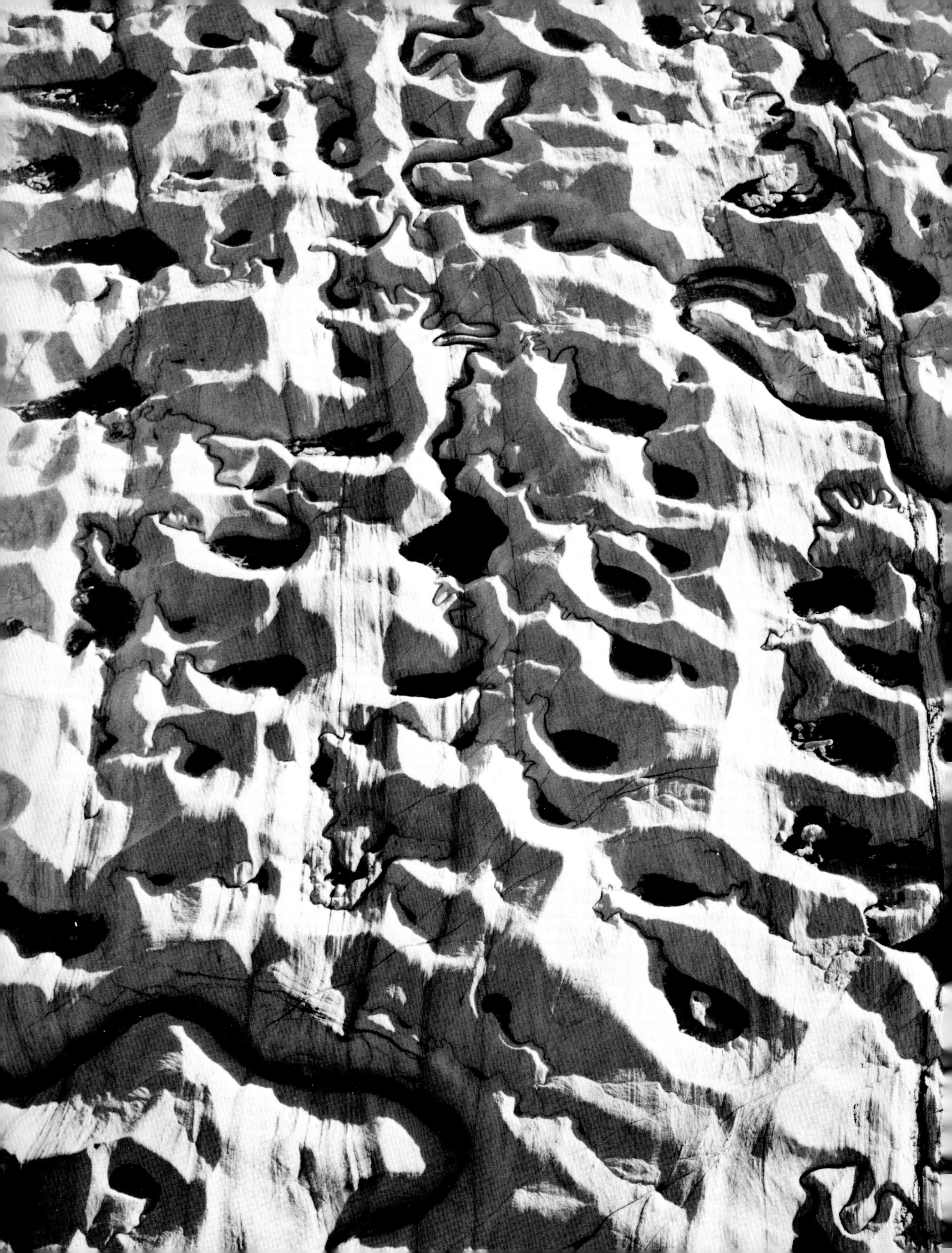

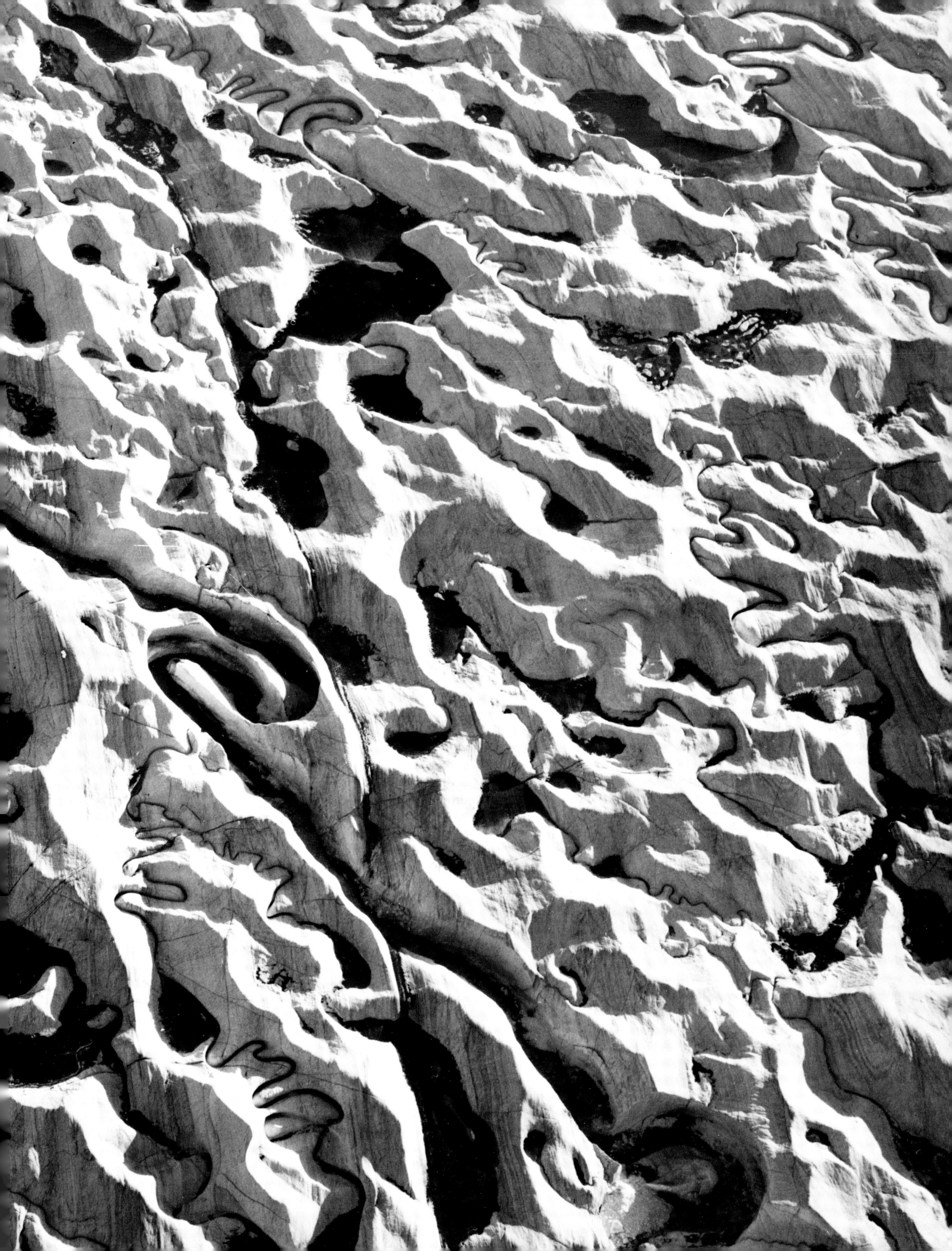

19

19. Seismische Dickenmessung auf White Glacier, Axel Heiberg Island.
20. Sommerlicher Schmelzwasserkanal, Schuchert-Gletscher, Ostgrönland.
21. «Schneewürmer» auf Axel Heiberg Island.
22. Kryokonit-Schmelzlöcher und ausgeheilte Gletscherspalten auf dem White Glacier.
23. Eiskristallformen unter hohem Druck im Laboratorium erzeugt.
24. Eiskristalle aus dem Innern des White Glacier.
25. Sprünge im durchsichtigen See-Eis.
26. Schmelzränder an Kristallgrenzen des See-Eises auf Axel Heiberg Island.

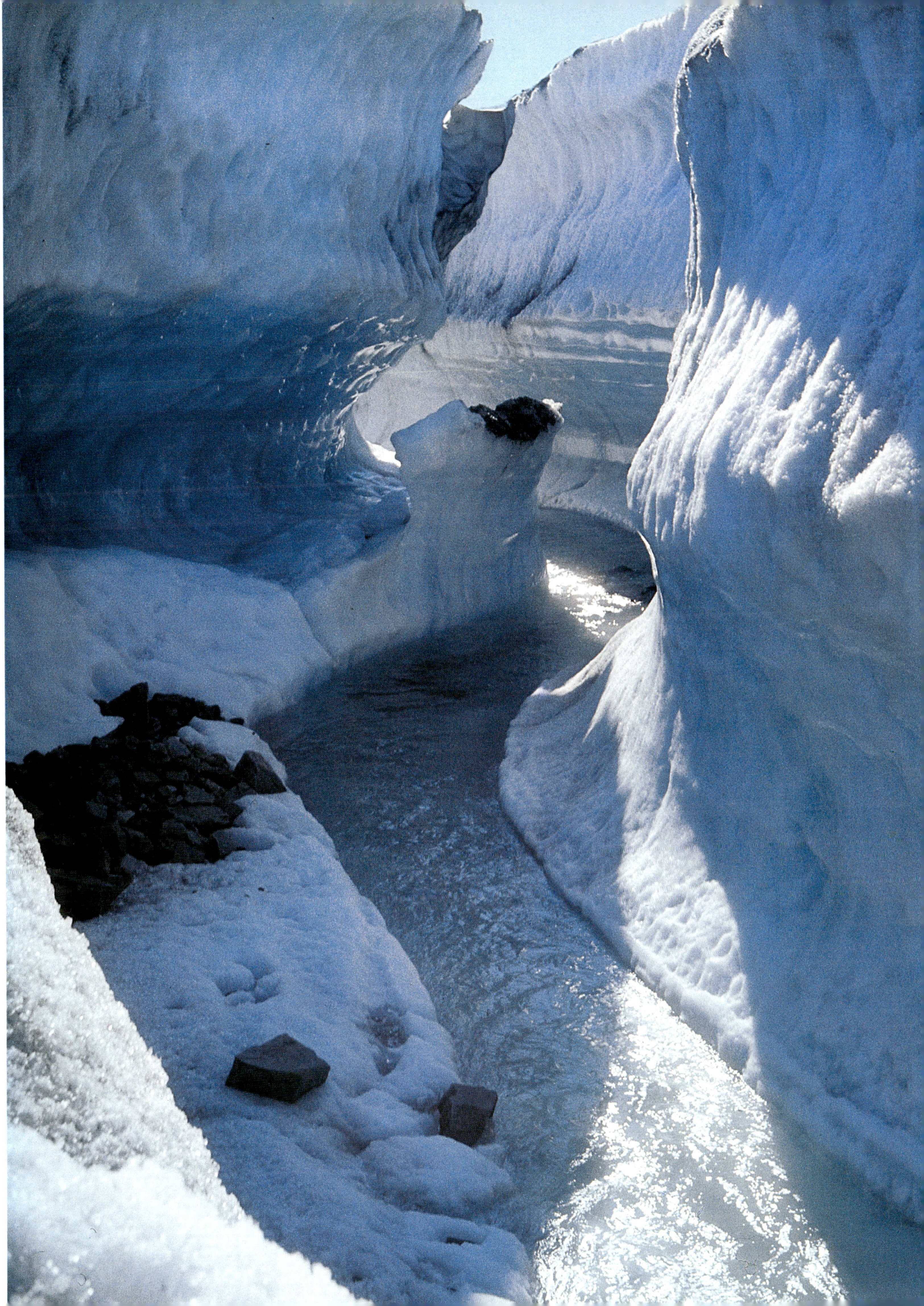

21–24

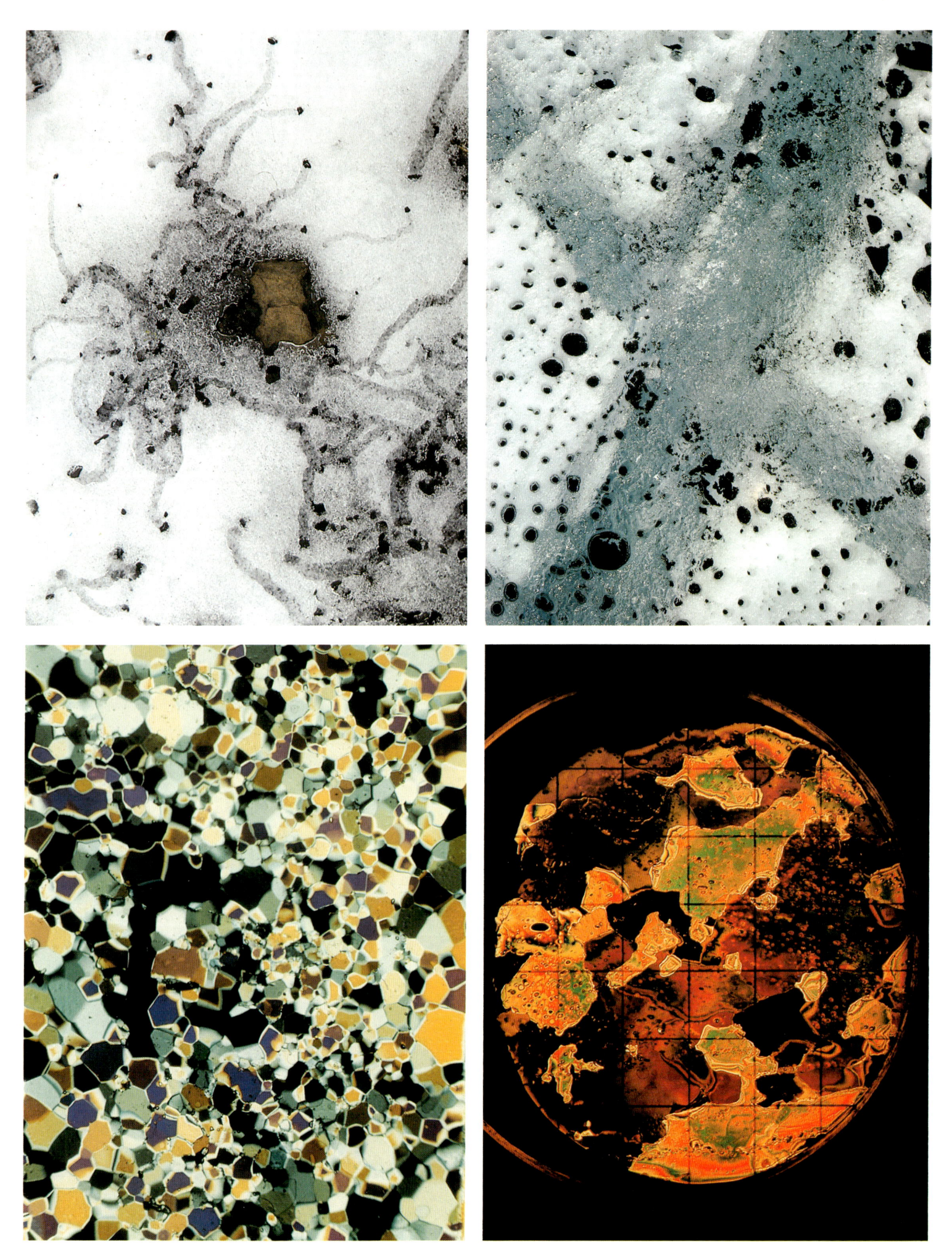

25–26

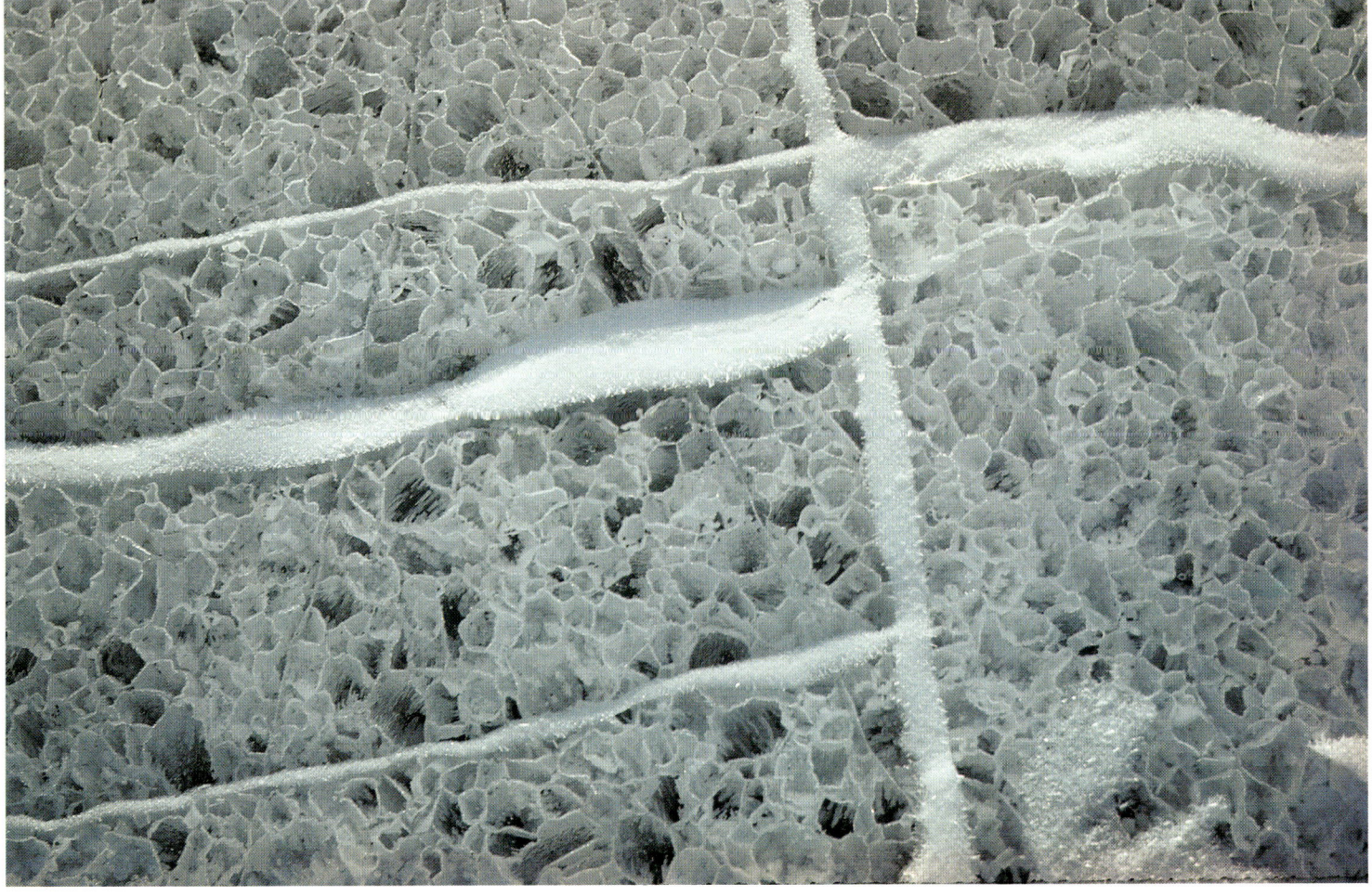

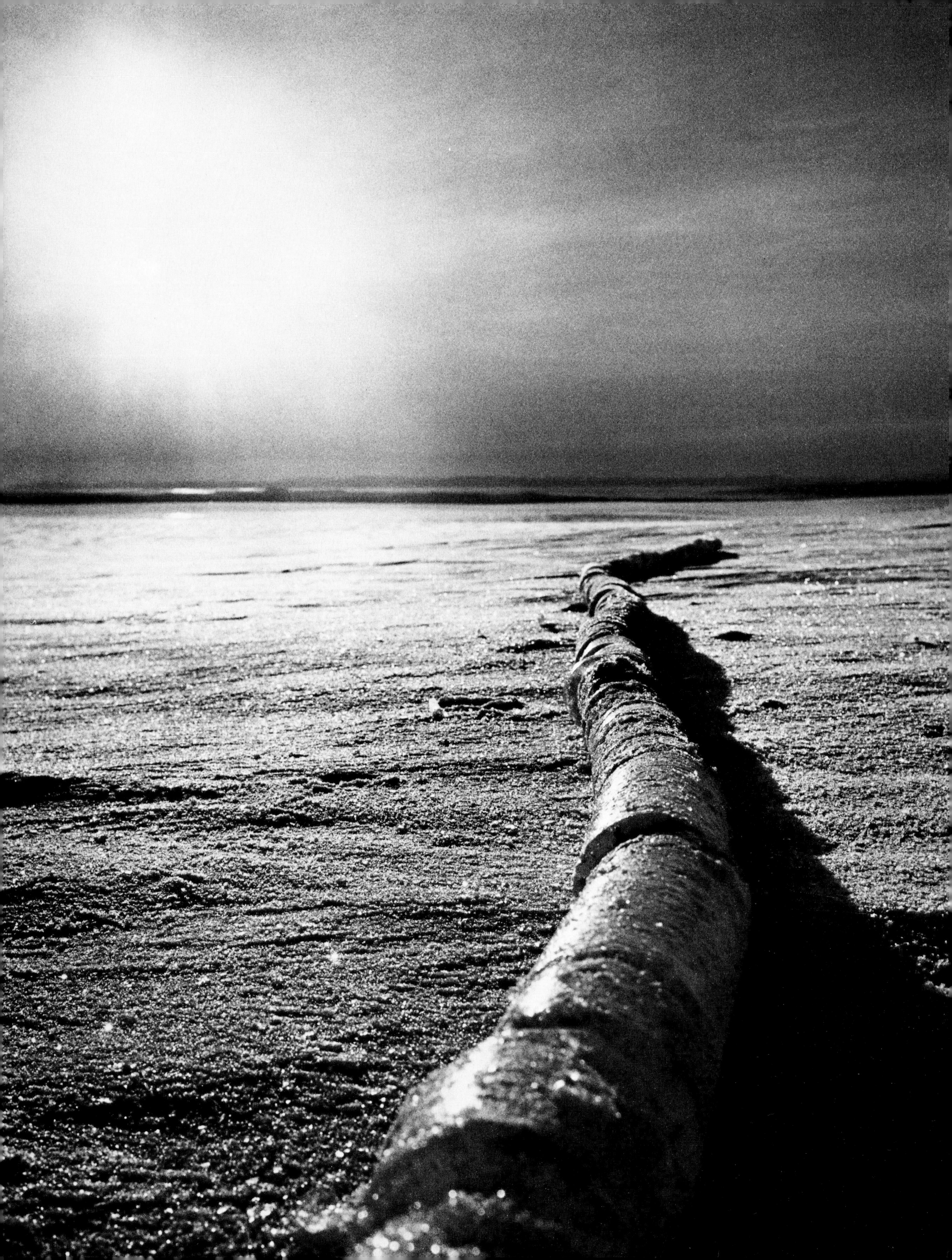

27. Eisbohrkern auf McGill Ice Cap, Axel Heiberg Island.
28. Eisbohrung auf White Glacier.

29–30

# Geologie und Landformen

Es gibt keine spezielle arktische Geologie, wohl aber eine arktische Schau der Geologie. Sobald das gleichmachende Weiß des Winterschnees dem Sommer weicht, tritt die Welt des Geologen in der Arktis mit einer Klarheit zutage, wie wir sie sonst nur aus den Hochgebirgen kennen. Die Nacktheit der arktischen Landschaft wird – aus dem Flugzeug gesehen oder zu Fuß erwandert – zum großen Erlebnis. Das Fehlen von Wald und Busch gestattet sowohl einen ungewöhnlichen Überblick über die Großformen als auch einen Einblick ins reiche Detail.

Die Hauptgliederung der Erdkruste in der Arktis ergibt sich zwangsläufig als nördliche Fortsetzung des primärgeologischen Aufbaus der zirkumpolaren Kontinente. Drei mächtige, starre Blöcke aus präkambrischer Zeit, die in den arktischen Raum vorstoßen – der Kanada-Grönland-Schild, der Fennoskandische oder Baltische Schild und der sibirische Angara-Schild –, bilden die Basis, auf der sich die geologischen Strukturen der Arktis aufbauen. Die verborgen liegenden Schilde treten an vielen Stellen zutage. Sie bestehen aus kristallinen Gesteinen und metamorphen archaischen Sedimenten mit Einsprengseln basaltischer Laven. Die Schilde sind nicht eintönig ebene Großformen, sondern werden durch ein Bogen- und Beckenmuster mit einer Wellenlänge von mehreren hundert Kilometern gegliedert.

Der Kanadische Schild hat einen Durchmesser von mehr als 3500 Kilometern und nimmt etwa 70 Prozent der kanadischen Landarktis ein. Vom Paläozoikum bis ins spätere Mesozoikum lagerten sich über dem Schild Sedimente ab, hauptsächlich Kalkgesteine und dolomitisierte Kalke, die auf den Bogenstrukturen wieder abgetragen wurden, in den Becken aber erhalten blieben. Sie bilden ausgeprägte Plateaus, so im Norden von Baffin Island und auf Devon. Der Ostrand des Kanadischen Schildes liegt bedeutend höher als der westliche und fällt steil zum Meer ab. Dadurch entstand im östlichen Baffin Land und Ellesmere Land eine der eindrücklichsten Fjordlandschaften der Erde. Die kristallinen Berge der grönländischen Westküste sind offenbar die östlichen Teile dieses Großgewölbes, das bei der Entstehung der Baffin Bay – Davis Strait aufgerissen wurde. Auch die großartigen Fjordküsten von Ostgrönland sind in ihrem Unterbau mit dem Kanadischen Schild verknüpft.

Der Baltische Schild mit Zentrum über Finnland gehört heute nur zum kleinsten Teil zur Arktis. Er hat, ähnlich wie große Abschnitte des Kanadischen Schildes, den Charakter einer gewellten, leicht gehobenen Ausebnungsfläche, die selten höher als 400 Meter über Meer liegt. Entlang des Weißen Meeres erhebt sich der Baltische Schild nur wenig über den Meeresspiegel. Östlich von Archangelsk verschwindet er unter jüngeren Sedimenten, die nach Westen gerichtete Steilränder aufweisen.

Der sibirische Angara-Schild, zwischen Jenissej und Lena gelegen, ist merklich verschieden von den anderen Schilden. Seine präkambrischen Formationen treten nur in einem kleinen Gebiet an die Oberfläche. In den Putorana-Bergen erreichen sie Höhen von 1800 Metern. Die Flußtäler sind tief eingeschnitten.

Auch die wichtigsten Faltengebirge Eurasiens und Nordamerikas ha-

29–30. Überfließen des Between Lake über Zunge des White Glacier.

## Geologie und Tektonik

(Zum Teil nach Sater, 1969, und Hamilton, 1970.)

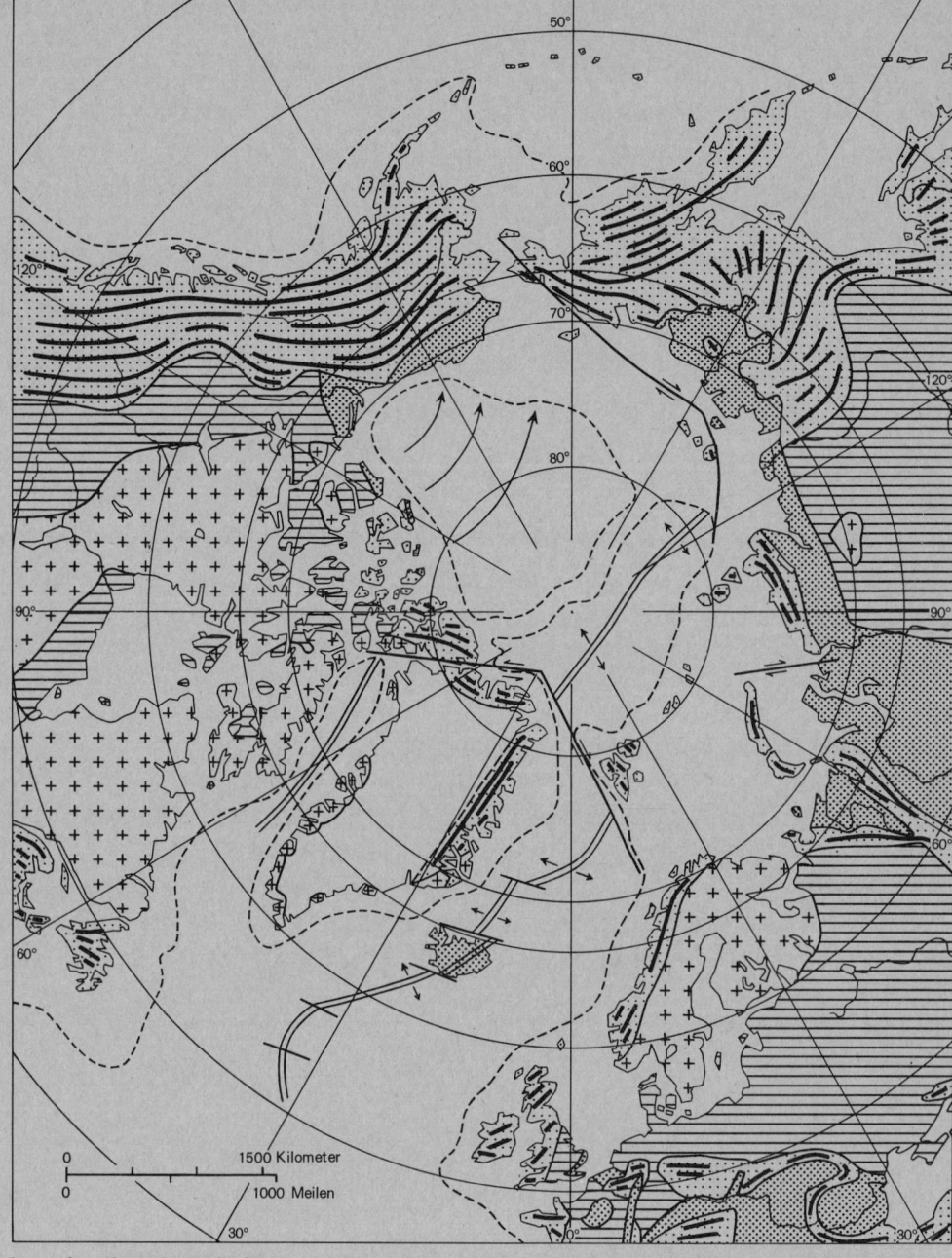

|+ + +|
|+ + +| Präkambrischer Schild
≡≡≡ Alte Sedimente, teilweise Schild überlagernd
Faltengebirge mit Streichrichtung
Eiszeitliche Ablagerungen und spät-tertiäre Vulkangesteine

-------- Kontinentalabfall

⫽ Tiefseerücken

⇌ Transversalverschiebung

→ Rotation

ben in der Arktis ihre Ausläufer; so setzen sich der Ural nach Nowaja Semlja und die Byrranga Berge der Taimyr-Halbinsel nach Sewernaja Semlja fort. Nordost-Sibirien ist ein weitläufiges, komplexes Hochland mit Plateaus und Faltengebirgen, die in verschiedenen Richtungen verlaufen. Im Werchojansk- und auch im Tscherski-Gebirge erreichen die Gipfel Höhen von mehr als 3000 Metern. Im östlichsten Sibirien und auf der Tschuktschen-Halbinsel sind die Berge weniger hoch, aber noch verworrener. Die Brooks-Bergkette im nördlichen Alaska wird als Verlängerung der nordamerikanischen Kordilleren betrachtet.

Gänzlich in der Arktis beheimatete Faltengebirge finden wir auf den Sverdrup-Inseln des nördlichsten kanadischen Archipels mit einer Fortsetzung nach Peary Land und Ostgrönland. Das letztere Gebirge verläuft nordwärts von Scoresby-Sund bis zur Nordostecke von Grönland und wurde im Silur, also vor etwa 400 Millionen Jahren, gefaltet. Die eindrücklichen Stauning-Alpen Ostgrönlands sind jünger. Die von der Faltung erfaßten Schichten sind bis zu 15 Kilome-

## Geologie und Landformen

tern mächtig. Im Zentrum der sogenannten Franklin-Geosynklinale des Sverdrupbeckens wurde eine Sedimentdicke von mehr als 12 Kilometern gemessen. Auf Axel Heiberg Island und auf Ellesmere Land haben sich diese Ablagerungen in Bergketten von 1800 bis 2700 Metern Höhe verfaltet, wobei auch frühtertiäre Sedimente erfaßt wurden. Auch paläozoische Bewegungsphasen konnten nachgewiesen werden. Die Hauptfalten streichen von Südwesten nach Nordosten. Mächtige Diapire aus Gips des Permo-Karbon durchstoßen die jüngeren Schichten und bilden auffällige Strukturen, oft längs aufgebrochener Antiklinalen.

Es bestehen beachtliche Unterschiede zwischen den Formen der alten, paläozoischen und denen der spätmesozoischen bis tertiären Faltengebirge. Die ersteren wurden inzwischen weitgehend abgetragen und gleichen oft eher den Oberflächen der alten Schilde als den jüngeren Ketten. Diese hingegen haben alpines Aussehen. Im Gefolge der jungen Gebirgsbildung kam es auch in der Arktis zum Aufsteigen magmatischer Massen und zu Vulkanismus. Zum Teil noch heute aktive Vulkane finden sich auf Kamtschatka, den Aleuten, in Alaska, in Ostgrönland südlich des Scoresby-Sund und auf Jan Mayen.

Die tektonische Geschichte der Arktis wurde erst kürzlich neu skizziert. Die Erkenntnisse der Kontinentaldrift, vor allem der modernen Plattentektonik und der Polwanderung, sprechen dafür, daß sich das Polarmeer erst im frühen Mesozoikum öffnete und die Durchgänge zu Pazifik und Atlantik erst nach dem Ausgang der Kreidezeit oder noch später aufbrachen. Die Nansen Ridge im eurasischen Becken des Polarmeeres, wo ständig neue ozeanische Kruste entsteht, ist eine seitlich versetzte Fortsetzung des Mittelatlantischen Rückens.

Paläomagnetische Messungen an Meeressedimenten deuten auf mehrere Nordwärtsbewegungen der Kontinente der nördlichen Hemisphäre hin.

In der Trias soll sich der Nordpol ungefähr bei 50° Nord, 150° West befunden haben. Erst im Tertiär verschob er sich in die heutige Lage und verblieb seitdem innerhalb weniger Grade in dieser Position. Diese geringen Polverschiebungen können kaum für die pleistozänen Vergletscherungen verantwortlich gemacht werden. Hingegen dürfte sich die tertiäre Verschiebung des Südpols bis tief in den antarktischen Kontinent hinein auf das globale Klima, und damit auf die Entstehungsbedingungen für die Eiszeiten, entscheidend ausgewirkt haben.

Heute konzentrieren sich die Geologen vor allem auf die großen Sedimentkomplexe in den Randgebieten und Becken der Schilde im Vorland der jüngeren Faltengebirge der Arktis. Ihr Interesse gilt in erster Linie den omnipotenten Rohstoffen Erdöl und Erdgas.

Die Geologie der Arktis springt bestechend in die Augen, aber letztlich sind es die durch die Eiszeiten entstandenen Landformen, die der Arktis ihren besonderen Charakter verleihen. Vor allem die kleinen und mittelgroßen Landschaftselemente überraschen immer wieder durch ihre geometrischen Muster, ihre Regelmäßigkeit oder ihre Fremdartigkeit. Sie drängen uns dauernd die Frage nach den Ursa-

Geologie und Landformen

chen und der Art ihrer Entstehung auf. Im Sommer beeinflussen sie das tägliche Leben von Mensch, Tier und Pflanzen ebensosehr wie das Klima.

Die Großformen der arktischen Landschaft – Hochlandschollen, Faltengebirge, Vulkanketten und Tiefebenen – sind eng mit geologischen Ereignissen verknüpft. Sie können in ihrer Anlage mehrere hundert Millionen Jahre alt sein, also viel älter als die Eiszeiten. Hochgehoben, verfaltet, verbogen, zerbrochen, ausgeebnet und überflutet sind Begriffe, mit denen ihre Entstehung, ihre Umgestaltung und ihr Verschwinden beschrieben werden. All diese Vorgänge sind in der Arktis kaum verschieden von jenen anderer Kontinente der Erde. Die Erdkruste als Ganzes kümmert sich offenbar wenig um das Klima und die damit verbundenen äußeren Kräfte. Einzig auf indirektem Weg, durch den klimabedingten Auf- und Abbau der kontinentalen Eisschilde und die dadurch ausgelösten Senkungen und Hebungen der Erdkruste und des Meeresspiegels, können die Großformen der Landschaft auf «arktische Weise» beeinflußt werden.

Für die unzähligen mittelgroßen und kleinen Landformen gilt die geomorphologische Faustregel, daß sie das Produkt des Geschehens von weniger als zehn Millionen Jahren sind, wobei erst die letzte Million und insbesondere die letzten tausend bis hunderttausend Jahre – je nach Art und Größe der Form – wirklich zählen. In diesen Zeiträumen mögen die Vorgänge und Umweltverhältnisse der Arktis eine entscheidende Rolle gespielt haben. Das Wirken der Temperaturen, der Niederschlags- und Abflußverhältnisse, der Sonnenbestrahlung und der Winde wie auch der biologischen und chemischen Prozesse erhält ausschlaggebende Bedeutung. Das arktische Klima und die dadurch bedingten geomorphologischen Prozesse wie Frostwirkung, Verwitterung, Nivation, Solifluktion und glaziale Überarbeitung schaffen die für die Arktis typischen Bodenarten, Hangformen, Struktur- und Dauerfrostböden, Bodeneisformen, Thermokarst-Erscheinungen, Küstenformen und Taltypen. Diese Fülle arktischer Landschaftselemente ist entweder durch die Vergletscherung direkt oder durch sogenannte periglaziale Vorgänge in räumlicher Nachbarschaft der Gletscher vor und nach der Eiszeit entstanden.

Die Bewegungen des Eises, vor allem in den Randzonen der Eiskappen und im Bereich großer Abflußgletscher, kombiniert mit dem Auf- und Untertauchen der Küstengebiete, schufen die zahlreichen, oft so imposanten Fjorde, wie sie von Grönland, Spitzbergen und den nordöstlichen Inseln der kanadischen Arktis bekannt sind. Nicht nur in den Küstenregionen, sondern auch im Landesinnern hat die Bewegung des Eises das anstehende Gestein gerundet und abgeschliffen. Wo sich das Eis durch Verengungen zwängte, entstanden spiegelglatte Polituren. Noch viel größere Gebiete sind jedoch von den verschiedensten Ablagerungen der Eiszeiten bedeckt: von überformten Moränenresten; ausgewalztem Geschiebelehm, zerschnitten durch Schmelzwasserrinnen; Schotterebenen mit Thermokarst-Vertiefungen, in denen sich unzählige Seen aller Formen gebildet haben. Hügel und Mulden, Drumlins und Seen reihen sich in eigenartig schöner

## Geologie und Landformen

Regelmäßigkeit aneinander. Riesige Flächen sind bedeckt mit überformtem Lockermaterial, das die Richtung und die beherrschenden Kräfte der ehemaligen Eisbewegungen verrät. Es kommt vor, daß plötzlich ein Fremdling, ein Esker, in einem viele Kilometer langen, unregelmäßigen Lauf alle Muster durchquert. Begraben unter diesen Formen liegen verschiedene ältere Landoberflächen früherer Eiszeiten und wärmerer Zwischenperioden. Doch dies ist nur an wenigen Überresten zu erkennen. Jeder Vormarsch des Eises hat nicht nur alte Landformen verschüttet, sondern auch früheres Leben zerstört. Nur mühsam hat sich jeweils nach dem Verschwinden des Eises unter den harten Umweltbedingungen neues Leben entwickelt. Gewisse Lebensformen blieben für immer begraben, so die Mammuts, die eiszeitlichen Wollhaar-Elefanten. In einem Leningrader Museum ist ein unbeschädigtes Exemplar, das im Berezovka-Becken im nordöstlichen Sibirien aus dem Dauerfrostboden mit noch unverdauten Pflanzenresten und Parasiten im Magen ausschmolz, zu sehen. Zu seinen Lebzeiten war das Klima wohl wärmer und feuchter als heute, muß sich dann aber drastisch abgekühlt haben.

Die morphologische Wirksamkeit der arktischen Gletscher ist trotz der unendlichen Fülle an glazialen Formen kleiner als oft angenommen wird. Ihre Erosionstätigkeit wurde häufig überschätzt. Auch sind die Moränen, vor allem in der Hocharktis, kleiner an Ausmaß und Zahl als diejenigen der Alpen oder des Himalaya. Die weitverbreiteten Grundmoränen sind zumeist nur eine dünne Überkleisterung des Felsuntergrundes, und massivere Formen wie die Esker sind verhältnismäßig selten. Die Landschaftsgestaltung erfolgt also eher durch das Zusammenwirken verschiedener Prozesse, unter denen die Vergletscherung nur einer von vielen ist. Sommerliches Schmelzwasser spielt, wenn es sich in randglazialen Kanälen gesammelt hat, eine wichtigere Rolle bei der Trogtalbildung als die direkte Wirkung des Eises. Die jährlichen Ausbrüche der vielen gletschergestauten Seen verursachen, zusammen mit Schmelzwasser und Regenfällen, oft weitflächige Überflutungen und lassen mächtige Schotterebenen und Schuttfächer zurück. Trotz der geringen Niederschlagsmenge ist die Gesamtwirkung des Wassers in der Arktis enorm. Dort, wo außerdem große Höhenunterschiede bestehen, fressen sich Bäche und Flüsse v-förmig in die Tiefe und schaffen eine jung aussehende Landschaft.

Ganz besonders landschaftsgestaltend wirkt der Dauerfrostboden, auch Permafrost genannt. Er ist überall dort vorhanden, wo das tiefe Jahresmittel der Temperatur ausreicht, um den Boden permanent gefroren zu halten, mit Ausnahme einer sommerlichen Auftauschicht von nur wenigen Dezimetern Tiefe. Permafrost nimmt nahezu ein Viertel der Landoberfläche ein. In Alaska und Kanada folgt die Südgrenze des zusammenhängenden Dauerfrostbodens weitgehend der Baumgrenze und der 10 °C-Juli-Isotherme. In Sibirien hingegen reicht sie weit in die Taiga hinein. Der Permafrost erreicht seine größte Tiefe dort, wo sein Wachstum nicht durch die Eisschilde des Pleistozäns oder längere Überflutung durch das Meer und große Seen behindert wurde. Russische Arbeiten erwähnen für das nördliche und zentrale Sibirien, das größtenteils eisfrei war, verschiedent-

## Geologie und Landformen

lich Permafrosttiefen von 600 bis 800 Metern. Für Alaska werden Tiefen bis zu 600 Metern und für die nördlichen Inseln der kanadischen Arktis solche bis zu 500 Metern angegeben. Genaue Messungen liegen aber erst für vereinzelte Gebiete vor. Sowohl in Sibirien als auch in der nordamerikanischen Arktis wird mit Maximaltiefen von 1000 Metern und mehr gerechnet. Je nach Lage, Klima, Vegetation und morphologischer Geschichte ergeben sich lokal große Unterschiede in der Mächtigkeit der Permafrostdecke. Im allgemeinen nimmt sie gegen Süden ab, wird unzusammenhängend und erscheint schließlich nur noch sporadisch an vor Wärme geschützten Stellen, unter dicken Moorlagern oder in kälteexponierten Hochlagen.

In feinkörnigem Lockermaterial des Permafrostes bilden sich Eislinsen bis zu 10 Metern Dicke mit einer Horizontalausdehnung, welche oft ein Mehrfaches davon erreicht. Bei einer Klimaerwärmung entstehen anstelle der Eislinsen die sogenannten Thermokarstseen, und aus den sehr hartgefrorenen Permafrostschichten wird dann oft ein bodenloser Morast. Diese Änderungen des Volumens und der physikalischen Eigenschaften des Bodens bereiten dem Ingenieur große Probleme beim Bau von Häusern, Straßen und Flugplätzen.

Permafrost behindert den normalen Wasserkreislauf: Versickerung, Grundwasserbildung und Aufstieg von Tiefenwassern sind stark reduziert. Schmelz- und Regenwasser bleiben in der Auftauschicht liegen. Im Flachland stagniert es in unzähligen Seen und Sümpfen, wird lebenswichtig für viele Tiere und Pflanzen, während an Hängen das Erdfließen der obersten Dezimeter keiner Pflanze das Wurzelschlagen erlaubt. Das alljährliche Gefrieren und Tauen der Auftauschicht erzeugt zusammen mit der Solifluktion die eigenartigsten Kleinformen; je nach Hangneigung wechseln Steinringe und -netze mit Streifen- und Girlandenböden. In den Schotter- und Sandebenen der weiten Täler entstehen riesige Eiskeilnetze, oft als kilometerlange Gräben sich rechtwinklig kreuzend, so daß sich Quadrate von bis zu hundert Metern Seitenlänge bilden. Ein Kuriosum sind die sogenannten Pingos, mächtige, bis 40 Meter hohe Frostbeulen, die kleinen Vulkanen gleichen. Sie entstehen durch Gefrieren von aufstoßendem Grundwasser oder beim Verlandungsprozeß von Seen, wenn beim Vordringen des Permafrostes das überschüssige Wasser der sandigen Ablagerungen hochgepreßt wird und wenig unter der Oberfläche zu einer Rieseneislinse erstarrt.

Die Verwitterung des Gesteins und der Abtransport des reichlich anfallenden Schuttes scheinen in der Arktis ein Maximum zu erreichen. Morphologen glauben, daß die arktischen Frostschuttvorgänge die intensivste Umgestaltung der Erdoberfläche bewirken. Durch Frostsprengung wird der Fels in kantige Brocken zerlegt, die als Felsenmeere viele Hochflächen und mäßig geneigte Hänge bedecken. An steileren Hängen entstehen Schutthalden. An vielen Orten sind schon jetzt die untersten 100 bis 300 Meter der Talflanken in einen Schuttmantel gehüllt, der in der kurzen Zeit seit der letzten Vergletscherung entstand. Auch das allgegenwärtige Bodenfließen trägt viel zu dieser höchst intensiven Umgestaltung der arktischen Landschaft bei.

▷
31. Mount Asgaard im östlichen Baffin Land.
32. Konkretionen in Christopherschichten auf Axel Heiberg Island.
33. Tundra des Kanadischen Schildes, Westseite von Baffin Land.
34. Expedition Valley auf Axel Heiberg Island.

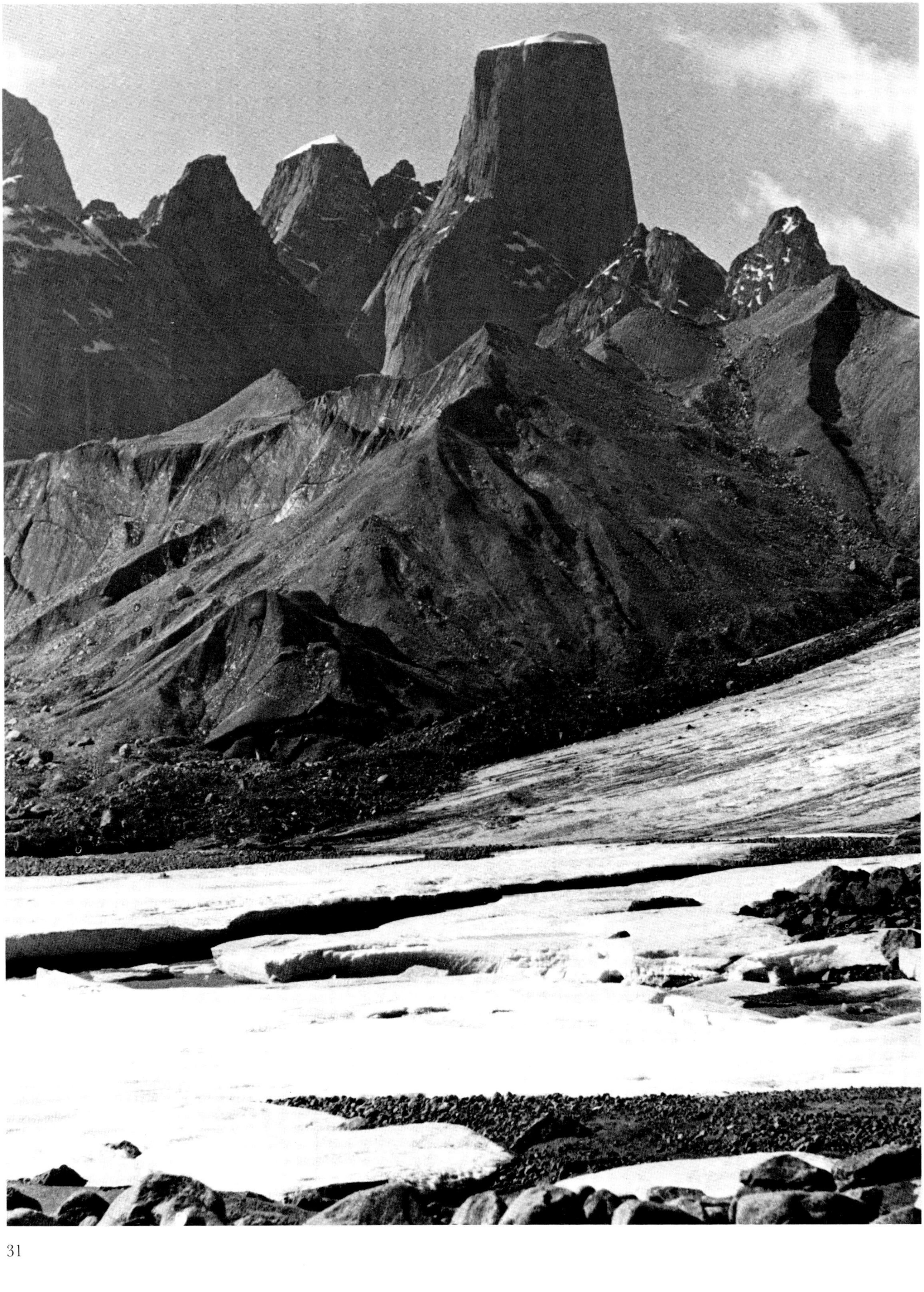

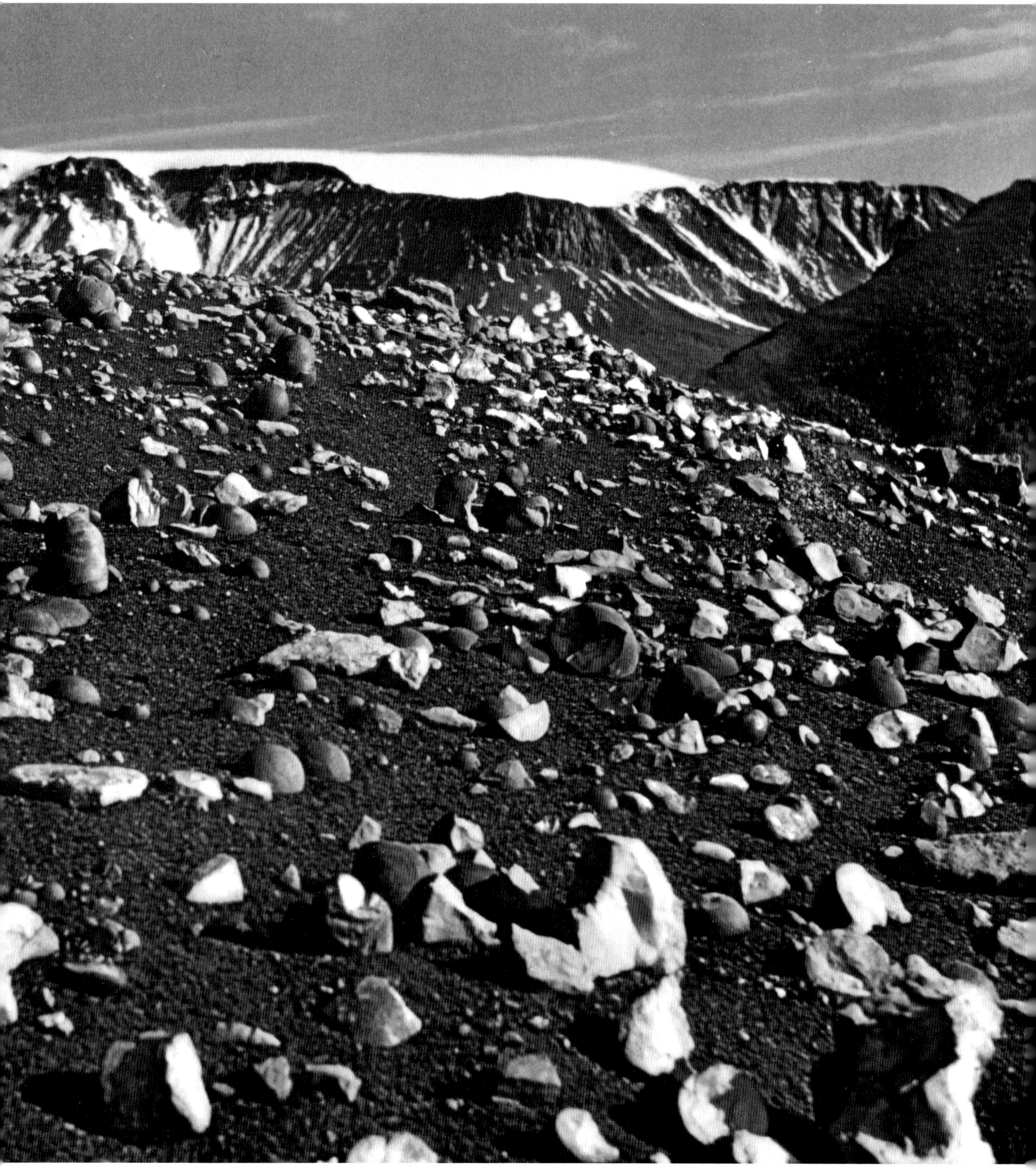

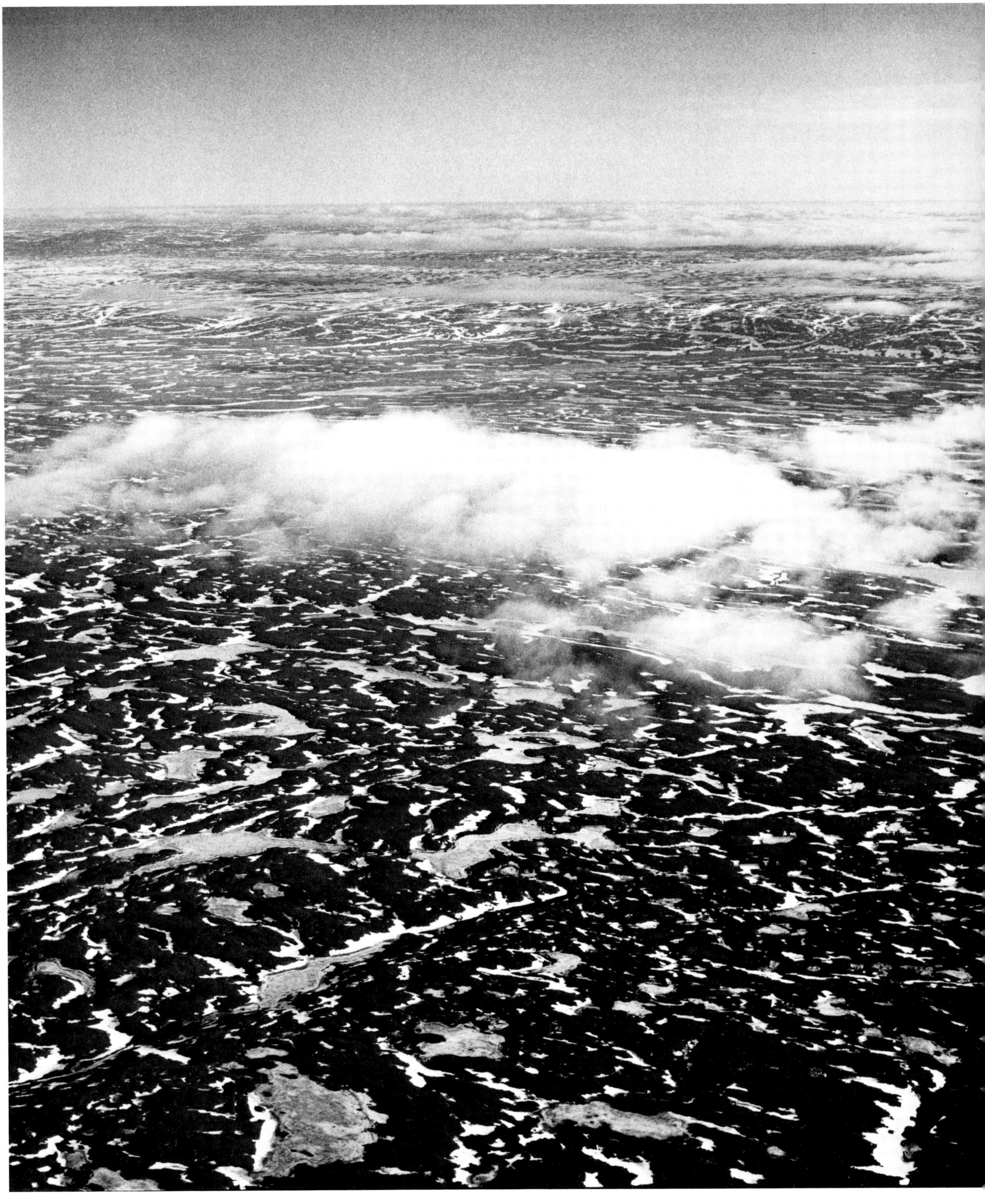

33

34 ▷

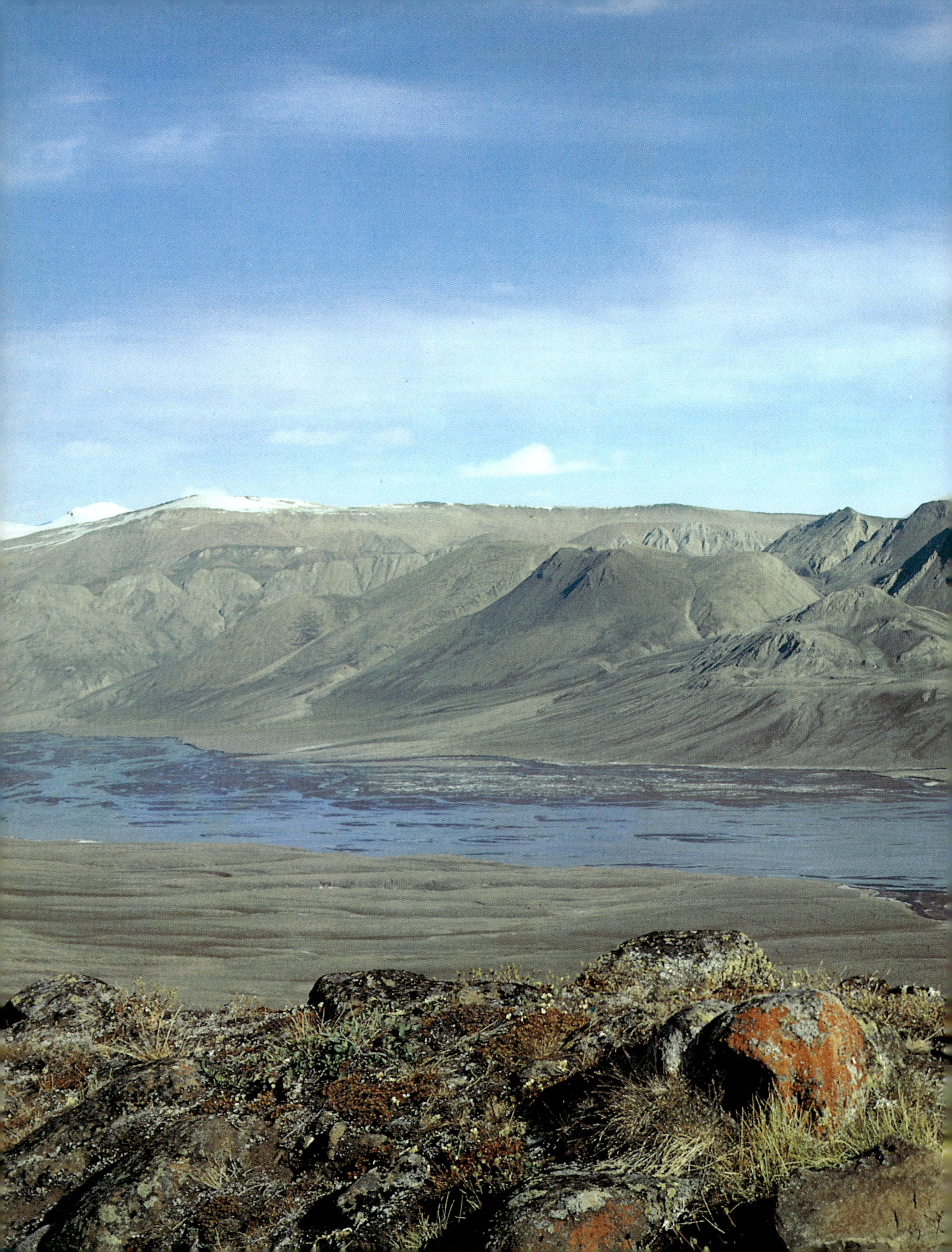

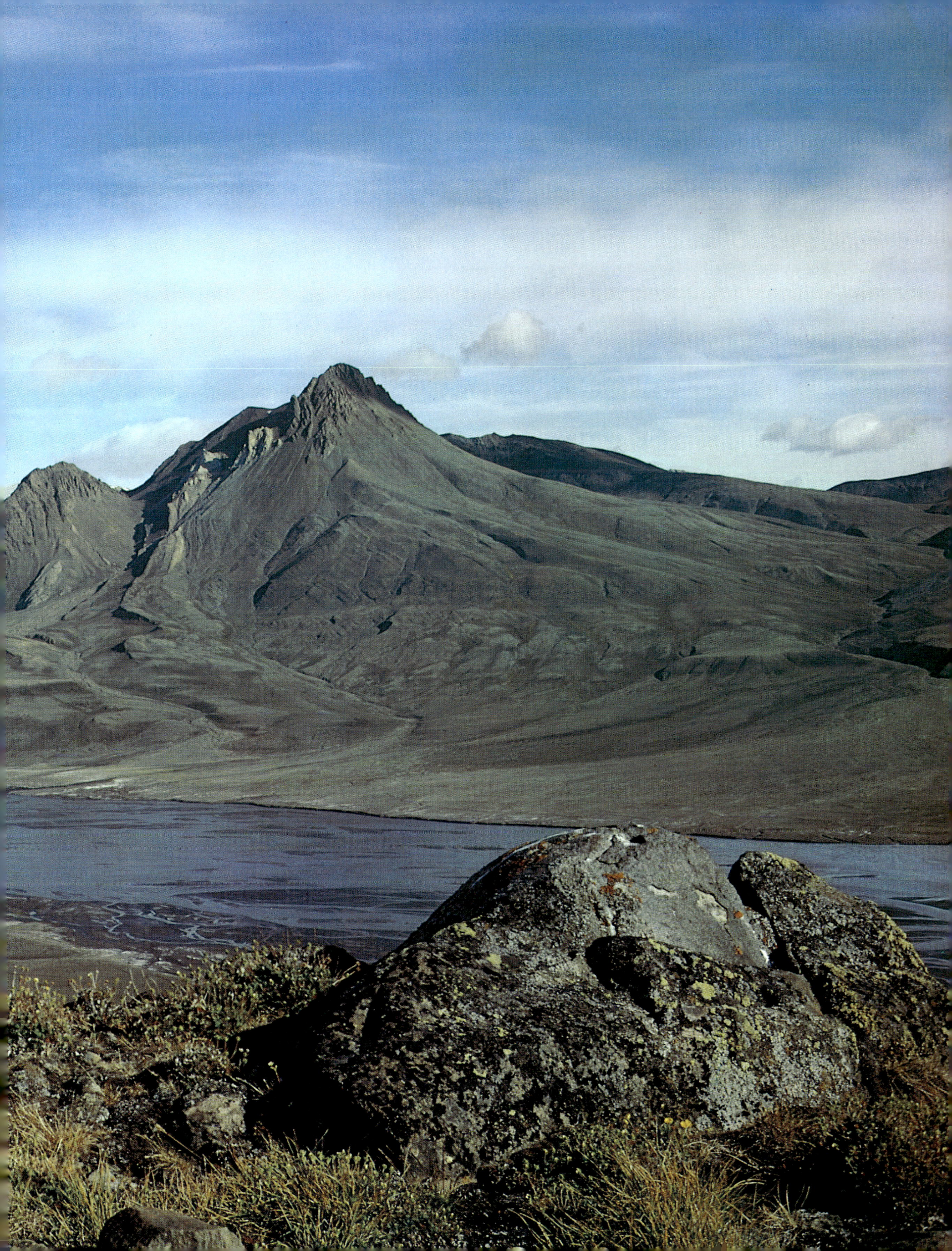

35–37. Strukturbodenformen in Auftauschicht über Permafrost, Nordostgrönland: Steinring, Buckelboden, Kuchenboden.
38. Anhydritzug in aufgebrochener Antiklinale, westliches Axel Heiberg Island.

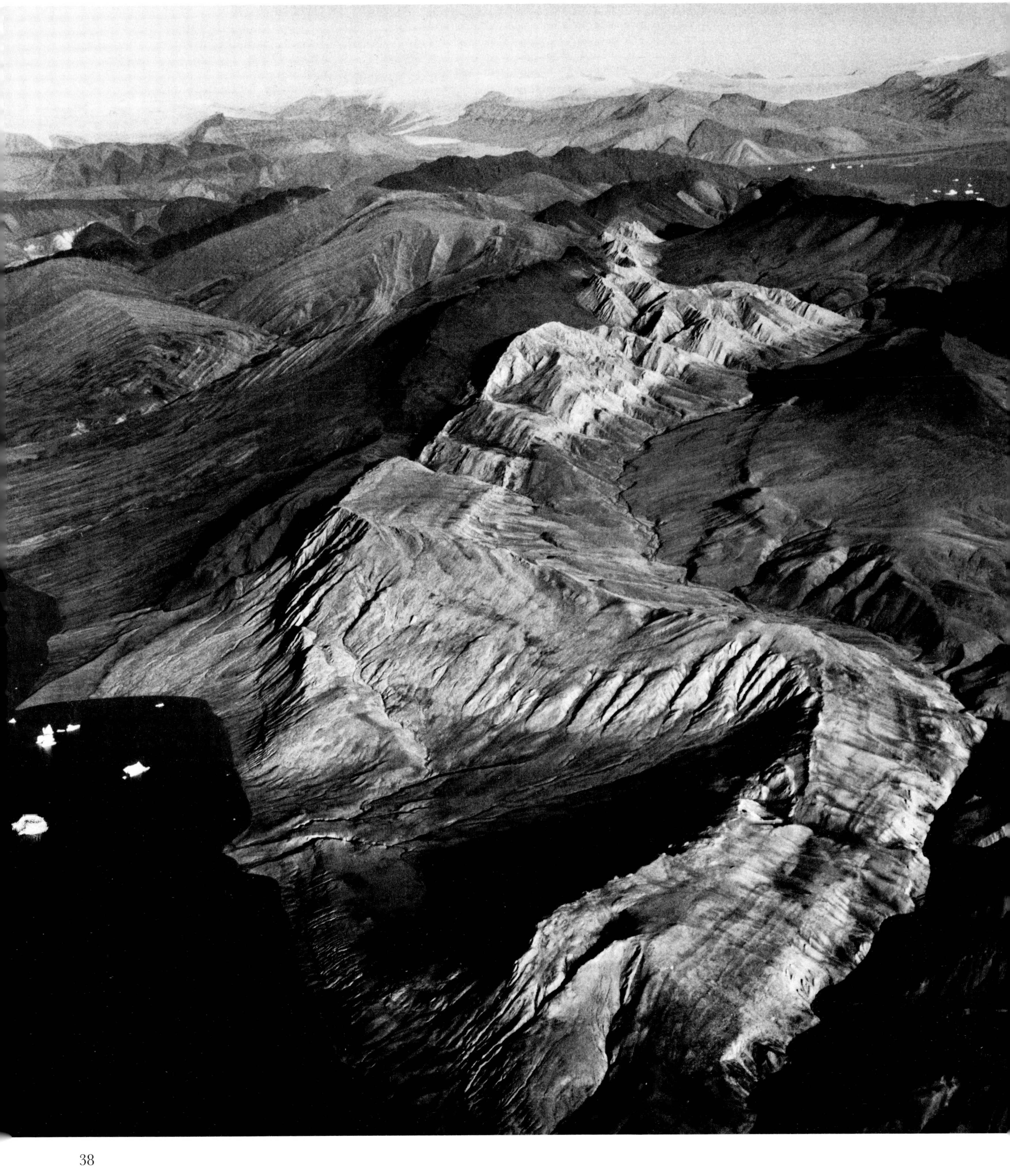

39. Sandstein-Formationen des Sverdrupbeckens, Ostseite des Thompson Glacier, Axel Heiberg Island.

40. Postglaziale Strandlinien auf Marina Halbinsel, Coburg Island.

41. Gletschergeschliffene Granitzüge am Cape Sabine, Pim Island, östliches Ellesmere Island.
42. Wüstenformen in der nacheiszeitlichen Schwemmebene des Saefaxi Elv (81°N), Nordostgrönland.
43. Tetragonalböden, sogenannte Taimyr-Polygone, am Saefaxi Elv.

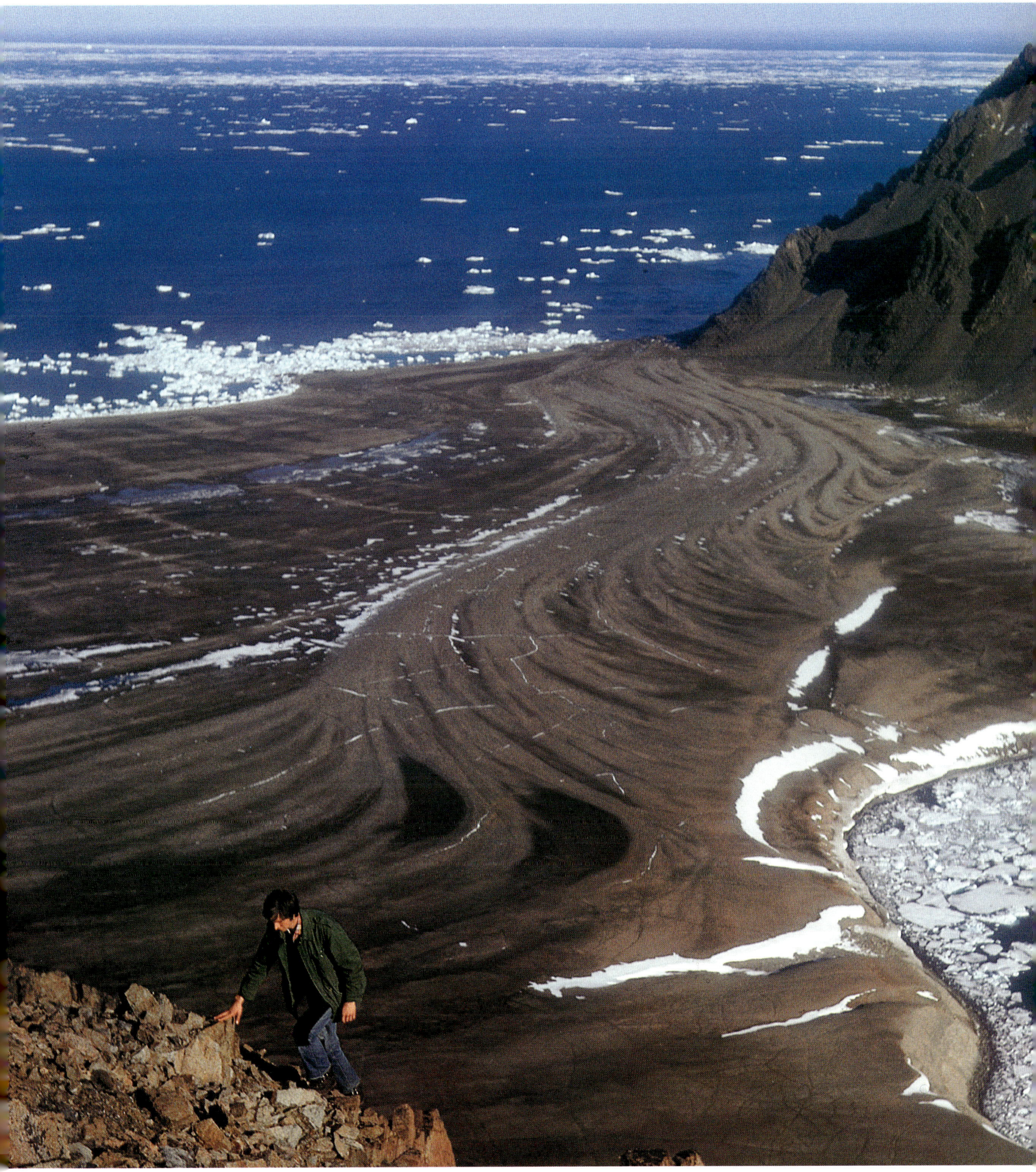

41–42

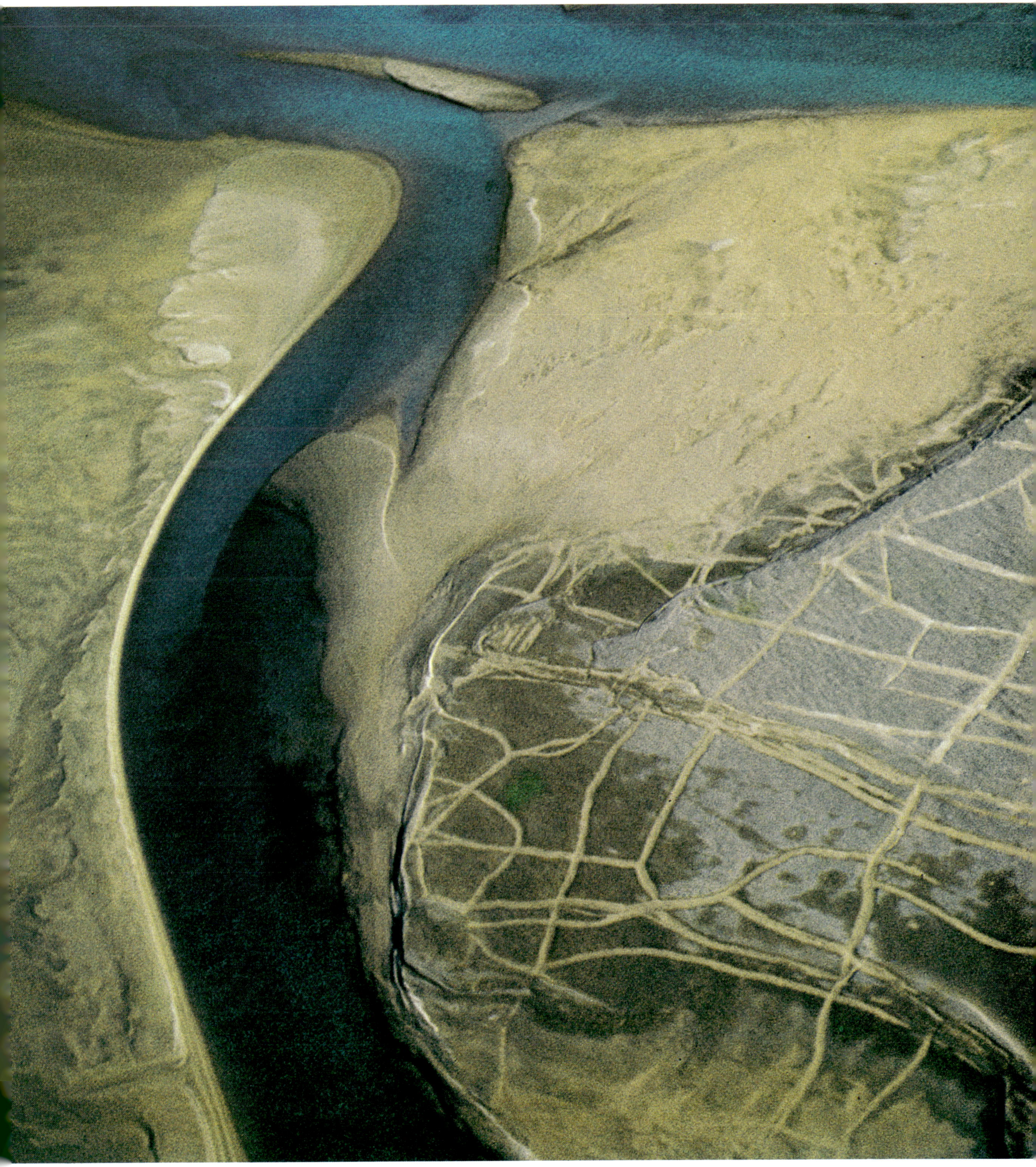

44. Anhydrit-Diapir im zentralen Axel Heiberg Island.

# Das Polarmeer

Über die Arktis zu sprechen, heißt hauptsächlich das Polarmeer und seine Nebenmeere zu diskutieren. Die Fläche dieser Meere ist größer als jene der arktischen Landgebiete. Und in den Randmeeren ist die biologische Produktivität intensiver als auf dem Land. Unter den fünf Ozeanen kommt dem Polarmeer durchaus eine Sonderstellung zu. Bedingt durch die sich jahreszeitlich kraß ändernde Meereisbedeckung und den negativen Wärmehaushalt entwickelt dieser Ozean deutliche Eigengesetzlichkeiten.

Im Winter und im Frühjahr ist der Unterschied zwischen arktischen Meeren und Ländern so gering, daß selbst Ortskundige oft nicht wissen, ob sie sich auf dem einen oder anderen befinden. Das weite, sich bis in die Ferne ausdehnende Weiß des Schnees verwischt alle Grenzen. Eine Unregelmäßigkeit mag eine Küstenlinie oder auch nur ein langer Zug aufgetürmten Meereises sein. Im Sommer hingegen zeichnet sich der Unterschied zwischen Land und Meer deutlich ab. Im Herbst und im frühen Winter kann die Eisbildung zuerst auf dem Land beginnen, da das Meer infolge der im Wasser gespeicherten Sonnenenergie noch wärmer ist als das schon verschneite Land.

Die Trennung in arktische, subarktische und nicht-arktische Gewässer erfolgt aufgrund physikalischer Eigenschaften wie Temperatur und Salinität der Wassermassen und durch biologische Unterschiede, analog zur Baumgrenze auf dem Land, und letztlich durch die Meereisverhältnisse.

Das Polarmeer ist von untiefen Kontinentalschelfen umgeben, die von der Beringstraße längs der Nordküste Sibiriens bis nach Spitzbergen reichen. Sie können bis zu 600 Kilometern breit werden. Halbinseln und zahlreiche Inseln unterteilen diese mächtige Schelfzone in fünf Randmeere – die Barents-, Kara-, Laptew-, Ostsibirische und Tschuktschensee –, die 36 Prozent der Fläche der arktischen Meere, aber nur 2 Prozent ihres Volumens einnehmen. Alle Hauptflüsse der Arktis, ausgenommen der Mackenzie und der Colville River, münden in diese breiten Flachmeere. Der kanadisch-amerikanische Kontinentalschelf ist nur 50 bis 70 Kilometer breit.

Nach den Tiefenlotungen von Nansens «Fram» (1893–1896) glaubte man bis in die zweite Hälfte unseres Jahrhunderts, das zentrale Polarmeer sei ein einziges durchgehendes Becken von etwa 4000 Metern Tiefe. Erst seit den fünfziger Jahren wissen wir, dank der Arbeit des russischen Geographen Gakkel, von der gewaltigen submarinen Lomonosov-Bergkette, welche sich vom nördlichen Ellesmere Land unter dem Pol hindurch bis zu den Neusibirischen Inseln erstreckt und das Polarmeer in das eurasische Nansen- und das amerasische Kanada-Becken aufteilt. Die Lomonosov-Kette steigt bis 900 Meter unter die Wasseroberfläche und hat einen Sill-Übergang – so wird der für Wasseraustausch wichtige tiefste «Paß» eines Unterwassergebirges genannt – in einer Tiefe von 1500 Metern. Das Grönlandmeer, das oberflächlich zu den arktischen Meeren, in seinem bis 3500 Meter tiefen Unterbau aber zum Atlantik gehört, ist vom Polarbecken durch eine Schwelle von 2600 Metern Tiefe getrennt, über die der weitaus größte Teil des polaren Wasseraustausches stattfindet. Auf der Spitzbergenseite und in der Tiefe strömt warmes atlantisches

Das Polarmeer

Wasser mit einer Salinität von 35 Promille ein, wird rasch verdünnt und abgekühlt und fließt auf der Ostgrönlandseite als kalte Oberflächenströmung (−1,5 °C) mit viel Packeis und nur etwa 32 Promille Salzgehalt nach Süden. Man schätzt, daß ein Drittel des gesamten Energieaustausches zwischen den mittleren und den hohen Breiten an diesem einen wichtigen Übergang stattfindet. Verglichen damit treten der Wasseraustausch durch die Beringstraße, der einen Nettozufluß von etwa 8 Prozent aus dem Pazifik liefert, und der «Abfluß» von weniger als 25 Prozent des gesamten Wasseraustausches durch die kanadischen Inseln zum Atlantik in den Hintergrund.

Vorgänge, die den arktischen Gewässern eigen sind – Süßwasserzufuhr vom Land und von der Schnee- und Eisschmelze, lokale Anreicherung von Salz beim Gefriervorgang –, und die Meeresströmungen schaffen eine Drei-Schichtung im Polarmeer: eine kalte, wenig salzige «arktische Oberflächenschicht», die bis zu einer Tiefe von 100 oder 150 Metern reicht; eine warme (0° bis 3 °C) salzige (35‰) «atlantische Schicht», deren Wasser den Zwischenbereich von 200 bis 900 Metern Tiefe einnehmen; darunter liegen die «arktischen Tiefenwasser», die kalt (−0,3 bis −0,8 °C) und salzig (35‰) sind. Die Stabilität dieser Schichtung ist grundlegend für den Gefriervorgang. Sie bewirkt, daß nur die Schicht der arktischen Oberflächenwasser und nicht die ganze Wassermasse auf die kritische Temperatur abgekühlt werden muß, bis sich Meereis bilden kann. Je nach Salzgehalt des Wassers ändern sich die Gefrierpunkttemperatur und die Temperatur, bei der maximale Dichte erreicht wird. Bei einem Salzgehalt von 24,7 Promille ist die Temperatur für Gefrieren und für maximale Dichte identisch, nämlich −1,33 °C. So müssen sich die tieferliegenden Wassermassen der Oberflächenschicht je nach Salzgehalt bis auf −2 °C, statt auf nur + 4 °C wie beim Süßwasser, abkühlen, bevor sich darüber eine Eisschicht bilden kann. In Buchten und Fjorden mit viel Süßwasser und wenig Wellengang setzt deshalb die Eisbildung früher ein als auf dem offenen Meer.

Das Polarmeer ist jahrein, jahraus von einer mehr oder weniger zusammenhängenden Packeisdecke von unterschiedlicher Dicke überzogen. Einjähriges Eis wird über 2 Meter stark, türmt sich aber in Druckzonen als Preßeis bis über 10 Meter hoch auf und ragt bis zu 30 Metern unter den Wasserspiegel. Mehrjähriges Packeis wird 3 bis 5 Meter dick; durch Firnschichten und gefrorene Schmelzwassertümpel an der Oberfläche und weiteres Gefrieren von unten bilden sich neue Eisschichten an dem Alteiskörper. Die Oberfläche des Eises wird dadurch gewellt und das Eis zusehends weniger salzig. Auch die alten Preßeisrücken werden durch das periodische Schmelzen im Sommer abgerundet. Aber auch im mehrjährigen Packeis finden sich immer wieder öffnende Spalten und offene Wasserflächen, die mehr als 10 Prozent der Gesamtfläche ausmachen können. Die «Sedov», die Nansens «Fram» zwischen 1937 und 1940 auf einer ähnlichen Driftroute durch das Packeis des Nansenbeckens folgte, stellte fest, daß sich die mittlere Eisdicke in etwa 50 Jahren um nahezu ein Drittel verringert hatte.

Eine großräumige Oberflächenströmung dreht das Packeis des Kanadischen Beckens im Uhrzeigersinn in einer unregelmäßigen Zirkulation, während das Eis des eurasischen Schelfgebietes von mehreren komplexen Kreisströmungen im Gegenuhrzeigersinn bewegt wird. Detaillierte Angaben über die polaren Packeisbewegungen sind durch Messungen, die von Driftstationen und Eisinseln aus während Jahren durchgeführt wurden, erst in den letzten Jahrzehnten bekannt geworden. Nach Nansen waren es vor allem die Russen, die ab 1937 auf den von Papanin eingerichteten Nordpoldrift-Stationen Klima, Meereis und Ozeanographie des eurasischen Beckens und der Ostgrönlandströmung untersuchten. Diese Studien dürften ein Teil der intensiven Bemühungen sein, die Nordostpassage durch Wettervorhersagen und bessere Kenntnis der arktischen Meere zu sichern. – Nach dem Zweiten Weltkrieg entdeckten die Amerikaner Eisinseln, die sich als losgebrochene Stücke der Eisschelfe von Ellesmere und Nordgrönland erklären lassen. Ab 1952 wurden diese riesigen Eistafeln, mit Ausmaßen von hundert und mehr Quadratkilometern und einer Dicke von etwa 50 Metern, als driftende Forschungsstationen benutzt. Sie umkreisen das Kanadische Becken auf unregelmäßiger Bahn mit einer mittleren Geschwindigkeit von etwas mehr als 2 Kilometern pro Tag, so daß ein Umlauf in etwa zehn Jahren vollendet wird. Radiocarbon-Datierungen organischer Reste in der bekanntesten dieser Eisinseln, T-3 oder auch Fletcher-Ice Island genannt, ergaben ein Alter von 6000 Jahren. Dadurch wird belegt, daß sie – entgegen früheren Vermutungen – kein pleistozänes Überbleibsel sind.

Die ozeanographischen Ergebnisse von den zahlreichen Driftstationen erhielten seit 1958 äußerst wertvolle Ergänzungen durch die erfolgreichen Untereisfahrten der atombetriebenen amerikanischen U-Boote «Nautilus», «Skate», «Sargo» und «Seadragon». Selbst in der Polarnacht tauchten sie durch die Packeisdecke hindurch am Nordpol auf. Auf diesen Fahrten wurden neben Tiefenlotungen auch ausgedehnte Vermessungen der Unterseite des Packeises durchgeführt. Der Tiefgang von Preßeisrücken und deren Häufigkeit wurde ermittelt und somit wichtige Daten für moderne Modellrechnungen der Verformung der polaren Eisdecke beschafft. Diese Studien finden ihre Fortsetzung im *Aidjex*-Projekt der Amerikaner und Kanadier, das das gesamte Kräftespiel des polaren Packeises erforschen soll. Fernerkundung jeder Art, insbesondere Satellitenaufnahmen und die verschiedensten Messungen aus Flugzeugen, haben in den vergangenen Jahren die Kenntnisse des Polarmeeres und seiner Eisdecke um ein Vielfaches erweitert. Heute können dank präziser technischer Hilfsmittel Eisrekognoszierungen und Erhebungen für Wettervorhersagen regelmäßig durchgeführt werden, selbst während der Polarnacht.

Die zunehmenden Aktivitäten des Menschen im Norden – Versorgungsschiffahrt, Öl- und Gasbohrungen auf den nördlichen Kontinentalschelfen, der mögliche Bau von Pipelines, weitere Exploration, Fischfang – fordern immer mehr detailliertes Wissen über das Meereis. Vor allem in den Randgebieten der arktischen Meere wird die genaue Kenntnis der veränderlichen Grenzen und Eigenschaften der

Das Polarmeer

verschiedenen Meereisarten zusehends wichtiger. Bei der Kartierung der verschiedenen Meereistypen mit Hilfe von regelmäßigen Eisrekognoszierungsflügen wird ein internationaler Code, ähnlich wie in der Meteorologie, angewendet. Dutzende von Begriffen müssen hierfür genau definiert werden: zum Beispiel *Festeis* (Meereis, das in seinem ursprünglichen Entstehungsgebiet an Küsten oder an Untiefen und Inseln festgewachsen ist und dessen Ausdehnung in Sibirien mehrere 100 Kilometer erreichen kann); *Treibeis* (allgemeine Bezeichnung für auf dem Meer frei schwimmendes Eis); *Polynya* (Gebiet offenen Wassers, von Treibeis oder Festeis umschlossen); *Preßeis* (durch seitlichen Druck aufgestautes oder aufgeschobenes Eis); *Pfannkucheneis* (tellerartige Eisschollen mit erhöhtem Rand, der durch Zusammenstoßen entsteht); *Trümmereis* (Eisbruchstücke von weniger als 2 Metern Durchmesser). Auch die Eisberge werden sorgfältig in Klassen eingeteilt und wegen der Gefahr, die sie für die Schiffahrt bilden, auf ihrer Fahrt detektivisch verfolgt. Sie werden selten höher als 70 Meter, doch ihr Tiefgang unter der Wasserlinie kann das Vier- oder Fünffache betragen. Große Eisberge können daher von Unterströmungen erfaßt werden und entgegen der Oberflächenströmung driften. Diese Situation kann für im Packeis festgehaltene Schiffe äußerst gefährlich werden. Wie hilflos selbst große Schiffe den ungeheuren, oft heimtückischen Kräften der polaren Meere und deren Eismassen ausgeliefert sind, verdeutlicht die Erinnerung an das Mißgeschick des mit speziellen Stahlplatten verstärkten amerikanischen Riesentankers «Manhattan», dem nach Bezwingung der Nordwestpassage von einem nur wenig aus dem Wasser ragenden Eiskoloß, Growler genannt, ein gefährliches Loch in die Flanke geschlagen wurde. Auch Nansens eindrückliche Schilderung einer Eispressung, in die seine «Fram» am 6. Januar 1895 geriet, berichtet von der Wehrlosigkeit und dem Ausgeliefertsein:

*«Es begann um vier Uhr morgens. Ein riesiger Eiswall hatte sich gebildet, dessen Bewegung nicht innehielt und der auf das Schiff zuwandere. Die ‹Fram› saß fest in ihrem Eisfuß, und darin lag die Gefahr. Sollte die Eisbarriere noch näher rücken, dann würde sie den Bug des Schiffes in die Tiefe drücken; denn unter dem Gewicht des riesigen Eishügels senkte sich die Scholle auf die Backbordseite, und die ‹Fram› krängte über. Breite Risse liefen durch das Eis, Schollen schoben und knirschten gegeneinander, das Wasser gurgelte aus den Tiefen und überschwemmte die Umgebung der ‹Fram›. Das Eis stöhnte, preßte und barst, und breite Risse liefen entlang der Backbordseite und gaben das Wasser frei. Doch die Eisbarriere wuchs, staute sich höher und höher und rückte der ‹Fram› an den Leib. Dann erreichte der gewaltige Eishügel die ‹Fram› und drängte über die Reling. Das Eis schrie und donnerte, gewaltige Blöcke stürzten krachend mittschiffs über die Reling, die Balken des Halbdecks ächzten und dröhnten unter der Last. Die Schiffsseiten stöhnten unter der Pressung, und das Eis wütete gegen die Planken. Das Gebälk knisterte, die Streben und Balken stöhnten unter dem Eisdruck. Die Männer keuchten, schufteten, schleppten – und plötzlich traf sie wie ein Schlag die Stille. Die Pressung war vorbei. Welch einen Anblick bot die ‹Fram›? Die Backbordseite war völlig von den Eisblöcken begraben, die*

Das Polarmeer

*Davits von Eis und Schnee bedeckt, das Schiff lag 7 Grad zur Seite geneigt, und die Blöcke türmten sich an Deck volle zwei Meter hoch bis über die Webeleinen der Fockwanten empor.»*

Packeis und Treibeis der arktischen Meere haben nicht nur in der Vergangenheit viel Unglück gestiftet und Leben vernichtet. Sie werden auch in Zukunft das Leben im Ozean entscheidend beeinflussen. Die Packeisdecke verursacht, verglichen mit dem offenen Wasser, einen um das Hundertfache kleineren Energieaustausch zwischen Meer und Atmosphäre. Sie verringert auch die Photosynthese auf weniger als ein Zehntel des Betrages, der ohne die Eisdecke erreicht würde. Dadurch wird die Produktion von Phytoplankton, Grundlage der marinen Nahrungskette, entsprechend reduziert. Reichliches Leben findet sich nur in den Randgewässern des arktischen Ozeans, wo sich die kalten Wasser mit denen der wärmeren Ozeane treffen und die Eisdecke zumindest für einige Wochen oder Monate verschwindet.

Trotz der abweisenden, ja abschreckenden Eigenschaften des polaren Packeises können wir uns wohl kaum jenen kühnen Weltveränderern anschließen, die das arktische Meereis vernichten wollen, um ein Binnenmeer und besseres Klima zu erzeugen, wenn nötig durch künstliche Eingriffe: beispielsweise durch einen Damm quer über die 80 Kilometer breite und nur 30 Meter tiefe Beringstraße, der verhindern soll, daß pazifisches Salzwasser einströmt; oder durch Verschmutzung des Packeises mit Ruß oder Bakterien, um so die Reflexion der Sonnenstrahlung zu verringern und damit die Schmelze zu beschleunigen. Selbst mit ausgeklügeltsten Modellen können die dadurch erzeugten Klimaänderungen und deren Folgen nur äußerst grob abgeschätzt werden. Noch wurde kein grünes Licht für diese gewagten Experimente gegeben, denn vorläufig sind die Souveränitätsansprüche auf das Polarmeer – wenn auch angefochten – nach der alten «Sektortheorie» geregelt, wonach die Grenzen der Anrainerländer meridional bis zum Nordpol verlängert werden. Das heißt, daß die Sowjetunion, die Vereinigten Staaten von Amerika, Kanada, Dänemark und Norwegen gemeinsam diesen schwerwiegenden Entscheid treffen müßten. Zu begrüßen wäre allerdings, wenn sie davon absehen würden.

# Das Nordwasser

*Die Arktis besitzt viele Geheimnisse, die sie hütet und uns nicht freiwillig preisgibt. Die langen, beschwerlichen «Anmarschwege» haben schon manchen wohlgeplanten Versuch, ihre Natur zu erfassen, zum Scheitern gebracht. Radarbestückte Eisbrecher, Fernerkundungsflugzeuge und Satelliten geben der heutigen Arktisforschung zwar verbesserte Werkzeuge, doch sind dies keine Wundermittel, um zu schnellen Ergebnissen zu kommen. Der Aufwand an Erfindungsgabe, menschlichem Einsatz und materiellen Hilfsmitteln wird auch weiterhin für die gesamte Arktisforschung so hoch sein wie sonst kaum irgendwo.*

*Im nördlichsten Teil der Baffin Bay, zwischen Grönland und dem südlichen Ellesmere Island, friert eine Meeresfläche, die etwa die Ausmaße der Schweiz hat, selbst im Hochwinter nicht völlig zu. Schon 1616 beschrieb William Baffin, wie er nach langem Kampf mit dem Packeis der Baffin Bay nach Norden in freundlichere Gewässer – das North Water – vorgestoßen war. Der Russe Lomonosov vertrat 1764 aufgrund der Aussagen von Eskimos die Auffassung, daß ein schiffbares, eisfreies Polarmeer existiere. Noch fast hundert Jahre später glaubten Kane und auch Inglefield, im Nordwasser den Eingang zu dieser «Open Polar Sea» – so heißt der Titel eines Buches jener Zeit –*

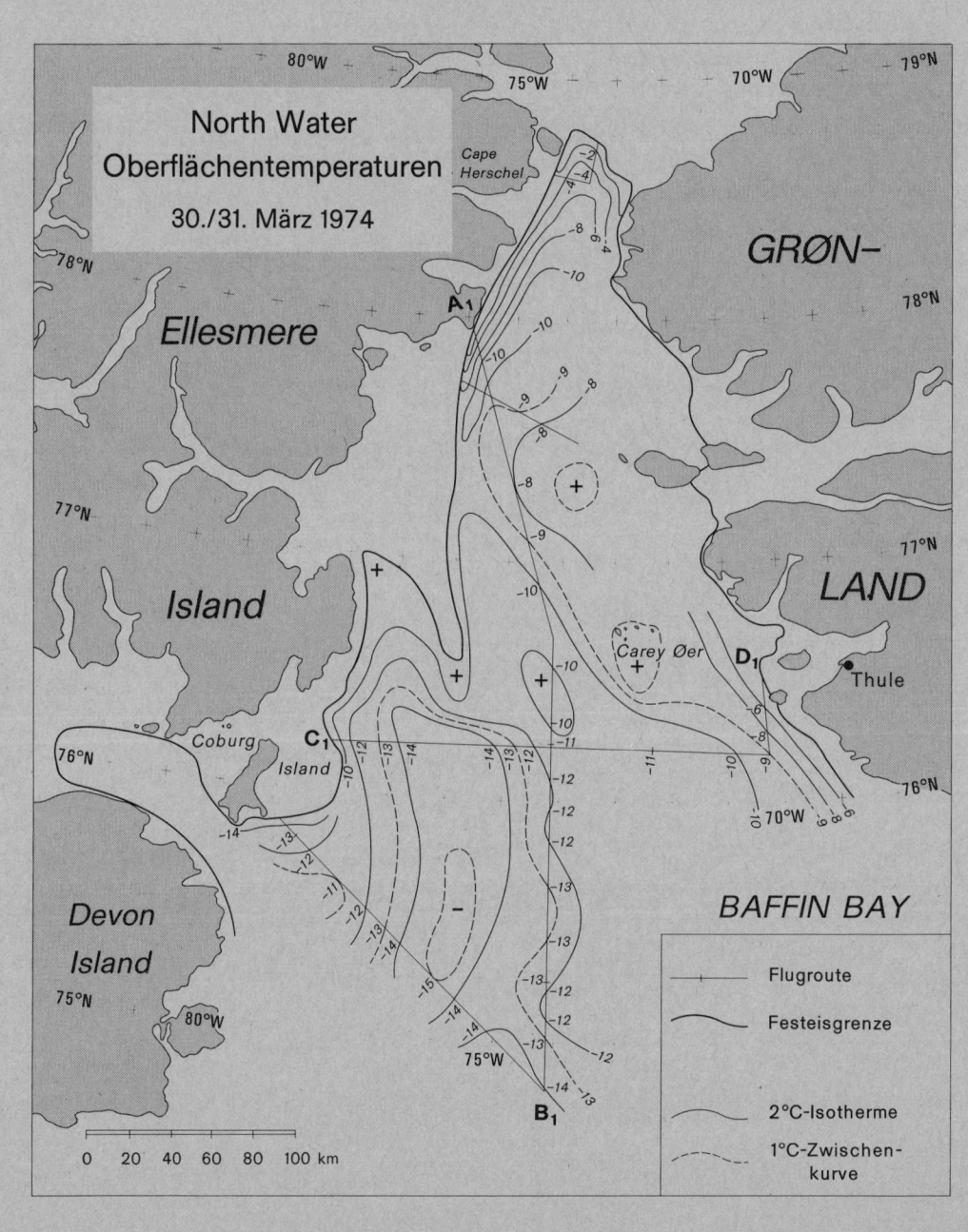

Durch Überfliegung in 300 Meter Flughöhe mit einem Infrarotstrahlungsmesser, der in einem Kleinflugzeug montiert war, konnte die Verteilung der deutlich höheren Oberflächentemperaturen über dem Nordwasser erfaßt werden. Die Oberflächentemperatur des ungestörten Meereises (außerhalb der Festeisgrenze) betrug zu diesem Zeitpunkt −22 °C.

Das Nordwasser

gefunden zu haben. Schließlich wurde der Nordpol durch dieses «Tor» erreicht, wenn auch nicht per Schiff.

Bisher befaßten sich mindestens ein Dutzend Expeditionen und mehr als hundert wissenschaftliche Arbeiten mit dieser sonderbaren Anomalie der arktischen Gewässer. Das Nordwasser ist nur eine von vielen Polynyas der Arktis und der Antarktis. Als Polynya bezeichnet man in der Fachsprache diese Dampfküchen des polaren Winters. Trotz der großen bisherigen Bemühungen blieben viele grundsätzliche Fragen unbeantwortet. Nicht nur die Gründe für die Existenz einer Polynya finden Interesse, sondern vor allem auch deren Auswirkung auf das Wetter und Klima und auf das Leben von Pflanzen, Tieren und Menschen in der näheren und weiteren Umgebung. Ohne das Nordwasser hätten die Eskimos das Thulegebiet wohl kaum besiedeln können.

Fasziniert von der wissenschaftlichen und praktischen Bedeutung des Nordwasser-Phänomens begannen wir 1969, eine internationale Expedition – das North Water Project – vorzubereiten: Das erfahrene Axel Heiberg-Team – Roger Braithwaite, Phyllis Kelsey, Atsumu Ohmura und Karl Schroff – half unermüdlich bei den Vorarbeiten mit. Nach dreijähriger Vorbereitung konnte dank kanadischer, amerikanischer und schweizerischer Unterstützung im Sommer 1972 mit der Feldarbeit begonnen werden. Die drei Forschungsstationen auf Coburg Island, Carey Øer und Cape Herschel, die mit jeweils drei bis vier Leuten besetzt werden sollten, wurden für Überwinterungen ausgerüstet. Für die Errichtung der Station Carey Øer mußte jeder Nagel, jedes Faß Brennstoff und jedes Instrument mit Helikoptern der amerikanischen Luftwaffe von Thule her eingeflogen werden. Die Stationen Coburg und Herschel wurden mit Hilfe des Eisbrechers «Louis S. St. Laurent» der kanadischen Küstenwache und mit Hilfe von Flugzeugen des Polar Continental Shelf Project der kanadischen Regierung errichtet und unterhalten.

Neun automatische Wetterstationen beschafften in zum Teil weit abgelegenen Außenstationen alle drei Stunden zusätzliche Daten. Von den Stationen Coburg und Carey wurden während zwei Jahren täglich je eine Radio-Wettersonde bis in eine Höhe von mindestens 10 000 Metern verfolgt. Dieses Beobachtungsnetz hatte die Aufgabe, den Energie-(Wärme-) und Massen-(Feuchte-)Austausch zwischen der Nordwasseroberfläche und der Umgebung zu messen und die Stärke und Richtungen der Winde sowie die damit verbundenen dauernden Veränderungen des Meereises zu registrieren. Zur Kartierung der Oberflächentemperaturen während kritischer Zeiten überflogen Fernerkundungsflugzeuge mit Strahlungsmeßgeräten und Infrarotthermometern das Gebiet auf einem tausend Kilometer langen Zickzack-Flug. Mit Isotopenmessungen wurde versucht, in zehn bis zwanzig Meter tiefen Firnschächten und an Bohrkernen auf den umliegenden Eiskappen die dem Nordwasser entstammenden Niederschlagsmengen zu erfassen. Der zusätzliche Schneefall aktiviert die Gletscher in der Umgebung des Nordwassers, so daß ihre Eisbergproduktion größer ist als jene anderer Gletschergebiete der nördlichen Hemisphäre.

Eine nüchterne Beschreibung des Arbeitsprogrammes und seiner Ziele gestattet kaum einen Blick auf die menschlichen Probleme im Hintergrund eines solchen Unternehmens. Man vernimmt auch hier vieles nur gerüchtweise: Zum Beispiel, daß dieser oder jener beim Gedanken an die kommende Polarnacht von Angstvorstellungen gequält wurde und durch einen gewagten Flug in letzter Minute abgelöst werden mußte; daß ein Eisbär das kleine Zelt einer Zweiergruppe weit draußen auf dem Packeis auf Leben und Tod belagerte; daß ein Neuling sich

Das Nordwasser

*auf der kurzen Strecke zwischen Landeplatz und Camp im Schneesturm verirrte, und erst Stunden später, bereits zur Säule erstarrt und nicht mehr ansprechbar, zufällig von einem Piloten beobachtet und gerettet wurde. Brüchiges Meereis, das auch im Winter zum Wesen des Nordwassers gehört, hat manche gefahrenträchtige Situation geschaffen. Trotz größter Vorsicht sind etliche beladene Motorschlitten im Meer versunken. Die erschrockenen Fahrer kamen unversehens zu einem eiskalten Bad. Zudem mußten zwei von tollwutverdächtigen Huskies und Füchsen gefährdete Mannschaften zu Spitalbehandlungen nach Thule, Montreal und Uranium City geflogen werden, wodurch das Projekt in ernsthafte Schwierigkeiten geriet.*

*Die gefrorenen Pfade der Arktis sind auch heute noch nicht ohne Gefahren, doch – so scheint mir – bringt die damit verbundene Umsicht ein um so tieferes Verstehen und Erleben ihrer unendlichen Schönheiten.*

*Fritz Müller*

45. Treibeis und Eisberge im Jones-Sund im Mai.

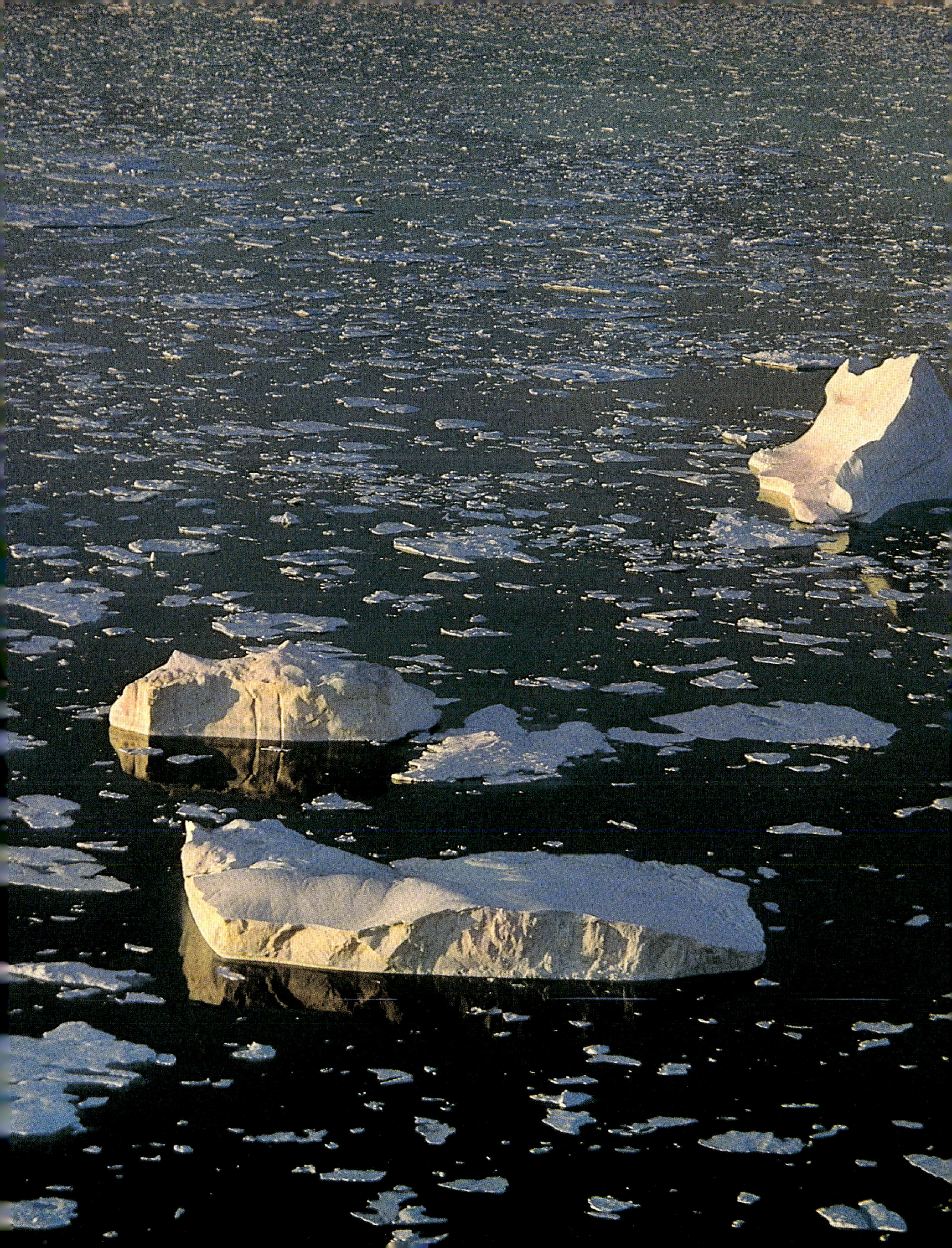

46. Ozeanograph am Eingang zum Mackinson Inlet, Ellesmere Island.
47. Princess Charlotte Monument, Coburg Island, beim Aufbrechen des Festeises Ende Mai.
48. Eisdecke des Nordwassers im April, Carey Øer.
49. Packeis des Polarmeeres in Bewegung, April.
50. Polares Packeis westlich von Axel Heiberg Island schmilzt im Juli.

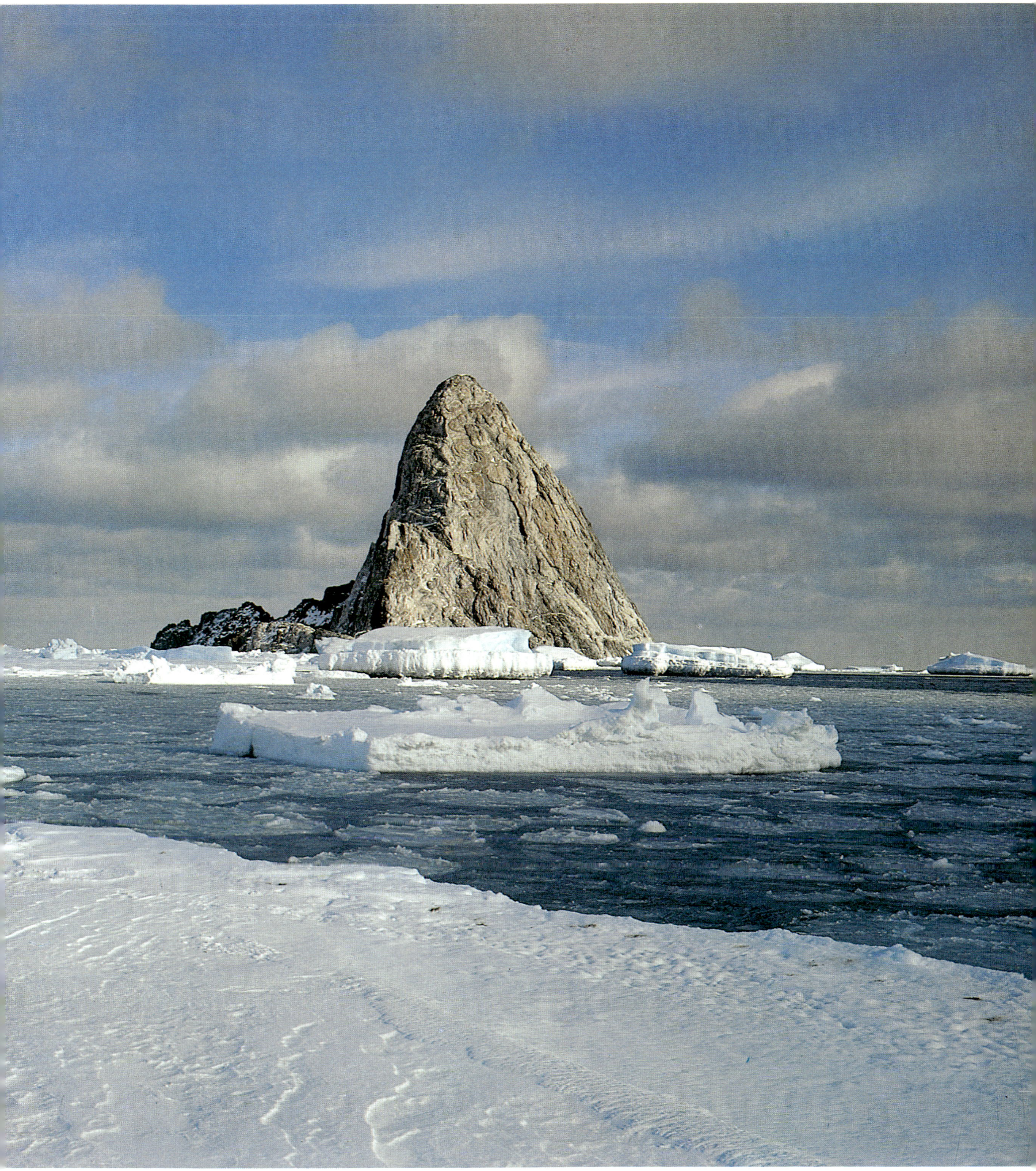

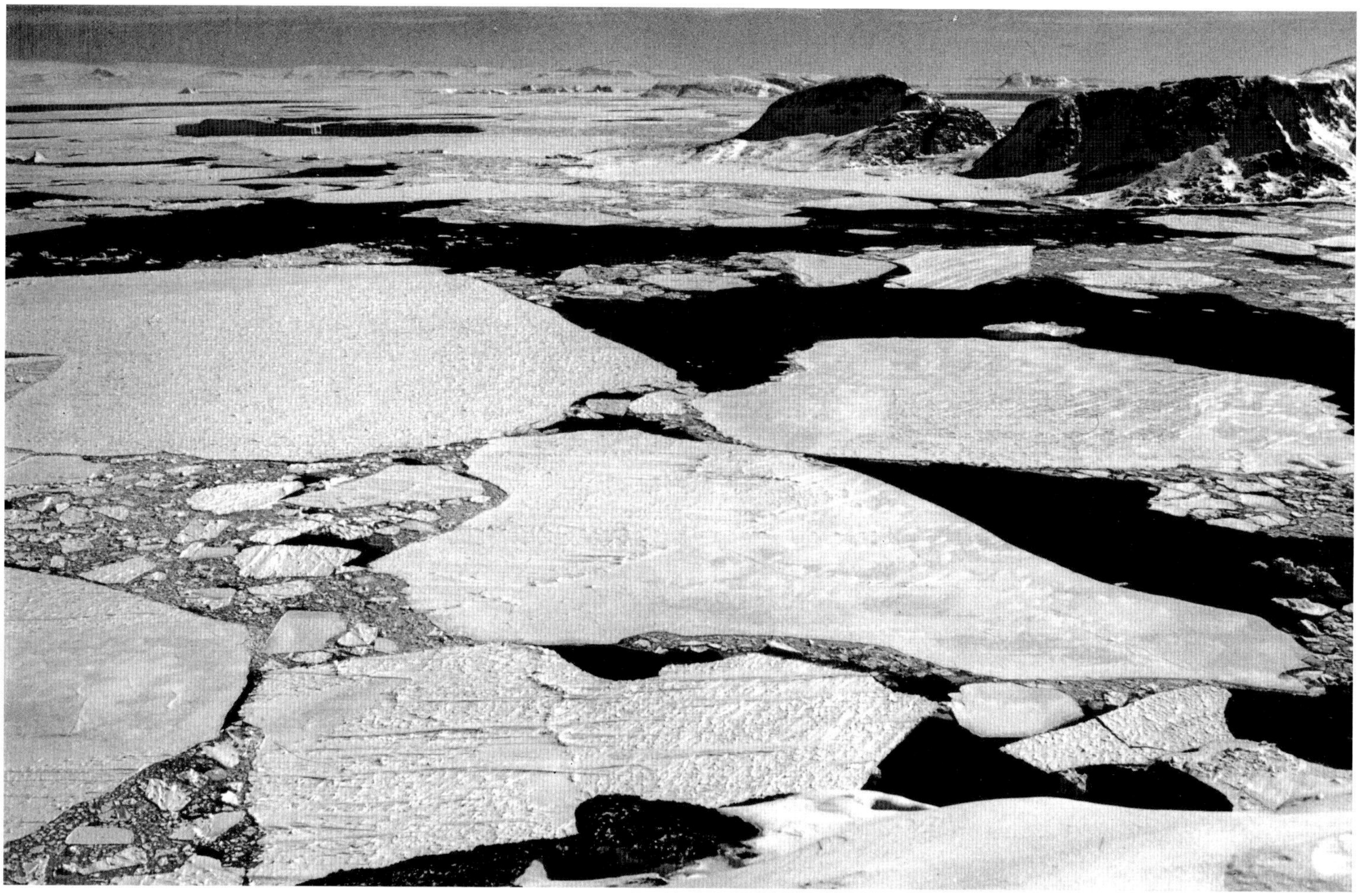

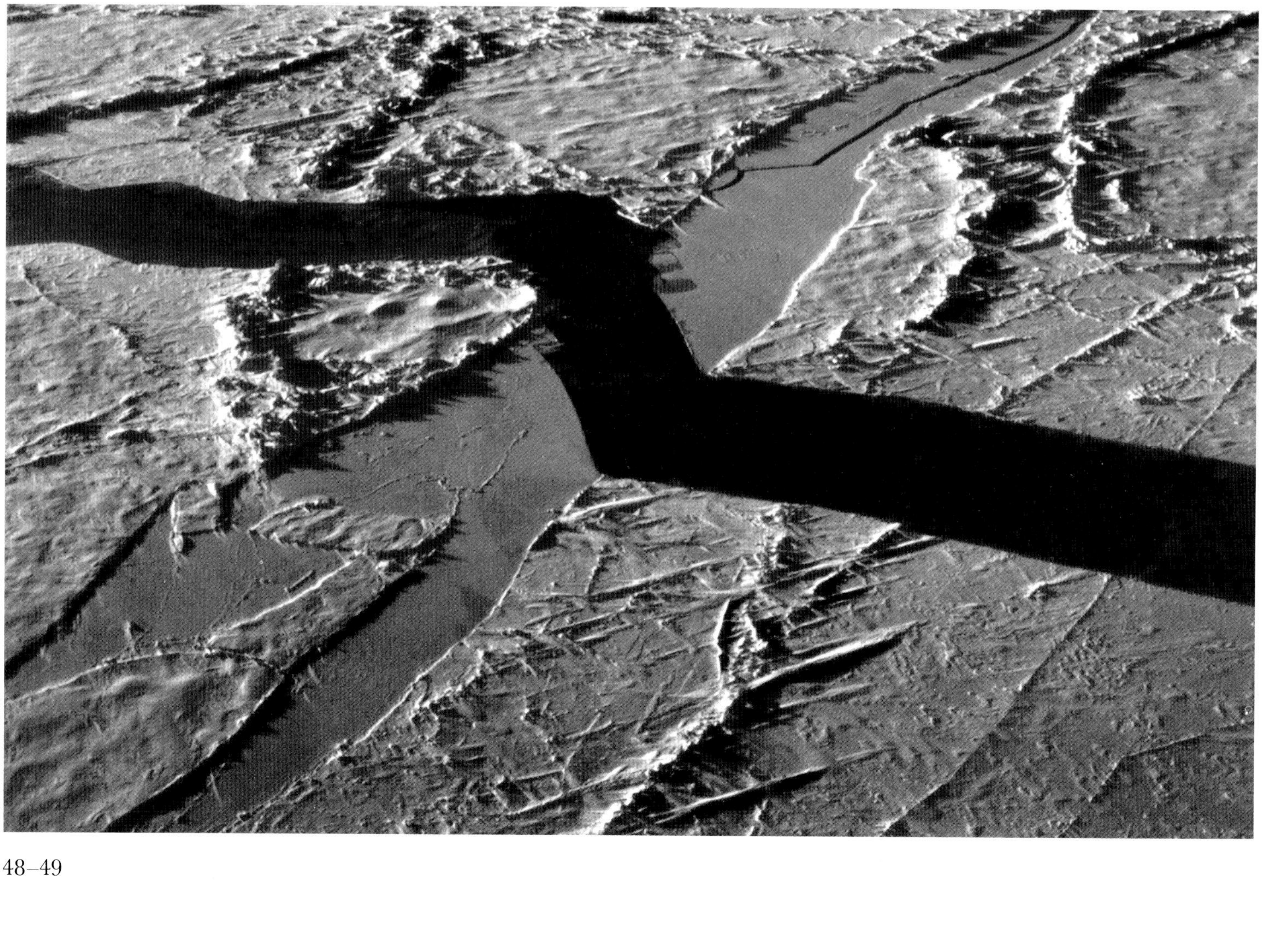

48–49

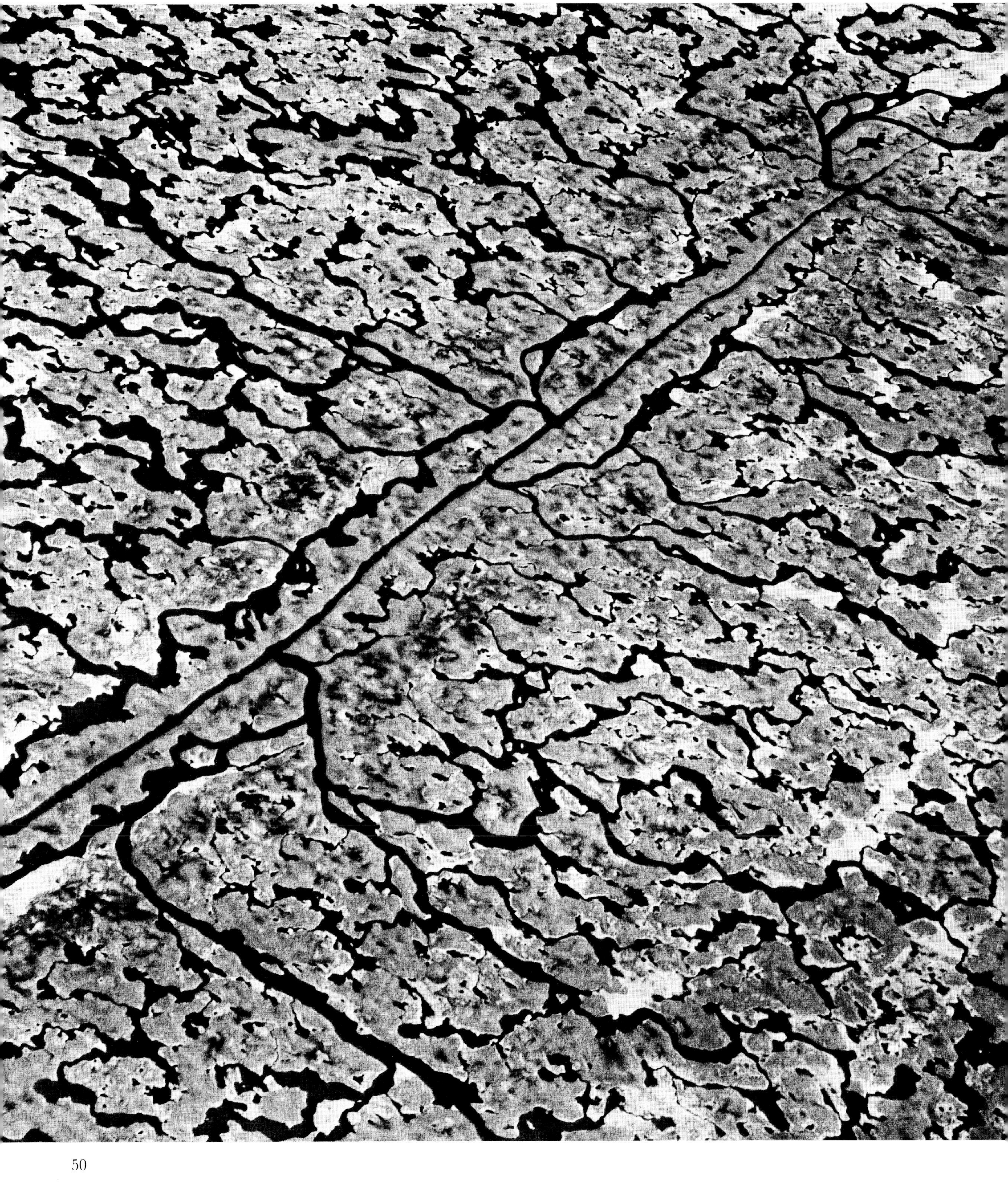

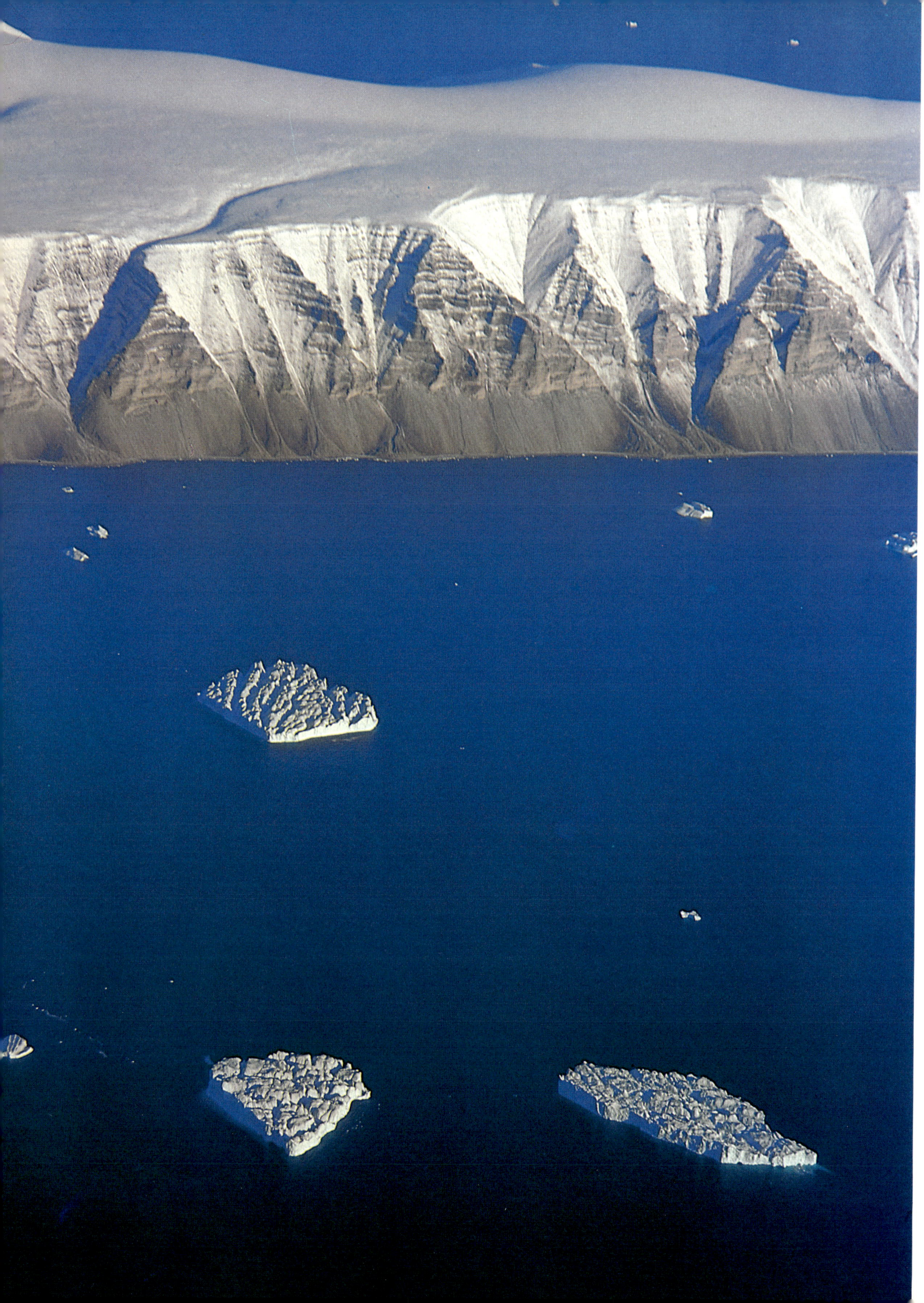

# Leben unter Grenzbedingungen

Das Fehlen von Bäumen läßt die arktische Landschaft leblos, kahl und öde erscheinen, so daß die englische Bezeichnung «barren grounds» für das im Sommer apere Land, auch unter dem lappländischen Ausdruck Tundra bekannt, recht zutreffend erscheint. Doch sobald sich das Auge an den spärlichen Pflanzenwuchs gewöhnt hat, schätzt es den unerwarteten Reichtum an Leben um so mehr. Flechten, Moose, Gräser und auch Blütenpflanzen bilden an geschützten Stellen eine kontinuierliche Decke über der dünnen Humusschicht. Niemand, der einmal in der Arktis gelebt hat, kann das Aufblühen der ersten farbenfrohen Frühlingsblumen nach dem langen Winter oder die Farbenpracht der Tundra im Herbst vergessen. Wer glaubt, Schmetterlinge seien zu zart und zerbrechlich, um in der harschen Arktis zu gedeihen, wird zu seiner Überraschung an einem warmen Sommertag vielleicht ein volles Dutzend Arten treffen. An die Moskitos, obwohl durch nur vier Spezies vertreten, dürfte sich jeder Arktisreisende wegen ihrer Vielzahl und der zeitweise äußerst blutrünstigen Weibchen erinnern.

Den überwältigendsten Eindruck arktischen Lebens hinterlassen aber die Säugetiere – von der kleinen arktischen Maus, dem Lemming, bis hin zu den Eisbären, Rentieren und Moschusochsen – und die zahllosen Vögel, von denen sich viele nur während der Sommermonate in der Arktis aufhalten. Ob Pflanze oder Tier – jedes Lebewesen hat sich auf seine Weise an die extreme Umwelt des hohen Nordens gewöhnt. Das empfindliche Gleichgewicht des arktischen Ökosystems, worauf sich die unterschiedlichsten Lebensformen eingespielt haben, ist heute Gegenstand einer Reihe grundlegender Studien. Seiner Bedrohung durch die rasch vordringende Technik kann nur mit gut fundierten Kenntnissen der Ökologie begegnet werden.

## Die Böden

Die Böden sind in der Arktis – wie überall – die Grundlage allen Lebens auf dem Lande. Doch setzt oft ihre Unfruchtbarkeit dem Pflanzenwachstum wahrscheinlich die engsten Grenzen. Die arktischen Böden sind jung und nur wenig tief. Sie werden durch die Gefrier- und Auftauprozesse übermäßig in Bewegung gehalten und leiden unter mangelhafter Durchlüftung und ungenügender Entwässerung. Mineralische Böden, deren Verwitterung noch nicht abgeschlossen ist, sind häufig anzutreffen. Die hocharktischen Wüstenböden tragen oft ephemere Salzkrusten. Wenig unter der Oberfläche findet man nicht selten blaugraue Gleischichten und gelbbraune Einschlüsse von Moos- und anderen Pflanzenresten, die durch die frostbedingten Turbationen eingewickelt wurden. Zur Bildung einer zusammenhängenden Humusschicht kommt es selten. Diese Böden reagieren chemisch meist neutral bis alkalisch. Bei tiefer, gutentwässerter Auftauschicht – vor allem in den südlichen Bereichen – entstehen die «Arktischen Braunböden», deren oberster Horizont sauer ist. Dort wo die Entwässerung besonders schlecht und die Auftauschicht dünn ist, meist in Talauen, entwickeln sich saure Sumpfböden mit unzersetzten organischen Schichten, die erstaunlich mächtig werden können. Im Mackenzie-Delta und auf Banks Island findet man viele

51. Grönländische Tafeleisberge nördlich von Thule, September.

Leben unter Grenzbedingungen   Torfmoore von ein bis zwei, im Extremfall sogar sechs Metern Mächtigkeit. Die auch im Sommer niedrigen Bodentemperaturen bewirken, daß die nitrifizierenden Bakterien das organische Material nur äußerst langsam zersetzen können und dadurch den Böden Stickstoff und auch Salze weitgehend fehlen. Wo Exkremente von Vögeln oder Kadaver den Boden auch nur ein wenig düngen, gedeiht aber bald eine bemerkenswert üppige Vegetation.

*Die Vegetation*   Die klimatische Beschränkung des Pflanzenlebens in der Tundra beruht auf den niedrigen Temperaturen und den geringen Niederschlägen, aber auch auf der ungewöhnlichen Verteilung des Tageslichtes und der Sonnenenergie im Zyklus der Jahreszeiten. Für sieben bis zehn Monate kommt es wegen ungenügender Energiezufuhr zu einer «Quasi-Hibernation», während der die Produktion von Biomasse auf ein Minimum oder gar auf Null absinkt. In den verbleibenden paar Monaten wird dann rasch der ganze Wachstums- und Reproduktionszyklus durchlaufen. Die Pflanzen können jedoch nur wenige Prozente der verfügbaren Sonnenenergie mittels der Photosynthese ausnützen, das heißt unter Aufnahme von Kohlendioxyd und Wasser zuerst in Zucker und dann in chemisch komplizierte pflanzliche Bau- und Vorratsstoffe umwandeln. Messungen im nördlichen Alaska zeigten, daß während einer achtzigtägigen Wachstumsperiode von den eingestrahlten 366000 Kilokalorien Sonnenenergie pro Quadratmeter nur 900 in neugebildeter Biomasse gespeichert werden konnten. Die durchschnittliche Netto-Primärproduktion für die gesamte Tundra ist niedrig. Unter allergünstigsten Voraussetzungen werden 1000 Gramm Trockenmasse pro Quadratmeter und Jahr erzeugt; der Durchschnitt dürfte bei 100 bis 200 Gramm liegen. Diese Werte werden nur in extremen Fels- und Eiswüsten und in den offenen Meeren unterboten. In den Wäldern der gemäßigten Breiten werden dagegen durchschnittlich etwa 1300 Gramm und in den Savannen rund 700 Gramm Trockenmasse produziert. Neuere russische Arbeiten erwähnen für die Nettoproduktion an Gefäßpflanzenmasse die folgenden Zahlen: Polare Wüste (Franz-Josef-Land) 12 Gramm Trockengewicht pro Quadratmeter und Jahr; hocharktische Tundra (Neusibirische Inseln) 142 Einheiten; südliche Tundra (Nordost-Europa) 228 Einheiten. Ein Beispiel für die allgemein geringen Wachstumsraten der arktischen Vegetation ist die Weide (Salix arctica) mit nur fingerdicken Wurzeln, die aber mehrere hundert Jahre alt sein können.
Ein äußerst auffälliges Merkmal der Tundravegetation ist der hohe Anteil an Biomasse im Boden verglichen mit jener darüber. Das Verhältnis von ober- zu unterirdischer Pflanzenmasse wird für die polare Wüste mit 1:4,8, für die hocharktische Tundra mit 1:7,2, für die südliche Tundra mit 1:4,6 angegeben, während für die Wälder der mittleren bis niedrigen Breiten dieses Verhältnis etwa 1:0,3 bis 1:0,5 beträgt. Die relativ große Biomasse im arktischen Boden, in der beachtliche Mengen Kohlehydrate und andere Vorratsstoffe eingelagert sind, wird als Anpassung an die harten Umweltbedingungen

Leben unter Grenzbedingungen erklärt, denn in einem Gewächshausexperiment unter Idealbedingungen erzeugten dieselben Pflanzen ein kleineres Wurzelwerk.

Je nach lokalen, insbesondere mikroklimatischen Unterschieden kommt es zu beträchtlichen Abweichungen von den durchschnittlichen Wachstumsraten. An windgeschützten Stellen entfaltet sich oft eine üppige Vegetation. Durch die starke Absorption der Sonnenstrahlung auf dunklen Böden und auf Pflanzenteilen können bei Windstille Temperaturunterschiede von 10° bis 20 °C zwischen dem Mikroklimabereich der Pflanzen und der Luftmasse bei der Standard-Wetterhütte unmittelbar daneben entstehen. Auf 82½° N, im nördlichsten Grönland, wurden Mitte Mai bei einer Lufttemperatur von -12 °C in einem Steinbrechkissen +3 °C und in einem Polster dunkler Moose sogar +10 °C gemessen. Arktische Pflanzen können selbst bei negativen Lufttemperaturen einen reduzierten Stoffwechsel aufrechterhalten. Kurzfristige Kälte bis zu mehreren Grad unter Null wird oft ohne Schaden überstanden. Durch frühzeitiges Einschalten und rasches Ab- und Anschalten des Wachstumsprozesses wird die effektive Vegetationsperiode weit über die Anzahl der zusammenhängenden frostfreien Tage des Meteorologen hinaus verlängert.

Der niedrige und kompakte Wuchs wie auch die für die Tundra charakteristische Kissenpflanzenform (Chamaephyten) sind Anpassungen, welche die Austrocknung und die Wind-Abrasion durch Sand- und Schneekörner verringern. Die oft schon im Vorjahr angelegten Knospen liegen unter der Oberfläche oder im persistenten Laubwerk verborgen und sind, wie auch andere empfindliche Pflanzenteile, zum Schutz gegen die Kälte meist behaart. Diese Einrichtungen erlauben es den ersten Blüten, buchstäblich schon unter der schmelzenden Schneedecke bereitzustehen.

Auch die typische Mehrjährigkeit der arktischen Gefäßpflanzen ist eine Anpassung an den äußerst kurzen Sommer. Reifen die Samen während eines einzelnen oder gar während mehrerer besonders kurzer Sommer nicht, so ist deswegen die Erhaltung der Art noch nicht gefährdet. Viele Pflanzen sind nicht auf Fortpflanzung durch Samen angewiesen, sondern können sich vegetativ vermehren, so der gelbe arktische Steinbrech, Saxifraga flagellaris, der ähnlich wie die Erdbeere Ausläufer produziert, oder die Poa viviparum, ein Gras, das absprungbereite Sprößlinge aus Blattansätzen herauswachsen läßt.

Für den Transport der Pollen sind die arktischen Pflanzen mit zunehmender geographischer Breite eher auf den Wind als auf die Insekten angewiesen. Auch für die Verbreitung der Samen über die enorm weitläufigen Gebiete sorgt vor allem der Wind. Die Samen vieler Pflanzenarten können während mehrerer Jahre ruhen, um erst bei optimalen Temperaturen von einigen Grad über Null rasch zu sprießen.

Die Anpassung der arktischen Vegetation an Kälte, Polarnacht, abrasierende Winde, zu wenig oder zu viel Wasser kann nur zum Teil physiologisch erklärt werden. Der Wettbewerb zwischen den Arten tritt in der Arktis, verglichen mit dem Süden, stark zurück. Doch darf der Umstand, daß in der östlichen kanadischen Arktis nur 300 hö-

Leben unter Grenzbedingungen

here Pflanzenarten vorkommen, auf entsprechender Fläche im Amazonasbecken aber deren 30000 wachsen, nicht zu einer Vernachlässigung dieses Problems führen. Auch die arktischen Pflanzenfresser müssen hier berücksichtigt werden, und von diesen führt die Lebenskette zu den Karnivoren. Erst das Studium des komplizierten Zusammenspiels der zahlreichen Kreuz- und Querverbindungen des gesamten arktischen Ökosystems und dessen vielfältiger Reaktionen auf Veränderungen dürfte endgültigere Antworten bringen.

Die vielen Sümpfe, Tümpel und seichten Seen – zumeist durch den Permafrost bedingt – enthalten die reichsten Biotope. Gefäßpflanzen, obwohl nicht artenreich, sind sehr häufig. In tieferen Seen herrschen Algen, Diatomeen und Mikroorganismen vor. Kaltes Wasser, speziell Schmelzwasser, enthält viele Polymerisations-Moleküle $(H_2O)_3$ und eine hohe Konzentration an gelöstem Kohlendioxid und Sauerstoff, was sich auf das Leben im Wasser günstig auswirkt. Selbst in hohen Breiten ist die Photosynthese so hoch, daß die sich enorm vermehrenden Diatomeen das Wasser, vor allem im August, an manchen Orten braun färben. Im Meer befördert der oft kräftige vertikale Wasseraustausch Nährsalze in die oberen Schichten und regt dadurch das Wachstum der Meeresflora an. Uferpflanzen aber gedeihen sowohl in Seen als auch an Meeresküsten nur schlecht, da ständig von Wind und Strömungen schürfendes Eis an den Strand getrieben wird.

Doch wo immer der Beobachter sich hinwendet, wird er eine mehr als reichliche Fülle an Pflanzen sehen, auch wenn am Tundraweg nur einige wenige der insgesamt über 1500 Arten von Blütenpflanzen, Moosen und Flechten wachsen. Selbst auf Gletschern und auf Treibeis gedeihen mehrere Algenarten.

*Die Tierwelt*

Erst die Bewegung eines Lebewesens läßt uns seine Existenz zum wirklichen Erlebnis werden: Ein Moschusochse oder eine Rentierherde, die sich langsam weidend in der kahlen Tundra bewegen, ein Eisbär, der im Preßeis auf- und untertaucht, oder eine Raubmöwe, die uns kreischend mit Sturzflügen von ihrem Nest ablenken will, erregen unsere Aufmerksamkeit. Die Begegnung mit den Tieren der freien Wildbahn, im Alltagsleben des heutigen Menschen so selten geworden, gehört zutiefst zum Erleben der Arktis. Es gibt so wenige Arten, daß wir ihre Namen bald einmal kennen. Meistens treffen wir die Tiere der Arktis nicht einzeln, sondern in Gruppen an: ein Spiel Walfische, ein Rudel Wölfe, eine Herde Walrosse, eine Formation Kanada-Gänse, ein Schwarm Schneespatzen oder eine Myriade Moskitos.

Die beschränkte Anzahl Tierarten und der gleichzeitige Individuenreichtum sind das Ergebnis von vorerst zwei Faktoren: Der relativ jungen Umwelt, die dem Leben für die Besiedlung riesiger Gebiete und der Anpassung an völlig neue Verhältnisse kaum 10000 Jahre gewährte, und der geringen Auswahl an verschiedenen Lebensräumen.

Von der Landvegetation ernähren sich Lemming, Hase, Ren, Moschusochse und zahlreiche Vögel, die zusammen mit den Karnivoren – Hermelin, Fuchs, Wolf und Eisbär – den Oberbau eines jungen Öko-

Leben unter Grenzbedingungen

systems bilden. Diese so erfolgreichen Tundratiere scheinen sich erst im Verlaufe der Eiszeiten aus der Fauna der Kältesteppen Sibiriens und der Beringlandbrücke entwickelt zu haben. Viele dieser Tierarten – etwa die Hälfte – haben eine zirkumpolare Verbreitung, treten also in allen Bereichen der Arktis auf.

Die «Bevölkerungsdichte» ist wegen der bescheidenen Produktion pflanzlicher Nahrung im allgemeinen gering, kann aber in Zyklen von einigen Jahren stark schwanken. Die Gründe für die zyklischen Fluktuationen sind noch umstritten, scheinen aber mit dem Nährstoffkreislauf der Basistiere, wie zum Beispiel der Lemminge, verknüpft zu sein. Die Lemmingbevölkerung, die Jägern wie Fuchs, Wolf, Schnee-Eule, Gerfalke und Raubmöwe als Hauptnahrung dient, erreicht alle drei bis vier Jahre ein Maximum. Dann können diese kleinen arktischen Mäuse zur Landplage werden. Die Berichte aus Nordeuropa über dramatische Selbstmordwanderungen Zehntausender Lemminge, die sich freiwillig ins Meer gestürzt hätten, wurden in der nordamerikanischen Arktis nicht bestätigt. Solche Ereignisse müssen als katastrophale Unfälle auf der Suche nach besseren Futterplätzen erklärt werden, wobei die Massenauswanderung wohl durch Übervölkerung ausgelöst wurde.

Zusammen mit der Lemmingbevölkerung fluktuiert auch die Anzahl der Polarfüchse, Schnee-Eulen und Gerfalken. Ersatznahrung ist nur spärlich vorhanden und schwierig zu finden. In Hungerzeiten folgen die Füchse dem Eisbären auf das Meereis, leben von den von ihm zurückgelassenen Seehund- und Fischresten und jagen Vögel. Gelegentlich sinkt die Fuchsbevölkerung auf 5 bis 10 Prozent des Normalbestandes. In Zeiten des Lemmingmangels wandern die Schnee-Eulen und Gerfalken nach Süden. Bei Lemmingüberfluß hingegen ernährt die Eule sieben bis acht Junge pro Sommer und eine Füchsin vermag bis zwanzig Junge aufzuziehen.

Auch die Anzahl der Polarhasen schwankt merklich, jedoch in einem Zyklus von neun bis zehn Jahren. Die drastische Abnahme der Rentiere – in Kanada fiel die Zahl der Barren Ground-Karibus zwischen 1900 und 1948 von schätzungsweise 1,8 Millionen auf etwa 700000, verringerte sich bis 1955 auf 300000, seither aber nur noch wenig – muß zum größten Teil der Einführung der Feuerwaffe zugeschrieben werden, obwohl auch Tierseuchen und Futtermangel mitschuldig sind. Die Renstatistik von Westgrönland weist ferner darauf hin, daß zyklische Veränderungen der Renbevölkerung auch mit Klimaänderungen verknüpft sind. Zeiten der Bestandeszunahme – 1820 bis 1855, 1890 bis 1920 und die Zeit vom Ende der 1950er Jahre bis heute – sind durch stärkere Kontinentalität des Klimas ausgezeichnet. In Ostgrönland, wo Rentiere zu Beginn unseres Jahrhunderts noch oft gesehen wurden, verschwanden sie, vermutlich aus klimatischen Gründen, noch vor dem Zweiten Weltkrieg. Die Fluktuationen im Renbestand, wie auch in dem der Polarhasen, übertragen sich auf die Polarwolfpopulation.

Die starken Bevölkerungsschwankungen der arktischen Landtiere, obwohl bei weitem nicht genügend erforscht, sind offenbar Zeichen eines jungen, noch labilen Ökosystems. Über diese grundlegende

## Leben unter Grenzbedingungen

Tatsache können auch die zahlreichen, höchst eindrücklichen Anpassungsmechanismen an die extremen Umweltbedingungen nicht hinwegtäuschen.

Die reichliche Behaarung vieler Landtiere der Arktis bietet einen willkommenen Schutz gegen die grimmige Winterkälte. Bei den Moschusochsen isolieren die bis 60 Zentimeter langen Haare, zusammen mit der dichten Unterwolle, so ausgezeichnet, daß im Sommer sogar die Gefahr der Überhitzung besteht, obwohl die Tiere im Frühsommer die Unterwolle in großen Fetzen abstoßen. Auch Beine, Nasenflügel, Augen und Ohren des Moschusochsen sind im Haar verborgen. Auf den langen Expeditionsmärschen in den Moschus-Territorien Ost- und Nordgrönlands und der kanadischen Hocharktis ist übrigens das Sammeln dieser kostbarsten aller Wollarten eine willkommene Abwechslung.

Viele arktische Tiere wechseln ihre Farbe mit der Jahreszeit. Der weiße Winterpelz von Eisbär, Polarfuchs und Schneehase oder das weiße Gefieder von Schneehuhn und Gerfalke werden oft als «Tarnkleid» betrachtet. Doch vor wem müssen sich Eisbär und Polarwolf, die unbestritten stärksten Landtiere, verstecken? Die Tarnung mag ihnen beim Anschleichen der Beutetiere dienlich sein. Man behauptet sogar, der Eisbär decke auf der Seehundpirsch seine schwarze Nasenspitze mit der linken Pfote ab. Doch dürfte die Tatsache, daß in weißen Haaren und Federn das fehlende Pigment durch isolierende Luft ersetzt ist, wichtiger sein als die schönsten Tarngeschichten. Der Schneehase, der in den südlichen Bereichen der Arktis einen braunen Sommerpelz bekommt, bleibt in der Hocharktis auch im Sommer weiß. Der Polarfuchs trägt während der kurzen Sommermonate ein braungraues Fell, das im Winter durch ein viel dichteres weißes ersetzt wird.

Eine Form der Anpassung an das arktische Ökosystem sind auch die bis über tausend Kilometer langen Wanderungen der Karibuherden aus der Tundra in die schützenden Wälder der Sub-Arktis.

Die Bergmannsche Regel, nach der das Gewicht warmblütiger Tiere der gleichen Art gegen den Pol hin zunimmt, läßt sich auf den Polarfuchs kaum anwenden, denn selbst die größten Individuen sind meist leichter als vier Kilogramm. Auf den Polarwolf dürfte diese Regel schon eher zutreffen, denn ausgewachsene Männchen wiegen oft gegen fünfzig Kilogramm. Für Moschusochsen (bis 350 kg), Rentiere (bis 160 kg), Barren Ground-Grizzlybären (bis 400 kg) und Eisbären (bis 700 kg) ergeben sich in der Tat niedrige Verhältniszahlen von Oberfläche zu Körpergewicht, was für die Erhaltung der Körperwärme von Vorteil ist.

Obwohl ein Winterschlaf viel Energie sparen würde, machen arktische Tiere mangels frostfreier Unterschlüpfe und wegen des langen Winters kaum davon Gebrauch. Selbst das Boden-Eichhörnchen der südlichen Arktis wacht des öfteren auf. Das trächtige Eisbärweibchen, das den Winter auf dem festen Land in einer Schneebank verbringt, während die männlichen Tiere draußen auf dem Packeis jagen, fällt nur in einen Halbschlaf. Die kleinen Lemminge graben sich in der obersten Bodenschicht unter dem schützenden Schnee

## Leben unter Grenzbedingungen

Tunnel und Nester, wo sie den Winter in nahezu unverminderter Aktivität verbringen.

Etwa ein Achtel aller Vogelarten der nördlichen Kontinente brütet in der Arktis, davon zählen die meisten zu den Wasservögeln. In der kanadischen Arktis sind etwa 80 der nur rund 230 arktischen Vogelarten vertreten. Die Artenarmut wird teilweise durch Individuenreichtum wettgemacht. Einzelne Spezies, wie beispielsweise die Dickschnabel-Lummen, bevölkern zu Tausenden riesige Vogelkliffe. Allein auf Nowaja Semlja soll es 47 Vogelfelsen, sogenannte Bazare, mit etwa drei Millionen Vögeln geben. Das Problem der Anpassung an die extreme Umwelt findet vielerlei Lösungen: eine dicke Fettschicht bei den Gänsen; warme Daunenfedern bei den Eiderenten; weiße und schwarze Befiederung zur Isolierung einerseits und Strahlungsabsorption andererseits. Die wirksamste Antwort auf die Unbill der kalten Monate aber ist der Vogelzug, die Migration nach Süden. Die häufigste aller arktischen Möwen – die Kittiwake – zieht in großen Schwärmen nach Süden. Die Küstenseeschwalbe legt bis zu ihrem Winterstandort in der Antarktis 17 000 Kilometer, den längsten bekannten Vogelzug, zurück. Nur wenige Arten (Schneehuhn, Eule, Falke, Rabe, Elfenbeinmöwe) verbringen den Winter im Norden.

Die wirbellosen Tiere der Arktis überstehen den Winter als Larven oder Eier. Trotz großer wissenschaftlicher und praktischer Interessen ist nur wenig darüber bekannt, wie Insekten, Würmer und andere Wirbellose die extreme Umwelt der Arktis bewältigen. Erste Forschungsergebnisse zeigen, daß zur Vollendung eines Lebenszyklus vom Ei über verschiedene Larvenstadien zum geschlechtsreifen Tier oft mehrere Jahre benötigt werden. Von den rund 10 000 Insektenarten, die unmittelbar südlich der Baumgrenze leben, haben sich vorläufig nur deren 500 an die harten Verhältnisse nördlich davon angepaßt.

Das Leben in den arktischen Küstengewässern, die in zahllosen Meeresstraßen und -buchten oft weit ins Land hineingreifen, ist noch ärmer an Arten und reicher an Individuen als auf dem Land. In der Mischzone von kaltem arktischem mit wärmerem atlantischem oder pazifischem Wasser, wo die vertikale Durchmischung reichlich Nährstoffe an die Oberfläche fördert, ist diese Artenbeschränkung überraschend, da die Temperatur im Wasser nur unwesentlich unter null Grad sinkt und damit dem Leben nie so gefährlich wird wie auf dem Lande. Die lebensfeindliche Wirkung der langen Polarnacht wird aber durch das See- und Meereis noch merklich verstärkt und verlängert. Dadurch wird auch das Wachstum der schwebenden Kleinstlebewesen, des sogenannten Planktons, das die Basis der Lebenskette im Wasser bildet, eingeengt. Im Frühjahr aber, wenn das Eis schmilzt, entfaltet sich das Leben im Wasser für kurze Zeit in ungeheurer Fülle. Doch nur jene wenigen Pflanzen- und Tierarten, die diesen starken jahreszeitlichen Schwankungen angepaßt sind, die also – in der Sprache der modernen Biologen – «diese ökologische Nische füllen können», vermehren sich dann rasch. Es sind einige Krebse, Fische und letztlich die Säuger.

Die arktischen Randmeere, in denen sich kalte und warme Wasser-

Leben unter Grenzbedingungen

massen mischen, zählen zu den besten Fischgründen der Erde; hier ist sogar ein beachtlicher Artenreichtum zu verzeichnen; allein in den Gewässern um Grönland leben mehr als hundert verschiedene Fischarten. Die kommerziell wichtigen Arten wie Dorsch (oder Kabeljau) und Hering reagieren empfindlich auf Temperaturänderungen. Diese Fischarten haben ihren Lebensraum im Gefolge einer Klimaveränderung während der ersten Hälfte unseres Jahrhunderts (Erwärmung des Wassers um 1,3 °C) auf der Westseite Grönlands weiter nach Norden, bis zum 73. Breitengrad, ausgedehnt. Gleichzeitig zogen die Robben nordwärts. Dies führte zu deutlichen Veränderungen in der Lebensweise vieler Grönländer: Subarktischer Fischfang begann die arktische Robbenjagd zu ersetzen.

Das Hauptbecken des Polarmeeres ist arm an Fischarten und Individuen. Gewisse Säugetiere hingegen wie Seehunde, Walrosse, Eisbären und zum Teil auch Walfische, erreichen dank ihrer hohen Spezialisierung trotzdem eine erstaunliche Verbreitung. Die anatomische, physiologische und verhaltensmäßige Anpassung der sieben Seehundarten und des Walrosses an das Leben im zumeist eisbedeckten Meer ist eine eindrückliche Leistung der Natur. – Nicht alle Meeressäuger verbringen den Winter in der Arktis. Von den 17 verschiedenen Walarten um Grönland überwintern nur der Weißwal, Beluga genannt, und der Narwal, beide etwa 4 bis 6 Meter lang, und der 18 bis 24 Meter lange Grönlandwal.

Die Entwicklung der arktischen Tier- und Pflanzenwelt seit Beginn der Eiszeiten zeigt deutlich, daß das Problem der Anpassung an die arktische Kälte sehr gut gemeistert wurde. Hingegen bereitet der Mangel an Pflanzennährstoffen, wie zum Beispiel Phosphaten, dem Ökosystem Schwierigkeiten. Der kanadische Biologe Dunbar glaubt, daß die Evolution einerseits nach Anpassung an die wechselnden Umweltbedingungen und andererseits nach ökologischer Stabilität sucht, wobei ein Gleichgewicht zwischen diesen beiden gegenläufigen Tendenzen angestrebt wird. Das sorgfältige Studium des Ökosystems ist eine der vornehmsten und notwendigsten Aufgaben der gegenwärtigen und zukünftigen Arktisforschung.

52. Frühling auf Axel Heiberg Island.
53. Herbst auf Baffin Island.

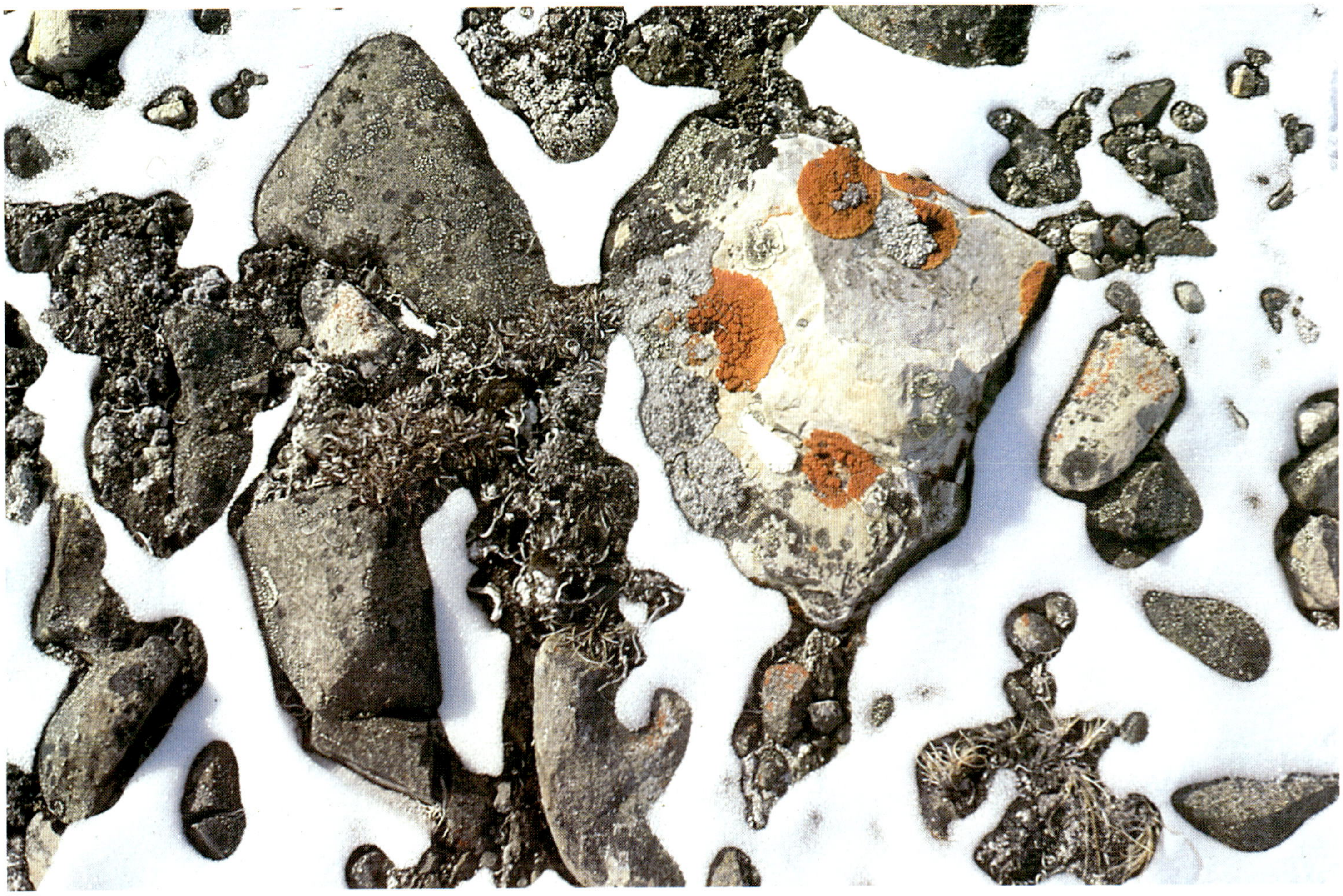

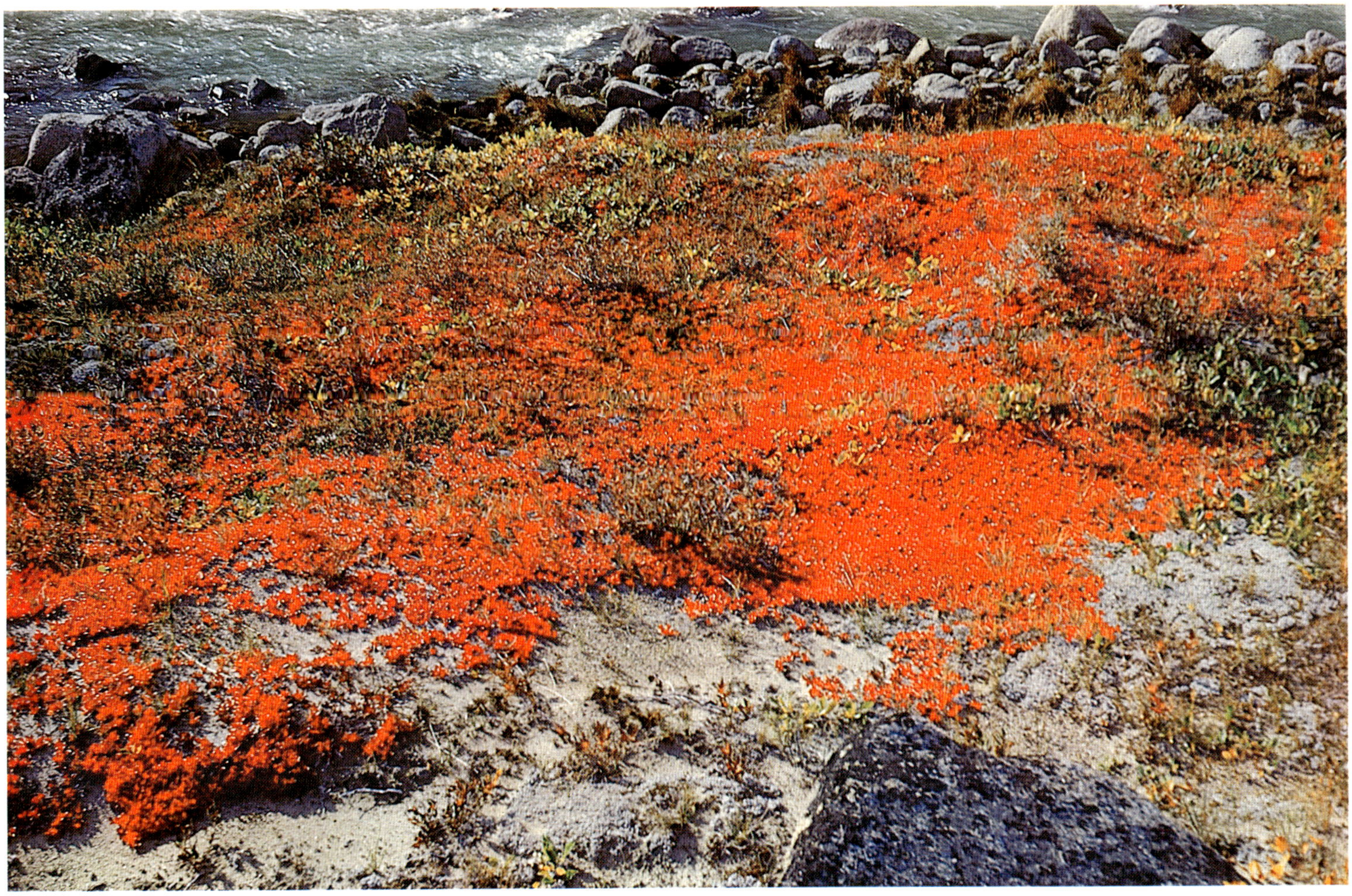

52–53

54–56

54. Glöckchenheide in Ostgrönland, Juli.
55. Blaubeeren in Ostgrönland, September.
56. Flechte auf Axel Heiberg Island.
57. Junge Eule, östliches Baffin Island.
58. Polarhasen bei Eureka, Ellesmere Island.
59. Moschusochsen auf Axel Heiberg Island.
60. Raubmöwen am Lake Hazen, Ellesmere Island.
61. Eisbär auf Coburg Island.
62. Walrosse werden zur Beobachtung markiert.
63. Junge Eisbären.
64. Grönlandrobbe an Labradorküste.

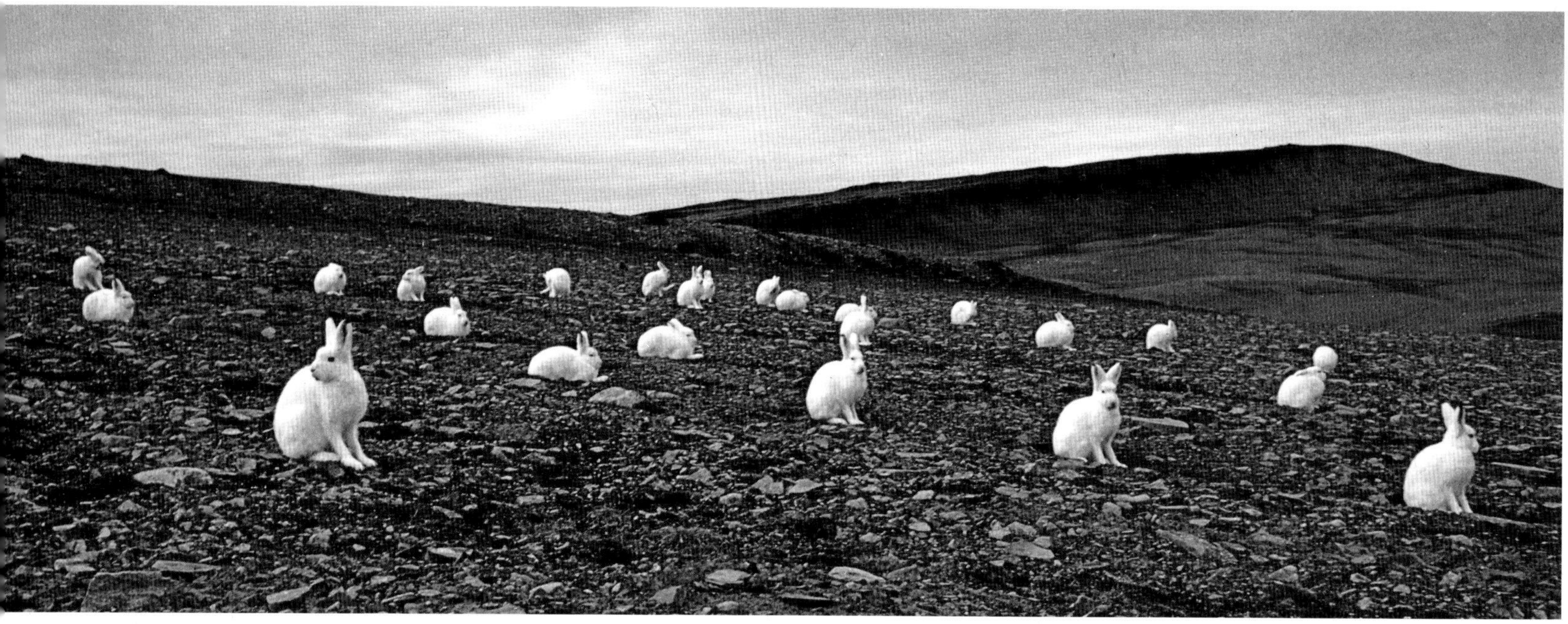

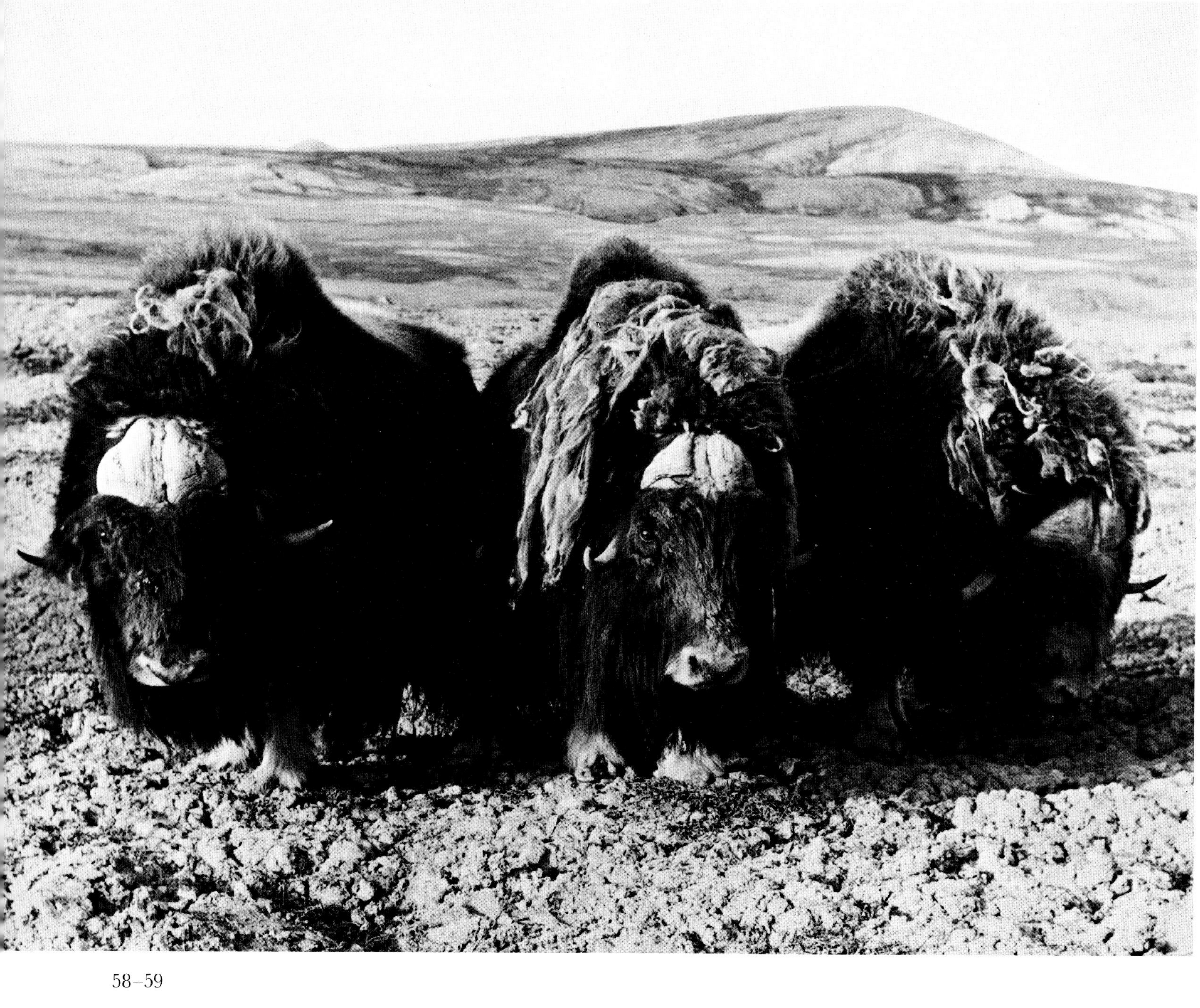

58–59

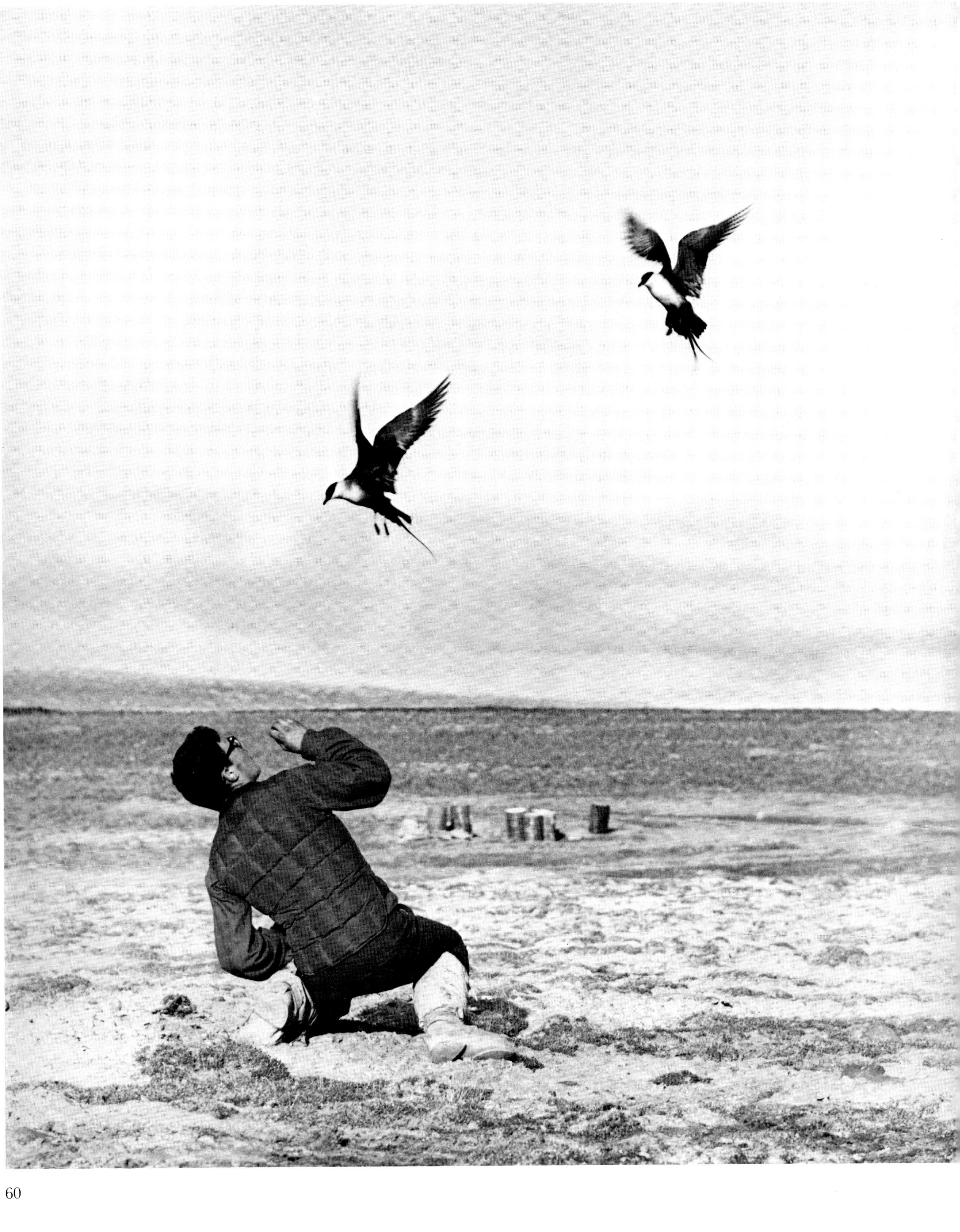

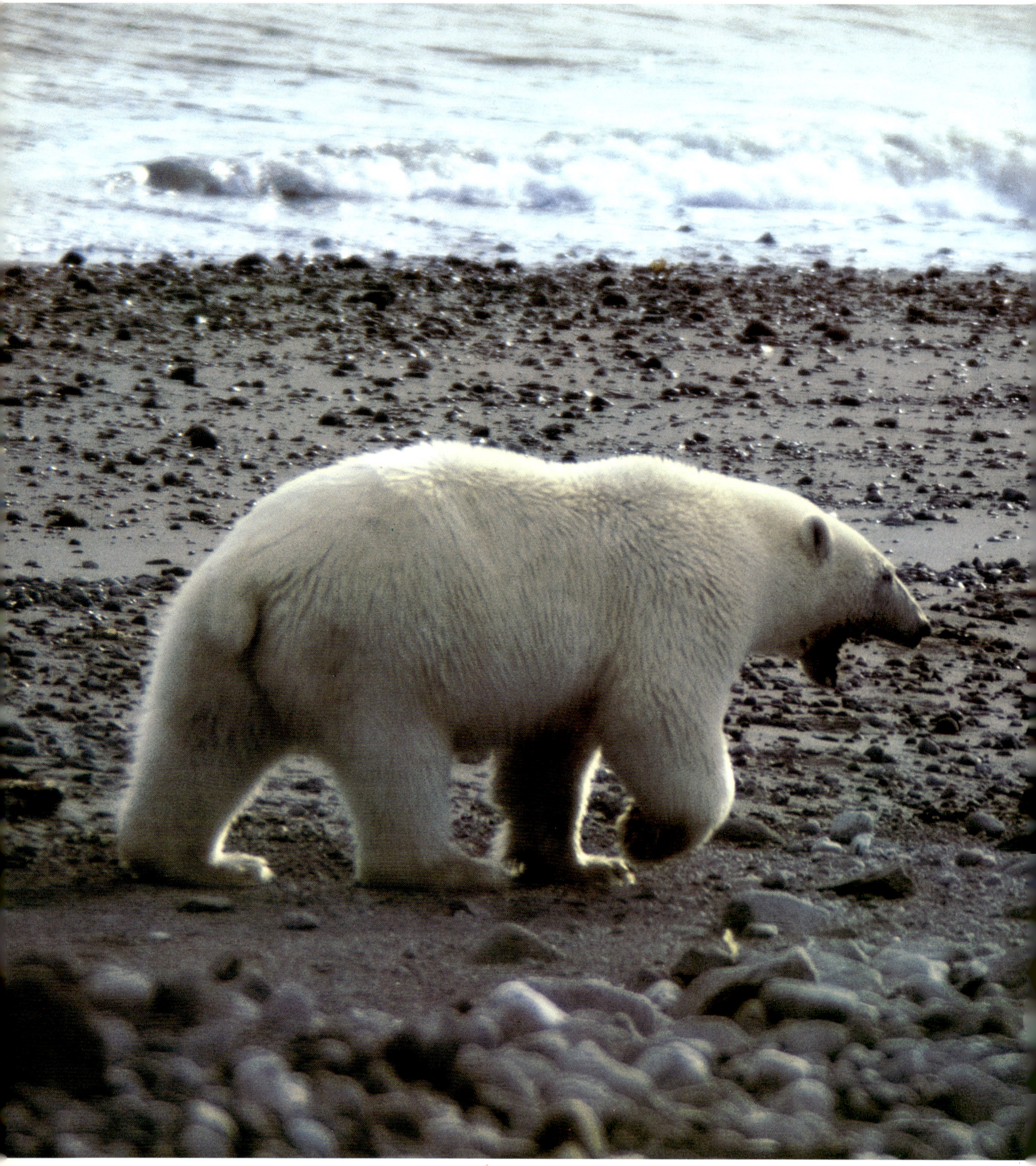

62–64

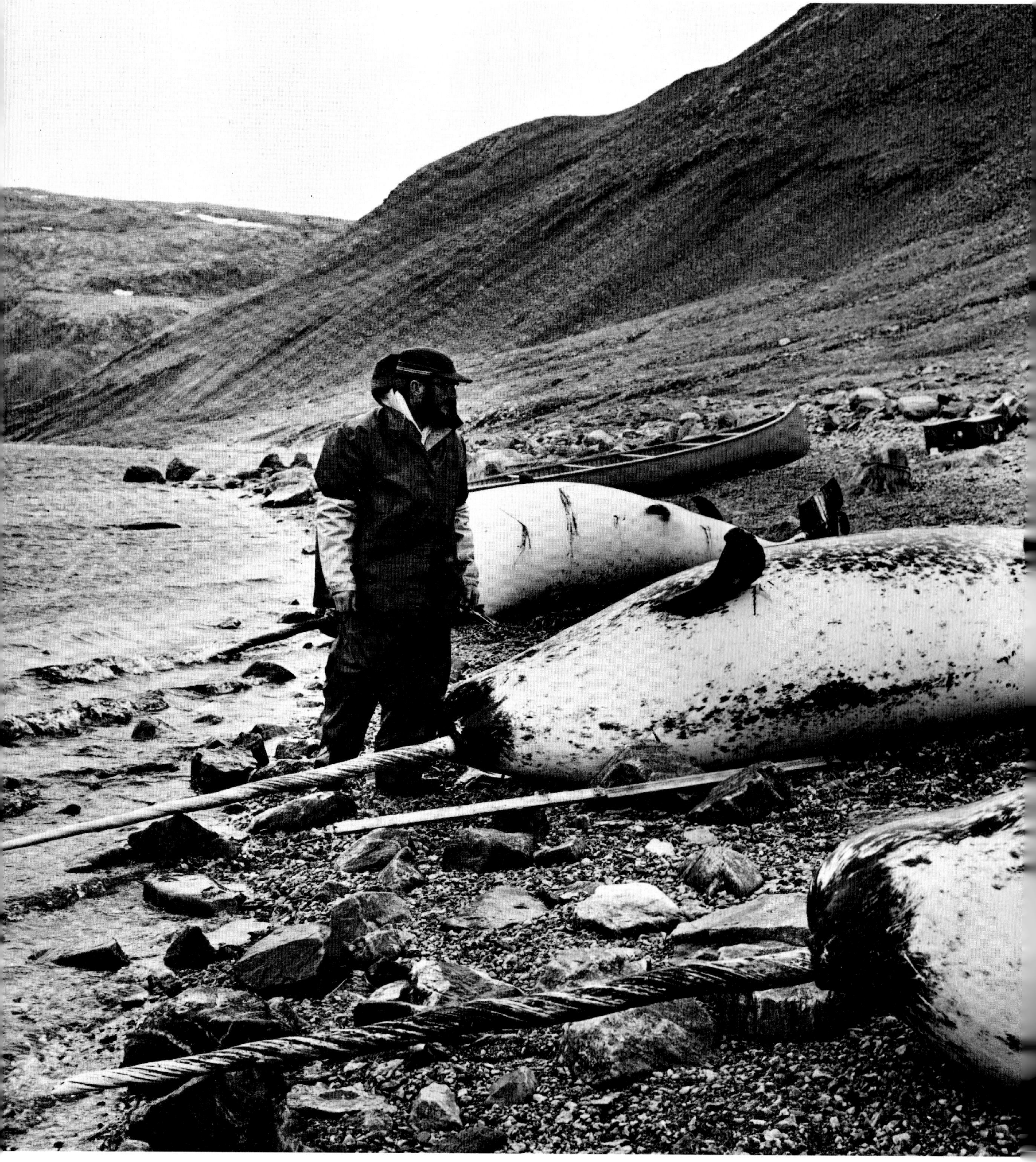

65. Männliche Narwale mit spiraligem Stoßzahn werden studiert.
66. Trottel-Lummen am Cape Parry.

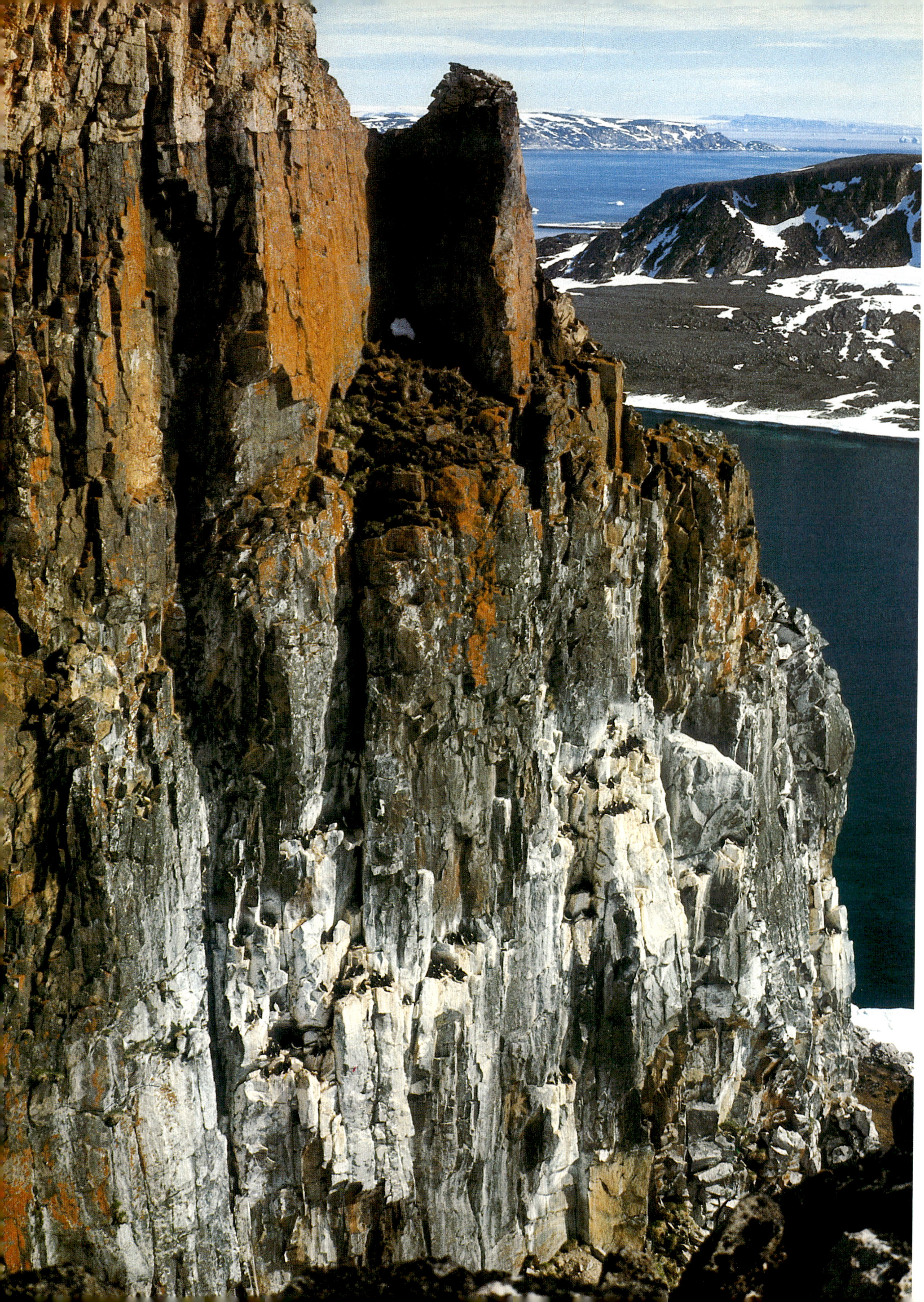

67. Vogelfelsen auf den Carey Øer im Nordwasser.
68. Karibu am White Glacier auf Axel Heiberg Island.
69. Arktischer Mohn bei Mitternachtssonne auf 80° Nord.
70. Brütende Rothals-Lumme auf Baffin Island.

69
70 ▷

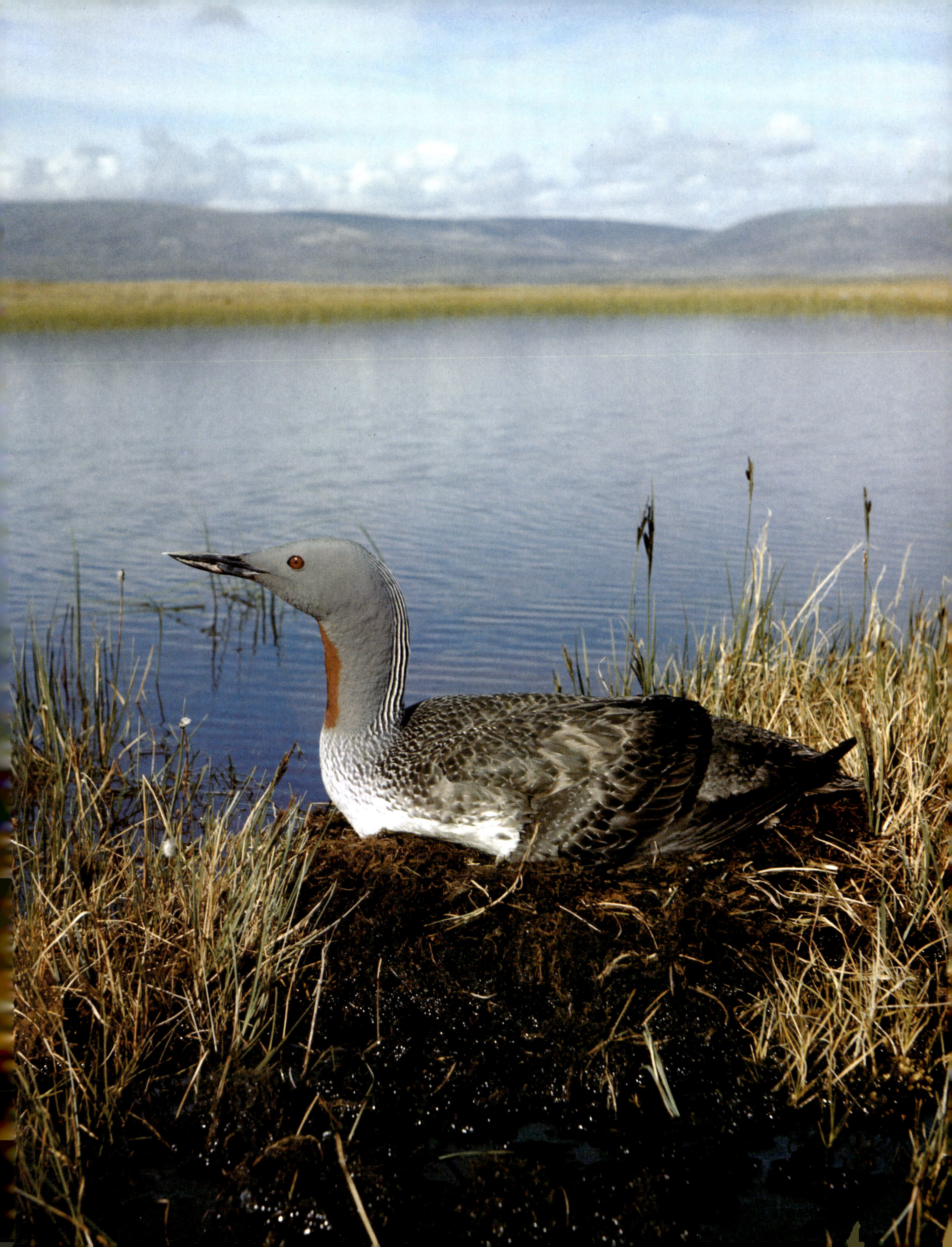

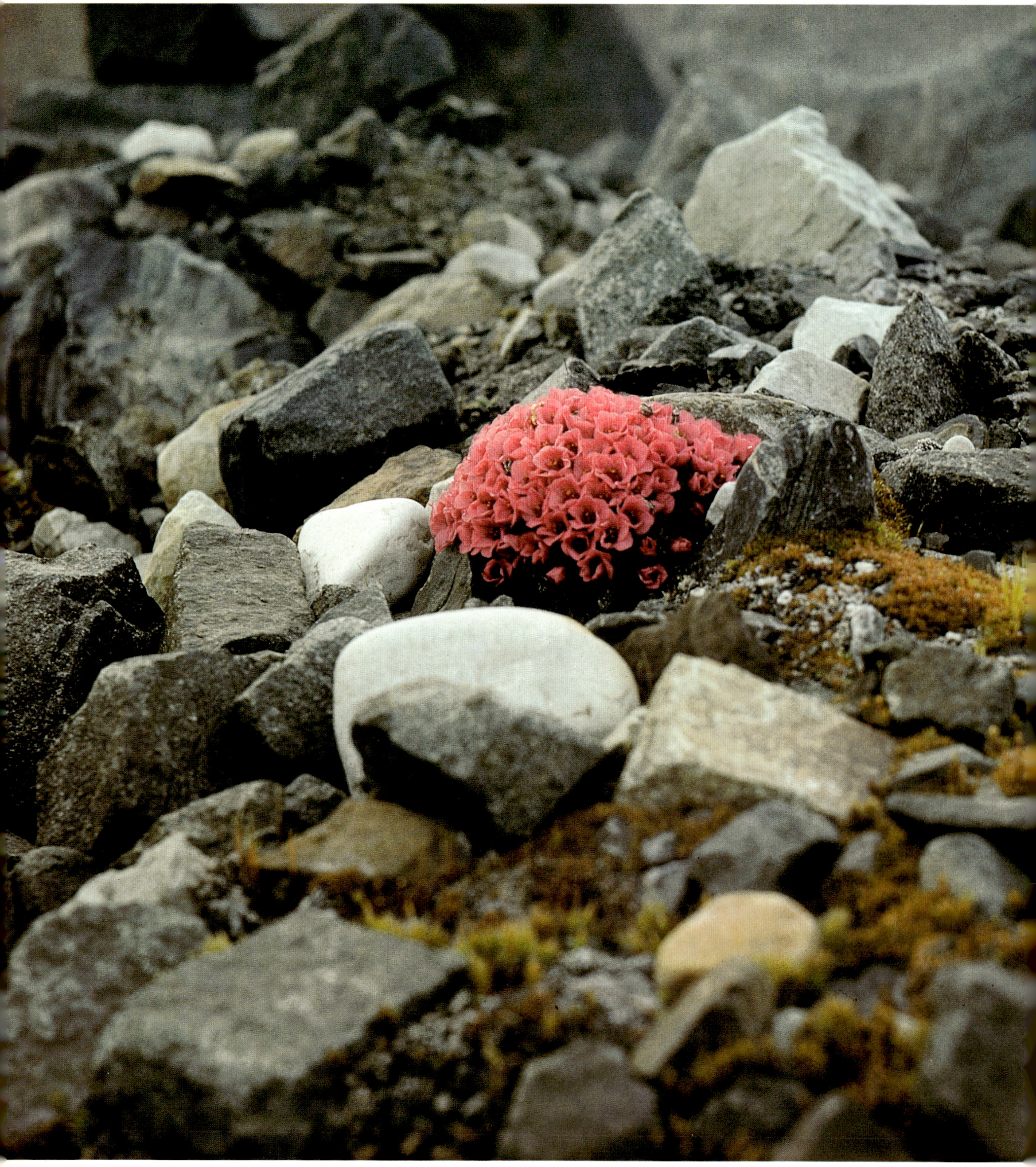

71. Steinbrechpolster auf Moräne des White Glacier.
72. Gutgetarnte junge Raubmöwe im Rens Fiord, Axel Heiberg Island.
73. Brütende Eiderente bei Cape Sparbo, Devon Island.

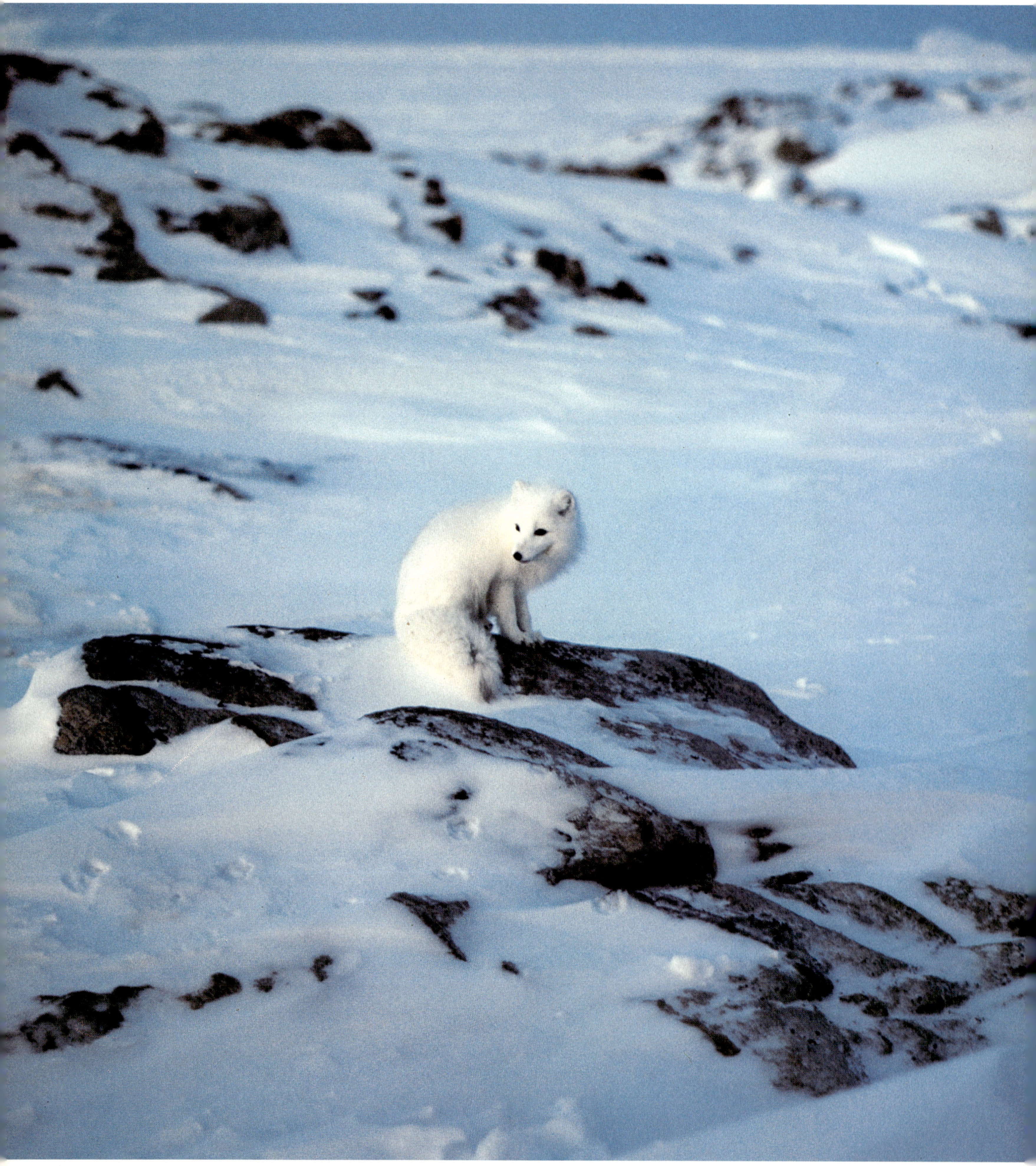

# Die Eskimos

«Von der Umwelt durch Eismeere und weglose Wüsten abgeschnitten, hat eine Handvoll Menschen, die sich die Netsilik-Inuit, die Robben-Eskimos, nennen, ihr eigenes, von jedem Einfluß von außen gänzlich unberührtes Leben bis zur Gegenwart leben können.»
Diese Feststellung von Knud Rasmussen aus dem Jahre 1931 über die Bewohner von King William Island und der Boothia-Halbinsel traf schon zu seiner Zeit nur noch auf ganz wenige Eskimogruppen zu. Selbst die Polareskimos von Thule in Nordwestgrönland, denen Rasmussen besonders verbunden war, und die er 1910 durch die Gründung der «Cape York Station Thule» vor den Einflüssen der Walfänger und Expeditionsunternehmen der Europäer und Amerikaner schützen wollte, besaßen bereits Gewehre und Kocher. In den meisten anderen Wohngebieten der Eskimos hatte sich bereits viel früher ein Kontakt mit den Südländern angebahnt, der sich jedoch teilweise auch schädlich auswirkte. Angestellte der Hudson's Bay Company und Nordlandabenteurer aller Schattierungen betrieben schon seit dem 17. Jahrhundert Tauschgeschäfte mit den Eskimos, die, weil sie nichts anderes kannten, für ihre wertvollen Felle und Pelze oft Trödelkram und Alkohol, selten einmal aber etwas Nützliches erhielten. Zu jener Zeit begann dieser Prozeß der unglücklichen «Vermischung» zweier Kulturen, in welchem immer die eine am kürzeren Hebelarm sitzt. Aber er geschah und geschieht nicht nur bei den Eskimos der Arktis. In der Geschichte wiederholt sich dieser Prozeß sehr häufig und berührt besonders tragisch, wenn Gegensätze und Machtunterschiede sehr groß sind, wie zum Beispiel beim Einzug der europäischen Siedler ins Land der Indianer, bei der Überschwemmung des Sherpalandes im Himalaya durch Touristen aller Länder oder auch beim Übergriff der großstädtischen Bevölkerung auf die Heimat der Bergbauern. Indianer, Sherpas, Bergbauern – und nun auch die Eskimos – wehren sich gegen ein Schicksal, das nicht abzuwenden ist. Anklage ist sinnlos. Einzig durch gegenseitiges Kennenlernen, Verständigung und menschliche Beziehungen können sich neue Lebensformen entwickeln, die den beiderseitigen Bedürfnissen gerecht werden. In diesem Sinne soll versucht werden, die Eskimos von damals und heute, aus der Literatur und aus dem engen Blickfeld meiner allzu kurzen persönlichen Kontakte mit ihnen im Mackenzie Delta, im nördlichsten Teil der kanadischen Arktis sowie in Nordwest- und Ostgrönland, sachlich zu beschreiben. Die umfangreiche vorhandene Literatur stammt fast ausschließlich vom weißen Mann; von den Eskimos selbst liegt nur Indirektes vor: ihre Kunst, ihre Mythen und Legenden und einige wenige authentische Erzählungen.
Die Eskimos besiedeln heute die Tschuktschen-Halbinsel in Ostsibirien, den Nordrand des amerikanischen Festlandes von Alaska bis Labrador, einen Teil der kanadischen Inseln und Grönland. Ursprünglich lebten sie an den Küsten, manchmal auch entlang der Flüsse, denen sie oft mehrere hundert Kilometer ins Landesinnere folgten. Gemessen an der Größe des Landes, das sie bis vor kurzem als einzige bewohnten, sind die Eskimos ein kleines Volk. Man schätzt es heute auf etwa 80000 bis 90000 Menschen. Davon leben

74. Polarfuchs im Winterpelz bei Cape Herschel, Ellesmere Island.

Die Eskimos

ungefähr 50000 in Grönland, und obwohl die Zahl der Mischlinge hier besonders hoch ist, nennen sich alle ohne Unterschied Grönländer. Heute gibt es höchstens noch einige tausend reinrassige Grönland-Eskimos. In Kanada leben heute rund 15000, in Alaska mehr als 20000 und in Rußland weniger als 3000 Eskimos.

Trotz der fünfzehn Einzelstämme und vieler Sippen bildeten die Eskimos anthropologisch, sprachlich und kulturell eine überraschend klare Einheit. Als Rasmussen, der die Eskimosprache in Grönland gelernt hatte, auf seiner langen Schlittenreise nach Alaska kam, konnte er sich mit den dort ansässigen Eskimos sehr gut verständigen. Neben der sprachlichen Übereinstimmung bestanden auch erstaunliche Ähnlichkeiten in den wichtigsten Reise- und Jagdmethoden, den religiösen Bräuchen und den sozialen Strukturen.

*Aus dem Dunkel der Vergangenheit*

Die Einwanderung der Eskimos in den nordamerikanischen und grönländischen Raum erfolgte, nach heutiger Auffassung, am Ende der Eiszeit von Sibirien her über das Gebiet der Beringstraße, das damals als Landbrücke die Alte und die Neue Welt verband. Diese Landverbindung nach Alaska wurde durch das Abschmelzen der großen Eismassen und das damit verbundene Ansteigen des Meeresspiegels vor etwa 10000 bis 12000 Jahren unterbrochen. Archäologen und viele Prähistoriker nehmen an, daß die Nomaden, die damals nach Nordamerika kamen und sich ost- und nordostwärts wandten, zuerst nur Inlandjäger waren, die den Mammuts, Moschusochsen und Rentieren folgten. Erst durch einen langsamen Anpassungsprozeß an die vielen Küsten der neuen Heimat und deren marinen Tierreichtum – Robben, Wale und Walrosse – entwickelten sich die Eskimos zu jenem hochspezialisierten Jägervolk, das wir heute kennen.

Zwischen den Algonquin- und Athabaska-Indianern, die noch vor ihnen über die Bering-Landbrücke nach Alaska gekommen waren und dann südostwärts vorstießen, und den Eskimos kam es häufig zu Auseinandersetzungen. Diese oft blutig verlaufenden Streitigkeiten brachten den Eskimos vermutlich den etwas derben, aus der Indianersprache stammenden Namen «Eskimo», der etwa bedeutet «jene, die rohes Fleisch essen», ein. Sie selbst haben sich nie so bezeichnet, nannten die Indianer aber ihrerseits «Adlit», was etwa mit «Ei einer Laus» zu übersetzen ist. Auch die Wikinger gaben den Eskimos einen wenig schmeichelhaften Namen: «Skraeling», was etwa soviel heißt wie «kleiner, verkümmerter Zwerg». In ihrer eigenen Sprache jedoch nannten und nennen sich die Eskimos würdig «Inuit» – «Menschen».

Etwa ab 2000 v.Chr. kann man von einer Eskimokultur der heutigen Prägung sprechen. Die erste bekannte Kultur, von den Archäologen als Denbigh oder Prä-Dorset-Kultur bezeichnet, dauerte in Nordamerika ungefähr von 2000 bis 800 v.Chr. In Grönland, wo sie sich bis in den Nordosten ausbreitete, bestand sie etwas länger. Die Prä-Dorset-Menschen lebten in nomadisierenden Gruppen und jagten je nach Jahreszeit Seehund und Walroß mit der Harpune und das Ren-

Die Eskimos

tier mit Pfeil und Bogen. Im Winter wohnten sie in halb unterirdisch angelegten Behausungen beieinander.

Der Übergang der Prä-Dorset-Kultur zur Dorset-Kultur läßt sich an vielen charakteristischen Artefakten ablesen, zu denen kunstvoll verzierte Nadeln, Harpunenspitzen, Lanzen, Fischspeere und Speckstein-Lampen gehören. Kunstwerke der prähistorischen Eskimos, die bei archäologischen Grabungen gefunden wurden, weisen je nach Gebiet und Zeit große Unterschiede auf, die eine Bestimmung der einzelnen Altkulturen ermöglichen.

Die Dorset-Kultur dauerte in der kanadischen Arktis und in Grönland bis etwa 1300 n.Chr. Sie wurde von der Thule-Kultur abgelöst. Die Thule-Eskimos kamen von Nordalaska in das Gebiet der Dorset. Man vermutet, daß sie einiges von der Dorset-Kultur übernommen haben. So benutzten die Thule-Eskimos wie die Dorset das Iglu, ein Schneehaus, das aus schnell behauenen Schneeblöcken, die spiralförmig übereinandergeschichtet werden, gebaut wird. Das Iglu war den Alaska-Eskimos unbekannt und wurde auch in Grönland weniger benutzt als in der Zentralarktis. Die Thule-Eskimos waren die ersten, die Walfische erlegten. Sie verdankten dies vor allem dem Gebrauch des Umiak, einem großen Frauenboot, und des viel kleineren Kajak. Walfischknochen gehören zu den typischen Relikten der recht behäbigen Behausungen aus der Zeit der Thule-Kultur. Anstelle der handgezogenen Schlitten ihrer Vorfahren benutzten die Thule-Eskimos den Hundeschlitten. Hundegespann im Winter sowie Kajak und Umiak im Sommer gaben den Thule-Eskimos ihre bekannte Mobilität. Auf Hundeschlitten kann man bei guten Verhältnissen bis zu zwanzig Kilometern pro Stunde reisen. Kräftige, gut trainierte Hunde können täglich bis zwölf, wenn nötig bis achtzehn Stunden, angetrieben werden.

Die Klimaverschlechterung zwischen 1650 und 1850 sowie der intensive Walfang jener Zeit brachten einen Rückgang der Walfang-Ökonomie der Thule-Eskimos und beendeten eine bedeutende Kulturphase. Das Leben der Thule-Eskimos wurde wieder nomadischer, das Iglu gewann immer mehr an Bedeutung. – Die heutigen Eskimos kann man als die direkten Nachfahren der Thule-Eskimos bezeichnen.

*Aus dem Leben der Inuit*

Die Klischeevorstellungen über die Eskimos, die häufig von den verschiedenen Medien verbreitet werden, tragen nur wenig zum Verständnis der Inuit bei. Der Eskimo war nicht immer der Vollnomade, der im Winter im Iglu und im Sommer im Zelt lebte, wie dies oft behauptet wird. Im Verlaufe ihrer 4000jährigen Kulturgeschichte haben die Inuit auch einen beachtlichen Teil ihrer Zeit in festen Unterkünften verbracht. Für die Errichtung dieser Behausungen verwendeten sie Stein, Treibholz, Torf, Erde, Knochen und Felle. Das Iglu als temporäre Winterwohnung und das Wanderzelt aus Tierhäuten im Sommer wurden vor allem auf den oft Monate dauernden Jagdausflügen benutzt. Und die Inuit waren zeitlebens Jäger und Fischer. Die Jagd bedeutete ihre Existenz. Zwar sammelten sie – vor

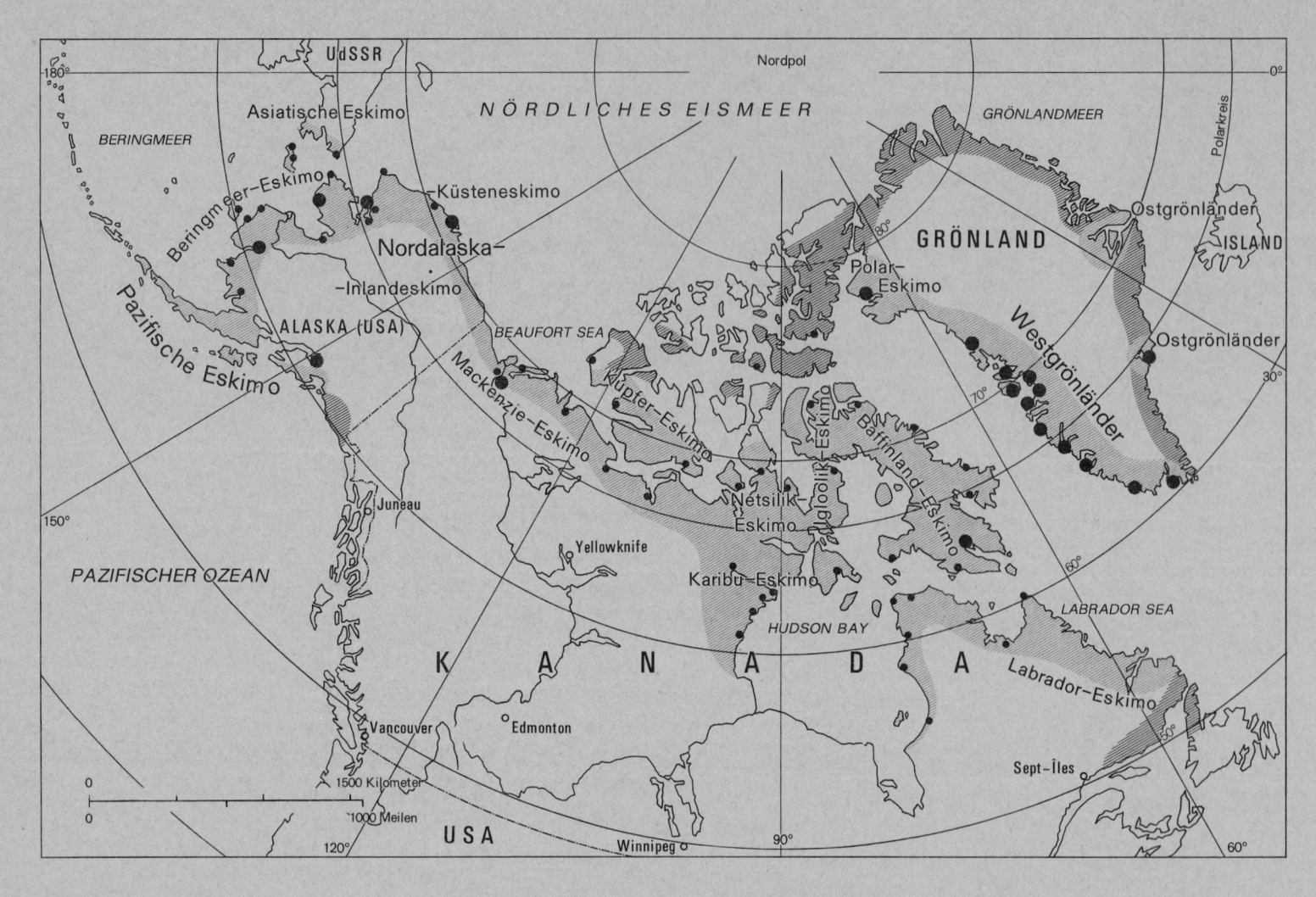

Eskimos einst und heute
(Teilweise nach Bandi, 1964.)

- ● Ortschaften mit mehr als 1000 Eskimos
- • Ortschaften mit weniger als 1000 Eskimos
- ○ andere Orte
- heutige Siedlungsgebiete
- ehemalige Siedlungsgebiete

allem Frauen und Kinder – auch die eßbaren Beeren und Pflanzen der küstennahen Tundra und kannten die Brutstätten der vielen Enten und Gänse, deren Eier sie verzehrten, aber im Kampf um Nahrung und Kleidung stand die Jagd zur See eindeutig im Vordergrund. Hier erreichten die Inuit ihre höchste Spezialisierung. Kajak und Harpune waren vollendete Meisterwerke ihrer praktischen Erfindungsgabe, und ebenso meisterlich war ihre Handhabung dieser Jagdhelfer. Ein geübter Eskimojäger warf seine Harpune mit unfehlbarer Sicherheit auf sieben Meter Distanz; mit dem in Grönland benutzten Wurfbrett konnte er durch Hebelwirkung seine Kraft mehr als verdoppeln und dadurch einen Seehund oder Walfisch auf fünfzehn Meter Entfernung zielsicher treffen. Man erzählt, daß die Grönlandeskimos in wasserdichten Anzügen dem bereits harpunierten Walfisch auf den Rücken sprangen, um ihn mit Messer- und Lanzenstichen endgültig zu erlegen. Auch die Rentiere, Karibus genannt, wurden oft mit Harpune oder Speer gejagt, wenn sie Flüsse, Seen oder Fjorde durchschwammen. Zur Wanderzeit der Karibus wurden manchmal Treibjagden veranstaltet. Frauen und Kinder trieben die wandernden Tiere ins Wasser, wo sie dann die Jäger vom Kajak aus erlegten. Auch Pfeil und Bogen waren den Eskimos bekannt. Diese Jagdwerkzeuge wurden vor allem von den Karibu-Eskimos, die westlich der Hudson Bay weit im Landesinnern zuhause waren, bei der Jagd auf Karibus, Bären und Moschusochsen verwendet.

## Die Eskimos

Die Jagdbeute lieferte dem Eskimo alles, was er für sein Leben benötigte: Für die tägliche Nahrung Fleisch, das meistens roh gegessen wurde, so daß die lebenswichtigen Vitamine erhalten blieben. Aus Fett wurden Licht und Wärme gewonnen, aus Häuten und Fellen Kleidung und Zelte gefertigt und aus Knochen, Walbarten, Elfenbein und Geweihen Werkzeuge, Schlitten und andere Gebrauchsgegenstände hergestellt. Das extrem kalte Klima ihrer Heimat ließ die Inuit noch ein weiteres einfaches Werkzeug und dessen Handhabung bis zur Perfektion entwickeln: die Nähnadel zum Herstellen von Fellkleidern. Aus Elfenbein oder den harten Flügelknochen von Möwen und Gänsen hergestellt, oft in prachtvoll verzierten Schachteln gehütet, gehörten sie zum heiligsten Besitztum der Eskimofrau und wurden früher als wichtigste Mitgift in die Ehe gebracht. Die Begabung der Frau im Herstellen von zweckmäßiger arktischer Bekleidung stand dem Jagdtalent ihres Ehemannes kaum nach.

Trotz dieser dem Klima angepaßten Kleidung stellt sich die Frage, ob die Inuit besondere Körpereigenschaften besitzen, um die Kälte zu ertragen. Viele Beispiele zeigen, daß bei extremer Kälte und Belastung die Überlebenschancen eines Eskimos größer sind als die eines Weißen. Anthropologen haben festgestellt, daß ihm sein Körperbau tatsächlich gewisse Vorteile bietet: Er ist von kleiner und gedrungener Statur, ohne fett zu sein. Seine Gliedmaßen sind kürzer, die Hände und Füße verhältnismäßig kleiner als die eines Europäers. Schädelabmessungen haben ergeben, daß er eine enge, lange, äußerlich flache Nase hat, eine Voraussetzung, die sich dazu eignen dürfte, die kalte Luft besser vorzuwärmen. Man ist versucht, diese physischen Eigenheiten als Anpassung an die harsche Umwelt zu betrachten. Vergleichende Studien in Alaska haben gezeigt, daß Eskimos, die sich wie Weiße ernähren und in geheizten Räumen wohnen, genauso kälteempfindlich werden wie diese. Offenbar ist es nicht so sehr sein Körperbau, sondern gewisse Veränderungen im Wärmehaushalt und im Energieverbrauch, auch die Ernährung, Gewöhnung und Abhärtung, die den Eskimo die Kälte leichter ertragen lassen.

Die eindrücklichste Anpassung an die Umweltbedingungen vollzog sich aber im geistigen Bereich. Wo immer man Eskimos antraf, von Ostgrönland bis zum Beringmeer, begegnete man sorgenfreien, fröhlichen und zufriedenen Menschen. Plänemachen war immer mit Vorbehalten verbunden. «Wenn es das Wetter erlaubt...», «vielleicht...», sind auch heute noch stets wiederkehrende Worte in Gesprächen mit ihnen. Die Naturkräfte, denen der Eskimo ausgesetzt war, zeigten sich immer so viel stärker als er und waren nicht vorauszusehen. Warum sich denn sorgen? Die Erfahrung von Generationen hatte gelehrt, daß das Überleben schwierig und der Ausgang jedes einzelnen Kampfes ungewiß war; oft bedeutete er den Tod. Mit diesen Gegebenheiten lebte der Eskimo. Seine positive Einstellung dazu gab ihm Selbstvertrauen. Negative Apathie kannte er nicht. Wenn das Böse im wütenden Sturm, im spukenden Nebel oder im Dunkel der Nacht auf ihn lauerte, wandte er sich dem Ritual zu. Amulette – aus Elfenbein, Weidenholz oder Knochen geschnitzt –

Die Eskimos

und der Schamane unterstützten ihn im Kampf mit den Geistern, die in der Landschaft und auch in den Tieren, die er zu erjagen hatte, lebten. Mit diesen Tieren, von denen sein Überleben abhängig war, verband ihn ein eigenartiges Verhältnis, das beim Akt des Tötens mystisch wurde. Der Tod eines Tieres durfte erst nach der Beschwörung des Geistes, der im Tier lebte, erfolgen. Besonders der Geist des Eisbären mußte vor und nach dem Tötungsakt um Verzeihung gebeten werden, da er sonst Unglück gebracht haben würde. Die Seele des Tieres, die durch den Schatten angedeutet wird, lebte nach dem Tode weiter. In diesem Brauch zeigt sich, wie sehr Leben und Tod miteinander verbunden waren. Er drückt aber auch die enge Beziehung des Eskimos zum Tier aus. In Mythen und Legenden wurde auf innige Weise das Leben der Geister, vor allem der Tierseelen, die oft menschlichen Charakter erhielten, weitergesponnen. Nicht kluge Witzigkeit oder wilde Phantasie, sondern Poesie macht die Eskimoerzählungen so ergreifend.

Die sozialen Strukturen dieses Jägervolkes waren, ebenso wie seine Lebensphilosophie und die Religion, dem Daseinskampf angepaßt. Bedingt durch die rauhe, dürftige Umwelt, gab es bei den Eskimos kaum organisierte Stämme. Das Leben in der Arktis bedurfte kleiner Gruppen und tüchtiger Individuen, die man nach ihren Jägerqualitäten einschätzte. Wie die Helden in den Erzählungen wurden die Jäger – auch von den Frauen – nach der Anzahl erlegter Bären, Walrosse oder Robben beurteilt und weniger nach Treue, Klugheit oder Tapferkeit. Die Jagd in Schnee und Eis und auf stürmischer See verlangte viel Kraft, Geschick und Ausdauer, so daß diese Tätigkeit vor allem den Jüngeren vorbehalten blieb. David Nasuguluak, mein Eskimobegleiter während dreier Monate im Mackenzie Delta, nannte seinen noch nicht vierzigjährigen Vater einen alten Mann.

Die Familie bildet den einzigen sozialen Verband bei den Eskimos. In der Regel war der Älteste das Familienoberhaupt, doch oft brachten es die vielen tödlichen Jagdunfälle mit sich, daß ein sehr junger Mann Familienoberhaupt wurde, und die Großmutter eine nicht unwichtige Rolle spielte. Viele Märchen der Eskimos beginnen deshalb auch mit: «Es war einmal eine Großmutter...». Auch das Verhältnis zwischen Mann und Frau muß aus der speziellen Kultursituation der Eskimos beurteilt werden. Der Frauentausch war bei ihnen etwas ganz Natürliches. Anders als bei anderen Naturvölkern galt er zwar nicht als Zeichen der Gastfreundschaft; unter Jagdgenossen war er aber durchaus üblich. Oft gab es zuwenig Frauen, da in Zeiten des Nahrungsmangels die Kinder, vor allem die Mädchen, ausgesetzt wurden. Auch sicherte man auf diese Weise die Nachkommenschaft und regelte die Blutauffrischung innerhalb der Sippen. Die Frau selbst wurde nicht gefragt; das Recht, über sie zu verfügen, stand ausschließlich dem Ehemann zu. Wer sich direkt an eine Frau wandte, verstieß schwer gegen ungeschriebene Gesetze und wurde gerichtet. Die Eskimofrau lebte aber nicht in ständiger Unterdrückung und Abhängigkeit. Innerhalb der Familie nahm sie einen wichtigen Platz ein. Sie zeichnete sich durch Schlauheit und Tüchtigkeit aus und war ihrem Manne durchaus ebenbürtig. In der Kindererziehung, die gemeinsame Aufgabe von Mann und Frau war, kam der ausgeprägte Familiensinn der Eskimos besonders zum Ausdruck. Die Kinder wurden mit viel Toleranz und Güte erzogen, wobei die Knaben, als zukünftige Jäger, eine beschränkte Vorzugsstellung genossen.

Eine Dorfgemeinschaft der Eskimos bestand aus mehreren Familien, die, teils aus ökonomischen Gründen, teils der Unterhaltung wegen, lose zusammenwohnten. Doch einzelne Familien lebten auch für sich, Hunderte von Kilometern voneinander entfernt. Im Dorf wurden häufig Feste gefeiert. Man vergnügte sich mit Tanz, Gesang, Spiel und Geschichtenerzählen, tauschte Geschenke aus und veranstaltete Festessen. Im Dorf lebte auch der Schamane, der Angagok. Er war gefürchtet und geachtet. Der Schamane befaßte sich vor allem mit dem Seelenheil seiner Dorfbewohner und bediente sich bei seinen Beschwörungen der Trommel und der Ekstase. Seine vornehmste Aufgabe war, die Seele der Verstorbenen schützend zu begleiten. Doch am häufigsten wurde seine Hilfe bei Heilung von Krankheiten, die als das Werk böser Geister galten, in Anspruch genommen. Er verwendete selten Heilmittel, sondern rief vielmehr seine eigenen dienstbaren Geister an und versuchte durch Opferrituale, die bösen Geister aus dem Kranken zu verjagen. Daß es dem Schamanentum – verbunden mit der Lebensphilosophie der Eskimos – gelang, die Furcht vor dem Tod zu bannen, beweist der Brauch der alten Eskimos, gelassen den Eigentod zu suchen, wenn sie den Eindruck hatten, der Gemeinschaft zur Last zu fallen. Auch Sterbehilfe war erlaubt. Der Tod war nur Übergangsphase; etwas Neues, Schönes folgte: Die Seele flog ja nach Qudlivun, dem «Happy Land».

Um ein größeres Tier wie einen Walfisch oder ein Walroß zu fangen, war die Zusammenarbeit mehrerer Familien notwendig. Dadurch ergaben sich innerhalb der Dorfgemeinschaft gegenseitige Verpflichtungen, die bestimmten Regeln unterworfen waren. Ein großer Walfisch gehörte zum Beispiel immer allen; jedermann konnte sich nach Bedürfnis bedienen, selbst wenn er zum Erfolg dieser Jagd nichts beigetragen hatte. Die Beute fiel durchaus nicht immer dem erfolgreichen Jäger zu. Oft hatte derjenige, der das Tier zuerst sichtete, größere Anrechte. Die Jagdgründe gehörten allen und niemandem. Jede Familie durfte die Gemeinschaft verlassen, um auf eigene Jagd zu gehen, wo und wann immer es ihr paßte, und je nach Lust und Bedürfnis kehrte sie wieder ins Dorf zurück. Niemand sagte über einen Eskimo, der keine Nahrung hatte: «Er war zu faul, um zu jagen.» Der Nachbar stellte einfach fest: «Er hat nicht gejagt.» Warum er nicht jagte, ging niemanden etwas an. Unter Eskimos wurde immer gelacht; niemand war ausgeschlossen, auch wenn er nichts zur Geselligkeit beitrug. Begriffe wie «Verpflichtung», «Dankbarkeit» oder «Treue» waren – falls sie existierten – anders als beim weißen Mann.

Trotz des harten Lebens in der Arktis blieb den Eskimos Zeit und Muße, ihre Gebrauchsgegenstände zu verzieren. Sie waren und sind geschickte Schnitzkünstler. Auch fertigten sie Kunstgegenstände, meist kleine Plastiken. Die Begrenzung ihrer Kunstwerke lag vorerst

Die Eskimos

in den Materialien. Verzierungen und Skulpturen mußten mit Steinwerkzeugen ausgeführt werden. Das populärste Rohmaterial für künstlerische Arbeiten war das harte Walroß-Elfenbein. Die häufig sehr kleinen Eskimo-Skulpturen entstanden unter möglichst guter Ausnutzung der Formen des Ausgangsmaterials. Sie können von allen Seiten betrachtet werden. Die vielen, leicht stilisierten Nachbildungen von Tieren hatten fast immer ein kleines Loch, so daß sie an einer Schnur als glückbringende Amulette auf die Jagd mitgenommen werden konnten.

Nicht nur das Schamanentum und die Furcht der Grönland-Eskimos vor den Tupilaks, den bösen Geistern, oder die Scheu und Ehrfurcht vor den Inukschuk, den steinernen Männern, die seit Urzeiten in den Einöden der Zentralarktis verstreut kalte Wache stehen, sondern auch vieles andere im Brauchtum und Charakter der Inuit wird dem weißen Mann immer ein Rätsel bleiben. Daß die Inuit eines der glücklichsten Völker aller Zeiten und Länder gewesen sein sollen, erscheint in Anbetracht der unerbittlich harten Lebensbedingungen in den arktischen Kältewüsten unbegreiflich. Die Inuit bewiesen aber immer wieder, daß Zufriedenheit und Glücklichsein Ausdruck einer Geisteshaltung sind, die sich selbst im rauhesten Klima entfalten kann. Das Wissen um ihr Land und die Anpassung an die gegebenen Verhältnisse gaben ihnen ihre weise Lebensauffassung, der eine einmalige Harmonie zugrunde liegt. Und nun droht ihnen die Gefahr, ihr Paradies zu verlieren. Die Tragik dabei ist, daß, bedingt durch die raschen Entwicklungen unseres Jahrhunderts, die Inuit einem radikalen Prozeß der Veränderung ihrer Lebensweise unterworfen werden. Zwar hatte ihnen der Angagok diese Veränderungen, die extrem ausgedrückt die Übersiedlung aus den Eiszeithöhlen ins Raumschiff für die Mondfahrt bedeuten, vorausgesagt, doch stehen heute viele Eskimos diesem Schicksal, das sie so plötzlich entwurzelt hat, hilflos gegenüber.

*Die Kabluna kommen*

Erste Begegnungen zwischen Eskimos und Weißen gehen auf die Zeit zurück, in der die Wikinger Südwestgrönland kolonisierten. Die Inuit gaben diesen weißen Fremdlingen irgendwann den Namen Kabluna. Wörtlich übersetzt heißt das etwa «jene mit den großen Augenbrauen». Aber die Kontakte mit dem weißen Mann blieben bis ins 19. Jahrhundert eher zufällig. Erst die intensivierte Suche nach der Nordwestpassage und nach verlorenen Schiffen und Expeditionsmannschaften führte zu häufigeren und auch längerfristigen Begegnungen zwischen Eskimos und Weißen. Zu jener Zeit hat sich aber auch manch unrühmliches Ereignis zugetragen. Nur weniges ist überliefert: Man weiß von Frobishers üblen Fehden mit den Baffinland-Eskimos, die ihm allerdings ihrerseits einen Pfeil in den Hintern schossen. Oder von Kane, der extra gegen die «Diebessucht» der Polar-Eskimos eine Schiffspolizei einsetzte. Diese brachte die «Unbotmäßigen» in Arrest, vergriff sich aber gleichzeitig an deren Fleischdepots und tauschte Hundeschlitten gegen billige Glasperlen ein. Und Hayes betäubte die Eskimos, die er eingeladen hatte, mit Opium, um sich ihre warmen Fellkleider und Schlittenhunde an-

Die Eskimos

zueignen. Dieses Verhalten mußte den Eskimos absurd vorkommen. Sie brachten dem Kabluna ihre selbstverständliche Ehrlichkeit, ihre eigene Auffassung von «Besitz», eine Art von Gemeinschaftssinn, entgegen. Er aber nannte sie «Diebe». Wir wissen aus Überlieferungen, daß sie sich lange an diese unguten Erfahrungen erinnerten, nicht aus Bitternis, sondern um künftig solchen «bösen Vorfällen» aus dem Weg zu gehen. Recht und Unrecht in unserem Sinne waren den Eskimos nicht bekannt. Die unterschiedlichen Auffassungen ihrer Welt und der Welt des weißen Mannes kamen hier besonders zum Ausdruck.

Im Kielwasser der Forscher folgten die Walfänger, die halbpermanente Küstenstationen errichteten, in denen sie Eskimos beschäftigten. Die gleichen Eskimos wurden im Winter mit Stahlfallen auf Fuchsfang geschickt. Das für sie bisher nutzlose Fell des weißen Polarfuchses war als Handelsware sehr begehrt. Die sogenannte «Walfängerkultur» hatte in Ostgrönland, im südlichen Baffin Land, in der Hudson Bay, aber auch im Westen bis zum Mackenzie Delta, sehr drastische Auswirkungen für die Inuit. Gewehre und Munition, Blechtöpfe, Baumwollkleidung, Zelte aus Segeltuch und vieles mehr waren Errungenschaften, welche die althergebrachten, selbstgefertigten Gebrauchsgegenstände der Eskimos für immer verdrängten. Mit diesen Gütern begann bei ihnen auch unvermeidlich der Verlust handwerklicher Fähigkeiten. Außerdem wurden sie durch diese Neuerungen mehr und mehr vom weißen Manne abhängig. Der kanadische Eskimokenner Diamond Jenness sagt, daß die Inuit in wenig mehr als einer Generation einen Großteil der Jagdbegabung ihrer Vorfahren und damit deren Autarkie verloren haben. Ohne die zivilisierte Welt könnten sie heute kaum überleben.

Der Niedergang der Walfängerei kurz vor der letzten Jahrhundertwende wurde durch den Aufschwung im Pelzhandel wettgemacht. Durch ihn gerieten die Eskimos in eine noch größere Abhängigkeit von den Trappern, auf deren Tauschgeschäfte sie angewiesen waren. Die großen Preisschwankungen an den Pelz-Weltmärkten steuerten das Wohlergehen der Eskimos. Aber die großen Gewinne steckten die Kabluna ein, und die Inuit bezahlten mit ihrer Kulturentwertung. Das Gewehr, das die Harpune in Eile verdrängte, brachte zudem eine rasch wachsende Gefährdung des so empfindlichen ökologischen Gleichgewichtes der Arktis.

Die Hudson's Bay Company, seit 1670 langsam, aber stetig gewachsen, errichtete zu Beginn unseres Jahrhunderts die ersten Handelsposten im eigentlichen Wohnbereich der Eskimos. In Grönland hatte das auf vorwiegend staatlichem Monopolhandel aufgebaute Königlich-Grönländische Handelsdepartement schon seit mehr als zweihundert Jahren eine Art Planwirtschaft betrieben und Station um Station aufgebaut. Nun konnten die Eskimos ihre Felle gegen Scheidemünzen eintauschen und mit diesen Nahrungsmittel und Gebrauchsgüter aus dem Süden erstehen. Doch die Gewöhnung daran, zum Beispiel an Alkohol und Süßigkeiten, zeigte rasch verderbliche Auswirkungen. Mit dem weißen Mann kamen auch vermehrt ansteckende Krankheiten in den Norden. Der Gesundheitszustand der Es-

Die Eskimos

kimos verschlechterte sich zusehends. Ärztliche und zahnärztliche Betreuung wurde unerläßlich. Die Abhängigkeit des Inuit vom Kabluna wuchs weiter. Nur langsam entwickelten sich Einsichten, die zu einer Partnerschaft führen sollten. Die Hudson's Bay Company gewährte den Eskimos Kredit, um Baissen auf dem Pelzmarkt oder den im Zyklus von vier Jahren wiederkehrenden Mangel an Polarfüchsen ohne Not überbrücken zu können. Dies hatte aber nur neue Abhängigkeiten an den weißen Mann zur Folge. Das Bedürfnis nach den verlockenden Gütern aus dem Süden nahm zu, aber die Eingliederung in das Wirtschaftssystem der Weißen, in ein abhängiges Lohnverhältnis, ging nur langsam vor sich. Am Arbeitsplatz der Weißen gab es geregelte Arbeitszeit, Effizienz, Konkurrenz. Und häufig wurde der Eskimo als unzuverlässig, unrationell, langsam, ja auch als faul beurteilt.

Gleichzeitig mit der Hudson's Bay Company im nördlichen Kanada und der Königlichen Handelsgesellschaft in Grönland breitete sich die christliche Mission aus. Manchmal ging der Handel voraus, manchmal die Kirche. Aufgabe der Mission war, das Christentum zu verbreiten, doch sie befaßte sich mit weit mehr Dingen, die wiederum einen Eingriff in das tägliche Leben der Inuit bedeuteten. Die Mission bestimmte durch ihre Vorschriften das kulturelle Leben der Eskimos weitgehend. Viele ihrer Bräuche ließen sich mit dem Christentum nicht vereinbaren. Zum Beispiel die Beseitigung schwacher und überzähliger Kinder; Sterbehilfe bei den Alten; das Verstoßen asozialer Menschen oder gar deren Exekution durch ihre nächsten Verwandten; der Frauentausch; das Schnitzen von Tupilak-Figuren, die vor bösen Dämonen schützen sollten oder die Krankenheilung durch Schamanenrituale. Gewisse Denkweisen des Christentums wurden von den Eskimos ohne Mühe akzeptiert, so der Glaube an Wunder. Auch hatten sie Verständnis für die Figur eines lenkenden Vaters. Jedenfalls füllten sie regelmäßig die Gotteshäuser, die überall in der Arktis erstellt wurden. Die Rituale des katholischen wie auch des anglikanischen Glaubens faszinierten die Eskimos, und die Kirche wurde zu einem sozialen Treffpunkt, der ihrer Geselligkeit entsprach.

Oft waren die Missionare die einzigen, die die Sprache der Eskimos genügend beherrschten, um in allen Bereichen mitreden zu können. Die Hudson's Bay Manager kannten häufig nur gewisse Aspekte dieser schwer zu erlernenden Sprache, die mit keiner anderen verwandt ist, und deren Wörter ihre Bedeutung je nach den verwendeten Suffixen, Affixen und Infixen ändern. Abstrakte Begriffe und höhere Zahlen waren nicht bekannt. Auch existierte keine eigene Schrift. Hier leisteten die Missionare verdienstvolle Arbeit. Der Herrnhuter Samuel Kleinschmidt veröffentliche schon 1851 eine «Grönländische Grammatik» und ein «Wörterbuch der grönländischen Sprache». In Kanada führten der anglikanische Missionar Peck und der Reverend James Evans eine Silbenschrift ein, die – zuerst bei den Cree-Indianern verwendet – später bei den Eskimos von Quebec und in der östlichen Arktis Anwendung fand. In der westlichen Arktis lernten die Eskimos, ihre Sprache in den Schriftzeichen des englischen Al-

Die Eskimos

phabets niederzuschreiben. Für nahezu hundert Jahre wurde Lesen und Schreiben zumeist im Schoße der Mission gelehrt und gelernt. Es waren die Missionare, die die ersten Schulen und Spitäler errichteten. Der Einfluß der Kirche wuchs und breitete sich auf fast alle Bereiche der Akkulturation aus.

Während der ersten drei Jahrzehnte unseres Jahrhunderts errichtete die berühmte Royal Canadian Mounted Police mehrere Dutzend weit auseinanderliegender Polizeiposten in der Arktis. Viele dieser Polizisten hatten eine weit wichtigere Funktion als die, für Ruhe und Ordnung zu sorgen. In einer Zeit, in der sich die Regierung im Süden noch nicht besonders um ihre Bürger am Nordrande des Landes bemühte, leisteten die RCMP-Männer an vielen Orten wertvolle soziale Arbeit. Sie verbrachten ihre Zeit im hohen Norden weder um Profite zu machen noch um Seelen zu gewinnen. Eine ihrer Hauptaufgaben war, Eingeborene für die verschiedenartigsten Aufgaben moderner Administration anzulernen und anzustellen. In vielen Siedlungen der kanadischen Arktis gibt es heute Eskimo-Konstabler.

Kanadas Regierung begann sich, anders als Dänemark für Grönland, erst spät für seine Bevölkerung im Norden zu interessieren und zu engagieren. Der «kalte Krieg», nach dem Zweiten Weltkrieg, drehte zu Beginn der fünfziger Jahre seine Fronten nach Norden. In kurzer Zeit wurde die Arktis zum strategischen Schauplatz. Die beiden Großmächte USA und Rußland standen sich an den Ufern des Polarmeeres drohend gegenüber. Radarverteidigungslinien und Militärflugplätze wurden gebaut. In Nordamerika entstand die DEW-Line (Distant Early Warning Line), die vom nordwestlichsten Alaska entlang dem Nordrand des Kontinents durch Kanada quer über Grönland nach Island verläuft. Zudem wurden bei Clear in Alaska und in Grönland, unmittelbar neben Knud Rasmussens «Ultima Thule»-Eskimo-Siedlung, riesige BMEWS-Anlagen (Ballistic Missile Early Warning System) zum Schutz gegen unangenehme Überraschungen durch ballistische Raketen gebaut. Rußland errichtete ähnliche Monsterstationen in seiner Arktis. Das dadurch bedingte unablässige Kommen und Gehen von Ingenieuren, Bauarbeitern, Radartechnikern, Militärpersonal und Administratoren seit Beginn der fünfziger Jahre hat – zusammen mit den Maßnahmen der Regierung – das Alltagsleben der Eskimos mehr verändert als die Gesamtheit aller Kontakte in früheren Jahrhunderten. Die Eskimos wurden Angestellte oder Tagelöhner auf diesen Bauplätzen und Stationen, die die Weißen zum Teil mitten in ihre Jagdgründe gesetzt hatten.

Die «Neu-Entdeckung» der Eskimos durch die Regierungen der USA und Kanadas nach dem Zweiten Weltkrieg brachte einen weiteren Zustrom weißer Einwanderer nach Norden. Planer entwarfen neue Eskimodörfer, stellten vorfabrizierte Häuser in langen Reihen auf und vermittelten den Eskimos subventioniertes Wohnen. Schulhäuser wurden gebaut, und Lehrer aus dem Süden bestanden darauf, daß die Jungen regelmäßig zur Schule kamen, anstatt mit ihren Vätern auf die Jagd zu gehen. Verwalter, sogenannte «Northern Administrators», und Fürsorgebeamte betreuten die Verteilung der

Die Eskimos

Gelder für die Sozialfürsorge und die Arbeitslosenunterstützung. Die Hilfeleistungsprogramme der Regierungen stiegen eine Zeitlang ins Unermeßliche.
In immer kürzeren Abständen trafen neue Gruppen Kabluna aus dem Süden ein. Nach den Wissenschaftern des Internationalen Geophysikalischen Jahres und vieler Folgeprogramme kamen die Touristen und, last but not least, die Erdöl-, Erdgas- und Mineraliensucher und die Pipeline-Bauer. Sie alle verursachen mehr oder weniger die Identitätskrise der heutigen Eskimos.

*Die Eskimos heute*

Der Eskimogruß «Chimo» (Tscheimo) ist – wenn zuerst geäußert – eine Frage: «Bist Du mein Freund?» Lautet die Entgegnung: «Chimo», so heißt das: «Ja, ich bin Dein Freund.» Heute haben die Inuit allen Grund, ein fragendes «Chimo» an die Kabluna zu richten; trotz all der Fehler, die sie begingen, dürfen die Kabluna heute aber mit «Chimo» antworten.
Diamond Jenness hat in seiner Arbeit über die ökonomische Situation der kanadischen Eskimos einleitend wie auch abschließend festgestellt, daß die Eskimos ebensowenig wie die Weißen zum Lebensstil ihrer Ahnen zurückkehren können und wollen. Die Entwicklung in der Arktis ist ein historischer Prozeß, der nicht rückgängig gemacht werden kann. Die dänischen, kanadischen und amerikanischen Regierungen haben eine große, sehr schwierige Aufgabe zu bewältigen, denn die schwere Krise der heutigen Eskimos ist nicht zu übersehen. Die letzten zwanzig Jahre bedeuteten den größten Eingriff in das traditionelle Leben der Eskimos. Und es gibt wohl kaum ein anderes Volk, das so abrupt mit solch drastischen Veränderungen konfrontiert wurde.
Das Angebot in den Hudson's Bay-Läden des Nordens hat sich in den letzten Jahren vervielfacht, denn die weißen Einwanderer wollen auf den Komfort ihrer Heimat nicht verzichten. Im modernen, geheizten Supermarkt werden im Selbstbedienungsmarsch gefrorener Fisch, frische Früchte und Gemüse, TV-Dinners und selbstverständlich auch Fernsehapparate, Transistorradios und Kosmetikartikel eingekauft. An der Kasse werden dann noch Vitamintabletten und alle möglichen Comics angeboten. Die Scheidemünzen sind längst durch Geld oder Bankchecks ersetzt worden. Vor dem Laden wartet das Auto, dessen Motor läuft, um es warm zu halten. Und zu Hause im Wohnzimmer stehen skandinavische Möbel und Immergrünpflanzen. Auch die Waschmaschine und der Kühlschrank fehlen nicht.
Selbst im Hochwinter landet einmal wöchentlich – oder zumindest einmal im Monat – das Flugzeug mit Post und Warennachschub, den man per Telex oder über das Satelliten-Telephon aus dem Süden angefordert hat. Die überdurchschnittlich hohen Löhne, die als Lockmittel zur Kompensation für die harte Arbeit auf dem Außenposten bezahlt werden, ermöglichen es dem Weißen, den Lebensstandard seiner Heimat beizubehalten. Der Konsum dieser Zivilisationsgüter ist für ihn notwendig und selbstverständlich.
Wie aber soll der Eskimo die Konfrontation mit dem Lebensstil der Weißen bewältigen? Er wohnt jetzt zwar auch in einem numerierten

Haus. Meistens ist es recht klein, hat aber wenigstens eine Dieselölheizung, einen Butangas-Anschluß oder sogar Elektrizität. Die Regierung hat den größten Teil der Hauskosten übernommen; er zahlt nur einen kleinen Zins. Seine Kleider stammen jetzt fast ausschließlich aus dem Laden des Weißen. Fellbekleidung ist selten geworden und wird meist nur noch als Sonntagsstaat getragen. Und in manchen Eskimohäusern steht sogar eine Waschmaschine.

Fast jede Eskimofamilie besitzt einen oder zwei Skidoos. Diese mit Raupenband angetriebenen Motorschlitten gestatten es, große Jagdgründe schneller zu bereisen als mit den traditionellen Hundeschlitten. Einzig die Polar-Eskimos des Thule-Distrikts haben durch eigenen Entscheid auf Skidoos verzichtet. Der Gebrauch dieses neuen Transportmittels birgt jedoch auch Gefahren. Durch das Versagen des Motors fern einer Siedlung, eine ungenügende Benzinreserve oder die falsche Beurteilung der Tragfähigkeit des Eises passieren viele Unfälle. Auf der Jagd im Sommer ersetzt das Plastikboot mit Außenbordmotor den herkömmlichen Kajak. Anstelle der Harpune werden heute gute, oft mit Zielfernrohr ausgerüstete Gewehre benutzt. Die Eskimos handhaben diese neuen Jagdhilfen mit großer Zuverlässigkeit. Ich sah, wie sie mit einem Geschick, das manchen Berufsmechaniker beschämen würde, im schwankenden Kleinboot einen Evinrude-Motor zerlegten und wieder zusammensetzten. Ohne Zweifel, die Eskimos, die ich kenne, schätzen die neue Art der Jagd. Ihre Lern- und Anpassungsfähigkeit ist beeindruckend.

Laut Untersuchungen der Biologen reicht der Tierbestand des Landes und des Meeres, um wenigstens einem Teil der Eingeborenen eine ausreichende Lebensgrundlage zu sichern. Bestrebungen, diese ungenügende Wirtschaftssituation der Eskimos zu verbessern, sind seit längerer Zeit im Gange. Für Kanada hat Diamond Jenness eine sorgfältige und kritische Studie über die bisherigen Bemühungen ausgearbeitet. Schon seit den dreißiger Jahren wurden Versuche mit lokalen, dem Eskimo entsprechenden «Klein-Industrien» gemacht. 1935 begann die kanadische Regierung im Mackenzie Delta ein Experiment mit 2370 domestizierten Rentieren; bis 1951 wuchsen die Herden auf 8412 Tiere. Obwohl der Erlös aus dem Verkauf von Fleisch und Häuten den Lebensunterhalt für mehrere Familien sicherte, begann 1954 der rasche Zerfall dieser Verdienstquelle, da die Eskimos die Arbeit in der DEW-Line-Station dem harten Hirtenleben vorzogen. Auch der Versuch, im Jahre 1955 auf der Ungava-Halbinsel die Schafzucht einzuführen, scheiterte bald. Das gleiche Experiment bewährte sich in den Fjordtälern des südwestlichen Grönlands und liefert bis zum heutigen Tag gute Ergebnisse. Die kommerzielle Ausbeute der arktischen Rotforelle (arctic char) blieb, trotz großer Nachfrage nach diesem Fisch in Montreal und Toronto, bis jetzt unbedeutend für die Eskimo-Wirtschaft. Erfolgreicher erwies sich die industrielle Krabben-, Kabeljau- und Lachsfischerei in Westgrönland.

Die bisher erfolgreichste Bemühung, den kanadischen Eskimos in ihrem lebenseigenen Bereich, bei ihrer Selbstverwirklichung und zugleich wirtschaftlich zu helfen, gelang James Houston und seinen

Die Eskimos

vielen enthusiastischen Helfern. Die Natur hat die Eskimos mit einem Sinn für Schönheit beschenkt, der sich in allen Zeiten darin äußerte, daß sie kunstvolle Figürchen von Walrossen, Seehunden und Eisbären aus Elfenbein schnitzten. 1949 begann Houston mit Hilfe der Regierung, der Canadian Handicraft Guild und der Hudson's Bay Company die Eskimos – vorerst jene an den Ufern der Hudson Bay – zur Herstellung von Specksteinfiguren, ähnlich den traditionellen Amuletten, und später auch von Steindrucken mit Darstellungen der mannigfaltigsten Szenen aus dem eskimoischen Alltagsleben anzuhalten, um diese Erzeugnisse in den großen Städten des Südens zu verkaufen. Der Erfolg war vielfältig: er wirkte psychologisch, sozial und wirtschaftlich; er dauert noch immer an; er hat den Eskimos fast weltweit Freunde gewonnen – sogar die Japaner haben begonnen, die Kunst zu imitieren – und trägt nicht unwesentlich zum Verständnis bei. Ähnlich, doch etwas bescheidener, ist der Erfolg der Tupilak-Schnitzerei in Grönland und die Herstellung von handwerklichen Gütern wie Parkas und Kamiken im Gebiet zwischen Ostgrönland und den Aleuten.

Doch all diese Beweise einer engagierten Haltung des Kabluna – seine «Chimo»-Antwort auf die «Chimo»-Frage der Inuit – reichen nicht aus, um jenes andere, größere Problem zu lösen: Die wachsende Diskrepanz zwischen Soll und Haben in der heutigen Eskimo-Ökonomie, welche die weitere Verarmung der Eskimos beschleunigt, führt zu ernsthaften sozialen, psychologischen und letztlich politischen Schwierigkeiten. Es beginnen sich drohende Gewitterwolken zusammenzuballen. In Paris wurden 1974 an einem internationalen Symposium zur «ökonomischen Entwicklung der Arktis und der Zukunft der Eskimo-Völker» ernsthafte Mahnworte gesprochen. – Arbeitslosenunterstützung und soziale Hilfsprogramme, die Almosen verteilen, sind nicht mehr erwünscht. Man ruft die Menschenrechte an, postuliert, daß die Arktis nördlich der Waldgrenze den Eskimos gehöre. Man verlangt, daß die Gewinne der Ölfunde und Mineralienschürfungen den Eingeborenen zukommen. Schlagzeilen verkünden: «Die traditionellen Lebensweisen der Eskimos dürfen nicht sterben», und «Die Eskimos weigern sich zu verschwinden». Brennend stellen sich Fragen: Wo liegen die Lösungen? Wie lauten sie? Wer kann die Rechnung begleichen? Lassen sich mit Geld allein überhaupt Lösungen finden?

In dieser heißen Diskussion werden nur wenige Fakten unbestritten anerkannt: Die Bevölkerung hat derart zugenommen, daß sie sich in Zukunft nicht mehr vom Land allein ernähren kann. Allein die Einwohnerzahl von Grönland hat sich zwischen 1936 und 1973 verdreifacht und nimmt, wie auch jene der kanadischen Arktis und Alaskas, ständig zu. Hygiene und medizinische Betreuung haben die Kindersterblichkeit reduziert und das mittlere Lebensalter stark heraufgesetzt. In Grönland betrug die durchschnittliche Lebenserwartung um 1950 nur 35 Jahre; sie stieg aber bis 1960 auf 55 Jahre. Dies hatte einen drastischen Zuwachs der arbeitsfähigen Grönländer zur Folge. Noch in den vierziger Jahren starben 25 Prozent der Eskimos an Tuberkulose. Heute tritt diese Krankheit kaum mehr auf, hingegen

Die Eskimos

sind Unglücksfälle mit über 30 Prozent die häufigste Todesursache.

Übereinstimmend wird mehr und besser geeignete Schulung verlangt. Ausbildung und berufliche Vorbereitung des Eskimos auf die Arbeitsmöglichkeiten in seiner Heimat werden als Grundforderung gestellt. Eine volksfremde, aus dem Süden importierte, den eigenen Lebensbereichen und -werten entrückte Ausbildung wird abgelehnt. Auch will man vermeiden, die Kinder in ferne «boarding schools» der großen Zentren oder gar Städte zu schicken. Der Unterricht soll in kleinen Dorfschulen in der vertrauten Umgebung erfolgen.

Die kanadische Regierung hat sich zum Ziel gesetzt, bis 1980 75 Prozent aller Regierungsstellen im Nordwest-Territorium mit Eingeborenen zu besetzen. Schon 1966 waren 53 Prozent der Angestellten der Arktisabteilung der Hudson's Bay Company Eskimos. Private Organisationen wie Fluggesellschaften, die in der Arktis tätig sind, werden zusehends stärkerem Druck ausgesetzt, diesen Beispielen zu folgen.

In mehr als zwanzig Eskimo-Dorfgemeinschaften der kanadischen Arktis hat sich eine eskimoeigene Kooperativ-Bewegung gebildet, die sich mit Erfolg vom Einfluß der Weißen zu lösen versucht, den Eingeborenen die Möglichkeit eigener Entscheide gibt und einen Ansatz ökonomischer Selbstbestimmung verschafft. Der Anstoß für diese Kooperativen kam von Regierungsbeamten und in einzelnen Fällen von Missionaren oder privaten Institutionen aus dem Süden. Für das Management, das Funktionieren, die Betreuung der Arbeitskräfte, Finanzierung und Profit dieser Unternehmen sind die Eskimos allein verantwortlich. Einzelne Kooperativen sind heute komplexe Unternehmen mit separaten Branchen für Jagd- und Fischereiartikel, Lebensmittel, Kleiderkonfektion, Kunsthandwerk sowie Bank- und Finanzwesen. Hinzu kommt – und das ist vielleicht am wichtigsten – die Verantwortung für die Ausbildung von Jung und Alt. Die Bedeutung der Eskimo-Kooperativen liegt sicherlich viel mehr im sozialen und psychologischen Bereich als im ökonomischen. Es beginnt sich ein Selbstvertrauen zu entwickeln, das über die einzelnen Zentren hinaus eine Pan-Eskimo-Bewegung anstrebt. In Alaska und Grönland zeichnen sich ähnliche Strömungen ab.

Ein Anfang in wegweisender Richtung ist gemacht. Die große Frage, ob es nun gelingen wird, bei der soeben beginnenden Bewirtschaftung der Rohstoffe der Arktis (Öl, Erdgas und Mineralien) das Wohl der Eskimos zu fördern, statt ihre Existenz zu gefährden, kann und darf nur eine positive Antwort finden.

Dieses Ziel wird auch von den zuständigen Regierungen ernsthaft angestrebt. So schrieb der kanadische Premierminister Pierre Elliot Trudeau: «Den verschiedenen Regionen des Landes muß eine breite Basis lokaler Autonomie zugesichert werden, so daß jede nationale Gruppe auf dem wachsenden Hintergrund von Erfahrung in Selbstregierung fähig wird, einen eigenen Grundstock von Gesetzen und Einrichtungen zu entwickeln, die unbedingt notwendig sind für die Verwirklichung und Entwicklung ihrer charakteristischen nationalen Eigenschaften». Auf derselben Einstellung basiert auch Dänemarks

Die Eskimos

Entscheid aus dem Jahr 1953, aufgrund dessen Grönland einen eigenen «Landsraat» und administrative Autonomie erhielt.

Ob die amerikanische Regierung, das Eskimo- (und Indianer-) Problem in Alaska gelöst hat, wird sich herausstellen. Durch den im Dezember 1971 unterschriebenen «Alaska Native Claims Settlement Act» wurden 40 Millionen Acres (162000 Quadratkilometer, nahezu viermal die Fläche der Schweiz) Land mit allen zugehörigen Ressourcen den Eskimos und Indianern als Eigentum übergeben. Die Eingeborenen durften selbst entscheiden, welches Land sie haben wollten. Im Dezember 1976 war dieser sehr schwierige Prozeß der Landauswahl abgeschlossen. Ferner erhielten sie eine einmalige Abfindungssumme von 962,5 Millionen US-Dollars für den dauernden Verzicht auf ihre historischen Rechte an den verbleibenden Teilen von Alaska. Die durch den Settlement Act neu geschaffenen zwölf «Korporationen» der Eingeborenen wurden weitgehend mit politischen und ökonomischen Rechten versehen. So wurde zum Beispiel der Schutz der Eingeborenensprachen garantiert. Bei den langwierigen und komplexen Verhandlungen um den Settlement Act zeigten die Eskimos ein eindrücklich realistisches Verständnis für ihre eigene Situation. Sie lehnten unfaire Unterangebote entschieden ab, wehrten sich aber ebenso gegen romantische oder gar boshafte Scharfmacherei aus dem Süden.

In den Jahren vor dem Settlement Act hatte eine bedrohlich starke Abwanderung der Eskimos in die weißen Städte Alaskas – Anchorage, Nome und Kotzebue – stattgefunden. Werden sich nun die Suburbia-Eskimo-Slums wieder entleeren? In Kanada ist die Verstädterungsgefahr weniger akut, hingegen ist sie in Westgrönland vorhanden, aber ganz anders geartet. Godthaab hatte 1935 nur 650 Einwohner, zählte aber 1968 schon über 6000 und seither hat sich die Zahl verdoppelt. Unter den weiträumigen Verhältnissen der Arktis nimmt schon eine Siedlung mit etwa 1000 Einwohnern, da sie Mittelpunkt des Verkehrs, des Handels und der regionalen Verwaltung ist, Stadtcharakter an. Schon jetzt leben mehr als 80 Prozent der Grönländer in solch städtischen Verhältnissen und wohnen nicht mehr «auf dem Lande».

Die Umstellung der geschlossenen Naturalwirtschaft der Eskimos auf Marktwirtschaft mit internationalem Absatz ist zu einer offiziellen Forderung der vom grönländischen Volk gewählten Eskimo-Parlamentarier geworden. Jägergemeinschaften existieren in Grönland nur noch in wenigen isolierten Gebieten. Moderne Produktionsmethoden und Wirtschaftsformen brachten die durch individuelle Leistung geregelte Geldwirtschaft nach Grönland und zu den Eskimos. Doch dieser Wandel hatte auch soziale Unterschiede zur Folge; es gibt heute arme und reiche Eskimos. All dies mag paradox erscheinen für ein Volk, das noch vor zwei Generationen den persönlichen Besitz nur in Bezug auf Hunde, Schlitten und Harpunen kannte und dessen Lebensanschauung sich in dem Wort «arunamut» ausdrückte, das sich mit «man kann nichts machen» oder «man muß die Situation nehmen wie sie ist» übersetzen läßt. In dieser arunamut-Einstellung zeigt sich einmal mehr die Flexibilität und Anpassungsfähig-

Die Eskimos

keit der Inuit. Schließlich haben sie während Jahrtausenden erlebt, daß die Umwelt stärker ist als sie. Vielleicht liefert diese Einstellung, die sich nun auch in ihrem Verhalten gegenüber dem Weißen äußert, den Schlüssel zum gegenseitigen Verständnis. Entscheidend aber ist, ob es den Eskimos gelingen wird, ihre Individualität zu bewahren und nicht profillose Zivilisationsmenschen zu werden. Die eine Voraussetzung dafür ist, daß sie in ihrer Heimat leben können, wo es die lange Winternacht und die Mitternachtssonne des Sommers gibt. Nur in diesem Land können sie jagen und mit den Bräuchen ihrer Ahnen und den Geistern der Vorzeit in Verbindung bleiben. Die andere heißt, daß wir die Eskimos noch besser kennenlernen, ihre menschlichen Interessen verstehen und fördern und versuchen, ihnen das Zurechtfinden und die Integration in ihrer veränderten Umgebung zu erleichtern.

# Tuktoyaktuk – 1955

*Im März lag die Stadt Edmonton noch unter tiefem Schnee. Täglich starteten dröhnend schwerbeladene Riesenflugzeuge mit Tarnanstrich nach Norden. Irgendwo in der Arktis war eine militärische Großaktion im Gange. Der zivile Luftverkehr war nahezu lahmgelegt. Seit Wochen wartete ich mit wachsender Ungeduld auf meinen Weiterflug zum Mackenzie Delta, dem Eldorado der tausend Pingos. Ich besaß ein Carnegie Arctic Research Fellowship der McGill-Universität, um die Feldarbeiten über die in meiner Dissertation beschriebenen Riesenfrostbeulen der Arktis, genannt Pingos, weiterzuführen. Ein Carnegie-Stipendium bedeutete damals nur wenig Geld, dafür aber um so mehr Prestige. Jedenfalls interessierte sich eines Tages völlig überraschend ein Oberst der amerikanischen Luftwaffe für Carnegie, Dauerfrostböden und Pingos.*

*Zwei Tage später landete ich – gewissermaßen als militärische Expreßsendung – auf dem «Flugplatz» von Tuktoyaktuk, kürzer auch Tuk-tuk genannt. Bulldozer und moderne Schneepflüge hatten auf dem Meereis vor dem Eskimodorf einen Landestreifen für viermotorige Transporter vorbereitet.*

*Das durch den Freiflug ersparte Geld gestattete mir, beim Einkauf im Laden der Hudson's Bay Company meine Proviantkisten großzügig zu füllen. Als der Bay-Manager die herumsitzenden Eskimos fragte, ob einer von ihnen bereit wäre, mit seinem Hundegespann für einige Monate bei einer wissenschaftlichen Arbeit zu helfen, packten mich plötzlich Unsicherheit und die Sorge, ein unsinniges Ansuchen an diese Leute gestellt zu haben. Ich verstand kein einziges der gutturalen Wörter, die jetzt zwischen den lachenden, gestikulierenden Männern gewechselt wurden. Einer der Jüngsten trat vor und sagte seinen Namen: David Nasoguluak. Seine Bedingung war, unterwegs jagen zu dürfen.*

*In der Missionsstation, wo ich während einiger Tage bei Father France und Father LeMeur wohnte und meine Reise vorbereitete, erfuhr ich, daß David einer der besten Jäger des Dorfes sei. Er besaß acht prachtvolle Huskies, die er nach westarktischer Gepflogenheit in Einerkolonne vor den Schlitten spannte. Der Schnee war weich und tief, so daß wir mehrere Tage für den Transport der Ausrüstung zum acht Kilometer entfernten Ibiuk Pingo benötigten. Wir schlugen unser Lager im Krater dieses «Pseudovulkans» auf. Von diesem weit und breit höchsten «Berg» (kaum 43 Meter über Meer) genoß ich eine unvergleichliche Fernsicht auf zahlreiche weitere Pingos, die später, als die Schneeschmelze begann, wie mittelalterliche, von ringförmigen Seen umgebene Burgen in der endlosen Ebene lagen.*

*Die Grabungen im Dauerfrostboden des Pingos erwiesen sich als sehr schwierig. David half wacker mit, er war baumstark und schwang die Spezialhacke wie ein erfahrener Mineur. Langsam wuchs unser Schnitt durch die Pingofassade, wurde länger und tiefer. David und ich waren bald ein eingespieltes Team, nicht im Sinne einer Arbeitsteilung, sondern im gegenseitigen Verstehen. Wir lachten unendlich viel: David amüsierte sich über die Schwielen und Blasen an meinen ungeübten Händen, wunderte sich über meine Freude, als wir bei unserer Maulwurfsarbeit endlich kristallklares Eis erreichten; er lachte, als ich mit einem Handbohrgerät Eiskerne heraufzuholen begann, Eisdünnschliffe herstellte und diese mit einer Art Mikroskop betrachtete; er fand es lustig, daß ich Drähte in das 20 Meter tiefe Eisloch schob und Temperaturen maß, und er fragte, ob der Pingo krank sei. Einmal pro Woche wollte David mit seinem Gespann ins Dorf zurückkehren. Dann war es an mir, die Gründe für seine so dringenden Besuche im Dorf wohlwollend zu bespötteln. In der Siedlung sprach es sich bald herum, daß beim Ibiuk Pingo Sonderbares geschehe. Jedenfalls nahm die Zahl der*

Tuktoyaktuk – 1955

*Besucher aus dem Dorf rasch zu. Manchmal hielten vier oder fünf Hundegespanne am Fuß meines Pingos. Davids Onkel war immer der erste, der wissen wollte, ob es noch nicht «tea time» sei. Wie ein liturgisches Gebet wiederholte er halb fragend, halb gutmütig fordernd sein «tea time, Sir», bis wir endlich den Teekessel aufsetzten. Die stundenlangen Teegespräche mit mehreren Eskimos, die in meinem viel zu kleinen Zelt zusammengedrängt hockten, waren Lebensschule: Ich erfuhr etwas über Mitmenschen, deren Lebensstil dem meinen unendlich fern war. Erst vor wenigen Wochen war für diese Eskimos der Himmel, vielleicht auch die Hölle, aufgebrochen. Mit Entsetzen, Staunen oder gar Furcht erzählten sie, jeder anders, wie Menschen und Fahrzeuge an Fallschirmen aus großen Flugzeugen gefallen seien und auf der Erde gelandet sofort mit dem Bau eines Flugplatzes begonnen hätten. Gleichzeitig sei, ähnlich einem Drachen, ein Riesenschleppzug aufgetaucht, der aus Alaska kommend tausend Kilometer über das Packeis gerollt war. Seine Pneus seien höher als das Bombardier (Schlittenauto) von Father France und die Länge übertreffe diejenige von fünfzehn Hundegespannen. Ich wußte, die Distant Early Warning Verteidigungslinie, genannt DEW-Line, war im Entstehen; Tuk-tuk erhielt eine der vielen Radarstationen. Davids Onkel schüttelte nur immer den Kopf und murmelte unverständliche Worte vor sich hin. Dutzende von Flugzeugen donnerten beim Landen dicht über sein Zelt hinweg; er wohnte nicht wie die meisten Tuk-tuk-Eskimos in einem Blockhaus aus Treibholz und Erde. Als ich ihn einmal fragte, ob es nicht besser für ihn wäre, mit seinen fünf Kindern und den vielen jungen Huskies in ein Blockhaus umzuziehen, lehnte er entschieden ab: «Wenn die Schneeschmelze kommt und der Unrat sichtbar wird und zu stinken beginnt, ziehe ich mit meinem Zelt an einen schönen neuen Ort.»*

*Manche Eskimos hatten auf der Baustelle der DEW-Line gutbezahlte Beschäftigungen gefunden. Sie waren gelehrige Bulldozer-Fahrer, Lastwagen-Chauffeure oder Zimmerleute. Sie verdienten ein Mehrfaches dessen, was ihnen bisher das Jagen und Fallenstellen eingebracht hatte. Doch lehrte sie der weiße Mann auch gleich, das Geld wieder zu verbrauchen: Beim Pokerspiel oder beim Kauf völlig unnötiger Dinge, wie zum Beispiel Halbschuhe, die man aus dem Angebot im Simpson-Sears-Katalog bestellen konnte. Doch viele Eskimos gaben dieses neue Leben schon nach kurzer Zeit auf und zogen es vor, wieder ungebunden als Jäger und Trapper umherzuziehen. Meine Ibiuk-Pilger lehnten es ab, für die DEW-Line zu arbeiten. Auch waren sie nicht daran interessiert, Rentierhirten zu werden. Die von der Landesregierung eigens für die Eskimos geschaffenen Rentierherden Nummer 2 und 3, die je etwa 800 Tiere zählten, rückten auf ihrer jahreszeitlichen Wanderung aus dem Süden kommend langsam gegen Tuk-tuk vor. Eine fieberhafte Diskussion kam in Gang als man erwähnte, die Eskimo-Hirten könnten möglicherweise diesmal endgültig «aufgeben» ... dann würden ja die Rentiere zu Karibus! ... und damit zu freiem Wild für die Jäger des «Ibiuk-Clan». Als mir David diese in Eskimosprache geführte Debatte übersetzte, amüsierte und ängstigte mich die Situation gleichermaßen: Mein Zelt auf dem Ibiuk Pingo war ohne mein Zutun zu einer düsteren Dorfschenke geworden. Mit gutem Gewissen darf ich aber sagen, und auch dem RCMP-Beamten Terry von Tuk-tuk versichern, daß ich in meinem Zelt nur Tee und «Crackers» servierte, und daß ich nichts dafür kann, daß einige meiner Stammgäste nur Wochen später an einem Rentierblutbad beteiligt waren.*

*Hingegen habe ich bei der Erinnerung an ein viel späteres Ereignis nicht so ein ruhiges Gewissen. Es war an einem wolkenlosen Sonntag, und wären damals die*

Tuktoyaktuk – 1955

*Moskitoweibchen nicht so blutrünstig über mich hergefallen, würde ich von idyllischem Sonntagsfrieden sprechen. Am Morgen war David mit dem Hundeschlitten über das Meereis zur katholischen Messe ins Dorf gefahren. Schon am frühen Nachmittag kehrte er gutgelaunt zurück. Da wir mehr als zwei Wochen lang «unter Tage» hart gearbeitet hatten – wir waren dabei, einen Schrägschacht ins Innere des Tutsiam Pingo zu graben, um dessen Aufbau zu studieren –, beschlossen wir, den Rest des Tages mit längst geplanten Spielen zu verbringen. In einer Liegestützposition auf Ellbogen und Zehenspitzen, die Hände gegen die Ohren gestemmt, galt es, sich so weit als möglich im Sand fortzubewegen; dieser Wettkampf wird Ikusimmiaq genannt. David gewann natürlich. Ich war eben ein Kabluna, ein Bleichgesicht. David hatte auch nie verheimlicht, daß er meine Jagdfähigkeiten anzweifelte. Jedesmal, wenn zur Zeit des Schneegänsezuges die «wavies», eine sich wie Wellen auf und ab bewegende Formation von Gänsen, vorbeiflogen, visierte er sie durch sein Gewehr und sagte spöttisch: «I bet, you would miss them all; but I would hit every one!» Da ich ohnehin weder die Erlaubnis noch die Lust zum Jagen hatte, war diese wichtige Prestigefrage monatelang unbeantwortet geblieben. Jetzt endlich – gegen Ende meines Sommers im Mackenzie-Delta – bot sich eine Gelegenheit: Nach gut schweizerischem Sonntagsbrauch veranstaltete ich eine Schießprüfung, mit schnell angefertigter Zehner-Scheibe und zehn Schuß Munition pro Mann. David verlor mit mehr als 20 Punkten. Er war verärgert, wollte auf keine weiteren Spiele mehr eingehen und machte sich mit den Hunden zu schaffen. Bei langsam gegen Mitternacht rückender Sonne schrieb ich einen Brief an meine Eltern und erzählte ihnen, wie sehr sich David auf die Beluga-Jagd freue, und daß er die Zeit bis dahin kaum abwarten könne. Da krachte plötzlich ein Schuß hinter meinem Rücken. Bevor ich aufspringen konnte, fiel mit dumpfem Aufschlag ein Whistling-Schwan kaum zehn Meter vor mir auf den Boden. «You would have missed it!» Dann schleifte David das schwere, leblose Tier auf die andere Seite des Pingos, ohne sich meinen wütenden Einspruch überhaupt anzuhören: «Du weißt doch, daß die Krugluks geschützt sind!» – Mit Treibholz entfachte er ein lebhaftes Feuer und briet nach sorgfältiger Vorbereitung den mächtigsten aller Vögel der Arktis am Spieß. Jetzt war es an mir, meinen Ärger zu zeigen: «Ich werde nicht mitessen; ich werde Dich bei Terry anzeigen.» Jedoch – der Inuit war dem Kabluna auch in diesem Kräftespiel überlegen: In der kleinen Bratpfanne hatte David den feingeschnittenen Schwanenmagen, mit Kräutern gewürzt, zubereitet. Mit einem um Versöhnung bittenden «smile» hielt er mir die Pfanne hin: «Marmarkajutok!... der höchste Genuß der Welt.» Schon vor Wochen hatte er mir dieses köstliche Gericht beschrieben. Er wußte, er brauchte keine Angst vor Terry zu haben... Wieso denn auch! In wessen «homeland» war ich hier zu Gast? – In Terrys oder in David Nasoguluaks?*

*Fritz Müller*

75. Eskimofamilie vor ihrem numerierten Haus in Resolute Bay.

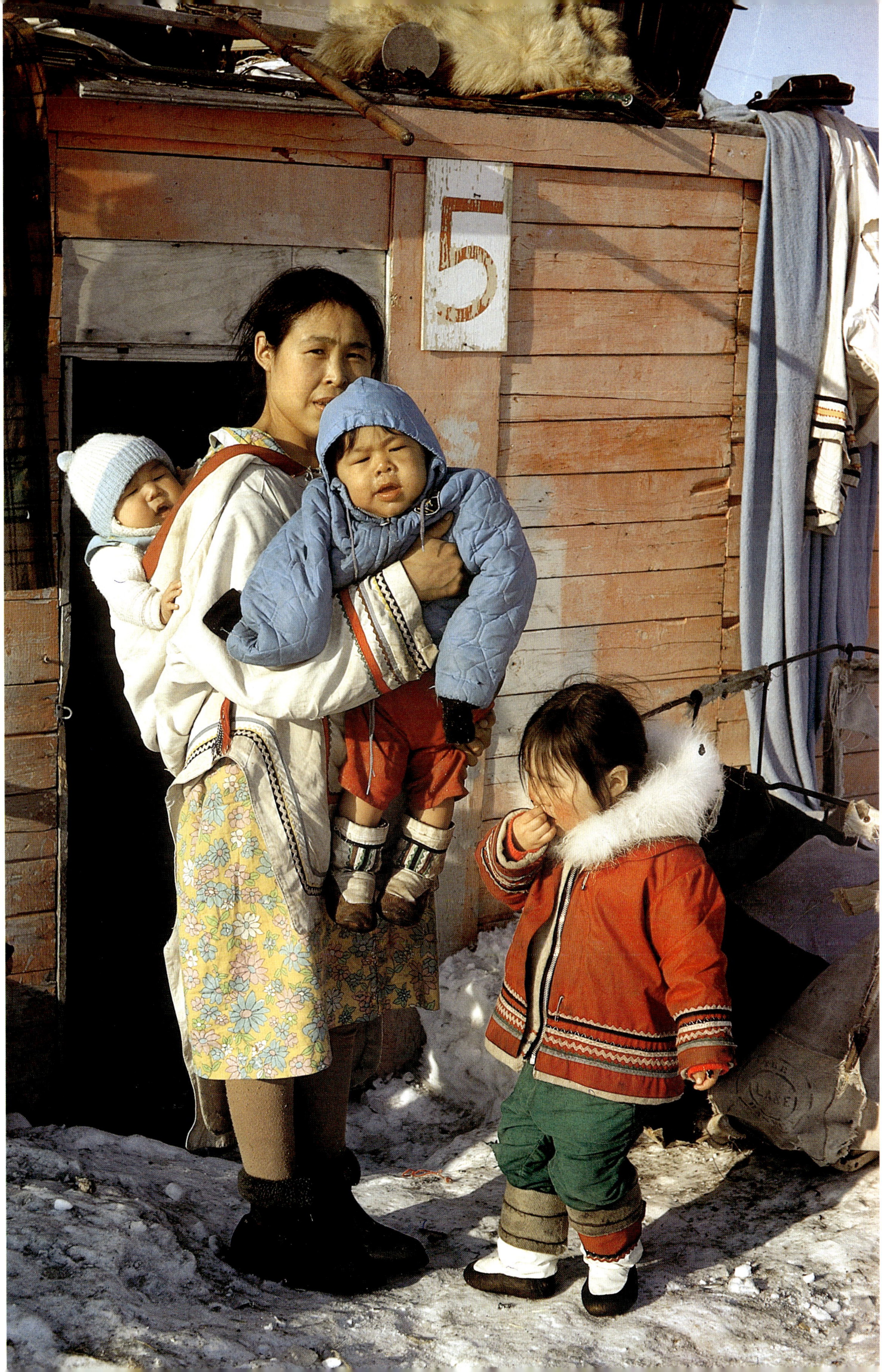
5

76

76. Thule-Eskimos auf Besuch bei Cape Herschel.
77. Hundegespann eines Thule-Eskimos.
78. Iglu für Kronprinz Charles, Grise Fiord, Ellesmere Island.
79. Hauptstraße im Eskimodorf Grise Fiord.

77–79

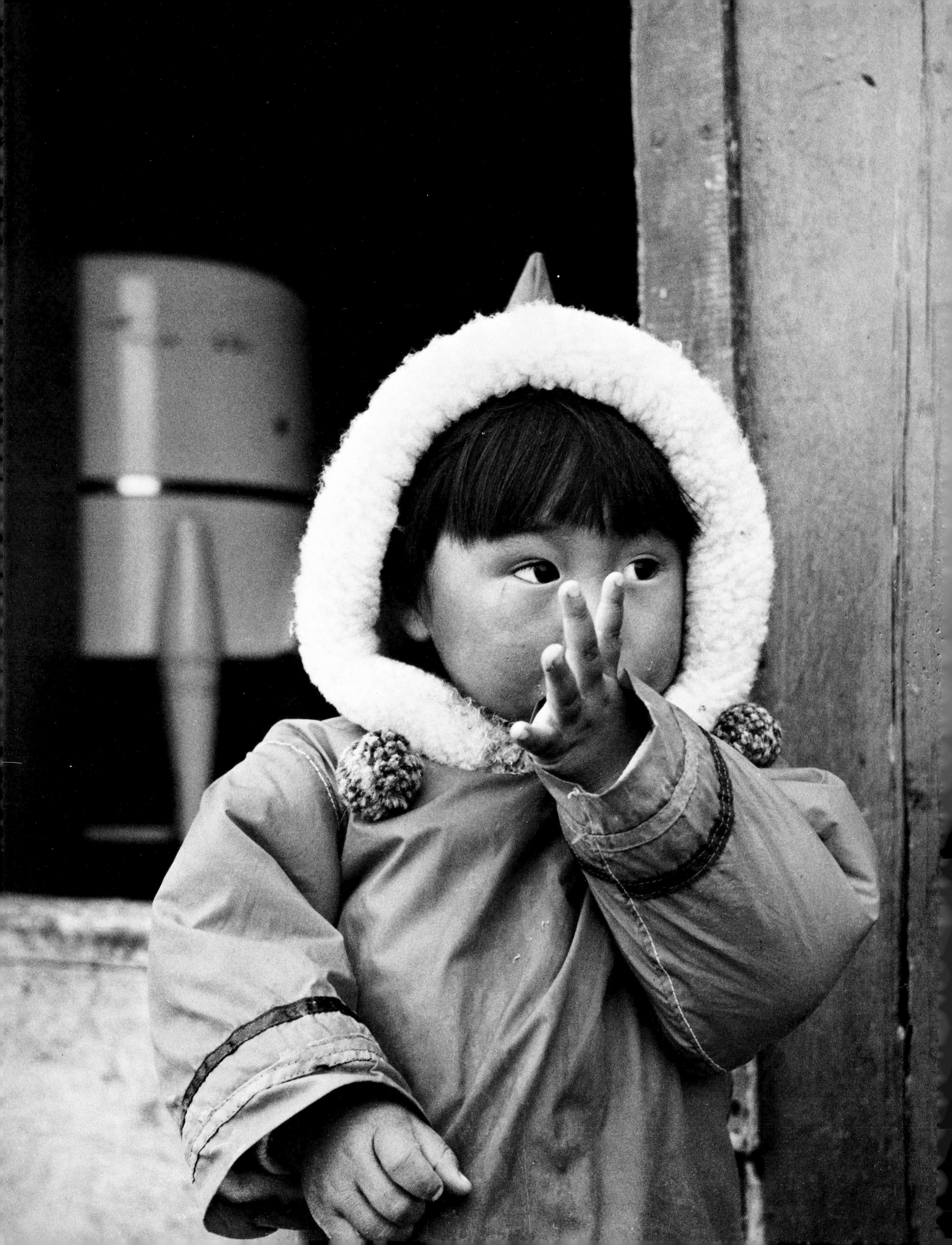

80. Eskimoknabe in Resolute Bay.

81. Eskimo-Steinschnitzer in Pangnirtung, Baffin Island.

82. Eskimogräber in Baffin Island.

83

83. Neue Glocke für Kirche in Resolute Bay, um Mitternacht.

84

84. Spielende Eskimomädchen, Resolute Bay.

# Die Ressourcen des Nordens und der Weiße

Die Menschenleere ist auch heute noch das wichtigste Merkmal des hohen Nordens. Unser Auge, das aus der Vogelschau des Flugzeugs in südlichen Breiten von Stadt zu Stadt hüpfen und dabei immer einer Bahnlinie oder einer Autostraße als Leitlinie folgen kann, hält in der Arktis vergeblich Ausschau nach diesen vertrauten Mustern. Die Siedlungen der Arktis sind noch verlorener als die Oasen in der Wüste, denn auch die Spuren alter Karawanenstraßen fehlen. Mir scheint, daß heute selbst das Meer zwischen Europa und Nordamerika im Zensus der letzten Jahre eine höhere «Bevölkerungsdichte» aufweist, als die weiten Landstriche nördlich der Baumgrenze. Ähnlich wie die Passagiere in Flugzeugen und Schiffen über und auf dem Ozean sind die weißen Bewohner der Arktis zumeist nur Reisende, deren Kommen und Gehen noch viel schneller wechselt als das der Zugvögel. Die Unterkünfte werden zu Recht sehr oft mit «Transient Quarters» angeschrieben. Auch die Fähigkeit, sich der Natur anzupassen, ist bei diesen Passanten geringer als bei irgendeinem anderen Lebewesen des Nordens.

Während Jahrhunderten wollten die paar Menschen, die sich in die hohen Breiten wagten, nicht einmal vorübergehend in der Arktis bleiben. Sie strebten an ihr vorbei oder – wenn nötig – durch sie hindurch, um möglichst rasch nach dem sagenhaft reichen Fernen Osten zu gelangen. Für sie waren die Ureinwohner, ähnlich wie Eisbären und Walrosse, kaum mehr als Kuriositäten, die man gelegentlich – gewissermaßen im Schaukäfig – mit nach Hause schleppte.

Erst im Zeitalter der Entdeckungen und mit der Gründung von Handelsgesellschaften von der Art der Hudson's Bay Company, also vor etwa dreihundert Jahren, begannen Weiße sich für immer in der Arktis anzusiedeln. Damals scheint die Urbevölkerung zahlreicher gewesen zu sein als heute. Vor der Ankunft der Weißen sollen allein im nördlichen Kanada etwa 70000 Eskimos gelebt haben; heute ist nur noch ein Viertel davon übrig. Da aber die Eskimos – wenigstens bevor sie die Feuerwaffe kannten – harmonisch mit der Landschaft und deren Tierwelt zusammenlebten, hinterließen sie kaum bleibende Spuren. Sie waren Bestandteil des arktischen Ökosystems und verteilten sich in natürlicher Abhängigkeit von der Jagdbeute in kleinen Gruppen, meist weit voneinander entfernt, entlang der endlosen Küsten. Die Bevölkerungszahl änderte sich mit der Ergiebigkeit der Jagdgründe, die ihrerseits auf Klimaschwankungen reagierte.

Als der «seßhafte» Weiße die Arktis betrat, brachte er völlig andere Verhaltensweisen mit: Er lebte in möglichst großen Gemeinschaften, und obwohl er sich nur vorübergehend niederließ, gestaltete er die Stätten seines Aufenthaltes nach dem Vorbild seiner Heimat. Die auf diese Weise entstandenen Niederlassungen sind heute nicht mehr zu übersehen. Sie sind mit wenigen Ausnahmen unansehnlich und passen nicht in den Norden. Trotzdem werden sie bleiben.

*Die Reichtümer des Nordens*

Die Weißen drangen in die Arktis ein, um sich deren Reichtümer anzueignen und mit diesen dann rasch wieder nach Süden zu verschwinden. Das wohl unrühmlichste Beispiel dafür ist der frühe Wal-

## Die Ressourcen des Nordens und der Weiße

fang der Europäer im Nordatlantik. Auf Spitzbergen wurde 1625 die Walfängerstadt Smeerenburg gegründet. Für wenige Sommerwochen lebten dort jedes Jahr in einer stadtähnlichen Agglomeration viele tausend Menschen vom Walgeschäft. Tausende von Tonnen Fischtran wurden zubereitet, um für die Herstellung von Schmieröl und Seife und zu Beleuchtungszwecken nach Europa verkauft zu werden. Die bei der Tranverarbeitung anfallenden Nebenprodukte lieferten außerdem wichtige Grundstoffe zur Herstellung von Salben und Parfüms. Große Mengen des schmiegsamen und leichten Fischbeins wurden für die Sonnenschirme und Korsetts der Damen Europas verwendet. Der enorme Raubbau dezimierte in Kürze den Walbestand der Küstengewässer, so daß Smeerenburg schon zwanzig Jahre später in Ruinen zerfiel. Der Walfang mußte auf die hohe See ausweichen. Während des 18. Jahrhunderts wurden jährlich zwischen 1500 und 2000 Grönlandwale erlegt. Die Erfindung der Walkanone im Jahre 1864 beschleunigte die Ausrottung der Großwale, und in der Folge wurden immer kleinere Walarten gejagt.

Um 1840 wurde im südlichen Baffin Land eine neue Walfangstation, Blacklead Island, errichtet. In der westlichen Arktis entwickelte sich die Walfängerei, mit einem Zentrum auf Herschel Island, erst gegen Ende des 19. Jahrhunderts. Sie war nur von kurzer Dauer, hatte aber verheerende Auswirkungen. Von den schätzungsweise 2000 Grönlandwalen der Beaufort Sea wurden mindestens 1500 geschlachtet; heute sind höchstens noch 100 bis 200 in diesem Gebiet zu finden. Als zur Jahrhundertwende der Weltmarkt für Waltran und Fischbein zusammenbrach, mußte sich die inzwischen seßhaft gewordene Bevölkerung der Arktis eine neue Lebensgrundlage suchen. Der Walfang hat hier – wohl zum Glück für die Eskimos, die Weißen und die noch verbliebenen Wale – nie wieder dieselbe Bedeutung erlangt. Er verlegte sich in die antarktischen Gewässer. Heute beträgt der Anteil des arktischen Walfanges nur noch 0,6 Prozent des globalen.

Der Pelzhandel, der in der ersten Hälfte unseres Jahrhunderts den Walfang als Wirtschaftsgrundlage des Nordens ablöste, ist kaum weniger abhängig von den Weltmarkt- und Modelaunen als die Walindustrie. Die wichtigsten Pelztiere sind Polar- und Blaufuchs, Bisamratte, Hermelin, Eisbär und Robbe. In der kanadischen Arktis wurden die Handelsniederlassungen der Hudson's Bay Company zu Zentren des Pelzhandels, welche die weißen Trapper und die Eskimo-Jäger anzogen. In Westgrönland war der Pelzhandel Sache der Königlich-Grönländischen Handelsgesellschaft, in Ostgrönland der norwegischen Fangstgesellschaft. Auf Spitzbergen jagten russische und norwegische Fallensteller die Pelztiere. Auch in der sibirischen Tundra spielt der Pelztierfang seit Jahrhunderten eine wesentliche Rolle. Aus diesem Jagdgebiet wurden jährlich Zehntausende Pelze, zum größten Teil nach Moskau, geliefert. In späteren Jahren bestritt der Polarfuchs 92 Prozent des russischen Pelzmarktes.

In Nordkanada betrug die jährliche Beute bis zu 450000, in Alaska etwa 200000 Pelze. Verglichen damit war der Pelztierfang in Grönland gering. Die Polarfuchsjagd erreichte ihren Höhepunkt um 1920; in Kanada wurden damals bis zu 40 Dollar für ein gutes Fell bezahlt.

## Die Ressourcen des Nordens und der Weiße

Noch vor dem Zweiten Weltkrieg jedoch fiel der Preis auf 12 Dollar und später noch tiefer.

In den 1960er Jahren erzielte man für Robbenfelle größere Gewinne als für Polarfuchsfelle. Die Robbenjagd, während Jahrtausenden von den Eskimos für den Eigenbedarf maßvoll betrieben, wurde schon zur Zeit des Walfanges als Nebenverdienst wichtig. Der kommerzielle Robbenfang lieferte Tran und Pelze. Gegen Ende des letzten Jahrhunderts erlegte man allein in Grönland jährlich zwischen 60000 und 100000 Robben. Heute werden vorwiegend noch die Grönlandrobbe und die Klappmütze in beträchtlicher Zahl gejagt, vor allem in Labrador, in Ostgrönland und im Weißen Meer. Die Bärenrobben des Beringmeeres, deren Pelz sehr geschätzt wird, – allein im Jahr 1886 wurden 240000 abgeschlachtet, – konnten sich dank der Schutzmaßnahmen zwischen 1911 und 1962 von etwa 100000 Tieren auf über drei Millionen vermehren. Das Walroß, dessen elfenbeinerne Fangzähne begehrt sind, ist wegen Raubbaus gebietsweise selten geworden. Hauptsächlich von den Eskimos werden in der kanadischen Arktis jährlich noch etwa 1600 Walrosse erlegt.

Für viele arktische Säugetiere besteht die Gefahr der Übernutzung und damit der Ausrottung. Außer dem atlantischen Walroß sind gewisse Robben- und Walarten, aber auch der Moschusochse und der Eisbär gefährdet. Zur Zeit der Walfänger wurde der Moschusochse seines schmackhaften Fleisches wegen so sehr gejagt, daß er aus vielen seiner angestammten Weidegründe völlig verschwand; so zum Beispiel aus dem Mackenzie Delta und aus Baffin Island. Heute ist er nur noch in den unbewohnten Gebieten der kanadischen Arktis sowie in Nord- und Ostgrönland anzutreffen. In Kanada, wo er seit 1917 geschützt ist, zählt man jetzt wieder etwa 10000 Tiere. Versuche, den Moschusochsen zu domestizieren, um Wolle und Fleisch zu gewinnen, oder ihn in seinen ehemaligen Verbreitungsgebieten wie Spitzbergen, Nord-Norwegen und Alaska wieder anzusiedeln, sind vorläufig gescheitert.

Die maßlose Jagd der vergangenen fünfzig Jahre hat auch die Eisbären auf etwa 10000 Individuen reduziert; trotzdem wurden noch im Jahre 1965 mindestens 1350 Eisbärenfelle gehandelt.

Der wichtigste domestizierte Landsäuger der Arktis, das Ren, liefert schmackhaftes Fleisch, Häute und Milch und dient gelegentlich als Last- und Zugtier. Man schätzt die Zahl der Rentiere auf etwa zwei Millionen; die meisten davon leben in der Sowjetunion. Das Wildren, in Nordamerika Karibu oder Tuktu genannt, ist die unentbehrliche Lebensgrundlage vieler Eskimos. Doch reduzierte sich der Bestand wegen unsinniger Abschlachtungen allein in unserem Jahrhundert von zwei bis drei Millionen auf etwa ein Zehntel davon.

Der Fischfang spielt in der ganzen Arktis für den Eigenbedarf, an der sibirischen Küste und besonders an der Westküste Grönlands auch für den Export, eine wichtige Rolle. Aus Sibirien wurden 1962 etwa 60000 Tonnen Fisch angeboten; Grönland exportierte im gleichen Jahr etwas über 40000 Tonnen, hat aber seither seine Fischereiindustrie wesentlich modernisiert. In den westgrönländischen Gewässern werden auch Garnelen gefangen und verarbeitet.

Die Ressourcen des Nordens
und der Weiße

*Die Jagd nach den Bodenschätzen*

Der Tierbestand gehört zu den erneuerbaren Ressourcen der Arktis. Die Voraussetzung für einen gesunden Weiterbestand dieser Reserven ist vernünftige Bewirtschaftung.

Weit größere Gefahren erwachsen dem hohen Norden aus der Nutzung der nicht-erneuerbaren Ressourcen wie Mineralien, Erdöl und Erdgas. Doch unglücklicherweise beruht die Zukunft der Arktis weitgehend auf diesen Bodenschätzen. Zwar müssen viele der vermuteten Vorkommen erst nachgewiesen werden, aber die ergiebigen Erdöl- und Gasfunde von 1968 in Prudhoe Bay im nördlichen Alaska sowie jene der frühen sechziger Jahre in verschiedenen Gebieten der sibirischen Arktis haben eine fieberhafte Suche ausgelöst. Im Mackenzie Delta entdeckte Gasvorkommen und einige fündige Erdölbohrungen scheinen so vielversprechend zu sein, daß der Bau von Riesen-Pipelines durch das Mackenzietal nach Süden erwogen wird. Große Hoffnungen auf Öl und Gas bestehen auch auf den kanadischen arktischen Inseln, insbesondere auf den Queen Elizabeth Islands, sowie in Nordgrönland, wo der gesamte Küstensaum der nördlichen Hälfte der Insel als potentielles Erdölgebiet betrachtet wird.

Damit der Abbau von Bodenschätzen in abgelegenen Permafrostgebieten wirtschaftlich wird, müssen aber nicht nur die Vorkommen sehr reich sein, sondern auch passende Transportmittel und -wege, geeignete Arbeitskräfte, große Investitions- und Betriebskapitalien und neuerdings auch ökologische Sicherheiten garantiert sein. Schon die Exploration gestaltet sich meist viel kostspieliger als im Süden. Die technischen Schwierigkeiten des Bergbaues und der Erdölförderung im Dauerfrostboden sind mannigfaltig. Zudem müssen eigene Landepisten, lokale Straßen und oft auch Hafenanlagen gebaut werden. Für die aus dem Süden kommenden Arbeitskräfte wird die Errichtung halbpermanenter Unterkünfte notwendig. Anders als in der Sub-Arktis, wo «Boomtowns» aus dem Boden schießen, verzichtet man in der eigentlichen Arktis darauf, ganze Familien anzusiedeln. Dafür werden die Belegschaften alle paar Wochen ausgewechselt und oft über Tausende von Kilometern zu ihren Angehörigen auf Urlaub geflogen. Zu den daraus erwachsenden Kosten kommen die sehr hohen Löhne und die Investitionen für die Infrastruktur, so daß nur finanzstarke Großfirmen und Regierungsorganisationen die arktischen Bodenschätze abbauen können. Es läßt sich nicht verheimlichen, daß die Ausbeutung der nicht-erneuerbaren Ressourcen der Arktis extrem kolonialen Charakter hat, den Völkern des Nordens vorerst wenig nützt und fast überall zu schwer lösbaren Konflikten mit der Natur führt. Andererseits stammen aus solchen Unternehmen Einkünfte, die es den Regierungen ermöglichen, Entwicklungs- und Sozialprogramme für die Bevölkerung des Nordens zu finanzieren.

Trotz des beinahe legendären Reichtums der Arktis an Bodenschätzen waren bisher nur wenige Abbau-Unternehmen erfolgreich. Selbst die Förderung des Alaska-Erdöls ist erst durch die Ölkrise der 1970er Jahre erzwungen worden. Die Ölvorkommen im nördlichen Alaska waren zum Teil schon seit längerer Zeit bekannt, wurden

## Die Ressourcen des Nordens und der Weiße

aber, wie so viele andere Bodenschätze des Nordens, als stille Reserven betrachtet. Heute schätzt man die Vorräte auf zwei Milliarden Tonnen. Die Testfahrten des Riesentankers «Manhattan» zeigten, daß der Transport dieses Erdöls mittels Schiffen durch die Nordwestpassage zu gefährlich ist. Daher entschloß man sich zum Bau der 1300 Kilometer langen «Alyeska Pipeline» von Prudhoe Bay quer durch Alaska zu dem eisfreien Westküstenhafen Valdez. Baubeginn war 1974; drei Jahre später floß bereits Öl durch die erste Pipeline über Dauerfrostboden. Die maximale Förderleistung beträgt gegen 100 Millionen Tonnen pro Jahr, das bedeutet, daß vielleicht schon in weniger als dreißig Jahren das Öl Nord-Alaskas, der bisher größten Fundstelle der USA, aufgebraucht sein wird. Es ist zu hoffen, daß etliche Fehler in dieser Rechnung stecken.

In der kanadischen Arktis wird trotz einiger fündiger Bohrungen im Mackenzie Delta, wo ein Vorrat von einer Milliarde Tonnen vermutet wird, vorläufig weder Erdöl noch Erdgas gefördert. Auch der Bergbau ist noch sehr bescheiden. Zurzeit sind in den Barren Grounds nordöstlich des Großen Sklavensees eine Goldmine, im nördlichen Labrador eine Asbestmine und seit kurzem am Strathcona-Sund eine Zinkmine in Betrieb. Reiche Erzlagerstätten werden aus Rentabilitätsgründen nur zum Teil oder gar nicht abgebaut: die Nickelvorkommen bei Rankin Inlet an der Hudson Bay, deren Abbau 1962 eingestellt wurde; das seit langem bekannte Kupfer am Coppermine River; die äußerst hochwertigen Eisenerze von Milne Inlet im nordöstlichen Baffin Land, deren Vorrat auf 130 Millionen Tonnen geschätzt wird. Auch die Blei- und Zinkfunde auf Little Cornwallis Island, das Kupfer auf Victoria Island, das Chrom auf der Melville-Halbinsel, die Platin-, Nickel- und Silbervorkommen auf Baffin Island sowie der Schwefel auf Axel Heiberg Island werden als Reserven betrachtet.

In Grönland wurden schon zu Beginn des letzten Jahrhunderts viele Erzlagerstätten entdeckt. Das bekannteste Bergwerk Grönlands, die Kryolith-Mine von Ivigtut an der Westküste, mußte vor kurzem nach über hundertjähriger Tätigkeit den Betrieb einstellen. Das Kohlebergwerk von Qutdligssat auf der Disko-Insel wurde im Jahre 1972 geschlossen, und 2000 Menschen mußten umgesiedelt werden. Die ungeheuren Kosten erzwangen schon 1963 die Schließung der erst 1955 eröffneten Blei-Zink-Silber-Mine von Mesters Vig in Ostgrönland. Wegen des Packeises der Ostgrönlandströmung konnten die Schiffe das angereicherte Erz nur während ein bis zwei Monaten abtransportieren. Logistische und wirtschaftliche Gründe bedingen, daß auch die vielen grönländischen Erzvorkommen als stille Reserven gelten müssen. Nur einzelne besonders reiche, verkehrsmäßig günstig gelegene Lagerstätten werden zurzeit ausgebeutet, so etwa seit 1973 der Bleiglanz und die Zinkblende von Momorilik bei Umanak.

Auf dem seit 1920 zu Norwegen gehörenden Spitzbergen waren hochwertige Kohlevorkommen schon seit den frühen Walfängerzeiten bekannt. Die bis zwei Meter dicken Flöze liegen im Dauerfrostbereich. Erst ab 1907 wurden sie, zuerst von den Amerikanern, später

Die Ressourcen des Nordens und der Weiße

von den Norwegern, und parallel dazu seit 1912 von den Russen abgebaut. Die russischen Gruben beschäftigen bis zweitausend Arbeitskräfte, die norwegischen nur etwa die Hälfte davon. Beide Unternehmen fördern in ganzjährigem Betrieb je etwa 400 000 Tonnen Steinkohle. Die Vorräte scheinen unerschöpflich zu sein; sie werden auf 8,5 Milliarden Tonnen veranschlagt. Seit 1960 wird auf den verschiedenen Inseln Spitzbergens auch nach Erdöl gesucht.

Die arktischen Gebiete der europäischen Sowjetunion sind reich an Eisenerz und Kohle. Es entstanden mehrere Bergbaustädte mit je einigen zehntausend Einwohnern. Im Petschora-Becken und im nördlichen Ural, wo Kohlenvorräte bis zu 260 Milliarden Tonnen liegen, wird auch Blei abgebaut sowie Erdöl und -gas gefördert. Letzteres wird über die Erdgasleitung «Nordlicht» an die Verbraucherzentren verteilt.

Die sagenhaften Rohstoffreichtümer Sibiriens liegen zu einem guten Teil im arktischen Bereich, aber auch hier bereitet der Abtransport Schwierigkeiten. Im Sommer gestatten zwar die mächtigen sibirischen Ströme eine Verbindung mit dem Süden. Sie erlauben, zusammen mit dem Eismeer-Seeweg, eine leichtere Nutzung der Vorkommen als in der kanadischen Arktis. Angaben über die Fördermengen werden geheimgehalten oder sind oft unzuverlässig. Trotzdem scheint sicher zu sein, daß bei Norilsk der Abbau von Kohle, Kupfer, Nickel, Platin, Uran und anderen hochwertigen Erzen kräftig vorangetrieben wird. Viele reiche Goldminen, vor allem im Kolyma-Bekken, werden seit langem ausgebeutet. Auf der Tschuktschen-Halbinsel werden Silber, Gold, Zinn und Kohle gefördert. Auf der Gydan-Halbinsel, zwischen Ob und Jenissej, wurden schon in den 1960er Jahren sehr große Vorkommen von Erdgas entdeckt, das heute mit Pipelines ins Industriegebiet von Norilsk transportiert wird. Erdöl wird in den Mündungsgebieten der westlichen großen Eismeer-Zuflüsse bereits gefördert. Ein riesiger «Erdölsee» soll sich von Spitzbergen über Franz-Josef-Land und Sewernaja Semlja bis zu den Neusibirischen Inseln erstrecken und dabei insbesondere auch den Kontinentalschelf um Nowaja Semlja umfassen.

Exploration und Ausbeutung der arktischen Schatzkammer während der letzten paar Jahrzehnte trugen viel dazu bei, die große Naturlandschaft am nördlichen Rande der Welt aus ihrer Abgeschiedenheit und Unberührtheit herauszureißen. Die Entdecker des 18. und 19. Jahrhunderts mögen noch so oft selbstsüchtig und ruchlos gehandelt haben, aber verglichen mit den Walfängern, den Pelzhändlern, den Mineralien- und Erdöl-Prospektoren hinterließen sie nur unbedeutende Spuren. In den letzten Jahrzehnten hat die Technologie der Rohstoffgewinnung den arktischen Lebensraum drastisch verändert. Noch in den frühen fünfziger Jahren war das Auftauchen eines Flugzeuges am Himmel ein großes Ereignis; hingegen landeten in den 1960er Sommern bei unserer kleinen Forschungsstation auf Axel Heiberg Island oft an einem Tag mehrere Prospektoren in Helikoptern und Kleinflugzeugen für einen schnellen «drop-in», um nach einem Kaffee und einem «chat» weiter auf Schatzsuche zu fliegen.

85. Eisbärenfell zum Trocknen aufgespannt, Resolute Bay.
86. Eskimofrauen schaben Eisbärenfelle, Pangnirtung, Baffin Island.
87. Kanak in Nordwestgrönland, das zweitnördlichste Eskimodorf der Welt (78° N).
88. Ölbohrstelle bei Prudhoe Bay, nördliches Alaska.
89. Pipeline zwischen Prudhoe Bay und Valdez.
90. Ölbohrung im Cook Inlet, Alaska.

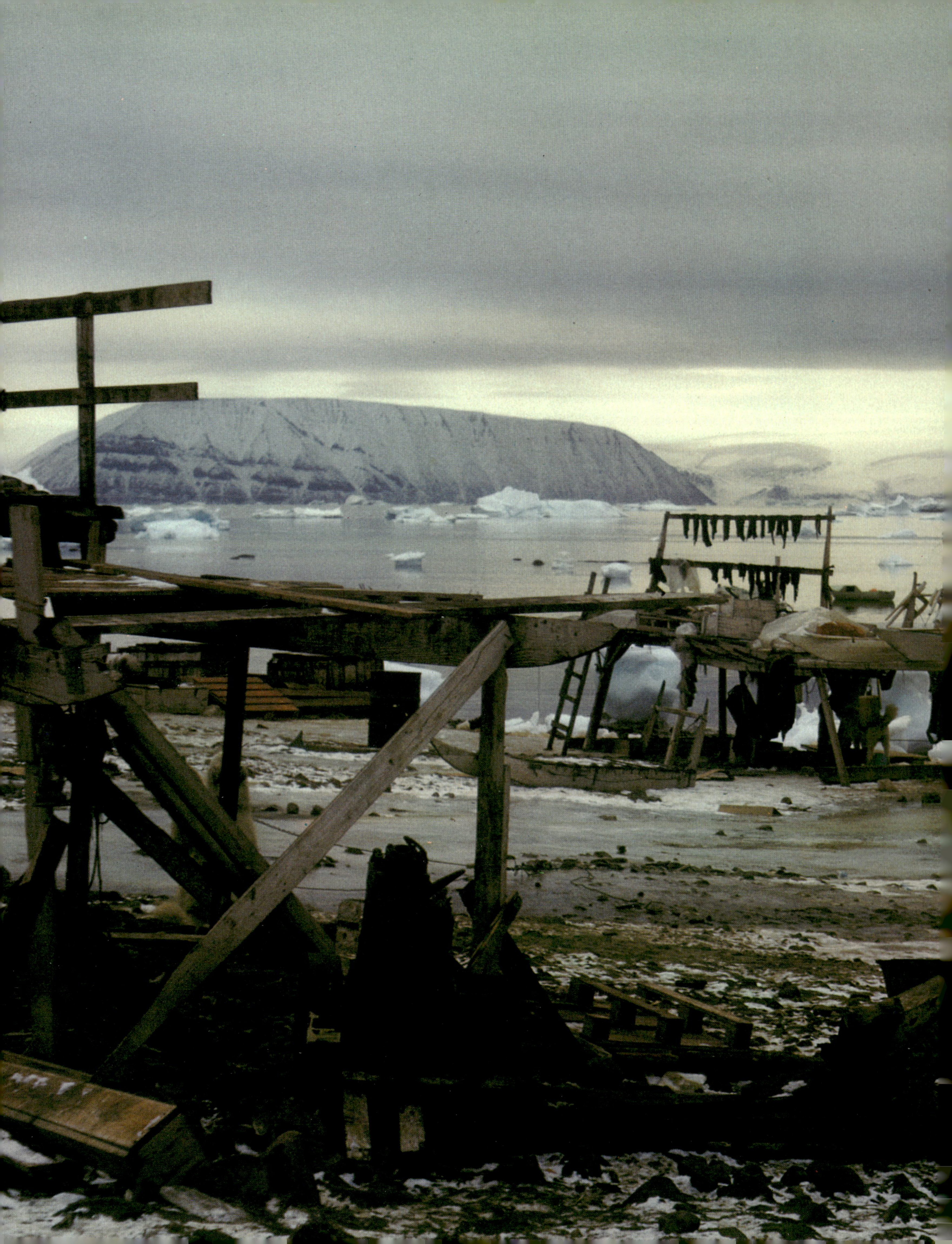

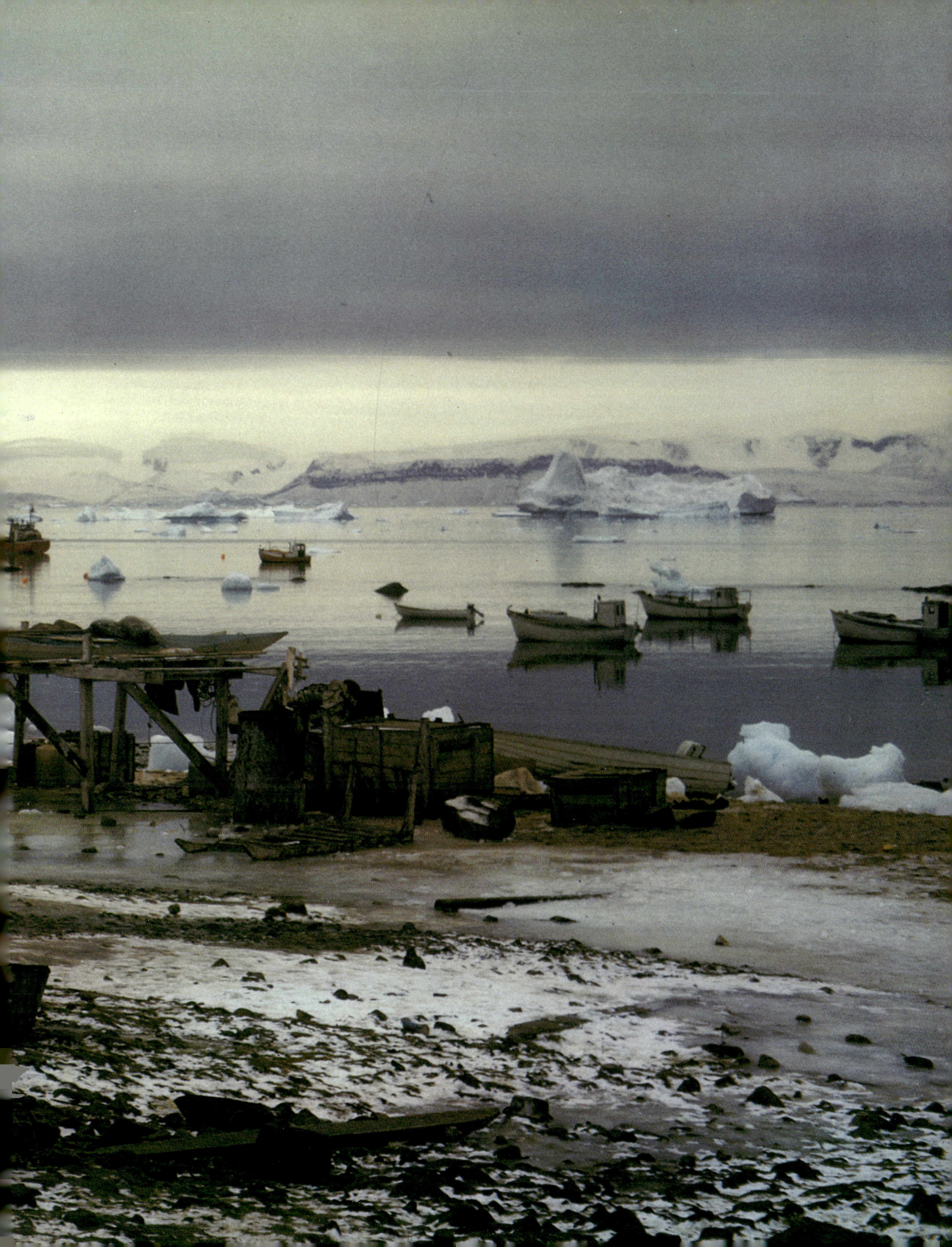

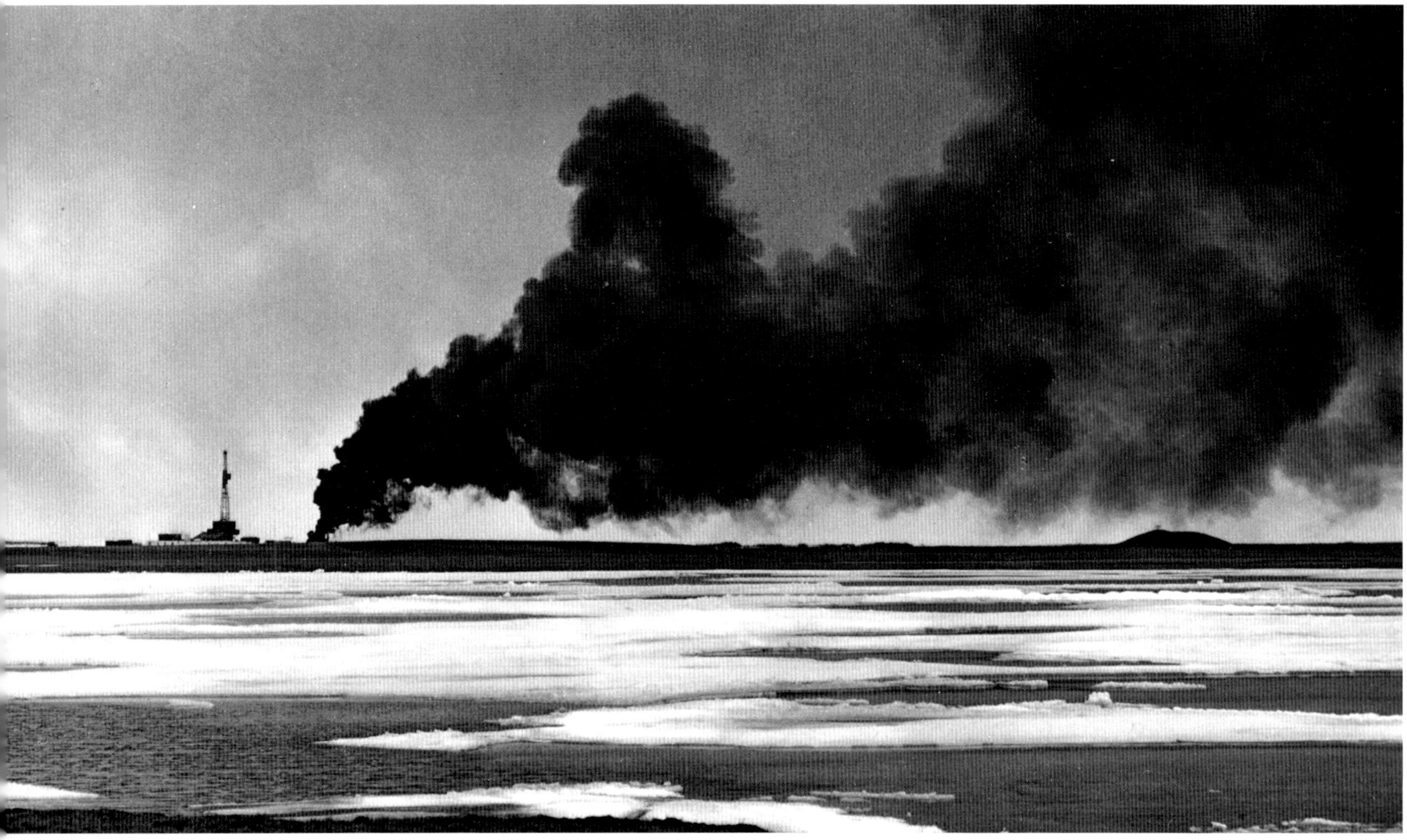

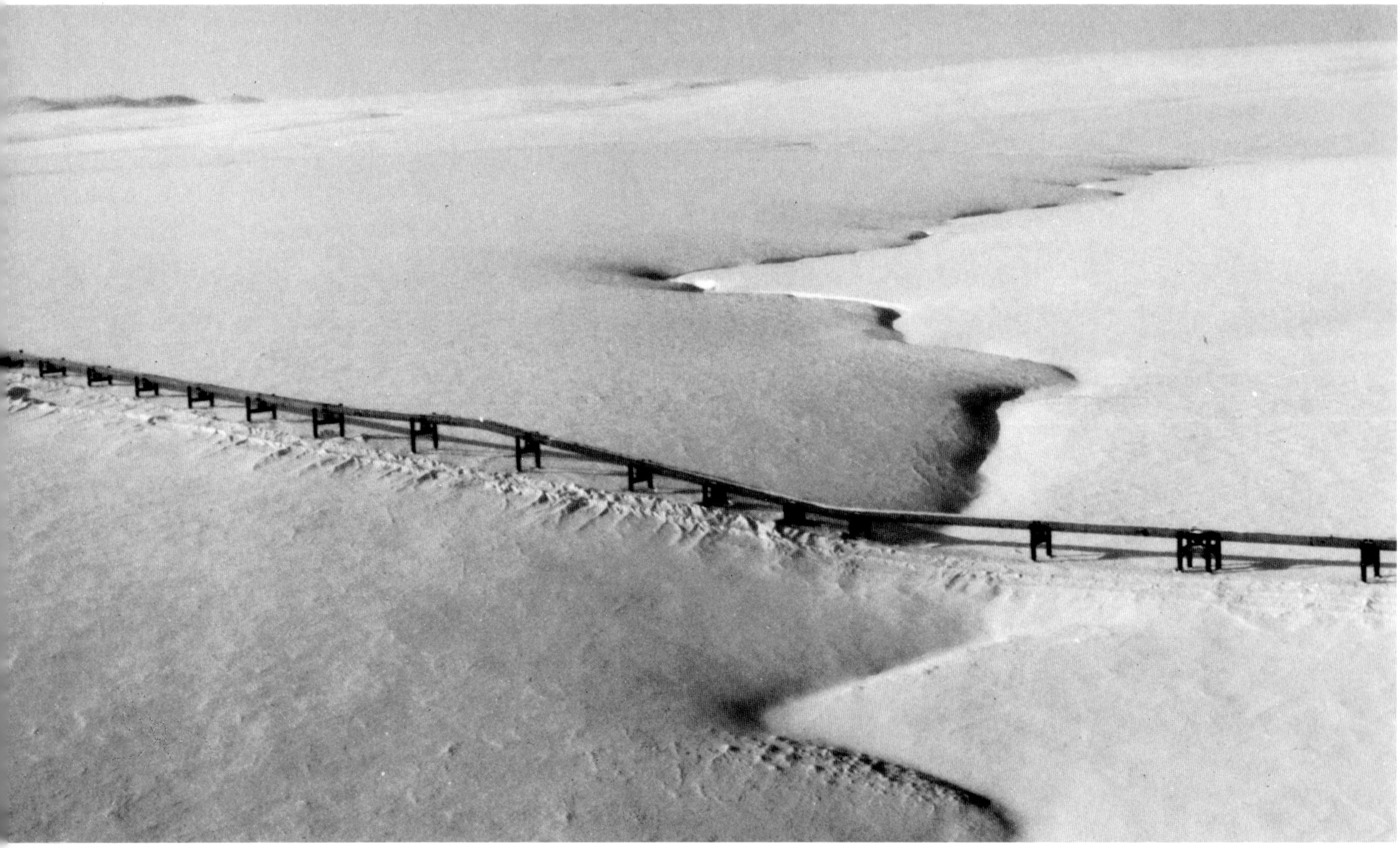

88–89

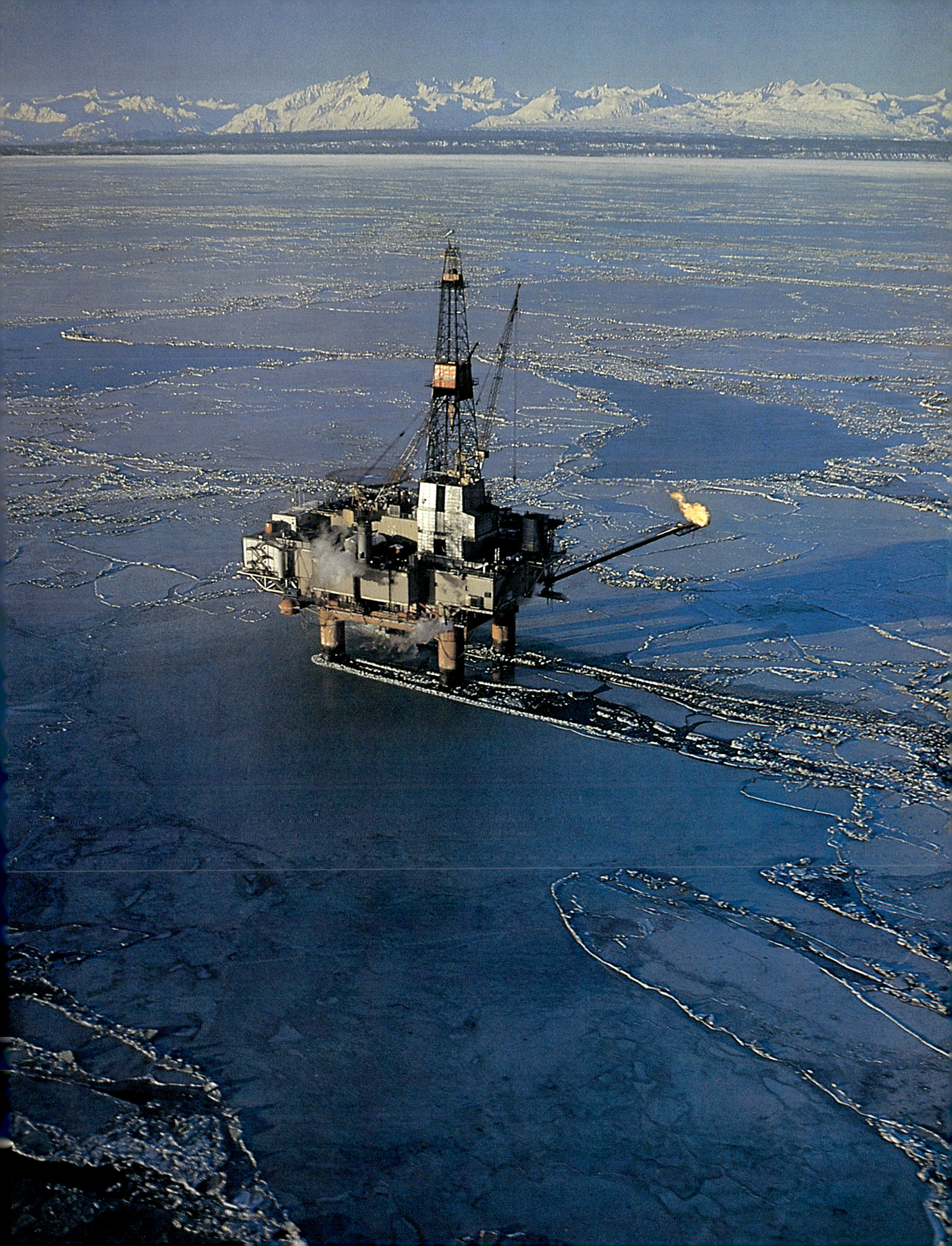

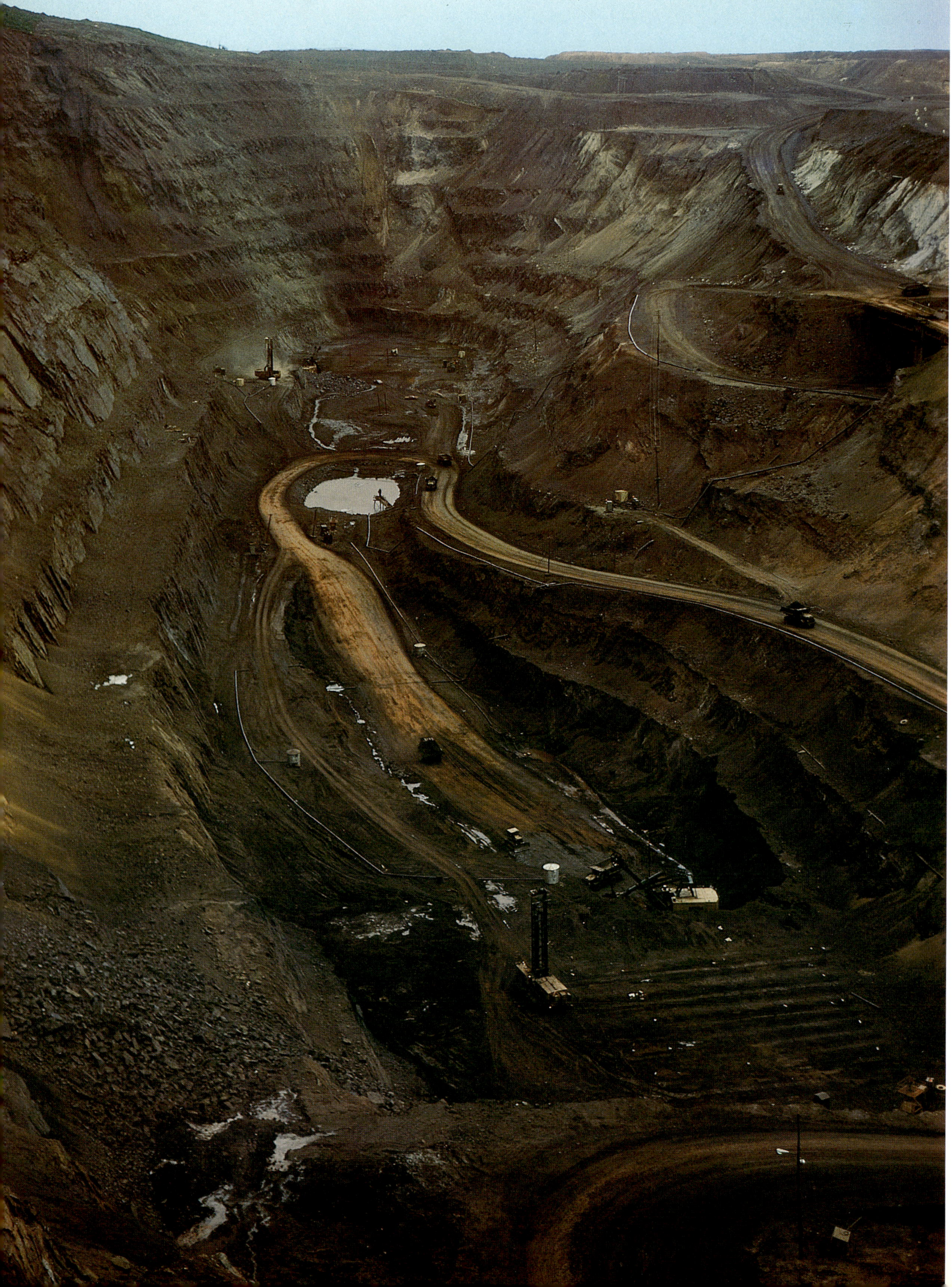

# Transportmittel und Verkehrswege

Die Zeiten der Schlittenhunde sind nahezu vorbei. Noch vor einer Generation wurde in der nordamerikanischen Arktis der gesamte Lokalverkehr von Tausenden von «Huskies» bewältigt. Heute begegnet man dem einst so lebenswichtigen Schlittengespann nur noch selten. Skidoos und Raupenfahrzeuge aller Art ersetzen die Polarhunde. Eine jahrtausendealte Tradition wurde von der modernen Technik abgelöst.

Noch vor vierzig Jahren war zumindest die nordamerikanische Arktis das Land der Eskimos, Abenteurer und Pioniere. Wer von einem Ort zum anderen gelangen wollte, mußte große Unbequemlichkeiten, Härten und Gefahren auf sich nehmen. Im Winter waren es Kälte, Wind und Dunkelheit, im Sommer Wasser und während des ganzen Jahres enorme Entfernungen, die dem Reisenden zu schaffen machten. Selbst für Flugzeuge war bis vor kurzem der Flug von einer menschlichen Oase zur nächsten ein Wagnis: Einmotorige Maschinen mit ungenügender Navigations- und Funkausrüstung flogen riesige Strecken über skizzenhaft kartiertes Land, ohne das Wetter unterwegs und am Bestimmungsort zu kennen. Erst die revolutionäre Entwicklung der Flugzeuge, der Ortungs- und Fernmeldegeräte, der Wetterprognosen und Satellitenbilder der letzten Jahrzehnte hat die einstigen Großdistanzen auf routinemäßige Alltagslänge verkürzt. Heute dient eine fast unübersehbare Vielfalt von Flugzeugtypen den verschiedenartigsten Aufgaben: Pipercub, Beaver, Cessna, Twin-Otter – je nach Jahreszeit mit Ski, Schwimmern oder weichen Großrädern ausgerüstet – und Hubschrauber bringen Prospektoren und Forscher zu ihren Feldlagern, Ärzte zu den Kranken und Verletzten, Regierungsbeamte zu abgelegenen Kleinsiedlungen, Arbeiter und Ingenieure zu den Minen und Bohrfeldern. Transportflugzeuge, von der altbewährten DC3 bis zur Hercules C-130, befördern mühelos allerschwerstes Frachtgut, das selbst den mächtigen Versorgungsschiffen Mühe bereiten würde. Mit riesigen Düsenjets wird jahraus, jahrein in regelmäßigem Kursbetrieb die Verbindung mit den Weltstädten des Südens aufrechterhalten. Aber die Luftfrachtpreise sind in der Arktis noch sehr hoch, denn beträchtliche Investitionen, Löhne und Versicherungsprämien belasten den Lufttransport. Die Wartung der Maschinen bei extremer Kälte auf schlecht eingerichteten Flugplätzen bringt zusätzliche Kosten. Trotzdem sind die Beförderungsgebühren mit größeren Frachtflugzeugen, die auf behelfsmäßigen Flugfeldern landen können, bereits erheblich niedriger als mit anderen Transportmitteln.

Die beste Zeit für Charterflüge sind Spätwinter und Vorfrühling, wenn das zunehmende Tageslicht lange Arbeitszeiten gestattet, die Meereis- und Schneeoberflächen noch für Skilandungen geeignet sind und das Wetter, bei zunehmender Erwärmung, wochenlang klar ist. Solange das Eis der Seen und Flüsse mindestens zwei Meter dick ist, sind Landungen selbst mit den schwersten Transportflugzeugen ungefährlich. Bei Meereis hingegen kann sich die Tragfähigkeit von Ort zu Ort rasch verändern, je nach Salzgehalt und Wachstumsgeschichte; bei Temperaturen über −8 °C sind Landungen ohne vorherige Untersuchungen der Örtlichkeiten riskant.

91. Eisenbergwerk im nördlichen Labrador.

Transportmittel und
Verkehrswege

Bodenschätze und Verkehr
(Zum Teil nach Sater u.a., 1971
und Weiss, 1975.)

- ▲ Minerallager (Fe, Ni usw.)
- ◍ Erdöl
- ■ Kohle
- ++++++ Pipeline
- ━━━━ Bahnen
- ─··─··─ Straßen
- ━━━━━ Flußroute
- ────── Meerroute
- ○─·─·─○ Fluglinie, Flugplatz

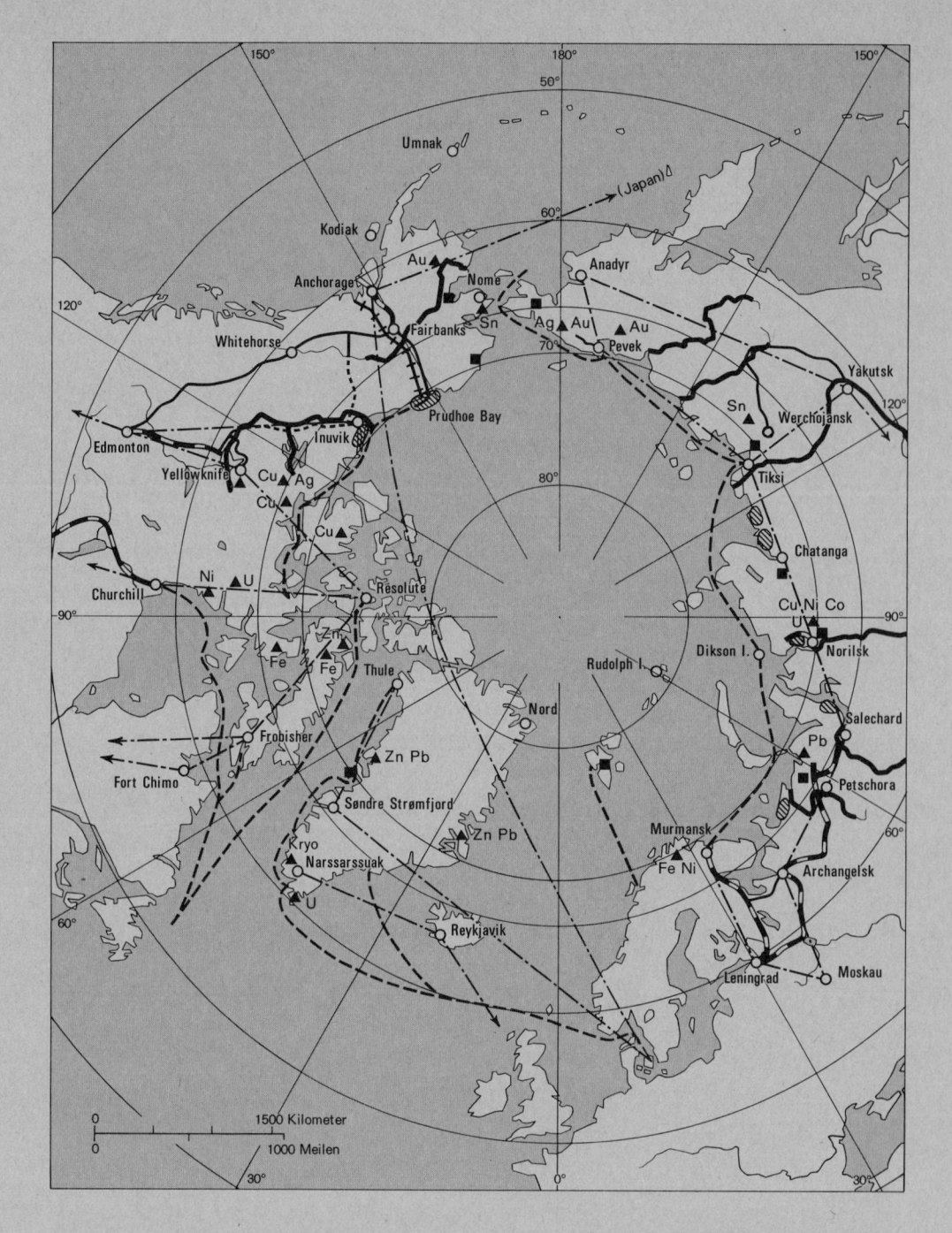

Heute kreuzen sich im Luftraum über dem Polarmeer immer mehr Großkreis-Routen der internationalen Luftfahrt, welche die Weltstädte der angrenzenden Kontinente auf dem kürzesten Weg miteinander verbinden. Der sibirische Luftraum ist leider für die meisten westlichen Fluggesellschaften gesperrt; dadurch kann die naturgegebene Vorzugslage des arktischen Ozeans als eine Art Mittelmeer des Nordens nicht voll genutzt werden.

Die Entwicklung des Verkehrs auf den arktischen Meeren ist weniger stürmisch verlaufen als jene in der Luft. Seit jeher hat das Meereis die konventionelle Schiffahrt auf den meisten arktischen Seewegen auf zwei bis drei Sommermonate beschränkt. Je weiter wir uns nach Norden begeben, um so mehr wird die Meereisschranke zum Hindernis. Eine Ausnahme bildet allein das arktische Europa, wo beispielsweise der Hafen von Murmansk ganzjährig benutzt werden kann. Sonst gelingt es nur speziell ausgerüsteten Schiffen und Eisbrechern, die zeitliche und räumliche Einengung durch das Meereis etwas zu

**Transportmittel und Verkehrswege**

überwinden. Wohl sind größere und stärkere Schiffe gebaut worden, aber ein Durchbruch wie dem Flugverkehr ist der Seefahrt noch nicht gelungen. Atomgetriebene Unterseeboote verschiedener Nationen haben zwar seit 1957 in kühnen Fahrten das Polarmeer unter dem Packeis schon mehrfach durchquert. Diese Pionierfahrten gaben der Idee, riesige U-Boote für den Transport von Massengütern einzusetzen, neuen Auftrieb; sie fand aber bis jetzt noch keine wirtschaftliche Anwendung.

Versuche, die Schiffahrt in der Arktis durch technische Neuerungen wie speziell gebaute Buge, gegen Eisdruck geschützte Wände, größere Motorenkraft, wie beim US-Versuchstanker «Manhattan», oder atomare Energieversorgung zu verbessern, brachten nur bescheidene Fortschritte. Immerhin haben die Russen im August 1977 mit ihrem Eisbrecher «Arktika» den Nordpol erreicht. Die Idee, Eisbrecher in Pflugform, mit dem sogenannten Alex-Bug zu bauen, statt wie bisher mit Anlauf aufs Eis aufzufahren und es so durch Preßdruck zu brechen, hat den ersehnten Durchbruch noch nicht ermöglicht. Dabei steht fest, daß sich die Ansprüche an die arktische Schiffahrt in den nächsten Jahren und Jahrzehnten vervielfachen werden. Noch 1969 konnten in der östlichen kanadischen Arktis mit der damaligen Kapazität (12 Schiffe der Küstenwache inklusive 7 Eisbrecher, 14 Frachter und 7 Öltanker) nur wenig mehr als 100 000 Tonnen Güter transportiert werden. In der westlichen kanadischen Arktis ist ein lokales, 2500 Kilometer langes Netz von Küstenschiffahrtslinien über den mächtigen Mackenzie River mit dem Süden verknüpft. Die dortige staatseigene Northern Transportation Company hatte 1970 bereits 28 Motorschiffe, 145 Schleppkähne und zwei Küstenfrachter im Einsatz und beförderte damit gegen 300 000 Tonnen Fracht; 1975 waren es schon 700 000 Tonnen. Tuktoyaktuk im Mackenzie-Delta ist der Umschlagplatz für den zwar nur geringen marinen Güterverkehr in der westlichen Arktis, der vorläufig hauptsächlich der Versorgung der weitverstreuten Siedlungen bis Spence Bay auf der Boothia-Halbinsel dient.

Auch an der Nordküste Sibiriens wird der Transport im Sommer in erster Linie auf dem Wasserweg abgewickelt. Die großen nach Norden fließenden Strome Jenissej, Ob, Lena, Indigirka und Kolyma sind ausgezeichnete Verkehrswege.

Straßen und Eisenbahnen fehlen in der Arktis fast völlig. Und doch ist die Entwicklung des hohen Nordens – auch heute noch – eng mit einigen Bahnen und Straßen verknüpft, über die schwere Frachtgüter wenigstens bis zur nördlichen Baumgrenze transportiert werden. Die «Hudson Bay Railway» von The Pas nach Churchill, für den Export des Weizens der Prärien gebaut, hat die Entwicklung der östlichen kanadischen Arktis weitgehend bestimmt. Diese Bahnlinie übernimmt die Aufgabe des in diesem Gebiet fehlenden schiffbaren Flusses. Im kanadischen Westen verbinden die 700 Kilometer lange Bahnstrecke von Roma nach Hay River und der ganzjährig befahrene Mackenzie Highway, der jetzt über Fort Providence hinaus bis ins Mackenzie-Delta verlängert wird, das transkontinentale Verkehrsnetz des Südens mit der Mackenzie-Wasserstraße. Durch die

**Transportmittel und Verkehrswege**

soeben fertiggestellte Straße von Dawson im Yukon Territory nach Inuvik im Mackenzie-Delta wird die westliche kanadische Arktis außerdem an den Alaska Highway angeschlossen.

Auch in Sibirien haben Straßen und Bahnen die Aufgabe, die Arktis mit dem Süden zu verbinden. Die zwei nördlichsten Eisenbahnlinien der Welt verbinden die Minenstädte Didinka und Talnach im unteren Jenissej-Gebiet mit Norilsk, der größten Stadt der Arktis, die nun ihrerseits in das westsibirische Eisenbahnnetz integriert werden soll. In Ostsibirien ist Werchojansk durch eine Straße an die Transsibirische Bahn angeschlossen. Auf der Tschuktschen-Halbinsel wurden Minenorte des Hinterlandes durch Straßen mit Küstenstädten verbunden.

Straßen und Bahnen in der eigentlichen Arktis werden aus ökonomischen Gründen – wegen der wohl auch in der Zukunft geringen Bevölkerungsdichte – nur für spezielle Aufgaben gebaut werden. Die nördlichste Eisenbahn, die zurzeit geplant wird, ist die «Baffin Land Iron Mine Railway», die das siebzigprozentige Eisenerz von Milne Inlet, dessen Menge auf 130 Millionen Tonnen geschätzt wird, über eine Strecke von 100 Kilometern an die Küste der Baffin Bay bringen soll.

Für den Transport über die weglose Tundra werden neuartige Fahrzeuge geprüft und zum Teil schon eingesetzt: Hovercrafts, verschiedenste Raupenfahrzeuge und Lastenschlepper mit riesigen Rädern, welche die Bodenbelastung verringern, damit die Tundra geschont wird. Doch vorläufig sind die Beförderungskosten mit diesen Fahrzeugen vergleichsweise hoch. Es zeigt sich ganz allgemein, daß die Entwicklung des Verkehrs in der Arktis – vielleicht mit Ausnahme der Seefahrt – nicht auf technische Neuerungen warten muß, sondern vielmehr wegen mangelnder Rentabilität eingeschränkt wird. Solange der Güterstrom relativ bescheiden ist und sich vorwiegend nur in einer Richtung bewegt, muß bei den enormen Distanzen mit so hohen Transportkosten gerechnet werden, daß die Produkte des Nordens auf dem Weltmarkt wesentlich an Konkurrenzfähigkeit einbüßen. Nur großzügige staatliche Unterstützung der arktischen Wirtschaft oder ganz große Rohstoffunde vermögen diese Situation zu ändern.

92. Mitternacht auf dem Meereis bei Tuktoyaktuk, Mackenzie Delta.

93. Eisbrecher führt Frachtschiffe im Lancaster-Sund.
94. Der kanadische Eisbrecher «Louis St. Laurent» im Nordwasser.

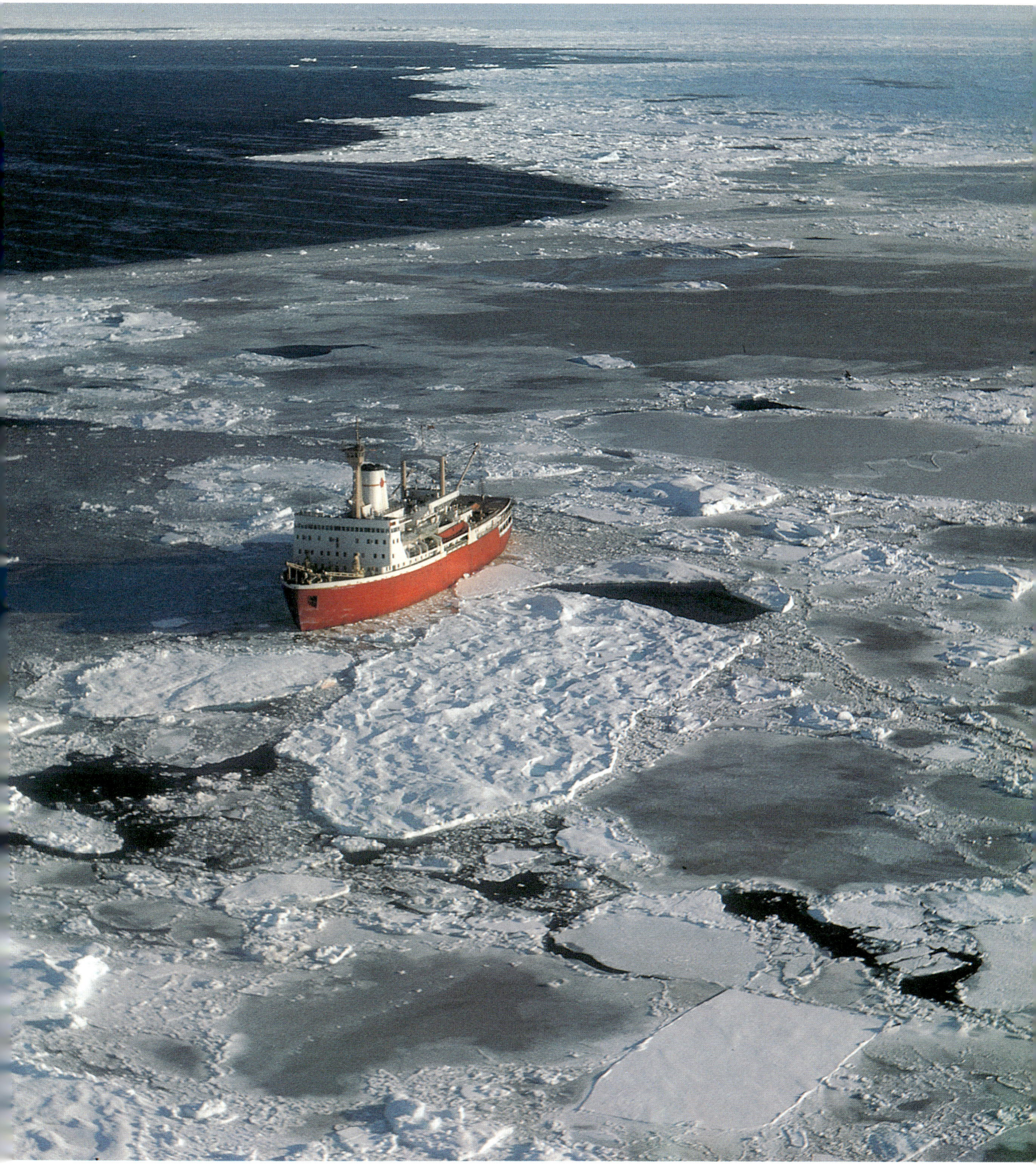

95. Begegnung auf dem Packeis westlich von Axel Heiberg Island.
96. Twin-Otter bei Cape Herschel, Ellesmere Island.
97. Herkules-Transporter in Eureka.
98. Im Hafen von Resolute Bay.

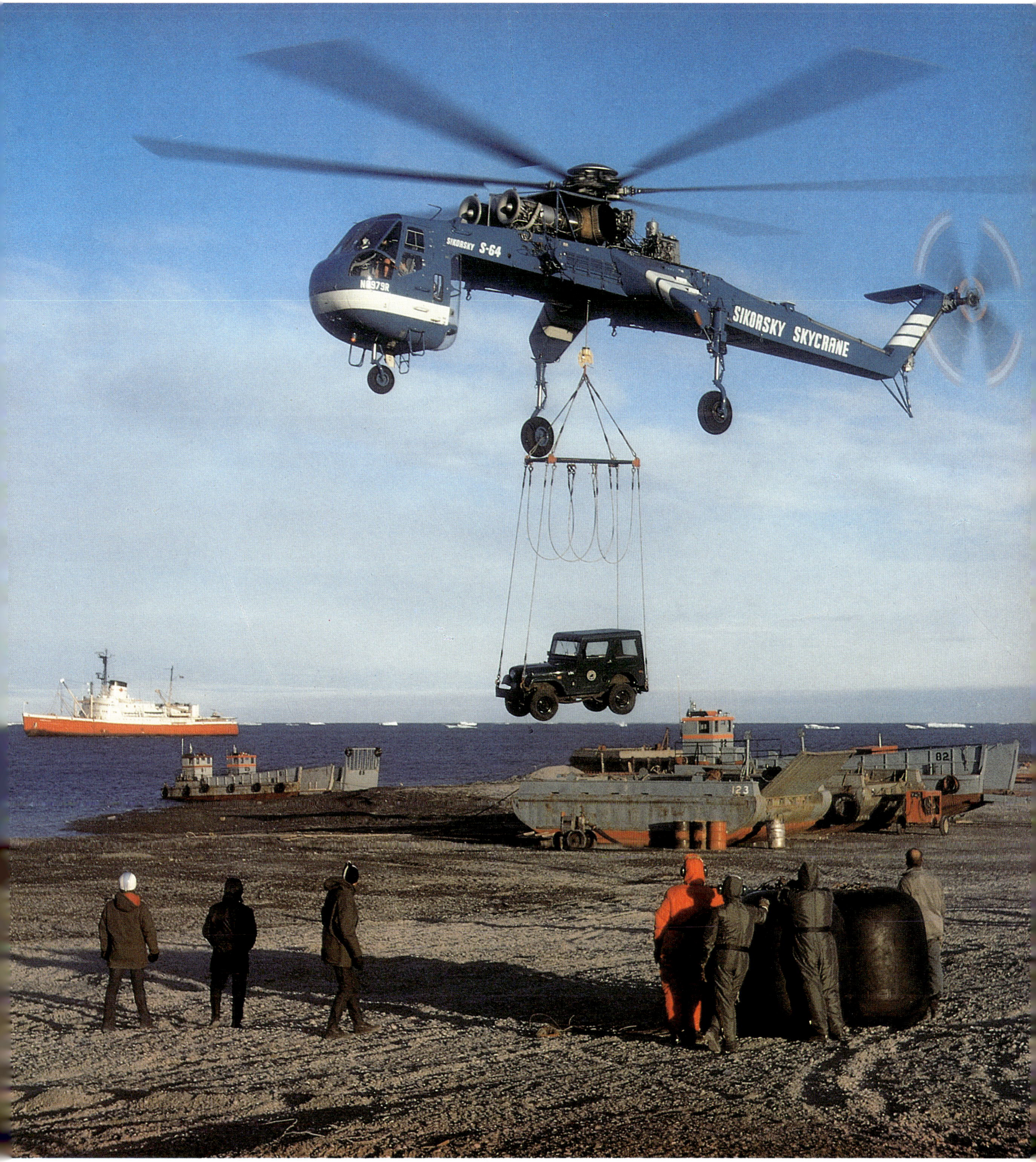
SIKORSKY S-64
N6979R
SIKORSKY SKYCRANE
123
182

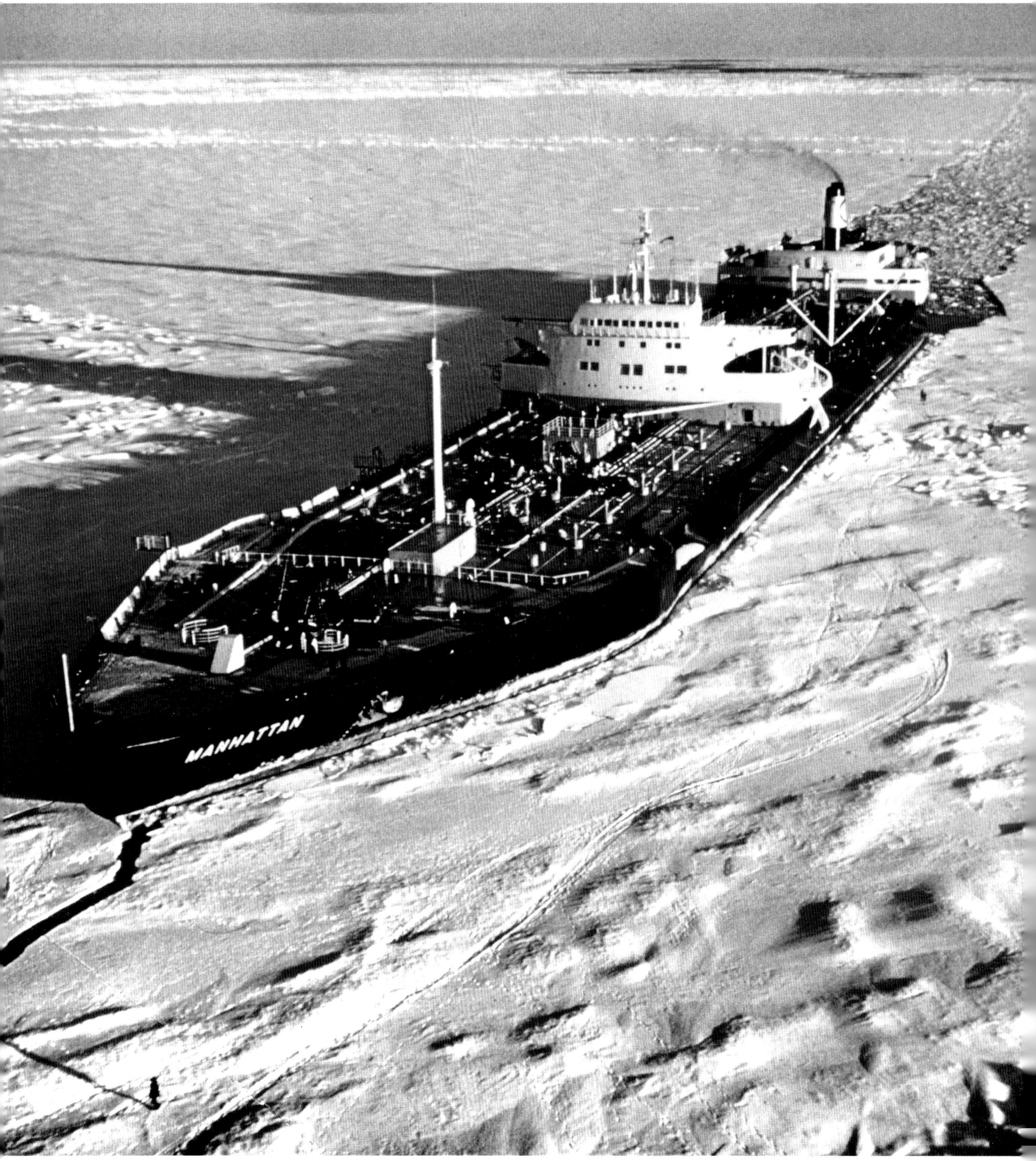
MANHATTAN

# Die Veränderung des Lebensraumes

In der nordamerikanisch-grönländischen Arktis sind die Weißen eine Minderheit. Wie weit dies auch für die eurasische Arktis zutrifft, ist schwer abzuschätzen, denn statistische Angaben über die Bevölkerungsgliederung in der nördlichen Sowjetunion sind ungenügend oder fehlen ganz. In Grönland machen die Weißen etwa ein Zehntel der Gesamtbevölkerung aus, in der kanadischen Arktis ein Drittel bis ein Fünftel, wobei hier die weiße Einwohnerzahl jahreszeitlich schwankt. Bei der Volkszählung von 1961 wurden in den beiden Distrikten Keewatin und Franklin 8100 Personen registriert, davon 6400 Eskimos und Indianer. Zu den 1700 Weißen zählte man beispielsweise auch die 20 Mitglieder der «McGill University Expedition», die damals vier Sommermonate auf Axel Heiberg Island verbrachten. Sie wurden später auf den Karten des «Atlas of Canada» als «Einwohner» angegeben. Dabei haben meines Wissens auf der Westseite von Axel Heiberg Island noch nie Menschen für immer gelebt.

Die der kanadischen Hocharktis jedes Jahr aus dem Süden zuströmende «Sommerbevölkerung» von Wissenschaftlern zählt ungefähr 500 bis 800 Menschen. Allein durch das «Polar Continental Shelf Project» der Regierung werden jeden Sommer etwa hundert kleinere und größere Forschergruppen unterstützt. Die Forscherteams wohnen meist in Zelten oder anderen temporären Unterkünften. Die Belastung der Umwelt durch diese Gruppe dürfte gering sein.

Anders verhält es sich, wenn Industrie-Unternehmen vorübergehend Arbeitskräfte aus dem Süden einfliegen. Bauliche Aktivitäten und auch die Menschen selber hinterlassen in der Landschaft oft große Schäden. Unüberlegte Handlungen sind häufig, so beispielsweise Fahrten mit dem Lastwagen zur vielleicht nur dreihundert Meter entfernten Kantine, um Kaffee zu trinken oder Ausflüge mit Geländefahrzeugen über die sommerliche Tundra. Die Spuren dieser Fahrten, die von heutigen und ehemaligen Stationen sternförmig ausstrahlen, erkennt man selbst aus dem Flugzeug noch nach vielen Jahren. Auch die übrigen Auswirkungen dieser halbseßhaften Bevölkerung auf ihre Umgebung sind nicht mehr zu übersehen. Beschädigte Fahrzeuge, verlassene Häuser und Abfall markieren ihren Wirkungsbereich wie die Losung das Territorium des Polarfuchses.

Dort, wo der weiße Mann besonders aktiv ist, oder wo sich die Eingeborenen in größerer Zahl niederlassen, sehen sich die Regierungen gezwungen, eine Infrastruktur aufzubauen: Es werden permanente Flugplätze geschaffen, Radio- und Wetterstationen errichtet, Wohnhäuser gebaut und Schulen eröffnet. Sämtliches Baumaterial kommt aus dem Süden. Steine hingegen, in der Arktis mehr als ausreichend vorhanden, werden zum Bauen kaum verwendet. Holz, Plastik, kubische Formen und knallige Farben bestimmen das Ortsbild. Selbst in den nicht-militärischen Siedlungen dominiert die «Anordnung in Reih und Glied», und nur in den ältesten sowie in den allerjüngsten Niederlassungen findet man eine zufällige und neuerdings auch beabsichtigte Streuung der Häuser.

Die weißen Bewohner dieser «permanenten» Siedlungen erstreben den Mittelstands-Komfort ihrer südlichen Heimat, obwohl sie wis-

99. Großtanker «Manhattan» im Eis der Nordwestpassage.

## Die Veränderung des Lebensraumes

sen, daß sie irgendwann wieder abreisen werden. Nur ganz wenige bleiben über Jahre hinweg im Norden. Sie nennen sich «Northerners», sind aber doch nur Gäste der Arktis, denn sie leben «wie zu Hause» und bleiben abhängig von den Informationen aus dem Süden. Ihre Kinder schicken sie nach beendeter Volksschule zur Weiterbildung «nach Hause». Und sie selbst versetzen sich spätestens mit 45 Jahren in den vorzeitigen Ruhestand, um dann in «die Heimat» zurückzukehren. Die Interessen dieser weißen Siedler des Nordens stehen denen der Eingeborenenbevölkerung diametral gegenüber. Dies kam besonders deutlich bei den kürzlich von der kanadischen «Mackenzie Valley Pipeline Commission» durchgeführten Einvernahmen zum Ausdruck. Der Vorsitzende, Richter Thomas Berger, der sich die Voten der weißen Bevölkerung und ihrer 300 Experten sowie der Bewohner von 35 Eskimo- und Indianerdörfern anhörte, mußte erkennen, daß das, was für die einen «the last frontier» ist, für die anderen das «northern homeland» bedeutet. Die ersteren plädierten deutlich für die Pipeline, die letzteren vehement dagegen. Diese Studie zeigt einmal mehr, wie eng die Ökonomie und das kulturelle Leben der Eingeborenen auch heute noch mit der Natur des Landes verknüpft sind, während die weiße Bevölkerung den Zielen, der Moral und der Gesellschaftsordnung des Südens verpflichtet ist. Je mehr aber die Geschäftigkeit der «industrial frontier» der Weißen das «northern homeland»-Gefühl der Eingeborenen bedrängt, um so härter wird die Konfrontation und um so größer der soziale Schaden auf beiden Seiten. Schon jetzt sind Alkoholismus, Kriminalität und auch die Abhängigkeit von der staatlichen Sozialfürsorge bei den Eingeborenen alarmierend. Enttäuschung, Resignation und Flucht in rein materielle Werte zeigen aber auch auf der Seite der Weißen nachteilige Auswirkungen: Mangelndes Verständnis füreinander und für die Umgebung, fragwürdige Moralbegriffe, Trunksucht und Gesetzlosigkeit.

Besonders ernste Schwierigkeiten entwickeln sich in den städtisch gewordenen Siedlungen. Ein Beispiel dafür ist Inuvik im Mackenzie-Delta. Diese Kleinstadt wurde im Jahre 1954 gegründet, als die kanadische Bundesregierung große Teile des Pelzhandels- und Verwaltungszentrums Aklavik, wegen seiner Lage auf den unsicheren Sedimenten des Deltas, die für eine moderne Entwicklung mit Jet-Flugplatz und geheizten Hochhäusern ungeeignet war, auf anstehenden Fels am East Channel verschob. Die Eskimobevölkerung akzeptierte die Verpflanzung nur zögernd und unter Vorbehalten. Das Siedlungsmuster des neugegründeten Inuvik wurde bestimmend für die soziale und ökonomische Entwicklung der Stadt. Neben einem modernen Stadtteil mit allen sanitären Einrichtungen, wo sich Krankenhaus, Schule, Läden, Kinos und die Wohnhäuser der Beamten und «Transients» befinden, liegt ein unerschlossenes Wohngebiet; hier hausten 1966 414 Eskimos, 130 Indianer und 288 andere Personen, größtenteils Mischlinge. Die ethnischen und sozialen Unterschiede zwischen den beiden Bevölkerungsschichten haben, besonders nach dem Zerfall des Pelzmarktes und wegen der ungenügenden Selbstversorgungsmöglichkeiten der Eingeborenen, zu einer konflikt-

## Die Veränderung des Lebensraumes

trächtigen Situation geführt. Die jungen Eingeborenenmädchen, bei denen die Akkulturation am ausgeprägtesten ist, da sie als Kellnerinnen, Verkäuferinnen oder Krankenschwestern Anstellung finden, suchen sich Partner unter den Weißen, werden aber deshalb oft vom eigenen Volk verstoßen. Nicht selten kommt es vor, daß weiße Durchreisende mit zweifelhaften Moralbegriffen Eskimomädchen mit unehelichen Kindern oder Geschlechtskrankheiten zurücklassen. Der verbreitete Alkoholismus unter den Eingeborenen macht die Situation nicht einfacher. Die Bemerkung eines Aklavik-Eskimos, «wenn ein Eingeborener nach Inuvik zieht, ist er so gut wie tot», verdeutlicht die prekäre Lage der einheimischen Bevölkerung. Die Weißen hingegen, die mit dem Verstädterungsprozeß besser vertraut sind, scheinen mit wenigen Ausnahmen zu prosperieren.

Auch aus Grönland sind – zwar etwas anders lautende – Stimmen der Unzufriedenheit zu hören. Von 1721 bis 1953 war Grönland dänische Kolonie, um erst dann integraler Bestandteil des Königreiches zu werden. Infolge der protektionistischen Politik der Dänen hatten die Grönländer bis 1950 wenig Kontakte mit der westlichen Zivilisation, ausgenommen der dänischen. Trotz vieler Mischehen mit Dänen blieben Sprache und teilweise die Kultur der Eskimos erhalten. Drastische Änderungen seit den fünfziger Jahren haben nun aber ernsthafte Auseinandersetzungen heraufbeschworen: Die Industrie und die Marktwirtschaft der Weißen brachten vermehrt dänische Fachleute ins Land. Den Grönländern fehlte – weitgehend auch heute noch – die für diese Entwicklung notwendige Ausbildung. Die Sprachbarriere zwischen Dänen und Grönländern und die rasche Bevölkerungszunahme bei begrenztem Wirtschaftswachstum führen zu zunehmend stärkeren sozialen und politischen Spannungen. Es wird nach grönländischer Autonomie, wenn nicht gar Unabhängigkeit, gerufen. Die entscheidende Frage lautet jedoch: Unabhängig von wem? – Sicher tragen auch in Grönland die Privilegien und das Gebaren der Weißen einige Schuld an der sozialen und politischen Unrast: Höherer Lohn für gleiche Arbeit (beispielsweise für Lehrer aus Dänemark); Steuerfreiheit für Dänen, die sich mindestens für drei Jahre nach Grönland verpflichten; gewerkschaftliche Bestimmungen, die bewirken, daß ein weißer Taxi-Chauffeur in Thule mehr verdient als ein Universitätsprofessor im Mutterland, und daß dieser überbezahlte Posten – wie auch andere – nicht von Grönländern besetzt werden darf. Trotzdem scheinen in Grönland die sozialen Unterschiede zwischen Eingeborenen und Weißen eher geringer zu sein als vielerorts in der Arktis. So bestehen kaum Unterschiede in den Unterkünften. Dänen wie Grönländer wohnen in einfachen Einfamilienhäusern. Auch die Zahl der weißen Zuwanderer, die nach Grönland kommen, um dort zu leben und nicht einfach nur viel Geld zu verdienen, scheint höher zu sein als anderswo.

An einem internationalen Symposium in Leningrad war 1976 zu vernehmen, daß auch in der sibirischen Arktis nicht alles «nach Plan» verläuft. Doch besitzen die Russen eine dreihundertjährige Arktiserfahrung. Die Kosaken und Pelzhändler von einst sind in unserem Jahrhundert von «Zuwanderern» aus dem Südwesten abgelöst

**Die Veränderung des Lebensraumes**

worden, denen die Ausbeutung der arktischen Rohstofflager als zentrale Aufgabe zugeteilt wurde. Schon unter den Zaren hatte man mit reichlichem Kapital die Suche nach den für die Industrialisierung notwendigen Rohstoffen vorangetrieben und nach und nach ein Verkehrsnetz aufgebaut. In den dreißiger und vierziger Jahren wurden skrupellos unzählige, wahrscheinlich einige hunderttausend Strafarbeiter beim Bau der Minen eingesetzt. Nach Stalins Tod baute man das Zwangsarbeitersystem langsam ab und versuchte, nach gut kapitalistischem Muster, mit zusätzlichen Vergütungen Arbeiter in den Norden zu locken. Durch die gewährten Privilegien, wie bessere Behausung und längere Ferien, konnte sich ein Arbeiter in der Arktis doppelt so gut stellen wie im Süden. Rasch wachsende Städte wie Norilsk mit gegen 200000 Einwohnern beweisen, daß dieses Ziel vorerst erreicht wurde. Doch scheint auch in der Sowjet-Arktis die Weiterentwicklung auf gewisse Schwierigkeiten zu stoßen. Obwohl die Maßstäbe der Rentabilität im sowjetischen Wirtschaftssystem ganz anders festgelegt werden als in den westlichen Ländern, sind offenbar im ökonomischen, vielleicht auch im sozialen Bereich Toleranzgrenzen erreicht worden, die zur Neubesinnung zwingen. Doch Einzelheiten hierzu sind nicht bekannt. Auch über das Verhältnis der städtischen Bevölkerung zu den relativ zahlreichen Eingeborenen, die ihre Rentierherden durch die Riesengebiete der ausgehenden Taiga und anschließenden Tundra treiben, ist wenig zu erfahren.

Alaska, der zweitjüngste Staat der USA, ist für viele Amerikaner – nicht zuletzt dank Jack London – zum Inbegriff der Arktis geworden, obwohl nur die Teile nördlich der Brooks Range sowie der Küstensaum und die Inseln der Westseite wirklich dazu zählen. Weiße Trapper, die Goldsucher und später die Wissenschaftler, Beamten und Soldaten erzählten unzählige wahre und weniger wahre Geschichten über das Leben in diesem Land der «last frontier». Die Pelze, das Gold und heute das Erdöl haben Alaskas wiederholter «boom-and-bust»-Entwicklung den nötigen Glanz verliehen, der immer neue Scharen von Immigranten anzog. Schon 1958 wurde durch den «Statehood Act» erreicht, daß 27 Prozent der 1,5 Millionen Quadratkilometer großen Fläche für Nationalparks, Eingeborenenreservate und als Landreserven im Besitz der Bundesregierung blieben. Der Staat Alaska stellte zusätzlich riesige Gebiete unter Naturschutz. So locken denn äußerst gegensätzliche Kräfte, die Gier nach Naturschätzen und die Schönheit der Natur, immer mehr Leute nach Alaska. Von 1940 bis 1950 wuchs die Gesamtbevölkerung von 70000 auf 250000, und heute dürfte sie gegen 400000 betragen. Noch 1910 war bei den Weißen das Verhältnis von Männern zu Frauen fünf zu eins, 1970 schon nahezu eins zu eins. Auch in Alaska werden also, wie einst im Mutterland, die Pioniere von den Siedlern abgelöst. Von der heutigen Bevölkerung sind zwar nur etwa 20 Prozent in Alaska geboren, doch dürfte sich dies bald ändern. Als Folge des Zustroms an Siedlern verschärfen sich die Gegensätze zwischen jenen, die Alaska ausbeuten und jenen, die es möglichst unverändert erhalten wollen. Diese Konfrontation fand ihre bisher härteste Bewährungsprobe in der Diskussion um die Alyeska-Pipeline.

**Die Veränderung des Lebensraumes**

Nicht nur gegensätzliche Zielsetzungen und Interessen prägen die Bevölkerung, sondern auch die unterschiedliche Herkunft. Amerikaner, Russen, Japaner, Chinesen und viele Europäer ließen Alaska zu einem schillernden Schmelztiegel werden, wo alle Aussagen nur immer Ausnahmen von der Regel beschreiben. – Die Weißen leben hier fast ausschließlich in städtischen und vorstädtischen Verhältnissen. Wo sie zusammen mit Eingeborenen oder allein in abgelegenen Dörfern und Weilern wohnen, haben sie sichere Radioverbindungen zu einem der mehr als vierhundert offiziellen Flugplätze, so daß der Anschluß an die Zivilisation jederzeit gewährleistet ist. Die Alaskans halten zweifellos den Rekord an Flugzeugen und Flugkilometern pro Kopf der Bevölkerung.

Der Schulbesuch ist in Alaska für Weiße und Eingeborene bis zum achten Schuljahr obligatorisch. Es wird in englischer Sprache unterrichtet. Daß die Bemühungen der Eskimos und Indianer um die Erhaltung ihrer angestammten Jagdgründe und ihre politischen Rechte letztlich erfolgreich waren, muß zumindest teilweise diesem Schulwesen zugeschrieben werden. Die Einigung zwischen Weißen und Eingeborenen läßt hoffen, daß die gigantischen Geldsummen aus den Ölfunden für beide Seiten eine rasche Verbesserung der wirtschaftlichen und sozialen Lage bringen werden. Diese Entwicklung dürfte beispielhaft auch die Auseinandersetzungen anderswo in der Arktis beeinflussen. Doch mit dem Reichtum sind neue Schwierigkeiten verbunden: Der Pipeline-Bau beschäftigte bis zu 22000 meist ungelernte Arbeiter, denen ein Grundlohn von $13.10 pro Stunde plus 50 Prozent Zuschlag für Überstunden bezahlt wurde. Gelernte Arbeiter bezogen Wochenlöhne bis zu 2000 Dollar zuzüglich Kost und Logis sowie reichlich Ferien. Die nur drei Jahre dauernde Überbeschäftigung brachte eine lokale Inflation und bewirkte soziale Störungen, zu deren Behebung noch viele Jahre benötigt werden.

Ähnlich wie heute der Pipeline-Bau in Alaska wirkte sich in den fünfziger Jahren die Erstellung der bereits erwähnten Verteidigungsanlagen auf die gesamte nordamerikanische und grönländische Arktis aus. Seit jener Zeit ist etwa jeder dritte Arktisbewohner Soldat oder arbeitet direkt oder indirekt für das Militär. Zu Beginn der siebziger Jahre waren allein in Alaska etwa 80000 Uniformierte stationiert. Diese «weiße Invasion» von Technikern und Militärs, die sich modernster Technologien bedienten, bewirkte bei der einheimischen Bevölkerung teilweise eine Art Kulturschock. Ein Großteil der Eingeborenen wurde völlig unvorbereitet temporär in das Arbeits- und Dienstleistungsprogramm der militärischen und zivilen Unternehmen eingespannt. Nach der Fertigstellung der Verteidigungsanlagen überließ man diese Arbeitskräfte wieder sich selbst. Im Zuge der militärischen Entspannung und Umorientierung sind viele der ehemals streng bewachten Verteidigungsanlagen überflüssig geworden. Flugplätze und Unterkünfte dienen heute oft zivilen Unternehmen. Diese Infrastruktur hat die Rohstoffsuche der sechziger und siebziger Jahre stark gefördert.

Doch heute stellt sich die bange Frage an die verantwortlichen Mili-

Die Veränderung des Lebensraumes

tärs und Industriellen, ob sie gewillt und fähig sind, den nächsten Schritt zur Entwicklung der Arktis in besserer Harmonie mit Land und Leuten durchzuführen. Beispiele, woraus zu lernen wäre, gibt es viele.

In den letzten paar Jahren begann sich eine neue, auch nicht völlig harmlose Gruppe von Weißen in der Arktis auszubreiten: die Touristen. Das Nordkap Skandinaviens ist jeden Sommer das Reiseziel für Tausende von Europäern, welche die Mitternachtssonne bewundern wollen. Relativ bequeme und billige Reisen mit Autos und Küstenschiffen sowie preiswerte Unterkünfte machen den nördlichsten Punkt des europäischen Festlandes zum beliebtesten Guckfenster zur Arktis. Die Kontakte mit den vielen Fremden beschleunigen jedoch grundlegende Änderungen in der Lebensweise der Lappen. Mehr und mehr Familien geben das traditionelle Wanderdasein als Rentiernomaden auf und werden seßhaft. Das Einkommen aus den üblicherweise nur hundert bis zweihundert Rentieren pro Familie reicht nicht aus, um den skandinavischen Lebensstandard zu erreichen. Dazu wären mindestens fünfhundert Tiere notwendig. So liefert denn heute der Tourismus einen willkommenen Zuschuß zum Lebensunterhalt. Daß dabei die kulturelle Eigenart der Lappen zur bloßen Touristenattraktion verkommt, ist eine Gefahr, der schwer zu begegnen ist. Dieses Problem besteht glücklicherweise nicht beim rasch aufblühenden Sommertourismus nach Spitzbergen. Norwegische Küstenschiffe bringen regelmäßig Reisegruppen auf diese beliebten arktischen Inseln par excellence, doch fehlen gegenwärtig noch geeignete Einrichtungen für längere Aufenthalte an Land.

In Grönland ist besonders durch billige Flüge an die Südwest- und Südostküste ein moderner Tourismus aufgekommen. Sommerliche Schiffsreisen entlang den ostgrönländischen Fjordküsten gehören zum Schönsten, was die heutigen Reiseveranstalter anzubieten haben. Kosten und Zeitaufwand sind jedoch hoch. Die Möglichkeiten, von vorgegebenen Routen abzuweichen, sind gering, da sich das Land erst langsam dem internationalen Fremdenverkehr zu öffnen beginnt.

In der kanadischen Arktis sind vorläufig nur wenige Gebiete für den Tourismus erschlossen: Frobisher Bay auf Baffin Land ist Ausgangspunkt für expeditionsartige Unternehmen zur faszinierenden Gebirgs- und Fjordlandschaft an der Ostküste dieser Insel; von Fort Chimo bis zum Mackenzie-Delta finden Sportfischer wahre Eldorados; die zehntägige Schiffahrt den Mackenzie River hinunter bis zum Eskimodorf Tuktoyaktuk am Polarmeer mit Rückflug gehört bereits zum Standardangebot des kanadischen Arktistourismus. Die nördlichen Inseln des kanadischen Archipels jedoch können nur mit Bewilligung der Regierung bereist werden.

Alaska erlebt seit einiger Zeit einen Touristikboom. Die Amerikaner fühlen sich nicht nur von der wildromantischen Landschaft des Mount McKinley-Parks, sondern auch von den zerbrechlichen Einöden der Tundra angezogen. So durchwandern sie die weglose Brooks Range, machen sich vermehrt Gedanken über den Wert der «wilderness» und kommen dabei oft zum selben Schluß wie ein kanadischer

Die Veränderung des Lebensraumes

Ökologe, der kürzlich auf einer internationalen Polartagung feststellte, daß die Flüsse, die ins Eismeer fließen, der Menschheit mehr nützen, wenn sie nicht auch noch reguliert und mit Kraftwerken verbaut werden.

Ob der Tourismus in der Arktis jene Kräfte fördern wird, die nach Bewahrung und nach einer maßvollen, auf die Eingeborenen und auf die Natur abgestimmten Entwicklung streben, wird erst die Zukunft zeigen... Oder wird der Fremdenverkehr nur die Anzahl der Flugplätze, Hotelkästen, Mitternachtssonnen-Bars und Souvenirstände vermehren? Jedenfalls stehen die Tore der Arktis dem Tourismus weit offen, außer in Rußland und Sibirien, wo politische Gründe alle Fremden und die meisten Sowjetbürger aussperren.

# Mahlzeit in Thule

*Die Geschichte der Arktis-Erforschung ist gekennzeichnet durch Erzählungen von Härte, von Expeditionen, die durch Hunger und Krankheit dezimiert wurden, von großen, im Eis verlorenen Schiffen und von menschlicher Ausdauer angesichts der feindlichen Elemente. Zweifellos waren es Erinnerungen an solche Geschichten, die dem 350 Gramm schweren T-bone-Steak, das ich eines Abends im April 1974 im Offiziersklub der Air-Force-Basis in Thule auf 76° nördlicher Breite in Grönland aß, einen besonderen Geschmack verliehen. Zum Steak (saignant) aß ich Pommes frites, Champignons, dann grünen Salat mit einer Roquefort-Sauce (eine Spezialität Thules) und trank dazu eine halbe Flasche recht annehmbaren California-Wein. Der Eßraum war mit dicken Teppichen ausgelegt und von rotem Lampenschein matt erleuchtet. Zwei Kellner in weißem Jackett sprachen leise beim verlassenen Salatbuffet miteinander. Es fiel mir schwer zu glauben, daß ich mich an einem der nördlichsten Punkte menschlicher Besiedlung befand. Draußen war, obwohl fast 24 Stunden am Tag die Sonne schien, die Temperatur immer noch −20°C, und bei klarem Wetter konnte man im Osten die weißen Wogen des großen grönländischen Inlandeises sehen. Eben war ein zwei Tage dauernder Blizzard mit Schneegestöber zu Ende gegangen, und der ständige Verkehr rund um den Luftstützpunkt hatte den Neuschnee noch nicht verschmutzt. Dies war eine geeignete Gelegenheit, über Gegensätze nachzudenken: den Gegensatz zwischen der künstlichen Welt von Thule und seiner Umgebung und den Kontrast der gegenwärtigen zur vergangenen Arktis.*

*Ich war in Thule als Teilnehmer einer wissenschaftlichen Forschungsexpedition. Meine Kameraden waren weitergezogen in drei oder vier Mann umfassende Feldlager auf Ellesmere Island und in Grönland und hatten mich zurückgelassen, um den Nachschub mit dem Kleinflugzeug von der Flugbasis aus zu organisieren. Da die Arbeit nur sporadische Tätigkeit bedeutete, verging die Zeit nur langsam, und ich hatte Muße genug, dem Phänomen des Luftstützpunktes Thule nachzuspüren.*

*Thule ist eine militärische Flugbasis, die auf der Höhe der Spannungen des Kalten Krieges gebaut wurde, als ein lebenswichtiges Glied im Luftverteidigungssystem Nordamerikas. Die Zeiten ihrer Bedeutung sind nun vorbei, denn die riesigen B-52-Bomber wurden nach anderen Basen verlegt, und die Flugabwehrraketen-Stellungen wurden demontiert. Zur Spitzenzeit befanden sich mehr als 10 000 Soldaten, Flieger und Zivilisten in Thule. Übriggeblieben sind noch 1500, und viele der Gebäude stehen heute leer und die Einrichtungen werden allmählich stillgelegt. Der Luftstützpunkt Thule ist nicht nur eine Flugbasis; er ist auch eine kleine Stadt, die für den Bedarf ihrer Einwohner sorgt. Außer Wasser und Luft muß alles, was die Stadt Thule braucht, vom Süden heraufgebracht werden; mit dem Schiff während der kurzen Zeit, wenn das Meereis schmilzt, und mit regelmäßigen Jetflügen von den USA und Dänemark aus. In der Nähe des Hafens stehen riesige Vorratstanks für Öl, genug, um für mehrere Jahre auszureichen. Der Stützpunkt hat sogar sein eigenes Elektrizitäts- und Heizwerk, seine eigene Wasserversorgung und Lagerhäuser bis oben voll mit Lebensmitteln, Werkzeugen und Ersatzteilen. Er hat eine eigene Polizei, Feuerwehr, ein eigenes Spital, Postbüro und Taxi-Unternehmen. Nicht nur für das Leben und die Sicherheit der Einwohner ist zu sorgen, sondern auch für ihr Vergnügen. Dafür gibt es ein Kino, eine Bibliothek, eine Turnhalle und Bowling-Bahn sowie mehrere Erstklaßrestaurants. Auch für das Seelenleben wird gesorgt, mit regelmäßigen katholischen, protestantischen und jüdischen Gottesdiensten in der multi-konfessionellen Kapelle. Die Aktivitäten der Einwohner*

## Mahlzeit in Thule

*scheinen also dazu angetan, eine warme Atmosphäre zu schaffen, sich wohlgenährt und vergnügt zu erhalten: ein klassisches Beispiel von Aktivität, die innerhalb eines geschlossenen Systems neue Aktivität erzeugt.*

*Der Luftstützpunkt Thule hat wenig gemein mit früheren Arktis-Stationen. Wegen ihrer Unabhängigkeit von der örtlichen Umgebung, die stillschweigend als feindlich behandelt wird, kann man die Flugbasis Thule fast als eine Art Raumschiff oder künstlichen Satelliten betrachten, der am Ende einer langen und teuren Versorgungslinie unterhalten wird. Die Einwohner können dann als Besatzung und die Einrichtungen als die lebensnotwendigen Ausrüstungsgeräte angesehen werden. Die Analogie ist nicht an den Haaren herbeigezogen, denn das Verlassen der Basis zu Fuß, oder «fahrzeugunabhängige Aktivität», ist nur möglich unter strengen Kontrollbedingungen, was unter anderem heißt, daß Route, Ziel und Ankunftszeit angegeben werden müssen. Romantiker dürften den Luftstützpunkt Thule wohl bejammernswert finden. Alles scheint zu künstlich und geordnet, um ohne weiteres in die heroische Tradition der Arktis zu passen. Es stimmt, daß die Thule-Erfahrung «arktisch» ist ohne das Element des Abenteuers, während gleichzeitig das Element der Trennung von den Angehörigen und dem Geschehen im Süden bleibt. In diesem Sinne fällt man zwischen Stuhl und Bank und hat von beiden Welten das Unangenehme! Jedoch, Thule ist eine «demokratische» Arktis; jedermann kann in einer solchen Umgebung überleben. Früher mußte man ein Querkopf, Frauenfeind, Mystiker oder Masochist sein, um in die Arktis zu gehen oder sich dort gar wohlzufühlen. Heute kann jeder hingehen, sofern er den Gefahren des Überessens, des Zuviels an zollfreien alkoholischen Getränken oder des zu ausdauernden spätnächtlichen Kabelfernsehens gewachsen ist.*

*Das Thema des Gegensatzes – zwischen Thule und seiner Umgebung – ist besonders ausgeprägt beim «dump», dem Abfallhaufen. Dies ist ein Ort wenige Kilometer von der Basis entfernt, am Rande des Meeres, wo jeden Tag Tonnen von Abfall zum Verbrennen abgelagert werden. An den meisten Tagen während der Schlitten-Zeit kann man dort Eskimos begegnen, die die Abfallberge nach verborgenen Schätzen durchsuchen. Ich erinnere mich, wie ich einmal mit einem Alten auf einem Schlitten auf dem Meereis am Fuße der Meeresklippen saß. Wir teilten uns etwas Pfeifentabak und sahen, da wir nicht miteinander sprechen konnten, zu, wie über uns seine kräftigen Söhne und Enkel durch den Abfall wühlten. Die Schlittenhunde, große, gutmütige Tiere, lagen ausgestreckt vor uns und sonnten sich. Es schien mir durchaus möglich, daß der alte Mann in der Nähe des modernen Thule geboren wurde, im Schatten des berühmten Berges Dundas, und daß er sich der alten Helden wie Knud Rasmussen und Peter Freuchen erinnerte. Ich überlegte, daß er, dessen Frau nun gestorben war, einst mit seinem kleinen Sohn einer jener Gruppe von Eskimos war, die durch die Regierung in ein neues Dorf viele Kilometer weiter im Norden «umgesiedelt» wurden, als der Luftstützpunkt gebaut wurde. Sein Volk mußte wegziehen, um Platz zu machen für das Kino oder vielleicht die Bowling-Bahn. Ich fühlte mich damals nicht stolz, ein weißer Angelsachse zu sein, aber ich glaube nicht, daß er böse auf mich war. Seine Familie schien glücklich und gesund. Vielleicht verachten sie Leute wie mich, die so viel Geld und Energie darauf verwenden, Abfall auf das «Dach der Welt» zu verfrachten.*

*Ein fröhlicheres Beispiel für Gegensätze lieferte der Vorfall im Zusammenhang mit dem japanischen Fernseh-Kamerateam. Sie waren mit dem Hundeschlitten im Norden Grönlands unterwegs gewesen, um einen Dokumentarfilm über die*

Mahlzeit in Thule

*Jagd bei den Eskimos zu drehen. Sie kamen eines frühen Morgens mit ihrem Hundegespann in Thule an, drei kleine, zähe Männer mit von Sonne und Wind nahezu geschwärzten Gesichtern, und erhielten von der Militärpolizei eine Verkehrsbuße! Offensichtlich sind im Stützpunkt Hundeschlitten verboten. Ihre Freude über die Rückkehr in die Zivilisation wurde noch weiter gemindert, als man ihnen mitteilte, daß sie ohnehin keine «Genehmigung» hätten, hier zu sein. Ein langer Weg seit den Tagen, als man Besucher in Arktis-Lagern, Eskimos oder Forschungsreisende, als geschätzte und interessante Gäste willkommenhieß!*

*Meine Gedanken wurden unterbrochen durch einen der Kellner, der kam, um mich zu fragen, ob ich noch weitere Wünsche hätte. Da ich schon so viel gegessen hatte, daß ich die ganze unglückliche Greeley-Expedition einige Tage lang am Leben hätte erhalten können, verneinte ich. Ich bezahlte meine Rechnung – mäßig hoch in Anbetracht des hohen Breitengrades – und, während ich mein US-Air-Force-Modell einer «Parka» anzog, trat ich vom Offiziersklub hinaus in die Kälte. Ich überlegte kurz, was ich mit dem Rest des Abends anfangen sollte. Es gab eine neue Show im N.C.O.-Club, oder ich konnte, wenn ich mich beeilte, noch in die zweite Abendvorstellung des Kinos gehen. Mein Gewissen plagte mich ein wenig, da ich wußte, daß ich zur Funkstation gehen sollte, um mit meinen Kameraden zu sprechen, die sich an verschiedenen gottverlassenen Orten in pyramidenförmigen zugigen Zelten eng zusammendrängten und auf Nachricht über den nächsten, schon längst überfälligen Nachschubflug warteten. Da ich auch keine Ahnung hatte, wo unser Flugzeug war, entschloß ich mich fürs Kino. Ich konnte meinen Kameraden morgen noch funken, wenn ich vielleicht irgendwelche neuen Informationen hatte.*

*Thule gefiel mir sehr gut. Ich möchte nie mehr dorthin zurück, aber es war zweifellos ein interessantes Erlebnis, und das Essen ist ausgezeichnet!*

*Roger Braithwaite*

100. Forschungsstation Coburg Island am Ende des Winters.

101. Station Upper Ice II auf McGill Ice Cap.

102. «Eskimo-Riviera» bei Churchill.

103. Eistemperaturmessungen im White Glacier, Axel Heiberg Island.

101–102

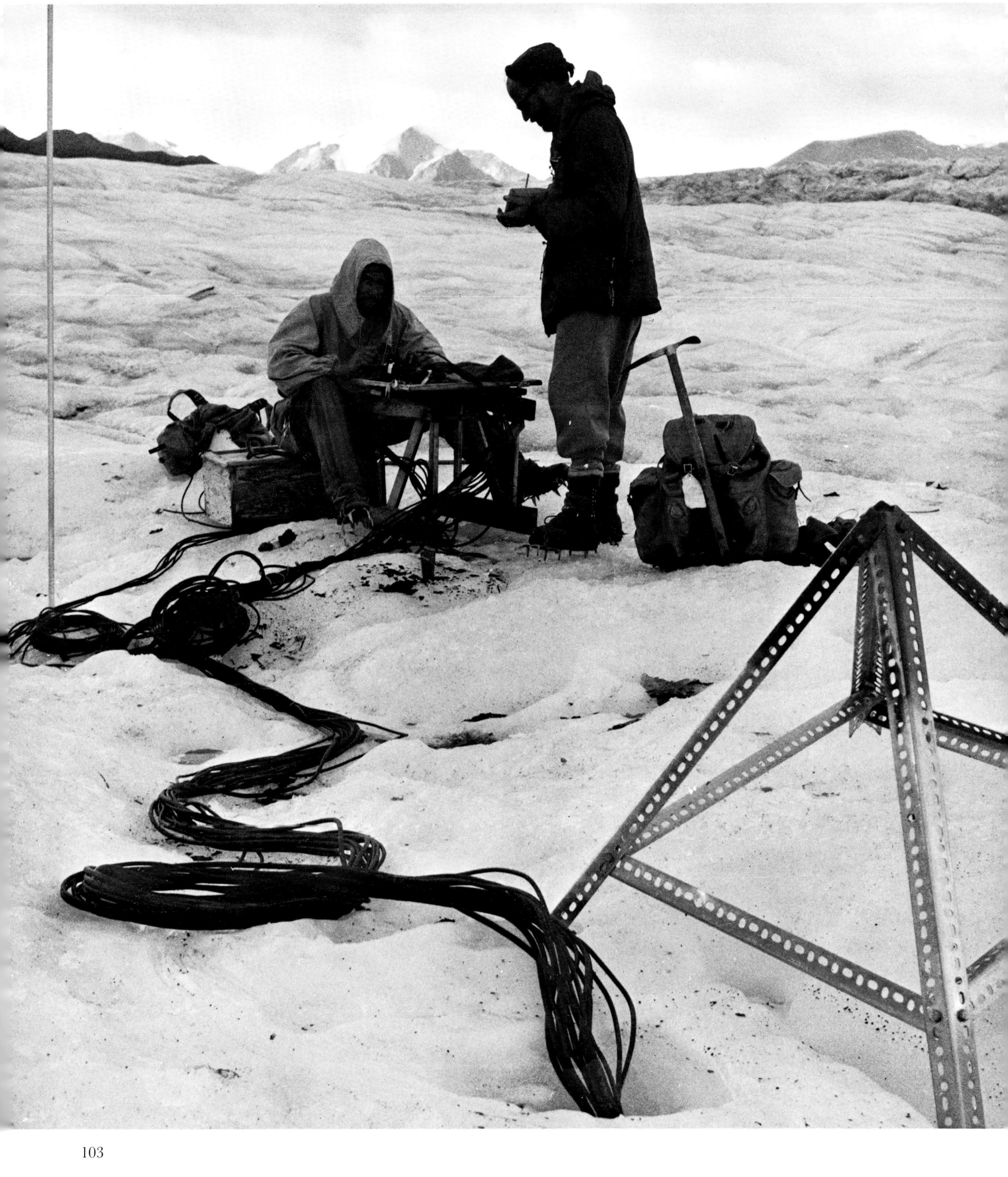

104. Funkstation auf Meighen Island (80° N).
105. Koch der Wetterstation Eureka.
106. Temporäre Forschungsstation auf Polarmeer.

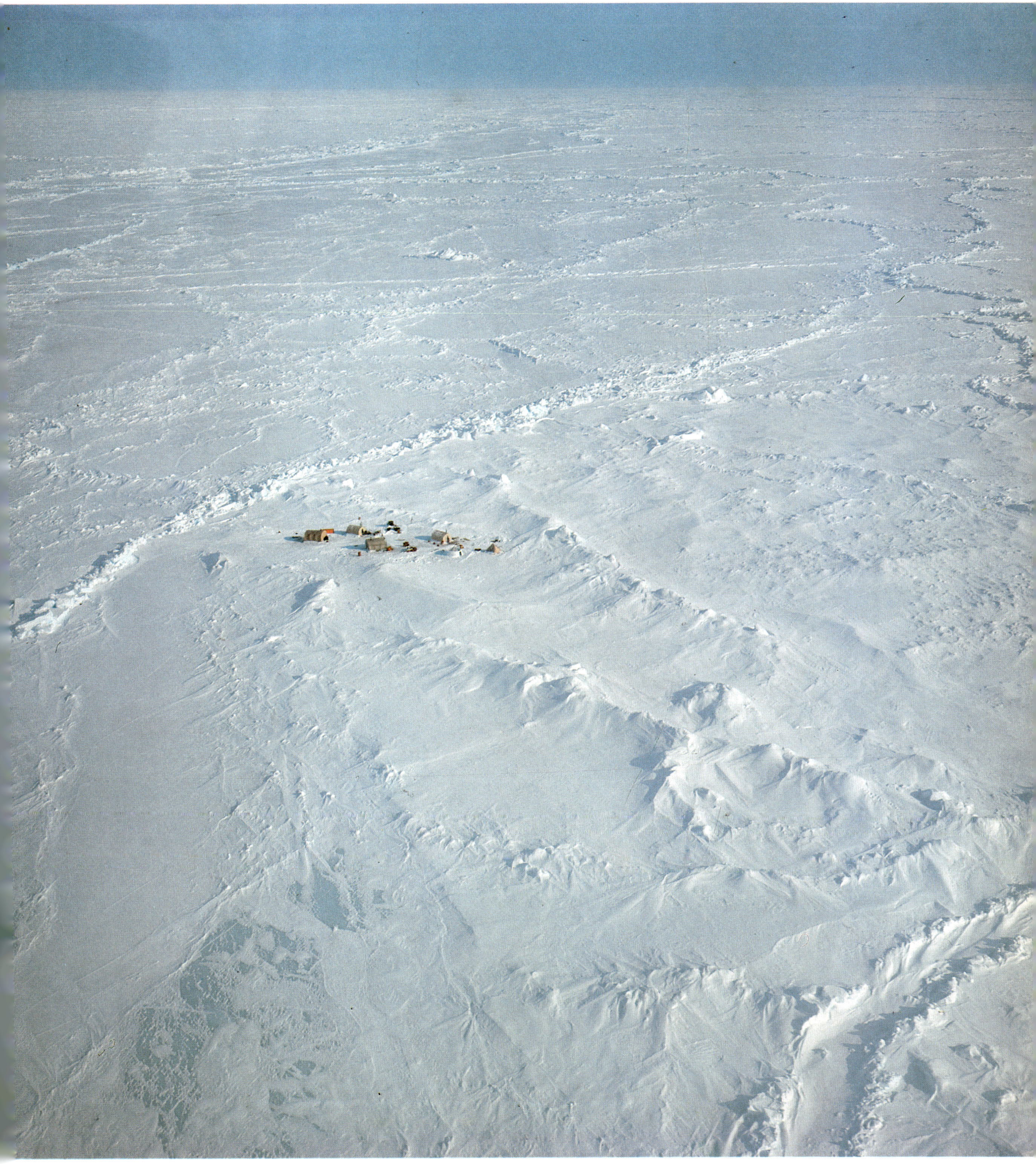

107. Feierabend in der Basisstation Axel  108. Rückkehr vom Thompson Glacier.
Heiberg.

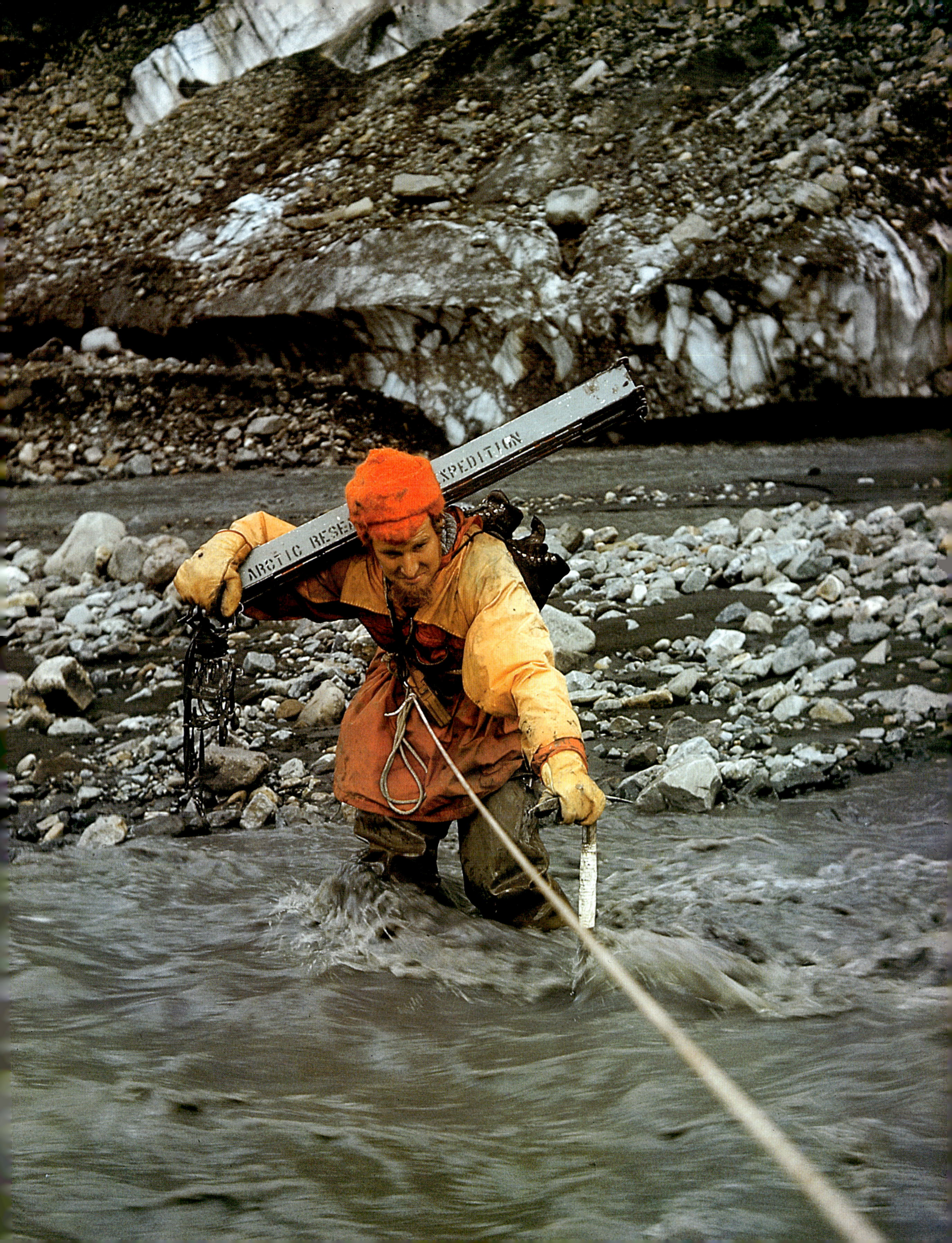
ARCTIC RESE
XPEDITION

109. DEW Line Station in Baffin Island.
110. Feuersbrunst in Point Barrow, Nordalaska.
111. Dye III, amerikanische Radarstation auf Grönlandeiskappe.
112. Missionar und Polizist, wichtige Entwicklungshelfer, Baffin Island.
113. Frobisher Bay auf Baffin Island.
114. Thule, amerikanische Luftbasis in Nordwestgrönland.

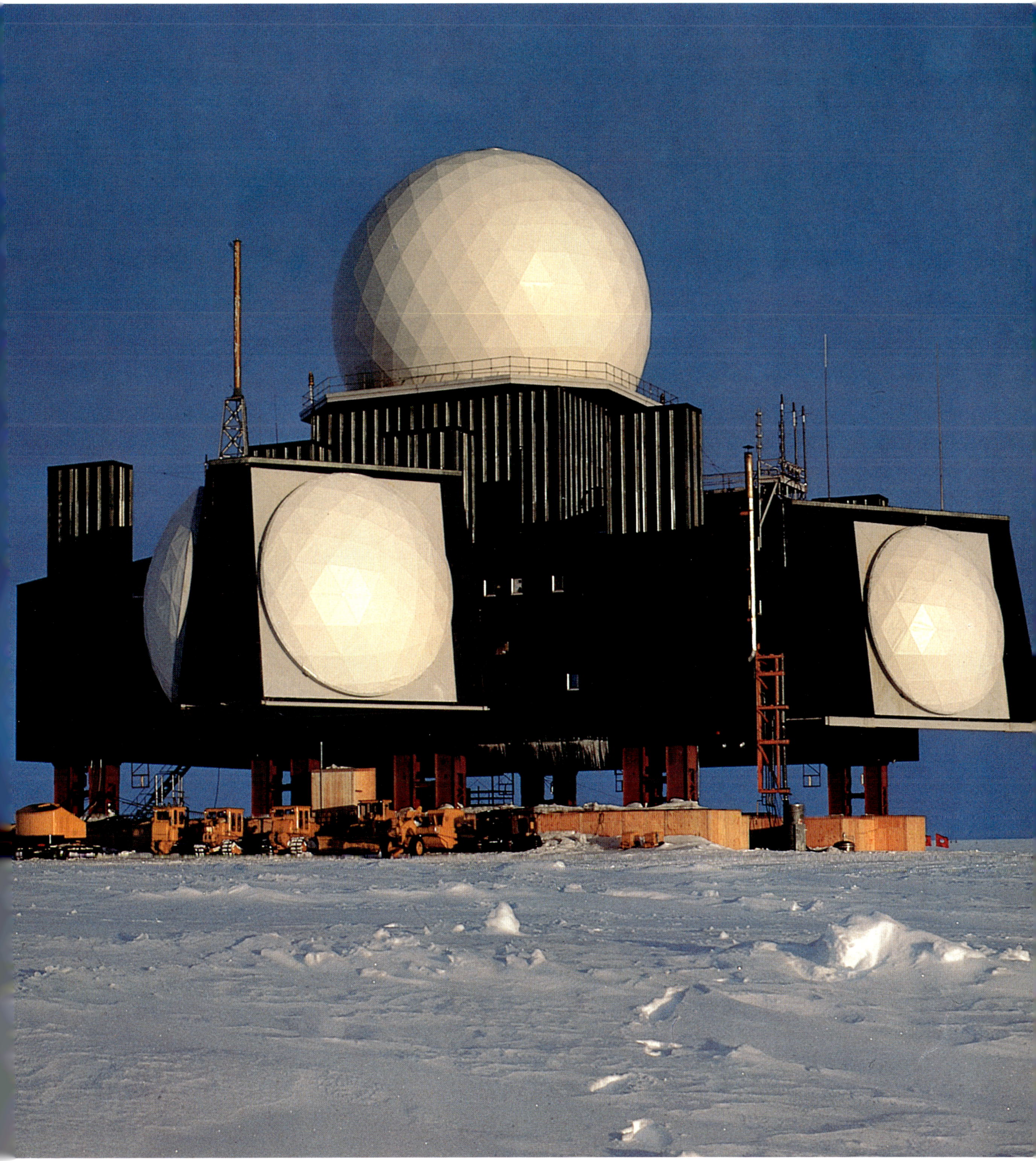

Royal
Canadian Mounted
Police
CUSTOMS AND EXCISE
CANADA
POST OFFICE

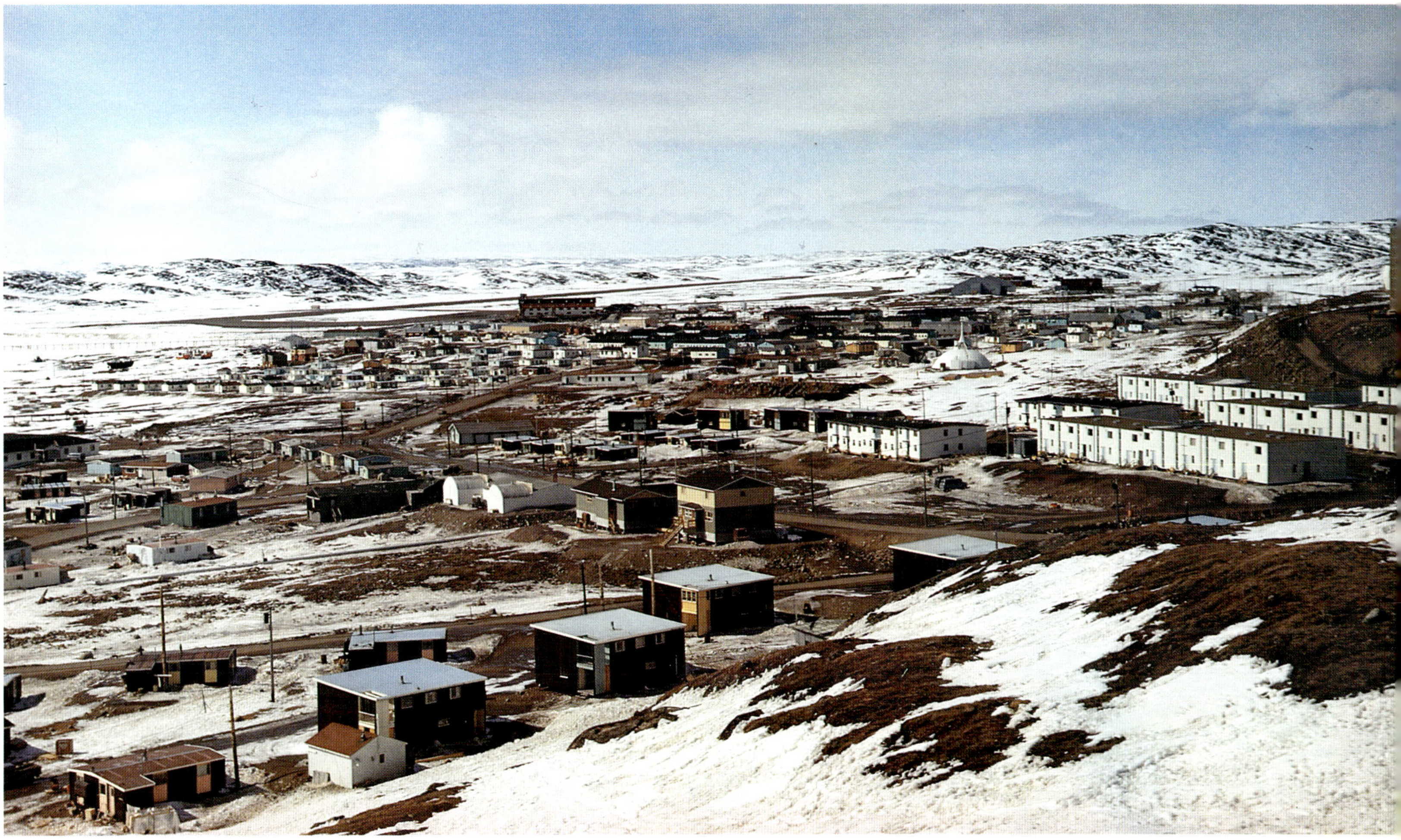

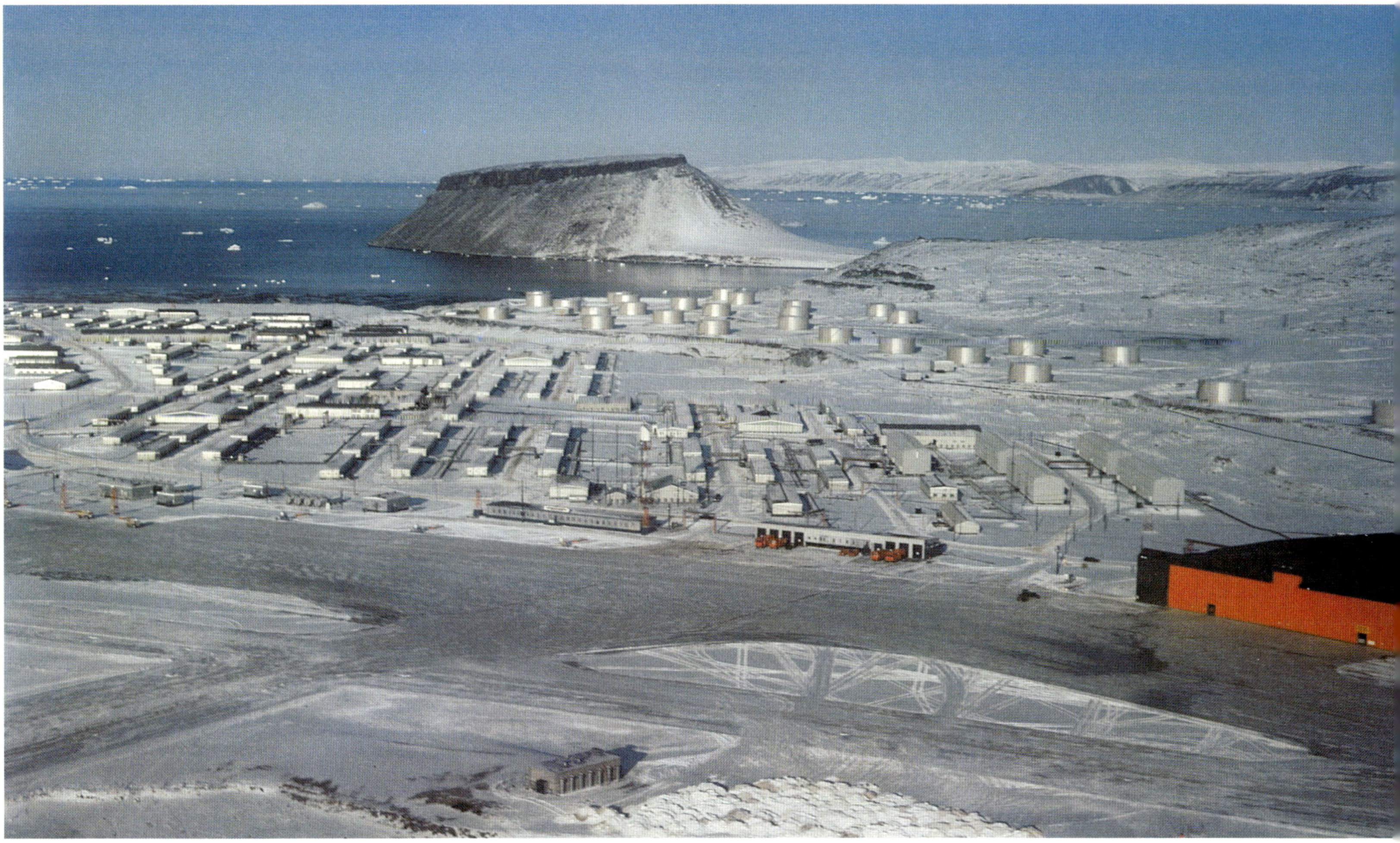

113–114

115–117

115. Arktischer «Buschpilot».
116. Expeditionsteilnehmer auf Axel Heiberg Island.
117. Mitternächtlicher Feierabendsport auf Colour Lake.
118. Eisschlucht des Between River im White Glacier.

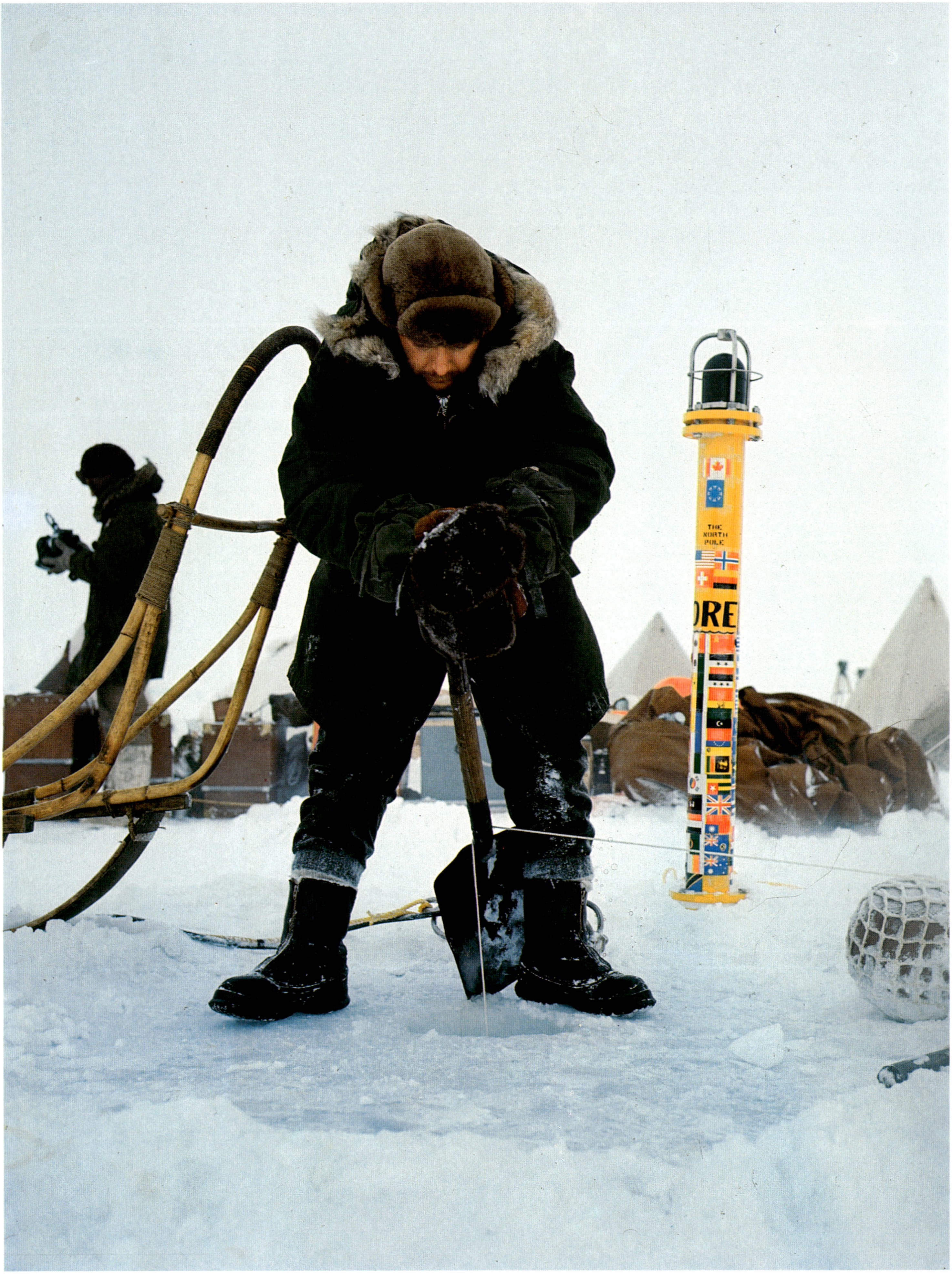
THE
NORTH
POLE

# Ein arktischer Winter

*Am Nordpol gibt es nur eine Himmelsrichtung! Tag und Nacht sind nicht zu unterscheiden.*

*Man braucht jedoch nicht so weit nördlich zu gehen, um das wirklich unvorstellbare Erlebnis einer Polarnacht zu erfahren. Unvorstellbar deshalb, weil während eines arktischen Winters nicht nur die Natur einem anderen Rhythmus folgt, sondern auch, weil wie nirgendwo sonst die Zeit eine andere Dimension annimmt. Dabei meine ich nicht die Stundenzeit, wie wir sie in ihrer unendlichen Langsamkeit oder ihrer rasenden Schnelligkeit kennen, auch nicht den wundenheilenden oder höhepunktbrechenden Fluß der Zeit und auch nicht ihre steinhöhlende Eigenschaft. – Es ist ein ganz andersartiges Empfinden. Rein zeitlich betrachtet, dauerte die Periode meiner Überwinterung in der Arktis 226 Tage. Gefühlsmäßig empfand ich die Dauer dieses Aufenthaltes irgendwo zwischen sieben und siebenhundert Tagen. Ich möchte versuchen, über diese Erlebnisse aus einer zeitfreien Zeit, einer Gefühlszeit oder sogar Nichtzeit zu berichten.*

*Am 16. September 1973 wurden vier Menschen von einem kleinen Flugzeug auf einer kanadischen Halbinsel, etwas mehr als tausend Kilometer vom Nordpol entfernt, ausgesetzt. Erst im April 1974 sollte das Flugzeug zum selben Ort zurückkehren.*

*Karl, Charly, Vreni und ich übernahmen das eigens für unser Unternehmen errichtete Lager «Cape Herschel». Erst später merkten wir, daß wir auch Hunderte von Kilometern Landschaft übernommen hatten. Zwei halbrunde, rote Wohnzelte und ein kleines, einräumiges Holzhaus wurden für uns neuer Wohnort, inmitten einer unabsehbaren Weite. Gefrorener Boden und Steine waren mit einer feinen Schneeschicht überdeckt, die in ihrer Eintönigkeit nur vom Weinrot der abgeschliffenen Felsen einer Bergkette unterbrochen wurde. Im Meer schwammen noch frei einige Packeisstücke, und vereinzelte Eisbergkolosse trieben sanft vom nahen Gletscherabbruch buchtauswärts.*

*Mit dem Verstummen des Motorenlärms fiel jegliche Hektik und Nervosität von uns ab. Ein ruhiges, erwartungsvolles Gefühl gegenüber einer unbekannten Zukunft erfüllte uns. Wir waren bereit zu lernen.*

*Sechsstündliche Wetterbeobachtungen (02.00, 08.00, 14.00 und 20.00 Uhr) bildeten das äußerliche Gerüst unseres Lebensablaufes. Die damit verbundenen Meldungen über das Funkradio bedeuteten letzte dünne Verbindungsfäden zur bereits unkonkret gewordenen «Welt da draußen irgendwo». Zugleich mahnten sie uns schwach an die zurückgelassene, konventionelle Zeit.*

*Rasch wurden die Tage kürzer. Bei einer Begehung der weitläufigen Bucht wurden unsere sprichwörtlich langen Schatten noch während kurzer Zeit von der blutroten Sonne übers flache Meereis ins Unendliche geworfen. Zum letzten Mal hob sich ein verschwommen-glühendes Rund über den tiefen Südhorizont, umgeben von einer Aurora roten Lichtes, aus welcher senkrecht in den Himmel ein deutlicher, gegen oben verblassender Rotstrahl emporschoß, der hohe Zirruswölklein gestochen scharf aus dem blaßblauen Firmament hervorhob. Zwischen bizarren Eisgebilden hindurch trieb ein scharfer Wind kalten Schnee gegen die in unserem Rücken lauernde Dunkelheit.*

*Tag um Tag schwanden die hellen Stunden, bis nur noch Zwielicht über Mittag herrschte: ein Halbrund bläßlicher Morgenbläue wanderte langsam von Südosten nach Südwesten und ließ die Sterne in seiner Nähe vorübergehend verblassen. Dann verschwand auch das letzte Dämmerlicht und die Dunkelheit des Polarwinters umhüllte uns. Tag war von Nacht nicht mehr zu unterscheiden, Anfang und Ende flossen zusammen.*

119. Am Nordpol.

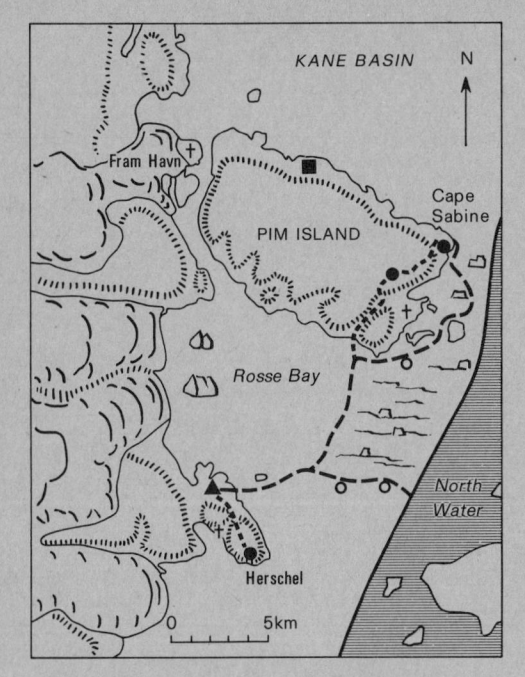

- ︎〰︎ Hügel
- 〶 Gletscher
- ▲ Lager
- ● Wetterstation
- ■ Greelys Steinhaus
- † Grab, Skelett
- ○ Meßpunkt
- ---- Skidoo
- ........ Fußmarsch

*Unterdessen waren wir ein eingespieltes Team geworden. Niemand empfand es mehr als Unannehmlichkeit, daß jeder Tropfen Wasser von draußen als Schnee geholt werden mußte. Ohne uns dem «umweltfreundlichen» Rekord einer Schwesterstation nähern zu wollen, wo vier Leute in sieben Monaten nur ein Stück Seife aufbrauchten, benötigten wir nicht mehr als 8 l Wasser pro Person und Tag, einschließlich Kleiderwäsche. Eßwaren jeglicher Art aus Büchsen, Pulvereier oder gefriergetrocknetes Fleisch verwandelten wir mit Eifer in verschiedenste Spezialitäten «à la maison». Im Holzhaus (4 m × 7,5 m) hatte sich jeder von uns eine persönliche und wenigstens visuell abgeschirmte Ecke eingerichtet rund um die gemeinschaftliche Mitte. Hier wurde möglichst viel an den frisch gesammelten Daten gearbeitet, manchmal aber auch erwies sich die Zahl vier als gute Voraussetzung zum Kartenspiel. Neben dem Wohnhaus diente das eine Zelt vor allem als Küche, Eß- und Instrumentenzimmer. Das andere Zelt, durch einen Türgang mit dem ersten verbunden, benutzten wir als Vorrats- und Auftaukammer. Hier war auch eine Werkstatt eingerichtet, die von der Schweißapparatur bis zu elektronischen Widerständen fast alles enthielt, was ein Schreiner, Mechaniker oder Elektriker für seine Arbeit benötigen könnte. Noch bei verschwindendem Tageslicht hatten wir uns mit den vier automatischen Wetterstationen unseres Lagers vertraut gemacht. Dort sollten batteriegespeiste Apparaturen mit unserer regelmäßigen Hilfe dreistündlich die wichtigsten Faktoren des Wetters auf Lochstreifen stanzen. Auch hatten wir bereits einen Weg über das Meereis in Richtung Grönland mit Fähnchen und Katzenaugen markiert, um künftig alle zwei Wochen den Zuwachs und die Veränderung des Eises messen zu können.*

*Wie damals vor Jahren, als ich zum ersten Mal die Sonne nicht untergehen sah, staunte ich über den Mond, der stetig kreisend voller und voller wurde und uns während fast einer ganzen Woche begleitete. «Nachts» schien seine Spur rötlicher, am «Tag» etwas blasser. Tatsächlich übernahm der Mond bis zu einem gewissen Grad die Funktion der Sonne. Fast unbewußt verlor der Tag-und-Nacht-Rhythmus an Bedeutung, und wir richteten uns eher nach den vierzehntägigen Mondphasen. Die Leermondzeit war gezwungenermaßen die inaktivere, ans Drinnensein gebundene Zeit. Zeit der Retablierung und Vorbereitung, in der man sich nach dem langsamen Ansteigen der Mondbahn sehnte, auf das wohltuende Hellerwerden wartete. Wir freuten uns, wenn schließlich erste Wolken unterhalb des Horizontes gespenstisch angeleuchtet wurden und hofften dann auf klare «Nächte» für die bevorstehenden Außenarbeiten.*

*Es ist der 8. Dezember. In Gedanken versunken sitze ich am Instrumententisch neben dem Funkgerät. Draußen könnte es mondhell sein, aber das Wetter will nicht. Ein unglaublicher Sturm wütet durch die finstere Nacht. Wir und das Lager ducken uns machtlos unter seiner Gewalt. Bis jetzt halten Masten und Zelte dem Luftdruck stand. Unberechenbar lädt die Laune des Windes Treibschnee in großen Wächten ab. Bald wird ein Schneewall unser Küchenzelt eindecken – an völlig unerwarteter Stelle. Durch das kleine Fenster sehe ich im Licht der Außenlampe, wie jeder Windstoß eine neue Welle sandartigen Schnees über den Kamm der Wächte hinauftreibt und diese im Lee fächerförmig herunterrieselt. Wie bei einer Sanduhr wächst das schon Bestehende unmerklich aber unaufhaltsam an. Bedrohlich erstickenwollend kriecht die Schneewand näher. Wir warten.*

*In den kommenden Tagen läßt die Wucht des Sturmes kaum nach. Sausende Abspannseile, heulende Zeltrohre, flatternde Tücher vereinigen sich zu einem*

## Ein arktischer Winter

*pausenlosen Orchesterlärm. Feinster Schneestaub dringt durch winzige Ritzen ins Innere. Alle paar Stunden ist der Raum zwischen den Doppeltüren wieder mit Schnee angefüllt. Wetterbeobachtungen werden zur qualvollen Pflicht, die jede Mithilfe der Kameraden verlangt. Draußen dringt das Licht der Stirnlampe nur durch wenige Meter waagrecht treibender Schneepunkte. Vom Notizblock reißt es beinahe die Seiten weg. Das Thermometer zeigt $-31°C$. Auf keinen Fall darf jetzt das Heizöl ausgehen, denn das Nachfüllen der Fässer im Freien wäre in diesem Moment unmöglich.*

*Endlich. Am vierten Tag tritt fast plötzliche Stille und Klarheit ein. Der Mond hat seinen Höhepunkt bereits überschritten. Wir bepacken unsere Nansenschlitten und fahren mit zwei Skidoos los. Vom Mondlicht sind die Eisberge geheimnisvoll fahl beleuchtet und werfen tiefe Schlagschatten auf die helle, glatte Eisfläche, die wir zur Fahrt aufsuchen. Niegesehene, großräumige Helligkeit erfüllt die eigenartig entrückte Landschaft. Wir erreichen rasch das Südufer der etwa 10 Kilometer entfernten Insel Pim und steigen zu Fuß zum höchsten Punkt auf. Noch bevor wir ans Ufer gelangen, treffen wir auf die Spur eines Eisbären. Halb neugierig, halb verärgert muß dieser kürzlich unserem alten Weg gefolgt sein. Mit systematischer Hartnäckigkeit hat er die metallenen Markierungsstangen flach zu Boden gedrückt. Wer kann es dem Bären verübeln, daß ihm diese Fremdkörper überflüssig schienen? Immerhin nehmen wir jetzt das Gewehr noch ein Stück weit mit. Ziemlich beladen mit dem Gepäck von den Schlitten und einem kleinen Benzingenerator, kommen wir trotz der Kälte bald ins Schwitzen und ziehen die oberste Kleiderschicht ab. Sogar im Mondlicht ist es ein recht mühsames Gehen über Geröllblöcke und Firnfelder, weil das blasse Licht trügerisch im Relief wirkt und sich ein Aufwärtsschritt plötzlich und meistens zu spät als Abwärtsstufe entpuppt. Mit Bangen bemerken wir das leise Aufkommen eines Südwindes, und erste Wolkenfetzen schleichen vor dem Mond vorbei. Oben bei der Station bläst es ordentlich. Mit einiger Mühe wechseln wir die Registrierrolle des Temperatur- und Feuchtigkeitsschreibers aus, lesen die verschiedenen Thermometer ab, messen Windgeschwindigkeiten und schließen die Stationsbatterien zum Laden an den Generator an. Für eine Minute kann man rasch aus den Handschuhen schlüpfen, Tinte in die feinen Federgläschen einfüllen oder die Uhr aufziehen, um dann sofort die Hände wieder aufzuwärmen, bevor man die nächste Sache anpackt. Kleinere, oberflächliche Erfrierungen an den Fingerspitzen sind auch so nicht ganz zu vermeiden.*

*Um Zeit zu gewinnen, lassen wir den Generator mit gefülltem Tank hinter einem schützenden Felsblock laufen und machen uns auf den Weg zur zweiten Station «Cape Sabine» an der Nordküste der Insel. Immer gewaltiger kommt der Wind auf, die Wolken ziehen an der hellen Scheibe des Mondes vorüber, lautlos jagen ihre Schatten über das Gelände. Weit draußen im Meer treiben Eisstücke durchs pechschwarze, dampfende Wasser an der glitzernden Lichtstraße vorbei. In starkem Kontrast liegt die helle Eisfläche mit ihren starren Eisbergschatten. Vermummt in unsere Parkas lehnen wir uns mit ausgebreiteten Armen in den pressenden Wind hinein. Fast trägt er uns, wie Ikarus, vom Boden weg zu erträumten Welten. Glücklicherweise ist mit dem Aufkommen des Windes auch die Temperatur auf $-15°C$ gestiegen, sonst müßten wir aufgeben. Denn Wind und Kälte vereint wären in diesem Ausmaß nicht zu ertragen. Als wir am Ufer unten ankommen, herrscht eine Windstärke bis zu 100 Stundenkilometern. Wir sind gezwungen, von hinten zu der exponiert liegenden Station hinaufzukriechen. Als wir die kleine Tür öffnen, bemerken wir zu unserer*

Ein arktischer Winter

großen Enttäuschung, daß der Schreibmechanismus gespukt hat. Das bedeutet, daß nicht nur die gestanzten Daten unbrauchbar, sondern auch die Batterien leer sind. Unser letzter Besuch war umsonst gewesen.

*Im Zelt waren wir nämlich vor 5 Wochen drei volle Tage hier gewesen. Damals fuhren wir mit den Schlitten und Skidoos um die Insel herum bis direkt unter die Station «Cape Sabine». Diesen Weg hatten wir aber so mühsam erkämpfen müssen, daß wir bei der jetzigen Begehung lieber die 16 (2 mal 8) Kilometer Marsch quer über die Insel in Kauf nahmen, als nochmals die Umfahrung zu riskieren. Die Fahrt durch den gewaltigen Eiswirrwarr hatte sich als besonders strapaziös erwiesen, da wir trotz der Mondhelle keine eigentliche Möglichkeit zur Weg-Rekognoszierung von einem erhöhten Punkt aus gehabt hatten. Die Route, durch die seinerzeit frisch entstandene Eisfläche rund um den Inselvorsprung, mußten wir also zufällig wählen. Manchmal gelang es uns, glücklich auf einem flachen Stück Alteis zu landen, manchmal aber blieben wir unglücklich stecken im Chaos von aufgetürmten Eisplatten, die Schlitten eingeklemmt, die Antriebsraupen leerdrehend.... Allein und zu zweit rissen wir immer wieder die schweren Vehikel aus der Verkeilung, hißten sie über Zacken, schoben sie um Brocken, ebneten den Weg mit der Eisaxt aus, blieben gleichwohl wieder stecken und bewältigten die endlos erscheinende Distanz buchstäblich im Schneckentempo. Unglücklicherweise schnitt uns damals auch noch die besonders hohe Vollmondflut für zwei Stunden vom Ufer ab. Unvorstellbare Kräfte sind im Spiel, wenn sich die ganze Eisfläche des Meeres hebt, wobei am Ufer die mobile Masse an der starren Masse emporgehoben wird. Bei Ebbe konnte man sich unvermutet vier Meter unterhalb einer Stelle befinden, von der man zuvor noch direkt vom Ufer aufs Meereis gelangt war. Bei jenem Vollmond drückte es die Eisfläche höher als auf das sonst erreichte Niveau. Wasser quoll aus der Bruchzone und überschwemmte den Uferstreifen. Des Wartens überdrüssig und durchkältet, obwohl wir zuvor noch geschwitzt hatten, riskierten wir eine Stuntfahrt über diesen Randspalt, bevor alles Wasser wieder ablaufen oder gefrieren konnte. Dabei blieben wir prompt auf einem vorstehenden Plattenbruch stecken und rutschten ins Schnee-Eis-Wasser-Gemisch ab. Nicht nur unsere Zehenspitzen erfuhren von diesem Mißgeschick, sondern wir ruinierten auch unser Schuhwerk, das außen sofort steif gefror, hart wie Gips wurde und an den Biegestellen durchbrach. Seit jenem Erlebnis warteten wir stets ab, bis sich das Meereis genügend gehoben oder gesenkt hatte, um sicher auf den Eisfuß am Ufer zu gelangen. Unvergeßlich bleibt uns trotzdem ein einzigartiges Phänomen: In der naßweichen, breiigen Schnee-Eis-Masse erzeugten wir beim Darüberstreifen mit dem Schuh oder beim Stochern mit dem Pickel wunderbare, phosphorgrell leuchtende, blaue Funken, die wie große Glühwürmer aufblitzten, absanken und wieder erloschen.*
Der Wind jagt Fetzen eines nutzlosen Lochstreifens in unbekannte Nacht. Unsere Arbeit und die Energie der Batterien hätten über drei Monate hinweg wertvolle Daten liefern können. Jetzt aber müssen wir den defekten Teil der Station zur Reparatur ins Basislager zurücknehmen und möglichst bald für zwei oder drei Tage mit dem Zelt wieder hierherkommen. Das bedeutet Nächte, in denen einem im Schlaf die Haare an der Kapuze festfrieren und Eiskristalle von der Zeltdecke herabwachsen! Enttäuscht und entmutigt packen wir rasch zusammen. Diesmal gegen den Wind arbeiten wir uns Schritt für Schritt zum höchsten Punkt der Insel zurück. Der luftige Schatten eines Polarfuchses huscht

# Ein arktischer Winter

an uns vorbei. Sein federnder Körper dreht sich nochmals neugierig fragend nach uns um. Wir beneiden ihn um seine natürliche Beweglichkeit und sein luxuriöses Fell mit dem buschigen Schwanz. Die Füchse waren schon hier, als Männer wie Leutnant Greely an der allgemeinen geographischen Erforschung der Arktis und am «Wettlauf zum Pol» teilnahmen. Nach vergeblichem Warten auf sein Schiff «Proteus», das für das Jahr 1883 Nachschub hätte bringen sollen, wurde Greely mit seiner Mannschaft genau drei Kilometer von der Stelle, an der wir uns jetzt befinden, zur Überwinterung gezwungen – ein fast unerträgliches Ausharren. Als einer der Männer heimlich von den streng eingeteilten Proviantrationen stahl, wurde er standrechtlich erschossen. Nur sieben der fünfundzwanzig Expeditionsteilnehmer überlebten bis zum nächsten Frühling und wurden durch die «Thetis» gerettet. Und nur acht Kilometer von hier, in Fram Haven, steht das verwitterte Grabkreuz des Arztes Svendsen aus der Zeit wenig später, als Kapitän Sverdrup die Arbeit von Fridtjof Nansen weiterführte und 1898 mit seinem Schiff «Fram» in der Ross Strait überwinterte. Das Meer und die Berge verschweigen diese Tragödien. Wir selbst aber hatten ja in der Nähe des Basislagers Skelette von Unbekannten gefunden, stumme Zeugen einer vergangenen Epoche. Was mag diese frühen Forscher angefeuert haben, solche noch unvergleichlich größeren Entbehrungen als die unseren auf sich zu nehmen? Was für einen starken Willen muß es gebraucht haben, um Jahre unterwegs zu bleiben, ohne Nachrichten und ohne die gesammelten Kenntnisse vieler Vorgänger? Müde kommen wir bei der Gipfelstation an. Als wir auch hier einen Defekt feststellen müssen, hält uns nichts mehr zurück, den direktesten Weg «nach Hause» einzuschlagen. Kalt und hungrig streben wir einem steilen Schneecouloir zu. Der Wind treibt bissige Schneesteinchen durch die Luft. Geduckt arbeiten wir uns abwärts. Beklemmende Böen zwingen uns oft, das Gesicht abzuwenden und den Körper am steilen Hang anzuschmiegen. Manchmal sehe ich meine beiden nachfolgenden Kameraden Karl und Charly nicht mehr, manchmal tauchen sie schemenhaft als dunkle Schatten aus dem vom Mond unvermittelt erleuchteten Schneetreiben auf. – Zuerst nur ein Umriß, dann eine Gestalt bis an die Knie im Schnee eingesunken – unkenntlich, aber sich bewegend. Und plötzlich verhüllt ein neuer Schneewirbel die ganze Szene, und ich bin wieder allein.

Je tiefer wir absteigen, um so ruhiger wird der Wind, und für uns völlig unfaßbar herrscht am Ufer unten beinahe Windstille. Irgendwie müssen die steilen Küstenfelsen den anstürmenden Wind hochheben. Unsere Spannung löst sich ein wenig. Sorgfältig bepacken wir die Schlitten mit unseren Rucksäcken. Die Motoren springen ohne Schwierigkeiten an. Draußen auf dem Meereis packt uns der Wind erneut mit unverminderter Wucht. Mützen und Kapuzen sind eng gebunden. Mit Taschentüchern vor dem Gesicht und dem unaufhaltsamen Drang, das Lager zu erreichen, fahren wir zu. Wir wissen warum: Vreni, die in unserer Abwesenheit alle Wetterbeobachtungen und Lagerarbeiten erledigt hat, empfängt uns mit heißer Pilzsuppe, erstklassigem Schinken, Aprikosenkuchen und Kaffee, und ausnahmsweise erlauben wir uns einen Schluck aus der rationierten Schnapsflasche. Und dann gibt es nichts Schöneres als ein Bett, wenn draußen der Wind an der Hütte rüttelt und der Ofen leise surrt.

Nach solchen Erlebnissen war es manchmal schwierig, in den «gewöhnlichen» Alltag mit seinen vermehrten Routinearbeiten zurückzufinden. Zudem löste die bevorstehende Leermondphase ein Gefühl aus wie der hereinfallende Winter nach einem schönen Sommer; man fürchtete sich ein wenig. Weniger Strapazen

# Ein arktischer Winter

bedeuteten nicht mehr Vergnügen. Leicht begann man, sich aneinander zu reiben, wenn die anspruchsvolle Zusammenarbeit nicht mehr absolut notwendig war. Jeder fand vom andern, er mache Unnötiges, schlafe zuviel oder extra wenig, sollte nicht hässig sein, könnte wieder einmal abwaschen oder sich mehr Mühe geben beim Kochen..., alles Dinge, die bei der auf Freundschaft angewiesenen Außenarbeit gar nicht an die Oberfläche kommen konnten. Rückblickend fragt man sich, warum und wie eigentlich damals die Spannungen entstanden sind. Wie kam es, daß wir bei ähnlichem Tagesablauf manchmal «oben» und manchmal «unten» waren? Durch die beschriebenen Umstände der Enge und des unausweichlichen Zusammenlebens wurde man eben äußerst empfindlich. Schon nur ein bißchen mehr Wortkargheit als sonst war ein «Zeichen». Leiseste Bemerkungen und Antönungen deuteten auf etwas hin und konnten im gegenseitigen Austausch tagelanges Unwohlsein und Mißbehagen auslösen, weil jeder argwöhnte, ob und wie es der andere wohl verstanden habe und welches sein «Gegenzug» sein würde. Im Moment konnte oder wollte man nicht erfassen, was es eigentlich war, das da im Hintergrund Spannungen hervorrief. Äußerlich ging eigentlich alles normal weiter, niemand erwähnte «es», doch alle spürten es. Manchmal kristallisierte sich ein wunder Punkt heraus, ein Streitgespräch brach los, aber die Hauptursache der Spannungen blieb unsichtbar. Gegen das Frühjahr hin war es sicher die bewußte Anspannung seit Beginn der langen Überwinterung, die entladen werden mußte. So, wie das Ausschnaufen nach einer langen Atempause. Auch hegte jeder seine Pläne für den Sommer. Im Schatten des Kommenden zog man Bilanz zwischen den anfangs gestellten Erwartungen und dem tatsächlich Gewesenen. Und natürlich vermißte man immer wieder eine Alleinsphäre. Zu große Nahheit erstickte oft die Kommunikation. Man wurde gezwungen, künstlich Distanz von den anderen zu halten oder gar zu schaffen. Dies führte dann auch zu einer unerwarteten Erfahrung, die aber nicht nur als Ernüchterung verstanden werden durfte: Statt der erhofften, tiefen Gespräche blieb der verbale Austausch eher zurückhaltend. Dennoch lernten wir uns genau kennen, Gespräche waren dazu nicht einmal notwendig. Diese individuelle Zurückgezogenheit, vereint mit der guten Seite einer gesteigerten Empfindlichkeit, erfuhr ich andererseits auch als mein vermutlich eindrücklichstes Erlebnis dieser Winterung. Voraussetzung dafür war unsere Lebensweise: Es gab nicht die sonst übliche Trennung von Arbeitszeit und Freizeit, von Woche und Wochenende. Wir lebten einen Kreislauf. Die mitgebrachte, kleine «Freizeit-Bibliothek» blieb sozusagen unberührt, da kein Bedürfnis zum Lesen bestand. Nicht ein einziges Mal empfand ich Hunger nach einer Zeitung oder nach politischen Nachrichten. Im Gegenteil. Da die Arbeit für uns kein lästiges Muß war, und weil jeder etwas in sich zurückgezogen lebte, fand ich zu vielen Zeiten Ruhe in mir selber. Ich versank in Vorstellungswelten. Der anfänglich erwähnte Wegfall von Hektik war nur ein erster Schritt in Richtung Freiheit gewesen. Mehr und mehr fielen Hüllen von mir ab. Tiefliegende, lastende Drucke, wie Arbeitsmuß, Nachrichtenflut, Verkehrstyrannei, Geldzwänge, Termine usw., begannen sich langsam von selbst zu lösen. Die ganze ungewollte Beeinflussung durch die sogenannte zivilisiert-fortschrittliche Lebensweise machte einem natürlicheren Lebensrhythmus und Lebensinhalt Platz. In meinen Träumen stieß ich in die frühe Kindheit vor, entdeckte Dinge in mir, die ich noch nie zuvor gesehen hatte. Gleichzeitig verlor ich in einem gewissen Sinne das Gefühl für Zeit. Einerseits war jede gedankliche Reise eine neue Erfahrung, erlebte ich jeden Tag neue Dinge, so daß ich immer wieder das

# Ein arktischer Winter

*packende Gefühl eines Neuankömmlings in fremder Welt hatte. Nomadenhaft durfte ich ständig Neues erfahren. Andererseits war «Cape Herschel» meine feste Heimat geworden. Die umliegende Landschaft war für mich da. Es waren meine Berge, mein Eis, mein Wetter. Ich liebte und achtete alles. Es gab nichts anderes. Ein Beispiel war das absolute Ereignis einer partiellen Mondfinsternis, das ja ohnehin stattfindet – es braucht keine Zuschauer und erfüllt keinen Zweck – und trotzdem war es hier gerade allein für mich bestimmt, weil ich «zufällig» in meiner grenzenlosen Abgeschiedenheit daran teilhaben durfte. Auch das faserige, unheimliche Polarlicht, scharf und doch wieder verwischt in seinen Begrenzungen, nahm ich nicht als selbstverständlich und erklärbar hin. Es weckte wunderndes Staunen.*

*Im Laufe dieser fortschreitenden Klarwerdung über mich selbst schien der Gedanke, noch weitere drei Jahre oder den Rest meines Lebens hier zu verbringen, nicht abwegig. Wie würde ich mich dann einrichten und einstellen? Der Gedanke war voll von spannender Versuchung. Wie weit würde ich zu mir selbst vorstoßen? Was für Welten warteten noch der Entdeckung?*

*Einziger und nur kurzer Einbruch in dieses andersartige Erleben bedeutete der Fallschirmabwurf eines Weihnachtspaketes. Mit den Ohren verfolgten wir am 19. Dezember das Riesenflugzeug über unserem Lager, bis sich plötzlich aus schwarzem Himmel ein Funke löste und gegen unsere Signallichter herabschwebte. Nach langem Suchen entdeckten wir eine Kiste, die der Fallschirm unsichtbar abgesetzt hatte. Sie war so groß, daß wir zuerst die Zelttüre abmontieren mußten, bevor wir uns ans Aufreißen zahlreicher Geschenke machen konnten. Mit unbeschwerter Freude, so wie wir sie nur als Kinder erlebt hatten, zeigten wir uns gegenseitig alle Gaben und bewunderten sie stundenlang. Höhepunkt dieser äußerlich prosaischen Weihnachtsfeier war die spätere Vertiefung in viele Briefe, die unendlich weite Brücken zu andern Menschen schlugen.*

*Nicht plötzlich und nicht langsam geschah es, aber unvermutet hatten wir den Zenit der Polarnacht durchschritten. Die tiefenlose Dunkelheit des Weihnachts-Leermondes war vorbei. Ein neues Kalenderjahr sollte begonnen haben.*

*Mitte Januar sahen wir mit Freude einen ersten, zaghaften Schimmer von Tagesdämmerung am Horizont. Nur eine Ahnung von Licht, die uns wohltat. Tag für Tag wurde der blaßblaue «Hoffnungsschimmer» breiter und höher. Unaufhaltsam kämpfte das Licht die Dunkelheit nieder. Helligkeit über Mittag reaktivierte auch unsere Energien. Jetzt erst bemerkten wir, wie einengend der Winter für so vieles gewesen war. Sogar Gehen wurde wieder zu einer sensationellen Erfahrung – Freude über unbeschwerte Schritte, die nicht mehr tastend suchen mußten. Wir vollführten Luftsprünge. Wir brauchten keine Angst mehr zu haben, abgelegtes Werkzeug verlieren zu müssen.*

*Immer mehr versuchte jetzt die Sonne, den Horizont zu erreichen. Glutrote Ränder am fernen Horizont kündeten ihr Erscheinen an. Eines Mittags war der Himmel von einer solchen Röte, daß wir es nicht mehr aushielten im Lager und ungeduldig drängend auf den Herschelberg stiegen. Mit immer schneller werdenden Schritten näherten wir uns von Norden her der höchsten Kuppe. Es wurde heller und heller. Noch ein paar Sprünge, und wir hielten abrupt an vor dem fast erschreckend schönen Anblick der tiefen Sonne, die über das Eis der Herschel Bay bis zu unserer scharfen Schneewächte heraufleuchtete. Es herrschte eine niegesehene Vielfalt von blassen Farbtönungen. Braunrot schauten apere Felsrücken aus einem rosa beleuchteten Schnee hervor. Die Sonne, selbst blutrot, verlor sich in einem orangenen Himmel, der gegen oben gelblich wurde und höher*

## Ein arktischer Winter

*steigend einen grünlichen Ton annahm, bevor er in ein stetig blauer werdendes Azur ausfloß. Im Gegenlicht lag die dunstig verschwommene Meerfläche, akzentuiert durch bläuliche Schatten glasig-grüner Eisberge.*

*Langsam löste sich unser schweigendes Staunen und verwandelte sich in ungebändigte Begeisterung, der wir mit schrillen Rufen Ausdruck verliehen. Ich begriff plötzlich, warum es Völker gibt, die die Sonne anbeten. Lange noch hielt unsere Ehrfurcht vor jedem Erscheinen eines neuen Tages an. Am 1. März streifte die Sonne zum ersten Mal auch das Lager; der Winter lag hinter uns.*

*Bald sollte auch eine lange Zeit völliger Abgeschiedenheit und Unabhängigkeit zu Ende gehen. Gerne bewirteten wir eines Tages eine Schar Eskimos, die auf ihrer dreimonatigen Frühjahrsjagd mit sieben Schlitten und fast hundert Hunden am Lager vorbeizogen. Sie zählten zu den letzten ursprünglichen Jägern, die es überhaupt noch gibt, und waren von Grönland auf die kanadische Seite herübergekommen. Für wenige Tage nahmen wir an ihrer beneidenswerten Lebensweise teil, die Zähigkeit verlangt und von elementarer Einfachheit ist. Das harmonische Verhältnis dieser Eskimos zur Natur kam denn auch in einer unerschöpflichen und spontanen Heiterkeit zum Ausdruck. Weniger gerne hörten wir die nicht mehr aufzuschiebende Nachricht, ein Flugzeug werde neue Leute auf unsere Station bringen. Jetzt erst wurde uns bewußt, daß wir vier zu einer Gemeinschaft geworden waren. Wir wehrten uns innerlich gegen die bevorstehende «Invasion unserer Heimat.» Es war unser Haus, das uns Schutz geboten hatte, unsere Landschaft, mit der wir durch unzählige Erlebnisse verwachsen waren. Aber mit dieser Nachricht rückte auch sofort wieder ein unruhiger Lebensstil in den Vordergrund. Das neue Team kam, und wir mußten einen Bruch vollziehen, der ein endgültiges Lebewohl mit einer unvergeßlichen Zeit bedeutete.*

*Nach dieser erzwungenen Umstellung und Umorientierung genossen wir alles Neue, sprachen wieder mit anderen Menschen, hörten von Ereignissen, aßen gerne vom mitgebrachten Frischgemüse und verbrachten die restlichen vier Wochen Ablösungszeit mit gespannter Freude auf ein Wiedersehen mit Bäumen und Wärme im grünen Süden.*

*Jakob Weiss*

120. Station Cape Herschel in Polarnacht, Vollmond zur Mittagszeit.

121. Mondstraße und Dämmerlicht bei Cape Herschel.

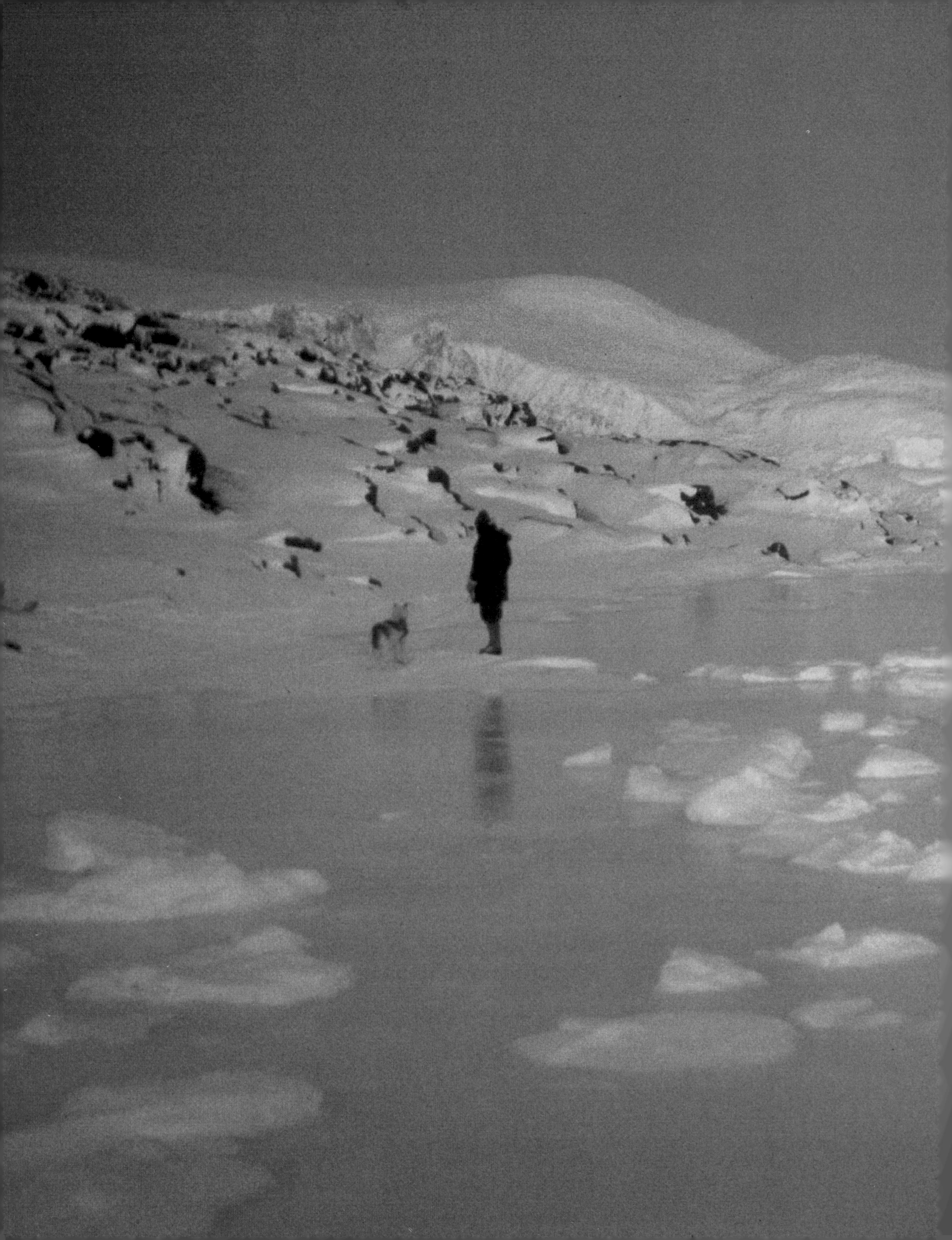

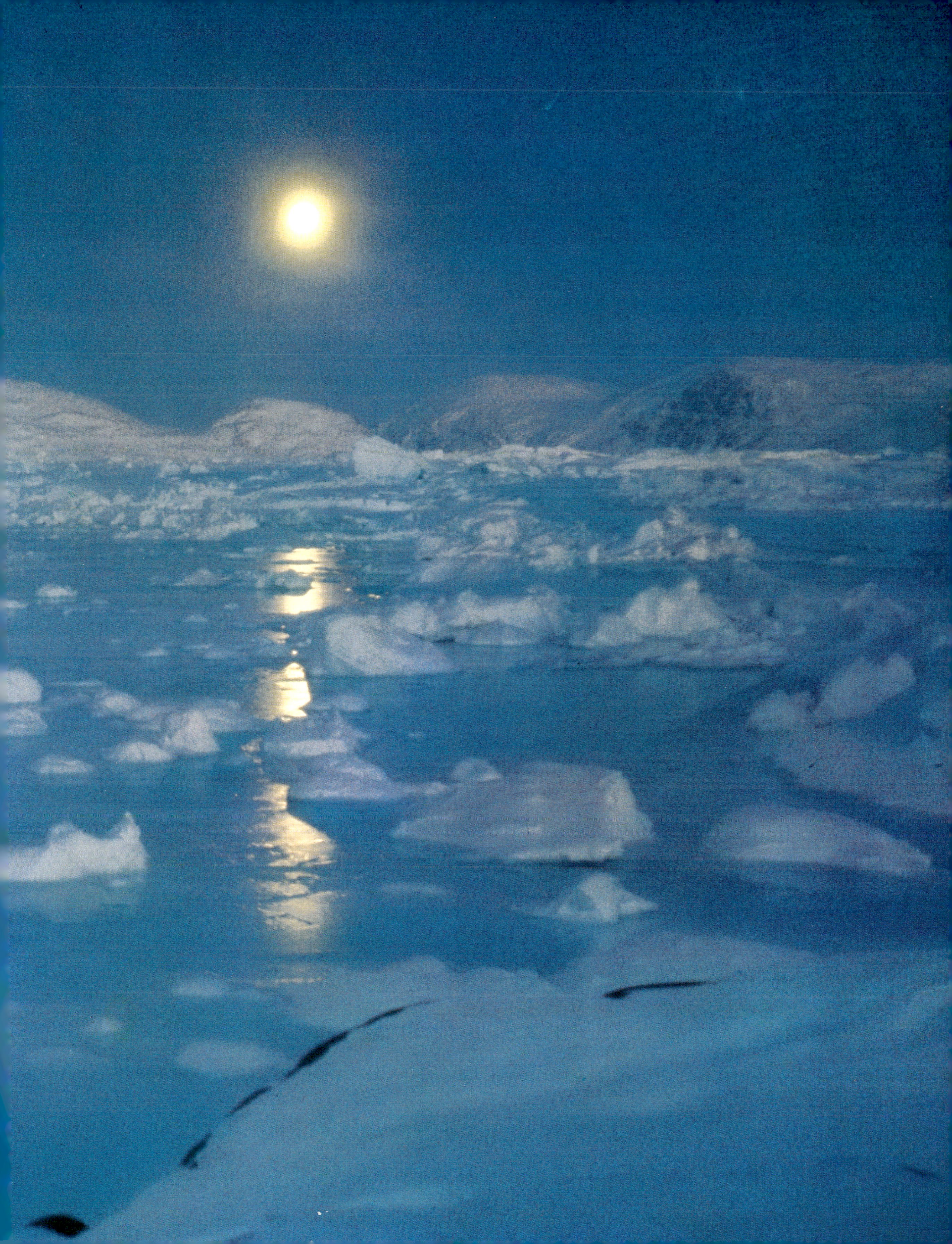

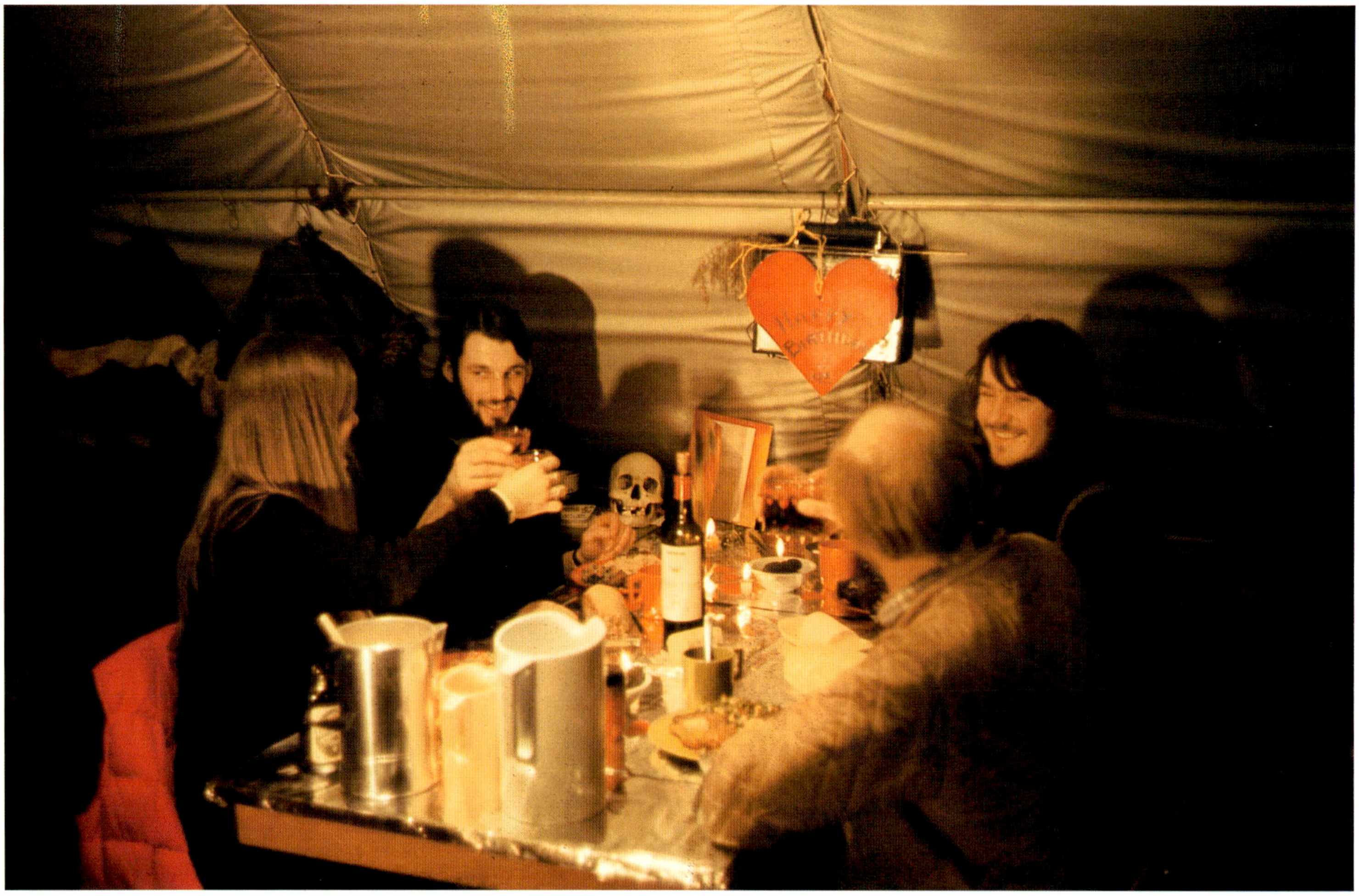

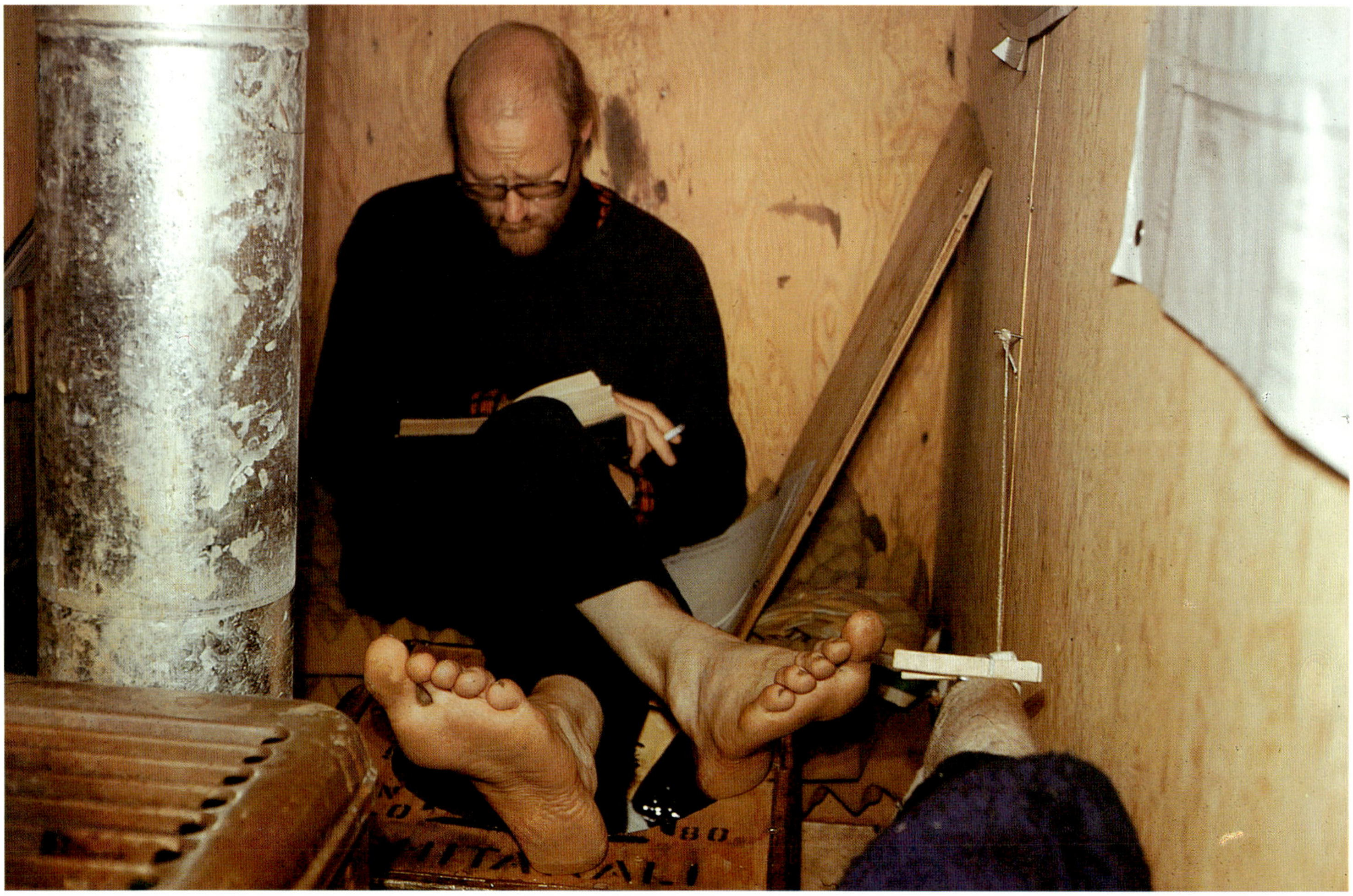

# Gefährdung und Fortschritt

Ohne Gefahren für die Natur wird der Einzug der Weißen in der Arktis kaum stattfinden können. Wo immer der Zivilisationsmensch sich ausbreitet, werden der Natur Wunden geschlagen, zuerst kleine, dann immer größere. Die Angst, daß hirnverbrannte Obristen einen Atomkrieg auslösen, atomare Abfallprodukte und biochemische «Errungenschaften» eine weltweite Verseuchung bewirken oder anthropogene Klimaänderungen die nächste Eiszeit herbeirufen könnten, quält Millionen von besorgten Menschen. Daß aber ein Geschehen dieses oder noch größeren Ausmaßes bereits langsam fortschreitend, alles bezwingend und bestimmend die Erde umgestaltet, wird nur von wenigen erkannt. Nur wer alte Karten und Photos zur Hand nimmt, bemerkt, daß die Umgestaltung des Antlitzes der Erde durch den Menschen an Ausmaß und Schnelligkeit die Wirkung der Naturkräfte schon heute weitgehend übertrifft. Bis vor kurzem waren die großen Ödländer – vor allem die weiten Polargebiete – von diesen menschlichen Eingriffen kaum oder überhaupt nicht betroffen. Wer aber immer noch hoffen sollte, die Arktis sei von diesem Veränderungsprozeß verschont geblieben, muß heute die besorgniserregenden Berichte über Gefahren, die dem Norden durch zunehmende Erdölförderung erwachsen, lesen. Sollte bei den Ölbohrungen, wie sie heute durchgeführt werden, oder beim Öltransport, sei es bei der Alyeska-Pipeline oder beim «Manhattan»-Vorhaben, etwas mißglücken, hätte dies folgenschwere Auswirkungen. Ein einziger Ölausfluß von zwei Millionen Faß, – das entspricht etwa der Menge, die bei Vollbetrieb an einem Tag durch die Alyeska-Pipeline gepumpt wird, oder der Ladung eines einzigen Riesentankers, – könnte sich in sieben bis zehn Jahren wegen der Meereisdrift über eine Fläche von etwa acht Prozent des Polarmeeres ausbreiten. Da Öl spezifisch leichter als Eis ist, würde es allmählich das Packeis bedecken, folglich dessen Albedo senken und damit den Energiehaushalt der Arktis merklich verändern. Nach Untersuchungen an einem thermodynamischen Modell brächte eine zwanzigprozentige Reduktion der Albedo die heutige Meereisdecke zum Verschwinden. Ob sich dann ein offenes Polarmeer, mit weltweiter Klimaänderung als Folge, bilden würde, vermag man heute noch nicht zu sagen. Der Abbau des Rohöls durch Bakterien erfolgt bei den arktischen Temperaturen nur sehr langsam. Für die erwähnten zwei Millionen Faß dürfte er im Wasser des Polarmeeres bis zu fünfzig Jahren dauern und damit sämtliches Leben, vor allem in den Randmeeren, gefährden. Öl breitet sich aber nicht nur oberflächlich aus, sondern bildet zusammen mit Meerwasser eine äußerst stabile Emulsion, die das Meer bis in große Tiefen verseuchen kann. Bei dem dramatischen Unglück des Tankers «Arrow» im Februar 1970 in der Chedabucto Bay, an der Küste Neuschottlands, entstand bei den dortigen Wassertemperaturen von 0 °C bis +2 °C eine Emulsion mit 36 bis 53 Prozent Wasser, die sich zwei Wochen später bereits 50 Meter unter der Oberfläche des 900 Quadratkilometer großen Ölflecks nachweisen ließ. Sollte bei Unterwasserbohrungen auf den arktischen Kontinentalschelfen ein Unglück geschehen, so muß damit gerechnet werden, daß wegen der Packeisdrift das Ausfließen von Öl vielleicht während eines ganzen

122. Geburtstag bei der Überwinterung auf Cape Herschel.
123. Erholung auf der Ofenbank, Station Cape Herschel.

## Gefährdung und Fortschritt

Jahres nicht gestoppt werden kann. Die Wahrscheinlichkeit einer solchen Katastrophe wird von Fachleuten auf «nur» 1:1000 bis 1:10000 geschätzt! Die Chancen für einen Haupttreffer im Zahlenlotto sind wesentlich geringer.

Die moderne Pipeline-Technologie ist beeindruckend. Elektronische Fühler an der Alyeska-Ölleitung können einen Riß in den riesigen Rohren, deren Durchmesser 120 Zentimeter beträgt, in wenigen Mikrosekunden an das nächste Abschlußventil – Höhe zehn Meter; Gewicht nahezu dreißig Tonnen – melden, und wenige Minuten später wird der Ölfluß unterbrochen. Doch selbst das in dieser kurzen Zeit ausfließende Öl würde ausreichen, um viele Dutzend Quadratkilometer Tundra auf Jahrzehnte hinaus zu zerstören. Die Ölleitung durchquert übrigens drei wohlbekannte größere Erdbebengebiete. – Das Erdöl Nordalaskas kommt 70°C heiß aus dem Boden, obwohl es durch eine 700 Meter dicke Permafrostzone aufsteigt. Auf dem Weg nach Süden muß es eine gewisse Mindesttemperatur beibehalten. Der Permafrost darf durch diese heiße Leitung nicht aufgetaut werden, denn ist das labile Gleichgewicht des Frostbodens einmal gestört, kann ein Selbstzerstörungsprozeß schnell wachsende Schäden anrichten. Deshalb wurden für die Isolation und die Fundationsarbeiten der Pipeline über achtzig Millionen Kubikmeter Schotter benötigt. Dreihundert Flüsse, einschließlich des Yukon, mußten mit Hilfe von Spezialbauten überquert werden. Bereits 1970 schätzte ein bekannter Ökologe der Universität Alaska, daß allein die Erdölsuche den «Wilderness»-Charakter eines Gebietes, das größer ist als die Fläche des Staates Massachusetts (etwa die Hälfte der Schweiz), zerstört habe. Der inzwischen vollendete Bau der Pipeline dürfte diese Fläche um ein Mehrfaches vergrößert haben.

Nicht nur die gigantischen Bauten der Erdölfirmen, sondern auch weniger spektakuläre Projekte gefährden das Ökosystem der Tundra. Oft genügt einmaliges Befahren mit einem Vehikel, um die Vegetation zu verletzen. Dadurch wird das Temperaturregime im Dauerfrostboden gestört. Dies kann besonders bei viel Bodeneis eine ganze Kettenreaktion auslösen: Wird zum Beispiel eine Terrassenkante verletzt und beginnt sich rückwärts zu verschieben, so kann dies zur Folge haben, daß ein See zum Auslaufen gebracht wird. Beim Bau von Minen-Camps, Straßen, Radarstationen und Flugplätzen sind unzählige solcher Mißgeschicke passiert. Das vielleicht folgenschwerste Beispiel ist der von der Regierung des Staates Alaska gebaute Hickel Highway, der wenig nördlich von Fairbanks begann und über eine Strecke von 600 Kilometern zur Polarmeerwüste führte. Diese Winterstraße für schwere Fahrzeuge wurde sehr bald zu einem unbegehbaren, zweibahnigen Moraststreifen. Ähnliche Narben hinterließen an vielen Orten die Fahrzeuge der Geophysiker, die über Hunderte von Kilometern ihre seismischen Profile schnurgerade durch die Tundra zogen. Die Liste solch betrüblicher Beispiele läßt sich beliebig verlängern, bis hin zu den kleinen Sündern, die nicht überlegen, daß selbst eine weggeworfene Konservenbüchse in der Arktis, verglichen mit dem Süden, ein Mehrfaches an Zeit braucht, um zu verrosten.

## Gefährdung und Fortschritt

Auch die Bauweise von Häuserfundamenten, Trink- und Abwasserleitungen oder Heizröhren muß den Permafrostverhältnissen angepaßt werden. Besonders auf fluviatilen Sanden, Silten und Lehmen der Aufschüttungsebenen und Flußterrassen oder auf glazialen und limnischen Ablagerungen sind oft kostspielige Maßnahmen zum Schutze des Dauerfrostbodens unerläßlich. Das arktische Baugewerbe hat seit der Errichtung der DEW-Line vieles gelernt, doch warten immer noch zahlreiche ernsthafte Probleme auf eine Lösung.

Die moderne Gesetzgebung der arktischen Nationen versucht, diesen Besonderheiten der Natur und der ansäßigen Bevölkerung gerecht zu werden. Kanadas «Arctic Waters Pollution Act» (in Kraft seit Juni 1970), der «Northern Inland Waters Act» (rechtsgültig seit Mai 1970), die ebenfalls 1970 verabschiedeten «Amendments to the Territorial Lands Act», aber auch die «Prinzipien der Wassergesetzgebung der UdSSR und der Unions-Republiken» sind Beispiele der ernsthaften Bemühungen, die ökologischen Probleme der Arktis in den Griff zu bekommen.

Das wahrscheinlich erste Anti-Pollution-Gesetz für die Arktis wurde 1578 von Martin Frobisher erlassen. Erstens verbot er den zahlreichen Matrosen, Soldaten und Bergleuten seiner dritten Arktisexpedition, ihre Hände «oder andere Dinge» im einzigen Seelein der Insel Warwick, wo seine Expedition längere Zeit stationiert war, zu waschen. Zweitens hatte jedermann seine Notdurft über einem bestimmten Kliff zu verrichten und drittens durften unter keinen Umständen Abfälle ins Meer geworfen werden. Was auch immer die Geschichtsschreibung dem Haudegen Frobisher an Bösem vorwerfen mag, dieses weise Erkennen der Verschmutzungsgefahr muß sie ihm doch zugute halten. Leider haben allzuviele Arktisforscher späterer Zeiten Frobishers elementare Verhaltensregeln nicht übernommen.

In der kanadischen Arktis brachten erst die siebziger Jahre eine gesetzliche Grundlage für den Landschaftsschutz. Für die Schürfung von Bodenschätzen wurden zwar schon seit langem Lizenzen benötigt, aber erst im Juni 1970 wurden durch Bill C-212 allgemeine Richtlinien für die Methoden der Exploration und Ausbeutung sowie für die Wiederherstellung des beschädigten Landes erlassen. Bis zu diesem Zeitpunkt konnte jeder das Land, für das er Nutzungsrechte besaß, als freies Gut betrachten; es gehörte niemandem oder allen, genau wie das Wasser und die Luft. Gemäß der unter den Weißen immer noch vorherrschenden Mentalität, wonach alles, was nichts kostet, nichts wert ist, wurde denn auch dem Land erschreckend wenig Sorge getragen. Die neue Gesetzgebung gibt nun aber der Regierung und dem «Council of the Northwest Territories» das Recht, «Land Management Zones» auszuscheiden, wo jegliche Art der Nutzung bewilligungs- und mietpflichtig ist und wo besonders strenge Schutzvorschriften gelten. Werden diese Bestimmungen nicht eingehalten, können Bußen bis zu fünftausend Dollar pro Tag verhängt werden. Jedoch will man dadurch eine ausgewogene Landschaftsnutzung (managed-use) nicht verhindern, sondern nur vernünftig lenken. Die Rechte der Eingeborenen sind dabei streng zu

Gefährdung und Fortschritt

beachten. Die Ausführungsgesetze zu Bill C-212 berücksichtigen mehr und mehr die Bedürfnisse der ansäßigen Bevölkerung. Dabei erkennt man langsam, daß die Existenz der Eingeborenen auf einem prekären Gleichgewicht zwischen Mensch und Natur beruht, das durch Technologie und Industrie nicht zerstört werden darf. Naysmith, ein Beamter des kanadischen «Department of Indian Affairs and Northern Development», der selbst an der Ausarbeitung dieser Gesetze beteiligt ist, betonte schon 1971: «Die Voraussetzung jeglicher Entwicklungsarbeit in der Arktis ist, die Fähigkeit der Eingeborenen, harmonisch mit dem Land zu leben, nicht zu gefährden.» Er forderte ferner, daß jene unschätzbaren, nicht in Zahlen auszudrükkenden Werte des Landes, die man nur durch sorgfältiges Anhören der Eskimos erfährt, ebenfalls zu berücksichtigen sind. Er zitierte einen Eskimo aus Aklavik, der sich wünschte, daß seine Kinder ab und zu – wenn auch nur für kurze Zeit – mit der Natur leben könnten, so wie seine Vorfahren es taten. Die neuen Gesetze – Bill C-212, Northern Inland Waters Act, Arctic Waters Pollution Act – versprechen, dieses Ziel unbefangen und konsequent zu verfolgen, was der kanadischen Arktis zwar keine rosige, aber sicher auch keine schwarze Zukunft eröffnen dürfte. Ähnlich – zu gedämpftem Optimismus berechtigend – scheinen die Entwicklungen in den anderen Teilen der Arktis zu verlaufen.

124. Verbrennung von Abfällen, Axel Heiberg Island.
125. Prudhoe Bay, Ölgebiet im nördlichen Alaska.
126. Hickel Highway, eine Narbe in der Tundra des nördlichen Alaska.
127. Röhren für die Alyeska-Pipeline des Öls von Prudhoe Bay.

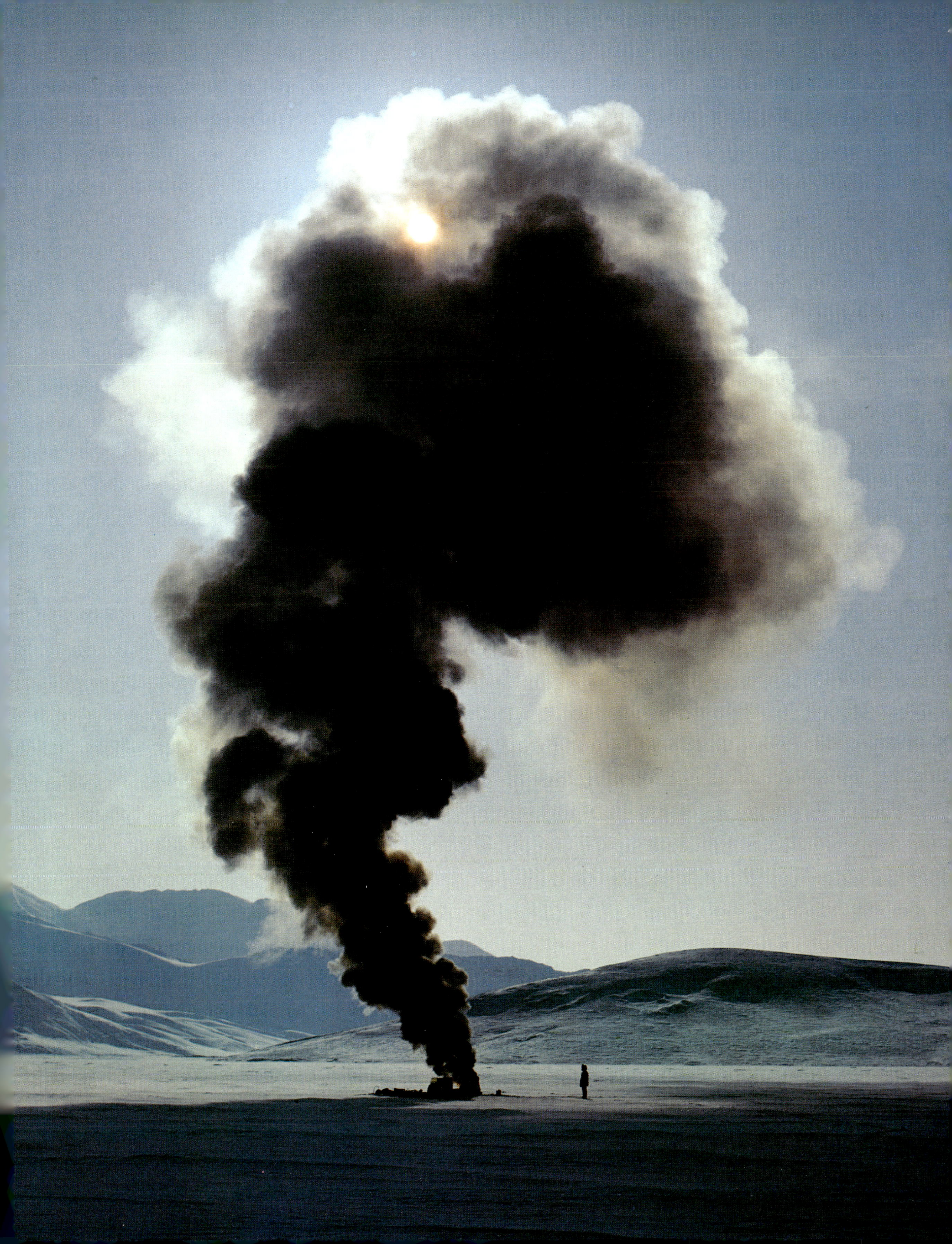

125–126

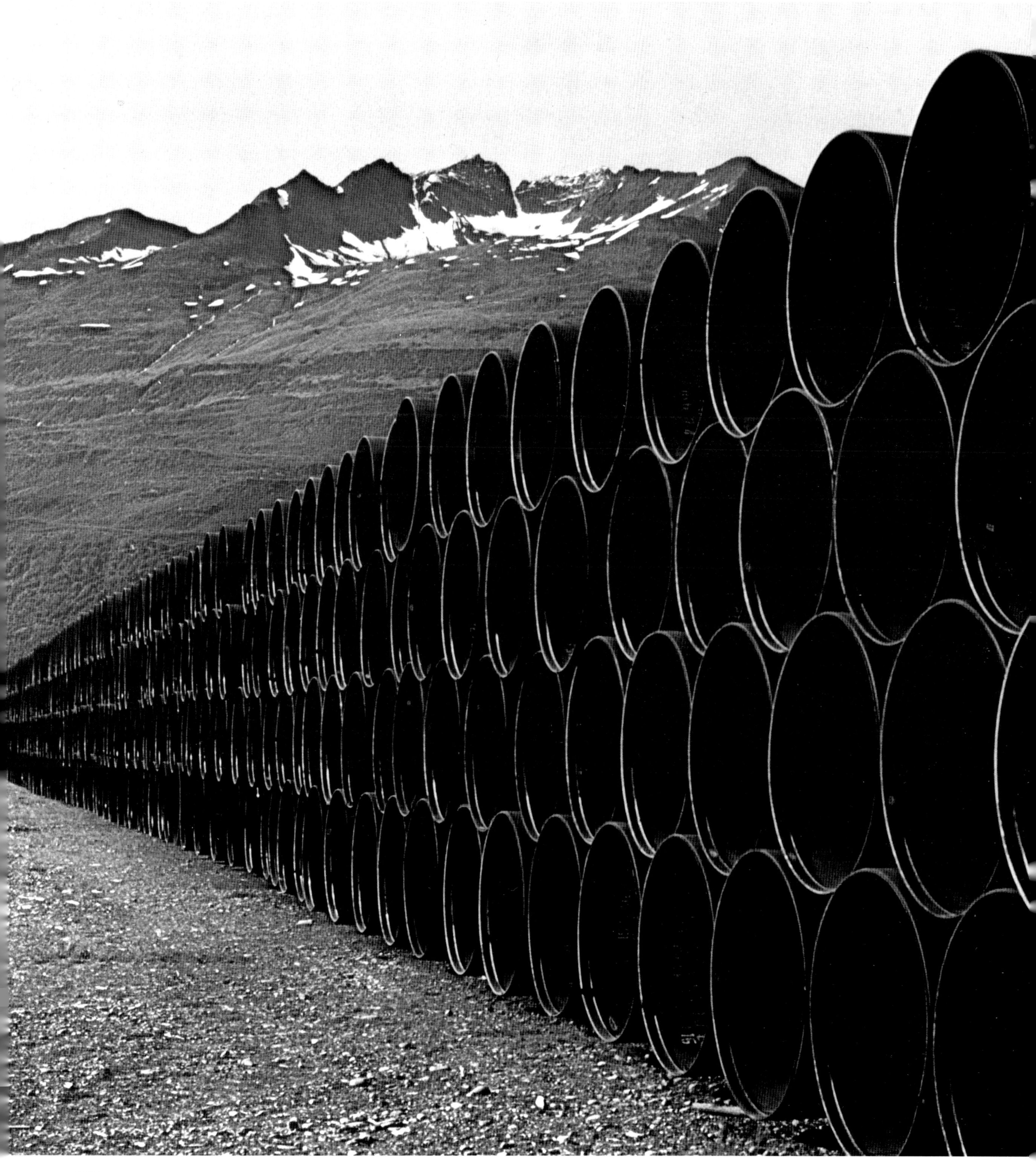

128. Leere Benzinfässer auf McGill Ice Cap.

129. Brennstofflager in Resolute Bay, der Basis für viele Expeditionen.

130. Verfaulender Weißwal am Strand von Resolute Bay.

# Anfänge eines Forschungsprojektes – Axel Heiberg Island

*An der von dem längst verstorbenen Pelzhändler James McGill in Montreal gegründeten Universität herrschte in den fünfziger Jahren arktischer Geist nicht nur an grimmigen Wintertagen, sondern auch im Sommer. Professoren, die in jungen Jahren auf Pionier-Expeditionen den Norden kennengelernt hatten, hielten brillante, begeisternde Vorlesungen. Sie vertraten die Ansicht, daß Kanadas Zukunft mit dem Norden verknüpft sei und möglichst viele junge Akademiker diesem «go north, young man» folgen sollten. Die McGill-Universität besaß bereits eine subarktische Forschungsstation in Labrador, der sie 1959 ein hocharktisches Forschungs- und Lehrgebiet angliedern wollte. Man wählte Axel Heiberg Island auf 80° Nord aus, eine Insel – etwa so groß wie die Schweiz – mit vielen Bergen und Gletschern. Ein reicher Geschäftsmann versprach seine Unterstützung. Der kanadische National Research Council (Forschungsfonds) war bereit mitzuhelfen.*

*Die telegraphische Anfrage, ob ich die Leitung der Axel Heiberg Island-Expeditionen übernehmen wolle, erreichte mich auf dem Jungfraujoch, wo ich mit dem Studium des Aletschgletschers beschäftigt war. Drei Monate später, anfangs Juli 1959, saßen wir in der nebelverhängten Militärflugbasis Resolute Bay auf 74° Nord: der Montrealer Geschäftsmann, ein älterer arktiserfahrener Geologieprofessor finnischer Abstammung, ich und ein frisch diplomierter Geograph aus England, dessen Schiff so knapp vor dem Abflug nach Norden in Montreal angekommen war, daß er nicht einmal Zeit gefunden hatte, sein Hemd zu wechseln. Ich kannte kaum seinen Namen, wußte einzig, daß er ein ausgezeichneter Langstreckenläufer war, der Bannister geholfen hatte, seinen Meilen-Weltrekord aufzustellen. Inzwischen hat er seine Master- und seine Doktorarbeit über Axel Heiberg Island geschrieben und leitet seit Jahren ein kanadisches Hochschulinstitut. Damals starrte er verloren durch das winzige Fenster über seiner Koje, in der Hoffnung, die Arktis, die sich immer noch hinter dicken Nebelschwaden versteckte, zu sehen. Irgendwann kam Leben in unseren monotonen Tagesablauf: Ein Norseman-Flugzeug verlangte eine Notlandebewilligung und fegte schon bald im Nebel so dicht am Kontrollturm vorbei, daß die Beamten in Deckung sprangen. Der Unglückspilot, der mit einer barschen Zurechtweisung des Flugplatzkommandanten davonkam, erzählte uns an den nächsten zwei Nebeltagen seine Lebensgeschichte. Er hieß Pick, war jener amerikanische Multimillionär, der die reichen Uranvorkommen in Colorado entdeckt und später sein Riesenvermögen in eine Krebsforschungsstiftung umgewandelt hatte. Nun war er wieder mit Kleinflugzeug und Zelt unterwegs und genoß als einfacher Prospektor die Schönheiten und Gefahren der Arktis.*

*Seit zwei Stunden waren wir unterwegs zum nächsten Zwischenziel, der kleinen Wetterstation Eureka, 80° Nord, als der Pilot unserer Charter-DC3 mich ins Cockpit rief: «Where is the damn place you want to go to; my maps don't reach so far north.» Sein Vorname war Red..., war sein Nachname etwa Devil? Als wir endlich landeten, war ich luftkrank..., wegen Red, nicht wegen des Wetters.*

*Ein kleines, zierliches Flugzeug mit übergroßen Ballonrädern – ein Baby in zu großen Schuhen – stand am Ende der Piste: Weldy Phipps' Pipercub... zwei legendäre Namen! Von diesem Zweisitzer sollten wir in den kommenden Jahren auf Axel Heiberg Island, das jetzt westlich von uns lag, noch so oft auf Gedeih und Verderb abhängig sein. Er sollte seine weichen Räder auf mindestens 600 unvorbereiteten Landeplätzen absetzen: auf Gletschern und Felsplateaus, auf Strandterrassen und an Berghängen, in Mulden und auf Bergkuppen. Zwei dieser Pipercubs sollten als Wracks für immer auf unserer Insel liegenbleiben; zehnmal sollte Teilschaden entstehen, und ich selbst sollte einmal nach einer Einradlandung (das andere Rad hatte sich beim Start gelöst) in dem auf der Nase balancierenden Flugzeug hilflos in den Gurten hängen. Doch das Glück blieb immer auf unserer Seite. In den siebzehn Jahren Arbeit auf Axel Heiberg Island erlitt niemand ernsthaften Schaden.*

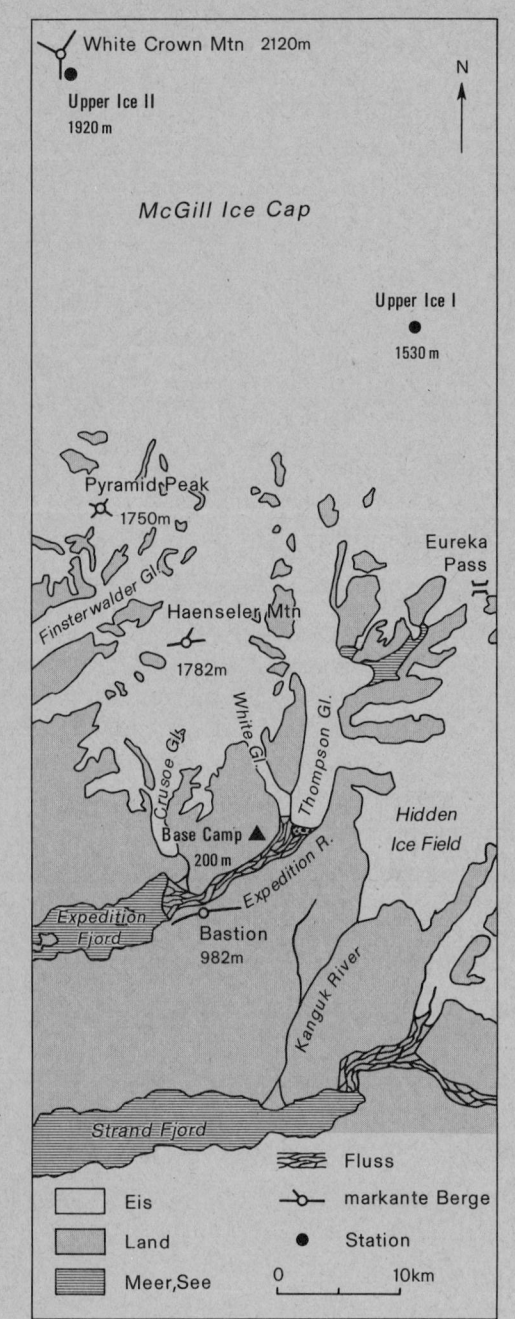

*Der Erfinder und Pionierpilot Weldy Phipps flog mich in anderthalb Stunden nach Axel Heiberg Island. Im östlichen Flachland weideten zahlreiche Moschusherden auf grünen Matten, die erstaunlich nahe an die weitausladenden Piedmont-Gletscherzungen reichten. Zwischen mächtigen Felswänden hindurch, später Eureka Paß getauft, gelangte das kleine Flugzeug ins wilde Gebirgsland der faszinierend schönen Westseite der Insel. Ein Gletschersee, eher ein Fjord mit Gletschern an beiden Enden, später Phantom Lake genannt, lag eingebettet zwischen ungewöhnlichen Bergformen. Eiszeitlich wirkende Gletscher füllten die Täler. Auf Luftphotographien hatte ich in langen Nächten mögliche Plätze für Expeditionsbasen eingetragen; nun mußte ich mich entscheiden und ein Gebiet bestimmen, das alle gewünschten Voraussetzungen erfüllte: Einerseits sollten verschiedene Gletscher- und Tundrentypen vorhanden sein, andererseits mußte das Gelände gute Landemöglichkeiten für Flugzeuge bieten. Trinkwasser in Basisnähe und Bodenverhältnisse, die sich für Fußmärsche zu den Arbeitsplätzen eigneten, waren unerläßlich. Klimatisch, morphologisch und geologisch durfte das Gebiet nicht außergewöhnlich sein, denn hier galt es ein Stück Arktis zu untersuchen, das repräsentativ für möglichst große Gebiete sein sollte. Hingegen war eine Vielfalt von Formen und Prozessen, und damit an wissenschaftlichen Fragen, erwünscht, denn es sollte ja eine kleine arktische Feldakademie für Studenten entstehen.*

*Warum ich mich am Südufer des Strand Fiord absetzen ließ, habe ich schon oft herauszufinden versucht. Vielleicht, weil ich außer den breiten Schultern des Piloten nur noch das endlose Packeis des Polarmeeres vor mir sah und wußte, daß ich über mein Ziel hinausgeschossen war. Jedenfalls packte mich, als das Flugzeug wieder abhob, ein Gefühl der Einsamkeit, wie ich es selten zuvor verspürt hatte. Nicht, daß ich das Alleinsein auf einer großen, unbekannten Insel gefürchtet hätte. Im Gegenteil, ich habe Alleinsein in einer fremden Landschaft immer als etwas Erfüllendes erlebt. Doch diesmal stand ich allein vor einer wichtigen Entscheidung, die ich noch weniger überblicken konnte, als die einsame Insel, auf der ich saß. Ich hängte mir Feldstecher und Gewehr um, steckte die Luftaufnahmen in den Rucksack und begann, bergauf zu marschieren. Plötzlich erfaßte mich ein kalter Schauer! Mehrere mächtige Wolfsspuren kreuzten meinen Weg. Ich entsicherte das Gewehr und ging langsam und beobachtend weiter. Von diesem Augenblick an war ich nicht nur Teil dieser Landschaft, sondern jetzt begann auch sie Teil von mir zu werden: Die Wölfe und bald auch die Blumen und Steine wurden zu Wirklichkeiten, ein Vorgang, der sich seither Sommer für Sommer weiterentwickelt hat und auch heute – bald 20 Jahre später – noch anhält.*

*Auf dem Gipfel des kleinen Aussichtsberges breitete ich meine Luftaufnahmen aus und begann, Stück für Stück dieser Landschaft zu prüfen. Daß ein Ausschnitt nach dem anderen paradiesisch schön war, durfte jetzt nicht im Vordergrund stehen. Es galt, meine abstrakt-konkreten Kriterien anzuwenden. Ich mußte ja das bestmögliche Expeditionsgebiet für kommende Jahre finden. Als weit im Osten sich ein kleiner Punkt über den Bergen zu bewegen begann –*

Axel Heiberg Island

*unser Pipercub mit dem nächsten Passagier –, war mein Plan geschmiedet: Ich hatte die Wahl zwischen dem Südrand der Westlichen Eiskappe und dem Gebiet der Talgletscher westlich des Eureka Passes. Dem letzteren gab ich den Vorzug. Beim Abstieg ins Amarok (Wolf) Valley (so benannt von den Eskimos einer Forschergruppe des Kanadischen Geologischen Dienstes, die wohl als einzige diese Gegend einige Jahre zuvor durchquert hatten) fiel warmes Abendlicht auf die Eisberg-Kolosse am Eingang zum Strand Fiord. Morsche Packeisplatten trieben lautlos in der Bucht, wo sich die bizarren Berge der Gegenseite spiegelten. Im Norden leuchteten vor dem Hintergrund wahrhaft alpiner Bergketten und einem mächtigen Gletscherabbruch tafelförmige Eisberge von nahezu antarktischen Ausmaßen.*

*Zwei Tage später standen die ersten Zelte am Fjordende im heutigen Expeditionsgebiet. Weiter landeinwärts, an einem idyllischen See, wurde ein vorgerücktes Lager für unseren Geologen errichtet. Von einem Hügel neben diesem Farbensee – sein offizieller Name ist denn heute auch Colour Lake – öffnete sich der Blick gegen Osten auf eine unvergleichliche Gletscherlandschaft, die uns heute durch Hunderte von Begehungen bekannt und doch immer wieder neu ist. Im Nordwesten lag ein herrlicher Berg mit einem kleinen Gletscher, den ich nach meiner damals nur wenige Wochen alten Tochter benannte. Gegen Westen erblickte man, eingebettet in sanfteren Bergen, den Fjord, wo einige der uns heute längst vertrauten Eisberge im Packeis gefangen waren. In dieser eigenartig schönen Bergwelt stehen seit 1960 unsere zwei vorfabrizierten Expeditionshäuser. Im Verlaufe der Jahre verbrachten hier etwa zweihundert Studenten und Mitarbeiter mehrere tausend Arbeitstage. Hier haben wir in Sonne, Schnee und Regen Freude und Enttäuschungen erlebt, haben im Küchenhaus manchen Geburtstag gefeiert. Manch amateurhaft zubereitetes Essen hat hier herrlicher geschmeckt als das erlesenste Menü eines großen Küchenchefs. In endlosen Diskussionen haben wir wissenschaftliche Probleme gelöst und die Welt mehrmals abgeändert und verbessert. Wenn der Sturm in den Verspannungsdrähten heulte und das nasse Zeltdach peitschte, wurde in schlaflosen Stunden manche Gedankenbrücke zu den Daheimgebliebenen geschlagen. Die Beziehungen zur «Welt dort draußen» wurden unkonkret, oft wie durch Filter verformt und verfälscht,*

Axel Heiberg Island

*und so waren auch unsere Reaktionen auf Funkmeldungen aus dem Süden. Nach einigen Monaten der Abgeschiedenheit waren Lebensrhythmus und -gefühl so anders, daß wir – jeder für sich – ein neues Ich zu entdecken und zu bewältigen hatten.*

*Der White Glacier, so benannt wegen seiner sauberen, weißen Oberfläche, liegt nur eine Marschstunde vom Basislager entfernt. Er ist Gegenstand zahlreicher Studien geworden, die bisher in etwa 30 wissenschaftlichen Artikeln ihren Niederschlag fanden. Heute dürfte der White Glacier der bekannteste Gletscher der Arktis sein; er hat Eingang in mehrere Lehrbücher gefunden.*

*Jahr für Jahr sind wir – wie Zugvögel – in diese Sommerheimat zurückgekehrt. Weit über hundert Studenten haben hier «ihre Schule» gemacht. In zunehmendem Maße sind auf den Gletschern und auf der Tundra Außenstationen entstanden, einzelne nur für einige Tage, andere für Jahre; manchmal nur ein Zelt für zwei und manchmal eine «Siedlung» für ein Dutzend. Für viele Einsiedler der Außenlager wurde die Basisstation zur verwünschten «Stadt», für andere zu einem «Zuhause», wo man sich erholen konnte und Geselligkeit fand. Nach Wochen auf den Eiskappenstationen ließen die Farben und die Wärme, die Erde und das Wasser, die Blumen und die Tiere, der Komfort, ja, Luxus des Basislagers ein Gefühl von «Riviera» aufkommen. Jedenfalls habe ich die im Amarok Valley hart errungene Entscheidung nie bereut. Unsere kleine Feldakademie besteht weiter.*

*Fritz Müller*

131. Wetter- und Eisbeobachtungen auf dem oberen White Glacier.

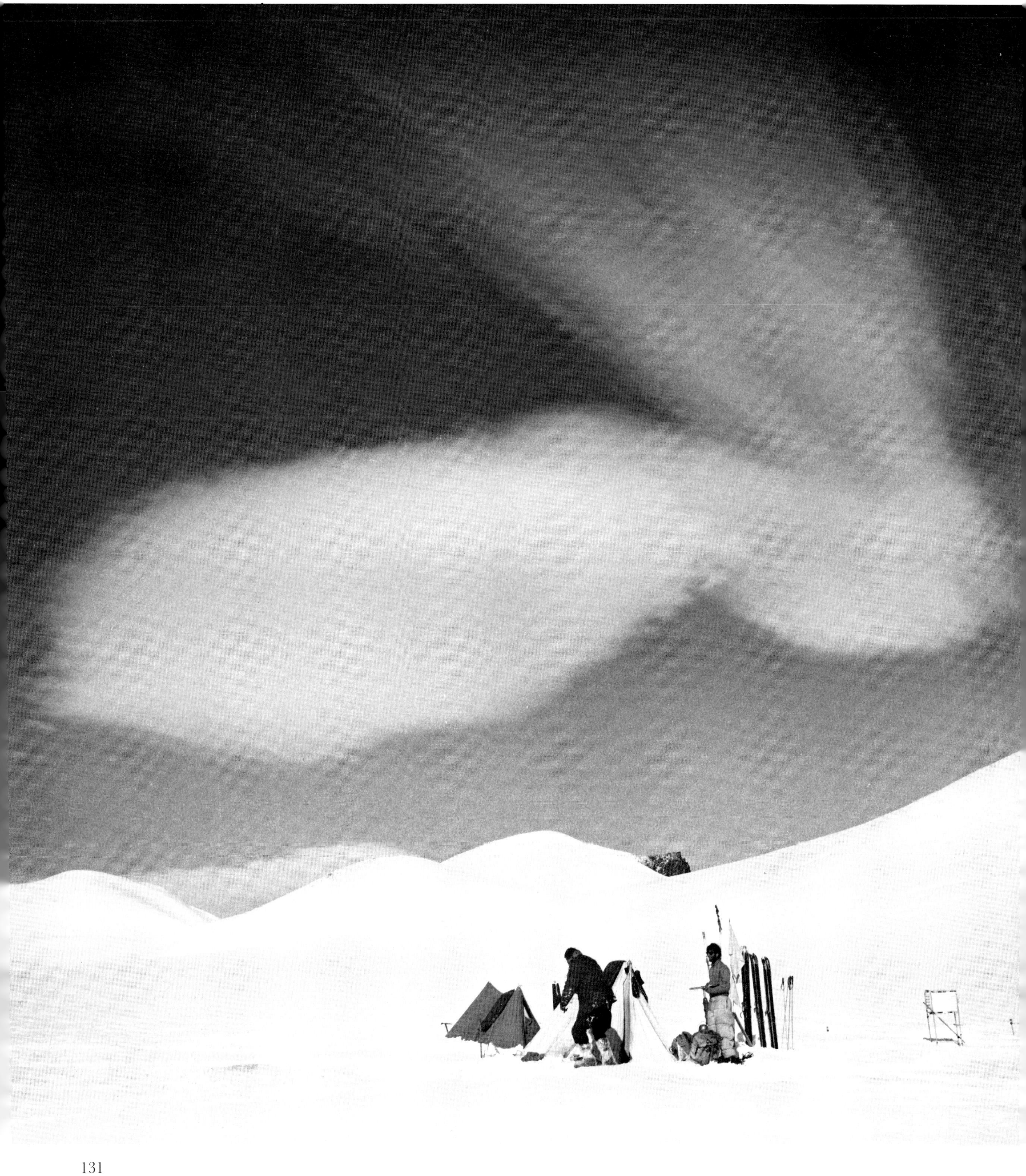

132. Lager nach einem Schneesturm, Upper Ice II.

133. Schneetreiben um Mitternacht auf McGill Ice Cap.

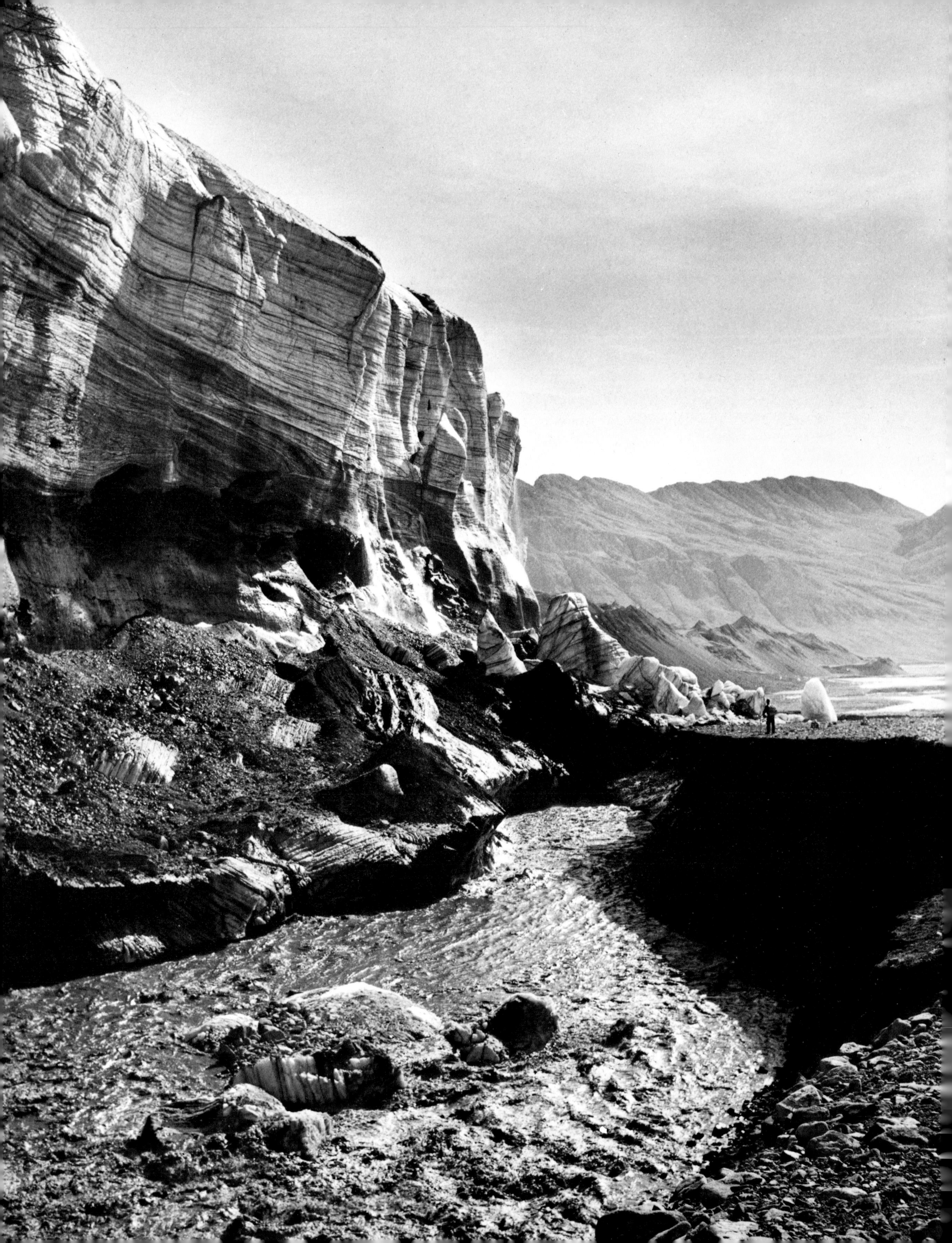

134. Vorstoßender Thompson Glacier verschüttet Between River, Axel Heiberg Island.

135. White Glacier und Stauchmoräne vor Thompson Glacier.

136. Moschusochsen-Attacke beim Basislager, Axel Heiberg Island.

# Aus der Entdeckungsgeschichte

Eine Landkarte der kaum bevölkerten Arktis zu betrachten, heißt auf Geschichte blicken. Die Namen unzähliger Inseln, Meeresstraßen, Fjorde und Kaps, Berge und Flüsse geben Hinweise auf die Chronologie der Ereignisse, auf Erforscher und ihre Schiffe, ja man kann sogar hier und da die Verknüpfung der Interessen einzelner Länder ablesen. Doch ein wichtiges Merkmal unterscheidet diese Geschichte von jener der «zivilisierten Welt»: Sie besteht nicht aus einer Kette von Kriegen, sondern ist eine «zeitgeraffte Darstellung der Begegnung von Mensch und Natur», vergleichbar mit der Entdeckungsgeschichte der großen Gebirge, Wüsten und Meere.

Die Impulse, die zur Erforschung der Arktis führten, sind nicht immer leicht zu nennen, weil unser heutiges Wissen über frühere Zeiten, besonders in bezug auf die Arktis, recht unzuverlässig ist. Bekannt ist, daß schon etwa 250 v.Chr. der Grieche Eratosthenes den Erdumfang nahezu genau berechnet hat. Mit den Griechen beginnt auch die Erforschungsgeschichte der Arktis.

Um etwa 325 v.Chr. segelte der Grieche Pytheas von der griechischen Kolonie Marseille aus nordwärts und traf in Nordengland auf Menschen, die ihm von einer unbewohnten Gegend weit oben im Norden erzählten, in der es im Sommer keine Nacht gebe. Sie nannten sie Thule. Pytheas Erfahrungen, die nur indirekt durch die Vermittlung des viel später schreibenden Strabo überliefert sind, bestätigen, daß dieser bedeutende Astronom, Zeitgenosse von Aristoteles und Alexander dem Großen, nach einer gründlichen Erforschung der Insel der Briten weiter nach Norden segelte. Ob er dabei Island, die Shetland Islands oder, wie Nansen glaubte, das mittlere Norwegen erreichte, kann nicht eindeutig bewiesen werden.

Leider liefert die Geschichtsschreibung über die Anfänge der Entdekkung der Arktis ein äußerst lückenhaftes Bild, denn auch die Völker des Nordens haben erst spät begonnen, wichtige Ereignisse niederzuschreiben. Bei den Eskimos gab es bis zu Beginn unseres Jahrhunderts nur die mündliche Überlieferung. Vieles wird für immer im dunkeln bleiben, obwohl die Archäologen noch die verschiedenartigsten Zeugnisse und Dokumente, die besonders die Frühgeschichte der Arktis in immer wieder neuem Licht erscheinen lassen, an den Tag bringen werden. Erst kürzlich entdeckte Runensteine in Neuengland, deren Alter auf 800 v.Chr. geschätzt wird (Barry Fell, 1976; in: America, B.C.), deuten an, daß die bekannten Fahrten der Wikinger über Island nach Grönland, die durch Sagen belegt sind, nicht die einzigen vormittelalterlichen Vorstöße nach Nordamerika waren.

Die Wikinger, die Erik der Rote um 985 n.Chr. nach Südwestgrönland brachte, bauten Siedlungen – Ostbygd und nördlicher gelegen Westbygd –, und in der Blütezeit dieser Kolonien bestanden mindestens 280 Anwesen mit etwa 2000 Menschen und 17 Kirchen. Die Siedler hielten Pferde, Rinder, Schafe und Ziegen; sie fischten und jagten Seehunde und Wale. Die Nordgrenze der Westbygd-Kolonie lag geographisch auf der Breite der Disko-Insel. Auf ihren Jagdreisen nach Norden stießen die Wikinger bis in den Smith-Sund vor. Leif Eriksson, der Sohn Eriks des Roten, drang mit seinen Leuten bereits um das Jahr 1000 weit ins nördliche Kanada vor und besuchte auch

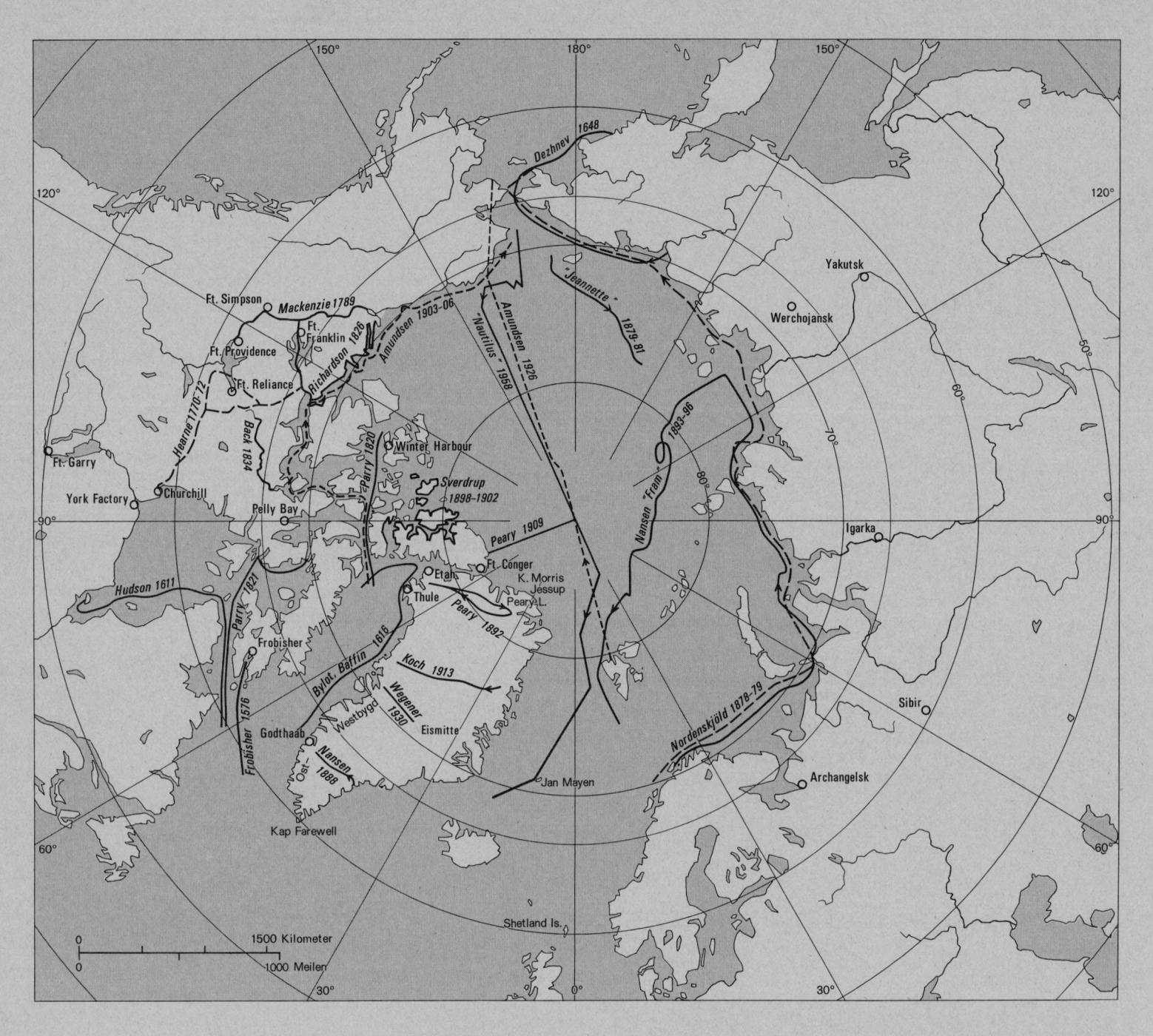

*Die Wege nach Cathay (China): die Nordost- und die Nordwestpassage*

die Küste Nordamerikas, die er Vinland nannte. Eriksson war schon im Jahr 999 direkt von Grönland nach Norwegen gesegelt und brachte bei seiner Rückkehr das Christentum nach Grönland und möglicherweise auch nach Amerika.

Um 1400 waren die Kolonien der Grönland-Wikinger völlig verschwunden. Bis heute vermag niemand dieses plötzliche Verschwinden überzeugend zu erklären. Starben die Menschen an der Pest, die Mitte des 14. Jahrhunderts durch Europa zog? Wurden sie von den aus dem Norden kommenden Eskimos überwältigt? Oder hat eine Klimaverschlechterung ihre Lebensgrundlagen zerstört? Wahrscheinlich wird eine Kombination der erwähnten Gründe zutreffen. Eine wichtige Epoche in der Arktisforschung begann unmittelbar nach der «Wiederentdeckung» der Neuen Welt durch Kolumbus. Die sagenhaften Reichtümer des Orients, von denen Marco Polo im 13. Jahrhundert berichtet hatte, lockten die Handelsvölker Westeuropas, die im 15. Jahrhundert eine Neubelebung der Segelschiffahrt

## Aus der Entdeckungsgeschichte

erlebt hatten. Aber außer den mühsamen Routen um das Kap der Guten Hoffnung und Kap Hoorn, in die sich die Portugiesen und Spanier teilten, wollte sich kein anderer Seeweg nach China öffnen. Die Holländer und Franzosen untersuchten erfolglos die Wasserwege der Neuen Welt, um nach Westen zu kommen. Schon 1497, nur fünf Jahre nach Kolumbus, pflanzte John Cabot, ein Genuese in englischen Diensten, die Flagge seiner Herren auf dem nordamerikanischen Kontinent auf. Statt des erhofften Goldes fand er fischreiche Gewässer. Auf einer zweiten Reise kam er wahrscheinlich nördlich des Polarkreises um. Und Jacques Cartier segelte im 16. Jahrhundert den St. Lorenzstrom hinauf, brachte aber nur Kunde von den großen Seen.

So blieb den aufstrebenden Seefahrernationen England und Holland die Hoffnung auf Erfolg nur im Norden. Sie begannen die arktischen Meere nördlich von Asien und Amerika als ihre große Chance zu betrachten. Doch die Folgen zweier geographischer Spekulationen im 16. Jahrhundert haben die Suche nach der Nordwestpassage und zum Teil auch nach der Nordostpassage zunächst sehr nachteilig beeinflußt und viel Unheil angerichtet. Die von den Brüdern Zeno 1558 veröffentlichte Landkarte des Nordens, in der geschickt Bekanntes und Unbekanntes eingezeichnet war, täuschte selbst einen so zuverlässigen Kartographen wie Mercator, der sie in seiner Weltkarte integrierte. Basierend auf der damaligen Theorie, daß Meereis nur von den Küsten aus wachsen könne, zeigte diese Karte viel zu viel offenes, schiffbares Wasser, selbst im Bereich des Poles. Zudem wurde ein viel zu geringer Erdumfang angenommen. Auch die 1549 von Heberstein veröffentlichte Karte, die Asien genau im Osten des Nordkaps zeigt, hat viel zu dem unheilvollen Geschehen beigetragen. Nansen schreibt: «England hat es diesen Hirngespinsten mit zu verdanken, daß es die mächtigste seefahrende Nation der Welt geworden ist.» Und die Anthropologin Jeannette Mirsky fügt hinzu: «Der Reichtum Cathays lockte in unvorstellbarem Maße, zerstreute alle Bedenken: Nach Westen und nach Osten fuhren die Seefahrer – in ihr Glück oder ihren Tod.»

Der erste bekannte Versuch, die Nordostpassage zu finden, stand unter dem Kommando von Hugh Willoughby und Richard Chancellor. 1553 segelten sie mit drei Schiffen, einem Brief Eduards VI. an die «Könige, Prinzen und anderen Potentaten, die die Nordostteile der Welt bewohnen» und den Farewell-Wünschen des englischen Volkes nach Norden. Zwei der Schiffe wurden nie wieder gesehen. Chancellor erreichte das heutige Archangelsk im Lande Iwans des Schrecklichen. Auf einem 2400 Kilometer langen Weg über Land gelangte er nach Moskau und wurde mit seinen Leuten vom Zaren fürstlich empfangen. Bereits im nächsten Jahr erfolgte die Gründung der privilegierten «Moskowitischen Handelskompanie», und ein einträglicher Handel mit Rußland begann. Der Durchbruch nach China aber ließ auf sich warten.

Angeregt durch die Erfolge der Engländer, sandten die Holländer Oliver Brunel und dann Willem Barents mehrmals auf die Suche nach China. 1596 wählte Barents eine etwas nördlichere Route nach

Aus der Entdeckungsgeschichte

Osten und entdeckte die Bären-Insel und Spitzbergen, blieb aber bei der Nordumfahrung von Nowaja Semlja im Eis stecken und mußte überwintern. Der Chronist de Veer beschrieb sehr eindrücklich die furchtbaren Mühsale des Winterlebens in der kleinen Hütte, die man aus Treibholz und Schiffsplanken erstellt hatte. Im folgenden Sommer versuchte Barents auf abenteuerliche Weise, in offenen Kleinbooten nach Holland zurückzukehren. Zwölf von seinen siebzehn Leuten gelang diese Reise. Barents selbst starb unterwegs. Zu Beginn des nächsten Jahrhunderts heuerten die Holländer den englischen Seefahrer Henry Hudson an, der schon zweimal erfolglos versucht hatte China via Nordpol zu erreichen. Er sollte das Werk Barents weiterführen. Aber auch diesmal blieb der Erfolg aus; seine meuternde Mannschaft zwang Hudson, einen westlichen Kurs einzuschlagen. Statt durch das Eis Sibiriens China zu erreichen, entdeckte er auf dem nordamerikanischen Kontinent den Fluß, der heute seinen Namen trägt, und die Ufer, an denen sich später Neu-Amsterdam, das jetzige New York, ausbreitete. Die Suche nach einer Meeresroute auf der Nordseite Asiens kam damit ins Stocken. Die Russen kartierten zwar bis zur Mitte des 18. Jahrhunderts den größten Teil der nordsibirischen Küstenlinie, aber erst 1879 gelang es A. E. Nordenskiöld, ein Schiff von Schweden durch die arktischen Gewässer zur Beringstraße zu navigieren. Heute ist die Nordostpassage eine von den Russen fast regelmäßig benutzte Transportroute. Die Bemühungen der Sowjetregierung, diese auch heute nur mit Hilfe moderner Eisbrecher passierbare Meeresroute offenzuhalten, sind nur teilweise ökonomischer Art. Gründe der Strategie, der Sozialisierung der Eingeborenenbevölkerung, der Propaganda und der Wissenschaft spielen eine wichtige Rolle.

Es mag als Ironie des Schicksals erscheinen, daß es die Nordwestpassage noch heute nicht gibt und wahrscheinlich in der erwarteten Vorstellung auch nie geben wird. Es gelang bis jetzt einigen kleinen Explorerschiffen, ein paar Eisbrechern, einem Riesentanker und einigen Unterseebooten, den Wasserweg durch den geographisch komplexen Kanadischen Arktischen Archipel zu bezwingen. Doch als Handelsroute wird dieser Weg kaum Bedeutung erreichen, denn Flugzeuge und Pipelines haben ihn erübrigt. Vielleicht wird er eines Tages noch Cargo- und Tankeruntersebooten dienen.

Die Engländer, die in der Tragödie um die Nordwestpassage die wichtigste Rolle spielten, sandten schon 1576 Martin Frobisher auf die Suche nach dem Durchgang nach China. Königin Elizabeth I. wünschte ihm persönlich Glück für diese Reise, die, wie auch seine beiden späteren Fahrten in die nach ihm benannte Meeresbucht im südlichen Baffin Island, mit unrühmlichen Mißerfolgen endete. Auf der ersten Fahrt desertierte ein Schiff, und durch den ungeschickten Umgang mit den Eskimos verlor er fünf seiner Leute. Er brachte zwei Dinge, ein Stück metallischen Gesteins und einen Eskimo zurück. Der Eskimo starb bald, das Metall jedoch verwandelte die Suche nach der Nordwestpassage in eine Suche nach Gold. Frobishers zweite und dritte Fahrt verliefen nicht besser. Wohl brachte er Schiffsladungen des vermeintlichen Goldes zurück, verlor aber allein

Aus der Entdeckungsgeschichte

auf seiner letzten Fahrt vierzig Leute. Schließlich mußte er erfahren, daß das Gold nichts weiter als wertloser Pyrit war. Auch für die Geographen brachten Frobishers Unternehmen wenig Neues. Er hatte zwar Grönland wiederentdeckt, vermochte aber den Ort seiner Taten bei weitem nicht richtig zu bestimmen.

Zwischen 1585 und 1587 unternahm John Davis, ein Seemann und Forscher, weitere drei Fahrten. Seinen Augen erschien Grönland nicht mehr so grün wie den Wikingern, und er nannte es «Land der Trostlosigkeit». Anders als Frobisher, bewies Davis Talent im Umgang mit den Eskimos Westgrönlands. Seine Matrosen tanzten und musizierten und gewannen so dauernde Freundschaft. Verfolgt von Mißgeschicken erreichte Davis auf seiner letzten Fahrt 72° Nord und erkannte die spätere Hudson Strait. Er selbst war überzeugt von der Rentabilität des Fischfangs vor Neufundland.

Im Jahre 1610 gelangte Henry Hudson durch die von Davis gesichtete Meeresstraße in die heutige Hudson Bay. Nach einer unfreiwilligen Überwinterung wurde Hudson zusammen mit seinem Sohn und wenigen Getreuen von der meuternden Mannschaft seines Schiffes in einem kleinen Boot ausgesetzt und blieb verschollen. Die Anstifter der Meuterei selbst kamen auf schicksalhafte Weise bei einem Überfall durch die Eskimos ums Leben. Es blieb dem Steuermann Robert Bylot überlassen, das Schiff «Discovery» nach England zurückzubringen. Ob Bylot auch ein Meuterer war oder einfach gesundem Menschenverstand folgte, ist schwer zu sagen. Jedenfalls wurde er bereits vor Jahresfrist unter Thomas Button von neuem ausgesandt, nicht auf die Suche nach dem möglicherweise noch lebenden Hudson, sondern um weiter westwärts vorzustoßen. Weiteres Vordringen nach Norden gelang William Baffin und Robert Bylot 1616. Sie segelten, wiederum in Hudsons «Discovery», durch die Davis Strait nordwärts. Durch schweres Packeis manövrierend, erreichten sie 78° Nord im fast eisfreien Gebiet des sogenannten «Nordwassers». Obwohl Baffin den Smith-, Jones- und Lancaster-Sund entdeckte, benannte und beschrieb, geriet diese erfolgreiche Reise für zweihundert Jahre in Vergessenheit. Und trotz Baffins Skepsis gegenüber einem Nordwestpassage-Erfolg durch die Hudson Strait führten drei weitere Expeditionen in die Hudson Bay. 1619 erreichte Munk deren Westseite, verlor aber durch Skorbut seine ganze Mannschaft bis auf zwei Leute. James überwinterte 1631/32 unter äußerst unglücklichen Umständen im Süden der Bucht, die heute seinen Namen trägt. Luke Foxe erkundete zur gleichen Zeit etwas erfolgreicher, aber auch ohne Hoffnung den Durchgang nach Westen zu finden, den verbleibenden Nordwesten der Bucht. Der Brief des englischen König Charles I. an den Kaiser von Japan erreichte sein Ziel jedenfalls nie. Gerade bei diesen von der Geschichte als unwichtig beurteilten Expeditionen sollte man sich vermehrt die Ereignisse in ihrer Ganzheit vorstellen: Ein Munk, der nach zwei Jahren Abwesenheit mit nur zwei Überlebenden nach Dänemark zurückkehrte, war mehr als nur ein Statist auf der arktischen Bühne. Mehr noch als Munks Unglück aber waren es die Berichte von James und Foxe, welche den Enthusiasmus für die Entdeckung der Nordwestpassage für lange Zeit dämpften.

*Neue Entwicklungen in Sibirien und Grönland: Siedler kommen*

Erst durch den Vergleich der Geschehnisse am Nordrand Eurasiens und in Grönland mit den Ereignissen im komplexen Norden Amerikas treten die wesentlichen Unterschiede der Geschichte hervor. Gewiß sind sie weitgehend durch die Natur bestimmt. Doch spiegeln sich darin Wesensmerkmale im Charakter, in der Begabung, den Interessen und Erfahrungen der beteiligten Völker wider. In der Zeit, in der die Spanier, Portugiesen, Franzosen, Holländer und Engländer in ihren stets besseren Schiffen auf den Weltmeeren nach Norden, Süden und Westen segelten, rückten die Russen über Land langsam nach Osten vor. Ihre Kaufleute trieben mit den Samojeden einen blühenden Handel mit Pelzen und Mammut-Elfenbein. Die Familie Stroganow hatte bei diesen Handelsgeschäften eine Monopolstellung inne. Bedroht durch die immer mehr als Eroberer auftretenden Kosaken, lenkte sie deren Interesse auf die weiter im Osten liegende reiche Tataren-Stadt Sibir. 1584 wurde Sibir eingenommen, und die Kosaken setzten ihren Eroberungszug über mehr als ein Jahrhundert stetig nach Osten fort. Einzig die Tschuktschen im äußersten Nordosten des Landes ließen sich nicht von ihnen unterjochen. Schließlich erreichten die Kosaken 1697 den Pazifik. Sie hatten das Reich des Zaren enorm vergrößert. Auch auf dem Eismeer stießen sie vor: Der Kosakenführer Deschnew erreichte schon 1648, mit sieben Schiffen von der Kolyma-Mündung kommend, die Anadyr-Mündung im Pazifischen Ozean und durchsegelte dabei die Landenge zwischen Nordost-Asien und der Neuen Welt. Ohne es zu wissen, hatte Deschnew dadurch die sagenumwobene «Straße von Anian» entdeckt, von der man annahm, sie trenne das neuentdeckte Amerika vom gelobten Asien.

Ende des 17. Jahrhunderts wurde unter der persönlichen Leitung des Zaren Peters des Großen die Erforschung des russischen Nordens zu einer staatlichen Angelegenheit. Der Zar interessierte sich sowohl für Handels- und Staatsgeschäfte als auch für Landkarten und Wissenschaft. Seine imperialistischen und wissenschaftlichen Ambitionen vereinigten sich in den Plänen für eine große Polarexpedition. Kurz vor seinem Tode im Jahre 1725 ernannte er den Dänen Vitus Bering zum Expeditionsleiter. Mit seiner Mannschaft und den Zimmerleuten für den Schiffsbau reiste Bering auf dem 8000 Kilometer langen Landweg mit 200 Pferden und einem Troß, der den Proviant transportierte, nach Ochotsk am Pazifik. Erst im dritten Jahr nach seiner Abreise von St. Petersburg begannen die Entdeckungsfahrten: Bering kartierte die Kamtschatka-Halbinsel und viele Inseln, segelte durch die nach ihm benannte Meeresstraße und landete auf einer zweiten Reise in Alaska. Die russischen Ansprüche auf Alaska, das 1867 für den Preis von 7,2 Millionen Dollar an die Amerikaner verkauft wurde, gehen also auf ihn zurück. 1741 starb dieser große Forschungsreisende des 18. Jahrhunderts auf einer kleinen Insel im Gebiet seiner Entdeckungen an Skorbut. Doch in Kürze entwickelte sich ein blühender Pelzhandel, der Berings Expeditionen mehr als bezahlt machte.

Auch am Ostende der Arktisfront vollzogen sich die Fortschritte schneller als im zentralen Abschnitt: Schon 1721 begann in West-

*Aus der Entdeckungsgeschichte*

grönland der Missionar Hans Egede sein großes Werk, das der Christianisierung, der Kolonialisierung und der Suche nach den Wikingern gewidmet war. Seine Schirmherren, die Könige von Dänemark, unterstützten sein Vorhaben, obwohl keine großen Gewinne lockten. Trotz gewaltiger Rückschläge – ein Eskimoknabe brachte die Pocken von Kopenhagen nach Grönland, und in kurzer Zeit starben 2500 Menschen – wurde der Grundstein für das heutige Grönland gelegt. Man mag die Bekehrung der Eskimos zu einem gestrengen Christentum, wie auch die Zwangsübersiedlung von dänischen Sträflingen nach Grönland kritisch betrachten. Trotzdem muß man anerkennen, daß die langsame, aber stetige Entwicklung Grönlands zum vollwertigen Teilstück des modernen Staates Dänemark mit Hans Egede, der später zum Bischof ernannt wurde, begann und von weitsichtigen Männern wie dem Herrnhuter Missionar Samuel Kleinschmidt, der den Grönländern eine eigene Schrift gab, weitergeführt wurde. Es ist sicher Kleinschmidts Verdienst, daß es unter den Grönländern, die sich nicht mehr Eskimos nennen und größtenteils Mischlinge sind, schon vor dem Ende des letzten Jahrhunderts kaum mehr Analphabeten gab.

*Die Erkundung der Kanadischen Arktis durch die Briten*

Bis in die zweite Hälfte des 18. Jahrhunderts blieb ein Großteil der Kanadischen Arktis eine «terra incognita». Aber die Hinweise von James und Foxe auf die Pelzreichtümer im Hudson Bay-Gebiet waren in England nicht auf steinigen Boden gefallen. Sie gaben den Anstoß zur Gründung der Hudson's Bay Company im Mai 1669. Noch heute lebt dieses Handelsunternehmen als Supermarkt in allen größeren Städten Kanadas fort. Schon im nächsten Jahr wurde am Südende der James Bay der erste Außenposten der Hudson's Bay Company errichtet. Doch die Interessenkonflikte zwischen englischen und französischen Ansprüchen überschatteten die kommenden Jahrzehnte durch blutige Kämpfe. Erst hundert Jahre später konnten wesentliche Fortschritte in der Entdeckung neuer Ländereien gemacht werden. Zwar hatten die Erkundungsfahrten von Middleton, Moore, Christopher und Norton detaillierte Kenntnisse der Hudson Bay-Ufer erbracht, aber das Innere der Barren Grounds, die Nordküste des Festlandes und die arktische Inselwelt blieben unbekannte weiße Flecken.
1769 begann Samuel Hearne im Auftrag der Hudson's Bay Company von Churchill aus seine Vorstöße über Land bis zum Nordrand des Kontinents und gelangte bei seinem dritten Versuch an die Mündung des Coppermine River. In seinem illustrierten Bericht über diese Reisen dominiert das Menschliche. Hunger und Entbehrungen sind ein immer wiederkehrendes Motiv. Bemerkenswert ist auch heute noch Hearnes Einstellung. Im Gegensatz zu anderen Arktisforschern lebte er mit dem Land und seinen Menschen. Auf seinen Reisen wurde er stets von Indianern, zu denen er enge Beziehungen pflegte, begleitet. Trotzdem konnte er ein grausames Eskimomassaker nicht verhindern.
Achtzehn Jahre später erreichte Alexander Mackenzie, ein Angestellter der mit der Hudson's Bay Company rivalisierenden Northwest

Aus der Entdeckungsgeschichte

Company, die Mündung des nach ihm benannten Flusses. Aber für das nächste Vierteljahrhundert lähmten die weiterhin blutigen Auseinandersetzungen zwischen den Handelsgesellschaften jegliche Impulse, die zu neuen Entdeckungen geführt hätten.

Erst 1819 sollte John Franklin zusammen mit Richardson, Back, Hood und Hepburn die Erforschung über Land fortsetzen. Unterstützt von Indianern stieß Franklin zum zweiten Mal bis an die Mündung des Coppermine River vor und kartierte von dort die Küste in Richtung Ost. Mißgeschick und Mißverständnisse zwischen den Indianern und Franklins Gruppe verwandelten den Rückzug im Herbst in eine Katastrophe. Die vereinbarten Nahrungsdepots waren nicht errichtet worden. Hunger und Kälte schrieben eine entsetzliche Geschichte. Trotz dieser schrecklichen Erfahrungen kehrten Franklin, Richardson, Back und Hepburn 1825 an den Schauplatz zurück. Diese neue Expedition wurde von der seit vier Jahren mit der Northwest Company vereinigten Hudson's Bay Company kräftig unterstützt. Indianer der verschiedensten Stämme halfen sorgfältig geplante Nahrungsmitteldepots anzulegen. Vom Großen Bärensee kommend, gelangte Franklin an die Mündung des Mackenzie River und kartierte 700 Kilometer neue Küste gegen Westen hin. Beinahe hätte er dabei die Vorhut von Kapitän Beechey erreicht, der auf den Spuren des vielleicht größten Weltenseglers, James Cook, durch die Beringstraße bis nach Point Barrow gelangte, um dort Parry zu treffen, der von seiner Nordwestquerung erwartet wurde.

Zur gleichen Zeit zog Richardson ostwärts und verband die Mündung des Mackenzie River durch eine Kartierung der Küstenlinie mit der Mündung des Coppermine River. Diese trockenen Fakten der erfolgreichen Taten geben keinerlei Hinweise über die erduldeten Strapazen. Wetterumschläge, Nebel, Schnee und Hunger verfolgten diese Männer, die nur dank ihres unerbittlichen Willens zum Ziel gelangten.

Der unermüdliche George Back stand Franklin und Richardson in nichts nach. Er führte 1833/34 eine Expedition zur Suche nach Kapitän Ross an. Nach einem ersten furchbaren Winter, den er in Fort Reliance mit den Eingeborenen durchhungerte, erfuhr er von Ross' Heimkehr. Dies hielt ihn aber nicht davon ab, fast 1000 Kilometer des nach ihm benannten, äußerst wilden Flusses zu erforschen. Seine ausgezeichnet geschilderten Abenteuer erzählen einmal mehr von Mühen und Entbehrungen. Der gleiche Back kehrte 1836/37 zur Erkundung des Boothia Isthmus in die Arktis zurück, diesmal zu Schiff.

Belehrt durch die Mißerfolge der Landexpeditionen Franklins, unterstützte die Hudson's Bay Company ihre nächsten Überlandforscher etwas großzügiger. So gelang es 1837 Thomas Simpson, westlich des Mackenzie, die Küsten bis Point Barrow aufzunehmen. Im Osten entdeckte er die Meeresstraße, heute Simpson Strait genannt, zwischen dem Kontinent und King William Island, und damit stieß er über Franklins östlichsten Punkt hinaus. Er gelangte nach der Mündung des Back River an eine Stelle, wo er nur noch Wasser zu sehen glaubte. Diese vielleicht von Hoffnung heraufbe-

Aus der Entdeckungsgeschichte

schworene Einbildung war genauso falsch und künftig noch schwerwiegender wie Ross' Annahme, Somerset Island gehöre zum Kontinent. Auf dem Rückweg dieser über 2000 Kilometer langen Bootsreise kartierte Simpson im Sommer noch 250 Kilometer der Südküste von Victoria Island. Im folgenden Winter unternahm er mit vier Mann eine weitere Expedition. Nach einer Strecke von fast 3000 Kilometern erreichten sie Fort Garry am Red River, das heutige Winnipeg, in der Hoffnung ein Bestätigungsschreiben für die Erlaubnis weiterer Exploration vorzufinden. Trotz begeisterter Anerkennung seiner Taten lag der Regierungsbescheid noch nicht vor. Auf dem Rückmarsch soll Simpson in einem Anfall von Wahnsinn unerwartet zwei seiner Gefährten erschossen und sich darauf selbst gerichtet haben. Er war erst 31 Jahre alt.

Mit genauen Anweisungen und einem Überprogramm an wissenschaftlichen Aufgaben erkundete der hervorragende John Rae 1846/47 für die Hudson's Bay Company das letzte unerforschte Küstenstück des Kontinents zwischen Simpson Strait und Fury and Hecla Strait. Er stellte die Halbinselnatur von Boothia fest. Rae, der das Talent und die Kraft von zweien hatte, war vielleicht der erste Mann, der sich in der Arktis richtig zu Hause fühlte. Er verwendete Schlitten, die von Hunden und Menschen gezogen wurden, und baute sich Iglus als Unterkünfte. Auf der späteren Suche nach Franklin fand er 1851 den ersten Hinweis über das Schicksal dieser vermißten Expedition.

An diesem Punkt gilt es, die Ereignisse auf dem Wasser nachzuholen:

Von den napoleonischen Kriegen erstarkt, ausgerüstet mit einer mächtigen Marine, die Beschäftigung brauchte, unternahm England 1818 mit erprobten Seeoffizieren einen Zangengriff gegen die immer noch unbezwungene Nordwestpassage und das Polarbecken. William Scoresby junior, der bedeutendste Walfänger seiner Zeit, hatte berichtet, die nördlichen Gewässer wären in den vergangenen Sommern ungewöhnlich eisfrei gewesen. So wurden zwei große Schiffsexpeditionen, die überzeugt waren, sich in der heutigen Beaufort Sea zu treffen, von der Admiralität ausgesandt. Die Nordgruppe mit zwei Schiffen unter Buchnan und Franklin wurde jedoch im Eis nördlich von Spitzbergen aufgehalten und kam nicht weiter als Hudson vor zweihundert Jahren. Die Schiffe der Westgruppe unter Ross und Parry segelten durch die Davis Strait nach Norden. Sie machten Bekanntschaft mit den Thule-Eskimos, die sich zu dieser Zeit noch als die einzigen Menschen der Erde glaubten. Südwärts segelnd sah Ross den Lancaster-Sund, die Schlüsselstelle zur Nordwestpassage, hielt ihn aber für abgeriegelt, obwohl sich Parry laut späteren Aussagen vergewissern wollte. Sah Ross «Fata Morgana-Berge»? In England wurde diese Reise als Mißerfolg gebucht. Parry war seiner Sache sicher und erreichte, schon im nächsten Jahr erneut ausgeschickt zu werden. Kaum 30 Jahre alt, mit einer ebenso jungen Mannschaft, drang er durch den Lancaster-Sund vor und benannte Neuland bis Melville Island. Gut vorbereitet verbrachte er als erster den Winter auf dem Schiff und überdauerte die dunkle Jahreszeit im «Winter

Aus der Entdeckungsgeschichte

Harbour» recht angenehm: Auf dem hergerichteten Deck wurde geturnt, die Leute spielten Theater, eine Bordzeitung wurde gedruckt und die Offiziere erteilten Unterricht. Es wurden regelmäßig wissenschaftliche Beobachtungen gemacht. Als Novum zog Parry im Frühjahr mit improvisierten Karrenschlitten aus, erreichte das Nordende von Melville und nahm Teile der Küste auf. Dies bedeutete den Beginn einer fortan meist kombinierten Erforschung. Während das Schiff oft monatelang vom Eis eingeschlossen war, konnte man zu Fuß wertvolle Arbeit leisten. Aber diese Unternehmungen erforderten nicht nur eine zusätzliche Ausrüstung, sondern auch neue Talente. Dort wo 1969 der Supertanker «Manhattan» aus dem Eis befreit werden mußte, gab es auch für Parry kein Vorwärts mehr. Die McClure Strait zwang ihn zur Umkehr. Als die Schiffe durch den Lancaster-Sund heimwärts segelten, entdeckte Kapitän Sabine, daß die Magnetnadel nach Süden zeigte; man befand sich also nördlich des magnetischen Nordpols. Dennoch erhielten Parry und seine Mannschaft die von der Regierung ausgesetzte Belohnung für die Überquerung des 110.° West.

Parrys zweite Expedition, 1821–1823, führte ihn durch die südlicher gelegene Hudson Strait. Beispielhaft wurde im Winter der Kontakt mit den Eskimos gepflegt. Die Leute lernten die Kunst des Schlittenfahrens und übten sich im Gehen mit Schneeschuhen. Die wissenschaftlichen Beobachtungen wurden erfolgreich fortgesetzt. Die Auskunft der Eskimos, daß Boothia durch einen Isthmus mit dem Festland verbunden sei, wurde bestätigt.

Im darauffolgenden Sommer geriet Parry gegen das auch heute noch schwergängige Eis der nach seinen Schiffen benannten Fury and Hecla Strait. Der zweite Winter zehrte die Leute aus, und die Ärzte forderten die Rückkehr.

Ein Jahr später, auf seiner dritten Expedition, traf Parry besonders schlechte Eisverhältnisse an und verlor die «Fury», so daß er mit allen Leuten auf der «Hecla» via Lancaster-Sund heimkehren mußte. Beechey wartete 1826 vergeblich auf das vereinbarte Zusammentreffen. Durch diese und andere Mißerfolge entmutigt, verloren die Admiralität und die englische Öffentlichkeit das Interesse an der Nordwestpassage. Die wissenschaftlichen Ergebnisse zählten zu wenig, und die Hoffnungen auf einträglichen Handel mit dem Osten über die Arktisroute waren immer mehr geschwunden. Einzig der Walfang brachte Profit.

Die Initiative ging nun von privater Basis aus: 1829 bis 1833 unterstützte Felix Booth ein weiteres Unternehmen, das die Aufmerksamkeit wieder auf die Nordwestpassage lenkte. John Ross, der seit 1818 im Hintergrund geblieben war, kehrte mit seinem Neffen James Clark Ross, der unter Parry gedient hatte und sich später in der Antarktis auszeichnen sollte, mit dem ersten Dampfschiff, «Victory», in die Arktis zurück. Die Verwendung der Dampfmaschine wirkte sich aber eher nachteilig aus. Man warf sie über Bord und verließ sich wieder auf die Segel. Vier Jahre kämpften Ross und seine Leute gegen Eis und Wetter. Zwei Jahre waren sie vom Eis eingeschlossen, erkundeten aber das umliegende Land und pflegten guten Kontakt

Aus der Entdeckungsgeschichte

mit den Eskimos von Felix Harbour. James Ross fand auf einer Schlittenreise den magnetischen Nordpol. Der letzte Winter zwang Ross und seine Leute, die «Victory» aufzugeben. Mit kleinen Booten und aufgefundenen Vorräten von Parry zogen sie nordwärts, wo sie von einem Walfänger im Lancaster-Sund aufgenommen wurden. In vier Arktiswintern waren nur drei Todesfälle eingetreten. In England war Ross' Ansehen wiederhergestellt.

Eine Zeitlang wurde es wieder still auf den arktischen Gewässern. Erst 1845 übernahm John Franklin die Leitung einer großangelegten «endgültigen» Attacke gegen die Nordwestpassage, eine Aufgabe, die der um fünfzehn Jahre jüngere Ross aus Altersgründen abgelehnt hatte. Von der britischen Admiralität großzügig ausgerüstet, mit ausgewählten Offizieren und einer uniformierten Mannschaft von insgesamt 129 Mann stach er stolz auf neueingerichteten Schraubendampfern in See. Schweres Eis im Lancaster-Sund nötigte ihn zur Umschiffung von Cornwallis Island und bereits die erste Überwinterung forderte drei Todesopfer. Die drei Grabkreuze auf dem kleinen Beechey Island sind heute noch zu sehen. Nachdem sich die Schiffe im nächsten Sommer aus dem Eis befreien konnten, zwängte sich Franklin südwärts. Vor King William Island blieben die beiden Schiffe «Erebus» und «Terror» endgültig im Eisgewirr stecken. Am Ende der zweiten Überwinterung starb Franklin auf dem Schiff. Eine weitere Überwinterung an derselben Küste und verdorbene Lebensmittel zwangen die noch 105 Köpfe zählenden Mannschaften der beiden Schiffe, im April 1848 einen hoffnungslosen Todesmarsch gegen den Kontinent anzutreten. Die erschöpften Männer waren völlig unzweckmäßig ausgerüstet. Statt Jagdgewehren trugen sie silbernes Besteck mit dem königlichen Monogramm. Eskimos erinnerten sich noch lange an die hungernden Männer, von denen keiner überlebte.

Eine Suche ohnegleichen setzte ein. 1854 fand Rae einen ersten Hinweis auf die vermißten Mannschaften. Mit Hilfe von Auskünften der Eskimos von Pelly Bay und aufgefundenen Gegenständen konnte er sich ein erstes Bild der furchtbaren Tragödie machen. Lady Franklin gab sich aber damit nicht zufrieden, und unter ihrem steten Drängen wurde die Suche weitergeführt. Erst 1859 entdeckten McClintock und Hobson bei Victory Point das einzige Dokument, das jemals gefunden wurde; eine Nachricht, die Franklin am 28. Mai 1847 hinterlegen ließ.

In dieser Zeitspanne von mehr als einem Jahrzehnt erweiterten Dutzende von Suchexpeditionen die Kenntnis des arktischen Archipels. McClintock und McClure sind die bekanntesten Forscher dieser Epoche. McClintock zeichnete sich als der beste Schlittenfahrer dieser Zeit aus. McClure, von der Beringstraße herkommend, geriet an der gleichen Stelle wie Parry und viel später die «Manhattan» in Packeisgefangenschaft. Nach zwei Wintern wurden er und seine Mannschaft durch Leutnant Pim in letzter Minute gerettet. McClure hat somit als erster die Nordwestpassage bewältigt, wenn auch mit verschiedenen Schiffen und per Schlitten. Unter anderen Bedingungen hatten allerdings schon Jahrhunderte früher Dutzende, ja viel-

*Aus der Entdeckungsgeschichte*

leicht Hunderte von Eskimofamilien diesen Weg zurückgelegt. Innerhalb der großangelegten Suche nach Franklin wurden ausgezeichnete Leistungen, die sich am Rande abspielten, oft übersehen oder zumindest rasch vergessen. Daß Rae Tausende von Küstenkilometern kartierte, wird kaum erwähnt. Auch daß Collinson durch die Beringstraße bis Melville Island vordrang und nach vier Wintern und einer Weltumseglung gesund und ohne Verluste nach England zurückkehrte, nimmt in der Geschichtsschreibung, verglichen mit gewissen zum Teil selbstverschuldeten Tragödien, einen bescheidenen Platz ein.

Die spekulative und manchmal fast chaotische Suche über den ganzen Archipel ist eine Geschichte des Kampfes mit dem Eis. Aufgehalten, zurückgedrängt, zum Umweg gezwungen, festgefroren sind die stets wiederkehrenden Adjektive aller Schilderungen. Die Kenntnis des Landes war erweitert worden, doch das Meereis blieb wegen seiner Unstetigkeit, seiner Wechsel-, ja Launenhaftigkeit bis auf den heutigen Tag die große Unbekannte. Hier sollte man aber nicht vergessen, daß heute durch zahlreiche technische Errungenschaften, wie etwa das Radio, die Eisrekognoszierungsflugzeuge oder Satellitenbilder, ganz andere Bedingungen der Kommunikation herrschen. Früher waren am Ufer errichtete Steinmänner die einzige Nachrichtenverbindung. Die zufällig darin gefundene Meldung konnte über Leben oder Tod einer ganzen Mannschaft entscheiden. Ebenso zufällig wie sich Expeditionen oder Einzelpersonen in diesen endlosen Eis- und Landmassen begegneten, verpaßten sie sich manchmal um nur wenige Kilometer. Und die Zuhausegebliebenen erfuhren oft jahrelang nichts vom Schicksal ihrer Arktisfahrer.

*Weiter nach Norden*

Seit der Entdeckung der drei großen Meeresstraßen Lancaster-, Jones- und Smith-Sund durch Baffin und Bylot im Jahre 1616 wurde der Lancaster-Sund immer wieder befahren. Er galt als das am meisten versprechende Tor zur Nordwestpassage. Der Smith-Sund mußte mehr als zweihundert Jahre auf seine Erforschung warten. Erst 1818 durch Ross und 1852 durch Inglefield wurde diese nördlichste Meerstraße bestätigt und als großer Durchgang zum Norden geöffnet, der viele Schiffe und Forscher ins Verderben oder zu Ruhm bringen sollte. Der Amerikaner Elisha Kane folgte 1854 dieser Bestätigung. Die Vorstellung eines offenen, eisfreien Polarmeeres lenkte sein wissenschaftliches Interesse nach Norden. Über das «Nordwasser» drang er durch das nach ihm benannte Kane Basin in den Kennedy-Kanal vor. Mit Kane beginnt auch die Geschichte des Eskimos Hans Hendrik, der später auch Hayes, Hall und Nares begleitete und dank seiner Erfahrung mehrere Leben rettete. Hans Hendriks Erlebnisberichte wurden später von dem Dänen Henrik Rink aus der Eskimosprache übersetzt. Kane nahm den Kontakt mit den Thule-Eskimos, den schon Ross hergestellt hatte, wieder auf. Diese kleine Gruppe von Eskimos hatte sich ihre eigene Ursprünglichkeit bewahrt. Dank ihrer Eigenschaften sollten sie bei der Entdeckung der Hocharktis eine ähnlich große Rolle spielen wie die Sherpa im Himalaya.

Aus der Entdeckungsgeschichte

Getrieben von der Hoffnung auf ein offenes, eisfreies Polarmeer unternahm auch der amerikanische Arzt Isaac Hayes 1860/61 eine eigene, weniger erfolgreiche Fahrt in das gleiche Gebiet wie Kane. Auch er verdankte das Überleben seiner Mannschaft, die nach einem langen Winter durch Skorbut geschwächt war, den hilfsbereiten Eskimos. Zehn Jahre später schob der Amerikaner Charles Francis Hall mit seiner «Polaris» die Nordmarke auf 82° 11'. Auch er war ein Verfechter der Theorie des offenen Polarmeeres und hoffte den Nordpol zu erreichen. Stets begleitet von den treuen Eskimos Hans und Joe und deren Familien, unternahm Hall lange Schlittenreisen. Dabei hielt er sich an die Lebensweise der Eskimos, kleidete sich wie diese und aß rohes Fleisch. Nach zwei Jahren starb er plötzlich. Als Todesursache wurde Herzschlag angegeben. Lange Zeit wurden alle Hinweise aus Tagebüchern verheimlicht. Schließlich wurde 1968 die gut erhaltene Leiche Halls aus ihrer kalten Ruhestätte geholt, und man stellte eine Arsenvergiftung fest. Unwillkürlich stellt sich hier die Frage nach dem unbekannten Arktisgeschehen. Was wissen wir wirklich? Was sind nur Vermutungen? Nach dem Tod dieser Vaterfigur begann eine dramatische Leidensgeschichte. Kapitän Buddington sollte die Mannschaft zurückführen. Als die «Polaris» endlich vom Eis freigegeben wurde, schlug ein Sturm das lecke Schiff gegen eine Packeisscholle. Ein Teil der Mannschaft war bereits auf das Eis geklettert, als die «Polaris», von einer Böe gepackt, in der nebligen Nacht davontrieb. Während die an Bord Verbliebenen später strandeten, steuerten neunzehn Menschen, darunter der Steuermann Tyson und die zwei Eskimofamilien, auf einem Eisfeld dem Winter entgegen. Es war der 15. Oktober. Tyson beschrieb diese unglaubliche Drift in seinem Tagebuch. Ohne die Eskimos Hans Hendrik und Joe wäre niemand am Leben geblieben. Drei Iglus wurden errichtet und mit den glücklicherweise vorhandenen Kajaks ging man auf die Jagd. Nach 83 Tagen war endlich das Dunkel der Polarnacht vorüber. Mit einer Driftgeschwindigkeit von 47 Kilometern pro Tag gerieten sie in immer südlichere Gewässer, vorbei an Baffin Land in Richtung Labrador. Das ursprünglich mehrere Quadratkilometer große Eisstück wurde merklich kleiner. Als am 1. April ein Spalt mitten durch ein Iglu aufbrach, mußten die neunzehn Menschen ihre noch 170 Quadratmeter große Eisinsel verlassen. Alle Vorräte zurücklassend, ruderten sie in einem Acht-Mann-Boot auf eine andere Scholle. Zwei Schiffe segelten an ihnen vorbei, bis sie schließlich von einem dritten gerettet wurden. Am 30. April 1873, unmittelbar vor dem Einsetzen eines Sturmes, der Vernichtung bedeutet hätte, fand die 2100 Kilometer lange Drift ein glückliches Ende.

Die Berichte von Kane und Hall hatten zur Folge, daß amerikanische Walfänger in diese ergiebigen nördlichsten Gewässer zogen. Auch die Engländer begannen sich erneut für dieses Gebiet zu interessieren. Im klassischen Stil der englischen Tradition ausgerüstet, zog Nares 1875 mit seinen Schiffen durch den Smith-Sund nach Norden. Der Eskimo Hans Hendrik war wieder dabei. Die «Alert» gelangte weiter nach Norden als je ein Schiff zuvor. Wieder litt die Mann-

*Aus der Entdeckungsgeschichte*

schaft wegen falscher Ernährung an Skorbut. Mit eigensinnigem Mut und Tapferkeit wurden dennoch Schlittenfahrten entlang der Nordküste von Ellesmere Island bis Yelverton und der Grönlandküste bis Osborn unternommen. Leutnant Markham gelang sogar ein Vorstoß per Schlitten über rauhes Packeis bis 83° 20′ Nord. Trotz der Fülle geographischer Entdeckungen und wissenschaftlicher Ergebnisse, die diese Expedition gebracht hatte, beteiligten sich die Briten nicht mehr am Wettlauf zum Pol. sondern bemühten sich künftig stärker um die wissenschaftliche Erforschung der Arktis.

Nach seiner erstaunlichen Drift in der «Tegethoff», die 1872–1874 zur Entdeckung von Franz-Josef-Land führte, erkannte der Österreicher Carl Weyprecht, daß die Polarforschung nur durch internationale Zusammenarbeit vorangetrieben werden konnte. 1882/83 rief er das erste Polarjahr ins Leben. Neben vier Antarktisstationen wurden elf bemannte zirkumpolare Stationen in der Arktis errichtet.

Ein amerikanischer Beitrag zu diesem Großunternehmen war die Errichtung von Fort Conger, an der Lady Franklin Bay im nördlichsten Ellesmere Land, durch Leutnant Greely. Von hier aus versuchte Lockwood mit einem Eskimo den Nordpol zu erreichen. Es ist bezeichnend, daß dem dabei erkämpften temporären Nordrekord wichtigere Bedeutung beigemessen wurde, als allen während zwei Wintern gesammelten wissenschaftlichen Daten. – Als der Nachschub für Greely und seine Leute auch nach der zweiten Überwinterung nicht eintraf, ereignete sich erneut eine furchtbare Tragödie in der arktischen Geschichte. Sie wirft vielleicht auch ein Licht auf viele unbekannte Schicksale früherer Expeditionen. Die Katastrophe hätte vermieden werden können, wenn Greely sich auf der Ostseite des Kane Basin zurückgezogen hätte. Dort hätte er die hilfsbereiten Thule-Eskimos getroffen. Er wurde aber in einem extrem schlechten Jagdjahr auf der Nordwestseite des «Nordwassers» zu einer unvorhergesehenen Überwinterung gezwungen. In einer provisorischen Unterkunft trieben Hunger, Kälte und Wahnsinn Greelys Leute in einen langsamen Tod. Einer der Männer beklagte sich über seine grauenhaft schmerzenden Füße, die man ihm schon vor Tagen amputiert hatte. Mehrmals geschah es, daß einer beim Erwachen neben sich einen steifen Körper im gemeinsamen Schlafsack vorfand. Der stärkste Mann wurde schließlich erschossen, weil er wiederholt von den letzten Vorräten gestohlen haben soll – oder hatte er von den Toten gegessen, was Greelys militärisches Ehrgefühl nicht wahrhaben wollte? Gegen Ende Juni 1884 fand endlich das Ersatzschiff «Thetis» seinen Weg zu Greelys Lager und rettete in letzter Stunde von den ehemals fünfundzwanzig Mann noch sieben, die sich alle nicht mehr bewegen konnten. – Die Schuld an diesem entsetzlichen Unglück trugen nicht zuletzt auch die verantwortlichen Instanzen im Süden, die die Aussendung einer Hilfsexpedition hinausgezögert hatten.

*Auf zum Nordpol!*

Die ersten Versuche, den Nordpol zu erreichen, leitete noch der Wunsch, einen kurzen Weg nach China zu finden. Hierzu gehören die Expeditionen von Phipps im Jahre 1773, Scoresby 1806, Buchnan

## Aus der Entdeckungsgeschichte

1818 und Parry 1827. Sie alle versuchten, in der Gegend von Spitzbergen mit ihren Segelschiffen durch das Packeis zu gelangen, und mußten aufgeben. Parry folgte der neuen Idee von Scoresby, mit Bootsschlitten – Boote mit Stahlkufen – über das Eis und durch offene Gewässer den Nordpol zu erreichen. Mit siebenundzwanzig Mann zog er 61 Tage lang nordwärts, mühte sich täglich zwölf Stunden ab und wurde während der Ruhestunden von der Eisdrift wieder nach Süden getragen. 1600 Kilometer hatte er in dieser Tretmühle zurückgelegt und war dabei doch nicht mehr als 270 Kilometer von seinem Schiff weggekommen.

Im Gefolge dieser frühen Entdeckungen kamen zahlreiche Walfang-Expeditionen bis an den Rand des Packeises und begannen ihr einträgliches Geschäft. Aber es war immer noch ungeklärt, ob das Gebiet am Nordpol aus Land oder Wasser bestand. Auch die Vorstöße von Nares und Greely vermochten diese Frage nicht zu beantworten.

Eine indirekte Antwort gab das tragische Schicksal der «Jeannette». Der amerikanische Marineleutnant de Long, unterstützt durch den New Yorker Zeitungsmagnaten Gordon Bennett, versuchte 1879 mit zweiunddreißig Mann den Nordpol von der Beringstraße aus zu erreichen. Er hoffte, einer falschen Hypothese folgend, entlang den Küsten eines sich nordwärts erstreckenden Landes zum Pol zu kommen. Das Schiff fror jedoch bald im Polarmeer-Packeis fest und driftete während insgesamt zwanzig Monaten langsam und hilflos nach Nordwesten. Nahe der Ljachow-Inseln wurde es durch Eisdruck völlig zertrümmert. Auf einem 141 Tage dauernden leidvollen Rückzug zum Lenadelta in Sibirien kamen de Long und die Mehrzahl seiner Leute ums Leben. Einige Überreste der gesunkenen «Jeannette» wurden nach dreijähriger Drift vor der westgrönländischen Küste gefunden. Sie gaben den Anlaß zu der wohl berühmtesten Poldriftfahrt aller Zeiten, Nansens «Fram»-Expedition.

Als 23jähriger las der Norweger Fridtjof Nansen den Bericht über die Auffindung der «Jeannette»-Überreste. Im Frühjahr 1893 waren seine Pläne für eine Nordpoldrift ausgereift und die speziell gegen Eisdruck konstruierte «Fram» fertiggebaut. Mit seinem Grönlandgefährten Otto Sverdrup ließ er das Schiff westlich der Ljachow-Inseln einfrieren. Als Nansen nach der zweiten Überwinterung im Eis erkannte, daß er zu weit westlich begonnen hatte und am Pol vorbeitreiben würde, überließ er die «Fram» Sverdrup und zog mit dem Gefährten Johansen, Hunden, Schlitten, Kajaks und Proviant für hundert Tage Richtung Pol. Nördlich des 86. Breitengrades wurden sie durch das vor ihnen liegende Chaos von Eisblöcken zur Umkehr gezwungen. Dieser Rekord wurde 1900 von dem Italiener Cagni, dem es gelang, wenige Kilometer weiter vorzustoßen, gebrochen. Ende August erreichten Nansen und Johansen Franz-Josef-Land, überwinterten während acht Monaten in einer Steinhütte und lebten von der Jagd. Im Frühjahr trafen sie zufällig auf die Expedition des Engländers Jackson. Die «Fram» mit Sverdrup wurde nach fast dreijähriger Drift bei Spitzbergen vom Eis freigegeben und kehrte reich an wissenschaftlichen Daten nach Norwegen zum Treffen mit Nan-

Aus der Entdeckungsgeschichte

sen zurück. In den Jahren 1900 bis 1914 konzentrierte sich Nansen auf die meereskundliche Erforschung des Nordatlantik. Noch heute benutzen die Ozeanographen die von ihm entwickelte Nansenflasche. Nach dem Ersten Weltkrieg wandte er sich humanitären Aufgaben des Völkerbundes zu und machte sich besonders um Gefangene verdient. Er wurde mit dem Friedensnobelpreis ausgezeichnet.

Sverdrup behielt die «Fram» und kartierte zwischen 1898 und 1902 zusammen mit dem Geologen Peter Schei, dem Botaniker Simmons, dem Zoologen Bay, dem Landvermesser Isachsen und Leutnant Beaumont mehr als 250000 Quadratkilometer Neuland im nördlichsten Teil des Kanadischen Arktischen Archipels. Sie nahmen die Westküste von Ellesmere Land auf und entdeckten Axel Heiberg Island sowie die beiden Ringnes Islands. Sverdrups Forschungsergebnisse wurden von der kanadischen Regierung für die Summe von 67000 Dollar erworben, und Norwegen erklärte, dafür keine Hoheitsansprüche auf diese riesige Inselwelt, die Sverdrupgruppe, zu stellen.

In der Zeit um die Jahrhundertwende dominierten in der Arktis neben Nansen zwei Forscherpersönlichkeiten: der Norweger Roald Amundsen und der Amerikaner Robert Peary. Dem vielseitigen Amundsen gelang zwischen 1903 und 1906 in der kleinen «Gjöa», mit nur sechs Mann Besatzung, die erste Bezwingung der Nordwestpassage in der Ost-West-Richtung. Drei Winter wurden mit wertvollen wissenschaftlichen Beobachtungen verbracht und der seit der Entdeckung durch James Ross (1829–1833) stark verschobene magnetische Pol neu vermessen. Robert Pearys Ambitionen galten dem Nordpol. Wie vor ihm seine Landsleute Kane und Hall paßte auch er seine Lebensweise völlig derjenigen der Eskimos an. Auf zwei Überschreitungen des allernördlichsten Teiles der grönländischen Eiskappe (1892 und 1895) bewies er außergewöhnliche Leistungsfähigkeit und sammelte Erfahrungen für die Fahrt zum Pol. Nach 1900 galten alle Anstrengungen Pearys nur noch der Erfüllung dieses persönlichen Ehrgeizes und dem nationalistisch gefärbten Wettstreit zur Erreichung dieses mathematisch-geographischen Punktes. Am 6. April 1909 stand er mit dem Neger Matthew Henson und vier Eskimos am Ziel. Es liegt in der Natur der Sache, daß noch heute Zweifel an dieser nicht gänzlich überprüfbaren Tat bestehen. Einerseits benötigte Peary, trotz seines beinahe rücksichtslosen Einsatzes von Eskimos, eine erstaunlich kurze Zeit, um die zweimal 800 Kilometer über das Eis vom Kap Columbia im nördlichsten Ellesmere Land und zurück zu bewältigen. Anderseits gibt es den Bericht von Frederick Cook, der für sich beansprucht, bereits ein Jahr vorher von der Nordspitze von Axel Heiberg Island den Pol erreicht zu haben. Cook war ein fanatischer Mensch im doppelten Sinne des Wortes, und es war deshalb leicht, seine Tat zu bezweifeln. Man kennt aber auch Pearys äußerst ungenaue Beobachtungen, und so halfen selbst internationale Gutachten nicht, diesen Streit endgültig zu schlichten. Peary hat heute mehr Befürworter auf seiner Seite.

*Grönland geht voran*

Seit der Zeit von Egede, dem Apostel von Grönland, ließ sich in der Erschließung dieser größten Insel der nördlichsten Hemisphäre eine Richtlinie erkennen, die nicht in einem Fernziel – China, Nordpol – endete, sondern Grönland selbst betraf. Vorerst ging es um den reichen Walfang an seinen langen Küsten, den sich die Dänen, Holländer und Engländer mit wechselndem Erfolg streitig machten. Im 18. Jahrhundert beschäftigten britische Kaufleute zeitweise mehr als 250 Walfänger in diesen Gewässern. 1777 wurden zwölf Schiffe gleichzeitig im Packeis eingeschlossen und bis auf eines zermalmt. Auch dieses letzte Schiff sank. Nur wenige Leute der Schiffsbesatzungen konnten sich an der Südspitze beim Kap Farewell auf eine Eisscholle retten. Der gefährliche Walfang brachte aber nicht nur große Gewinne, sondern half auch bei der Erforschung des Landes. Die beiden britischen Walfängerkapitäne Vater und Sohn Scoresby reihen sich unter die eindrücklichsten Forscher- und Führernaturen der Arktisgeschichte. Scoresby jun. entdeckte und beschrieb 1822/23 mit wissenschaftlicher Genauigkeit Landschaften, Pflanzen, Tiere und Überreste ehemaliger Behausungen eines weit über tausend Kilometer langen Küstenstrichs in Nordostgrönland. Nach dieser Fahrt schrieb er sich an der Universität Cambridge ein und veröffentlichte später mehrere Abhandlungen über Erdmagnetismus.

Mit der Gründung des «Dänischen Komitees zur geographischen und geologischen Erforschung Grönlands» im Jahre 1876 wurden auf allen Gebieten der Naturwissenschaft systematisch Beobachtungen eingeleitet, die beispielhaft in die Neuzeit überführen. Weit über hundert Expeditionen wurden unter dem Patronat dieser Organisation ausgesandt.

Die Dänen, die wie die Grönländer lange Zeit auf der arktischen Bühne eine Nebenrolle spielten, begannen sich nun vor allem im Osten und Norden, also in den unzugänglichsten Teilen des Landes, stark zu engagieren. Ihre Entdeckungsreisen, oft mit primitiven Mitteln durchgeführt, brachten erstaunlich gute Ergebnisse. Ein Großteil dieser wissenschaftlichen Resultate wurde in dem vielbändigen Werk «Meddelelser om Grønland» publiziert. Trotz der enormen Schwierigkeiten ereigneten sich nur wenig Unfälle. Die Dänen hatten sich offenbar die Erfahrungen eines Nordenskiöld, Nansen oder Amundsen zunutze gemacht. Nansens berühmte Überquerung des Inlandeises im Sommer 1888 mit Ski und Schlitten, dem noch heute benutzten Nansenschlitten, hat der Arktisforschung neue Wege gewiesen.

1829 führte der Marineleutnant V.A. Graah mit vier Dänen eine Expedition nach Ostgrönland durch. Auf diese Reise nahm er fünf Grönländer und zehn Grönländerinnen mit, dazu Kajaks und Umiaks (Frauenboote). Graah pflegte engen Kontakt mit den Eingeborenen. Auch Gustav Holm suchte auf seiner Dänischen Umanak-Expedition 1844 und bei seinen späteren Besuchen die Nähe der Eingeborenen-Bevölkerung. 1894 gründete Holm die ostgrönländische Kolonie Angmagssalik. Knud Rasmussen, in Grönland geboren und aufgewachsen und selbst Halbbluteskimo, begegnete zu Beginn unseres Jahrhunderts den rund 200 Thule-Eskimos. Rasmussen

Aus der Entdeckungsgeschichte

lebte über zwei Jahre mit ihnen und gründete 1909/10, weil die Dänische Regierung zögerte, auf eigene Kosten die «Cape York Station Thule», die zum Ausgangspunkt seiner weltberühmten Thule-Expeditionen werden sollte. Der später als Eskimo-Schriftsteller bekannte Peter Freuchen war sein erster Stationsverwalter.
Inzwischen hatte sich in Nordostgrönland ein weiteres Unglück abgespielt: Mylius-Erichsen, der Leiter der Dänemark-Expedition 1906 bis 1908, der Geologe Hagen und der Grönländer Brönlund hatten sich auf einer Erkundungsfahrt nach dem von Peary angeblich entdeckten Kanal zwischen dem Nordende des Grönlandeises und dem heutigen Peary Land zuviel zugemutet. Sie starben auf dem Rückweg an Erschöpfung. Brönlund, der sich mit erfrorenen Füßen bis zu einer Depothöhle schleppen konnte, wurde im darauffolgenden Frühling steifgefroren aufgefunden. Hagens Karte und Brönlunds Tagebuch in Eskimosprache lagen in einer Flasche verwahrt zu seinen Füßen und gaben Aufschluß über das Geschehene. Daß die große und erfolgreiche Forschungsarbeit der Dänemark-Expedition Mylius-Erichsens ihre volle Bedeutung erhielt, ist der drei Jahre dauernden Suchexpedition Ejnar Mikkelsens und Iversens zu verdanken. Auf ihrem entbehrungsreichen Rückweg gerieten die beiden aber in Gefahr, ein ebenso tragisches Ende zu nehmen. Als Knud Rasmussen von der Gefahr, in der sein Freund Mikkelsen schwebte, erfuhr, brach er sofort zu einer Rettungsaktion auf. 1000 Kilometer Hundeschlittenfahrt führten ihn von Thule über das Inlandeis an die Ostküste. Es war die erste seiner insgesamt sieben Thule-Expeditionen. Mit Hundeschlitten bereiste er von Thule aus das Land der Eskimos vom Bering- bis zum Grönlandmeer. Die fünfte Thule-Expedition, die er bescheiden «die lange Schlittenreise» nannte, war nichts weniger als die Landbegehung der Nordwestpassage; sie führte ihn von der Hudson Bay zum Pazifik und dauerte von 1921 bis 1924. Für das National-Museum in Kopenhagen stellte Rasmussen eine Kollektion von 15 000 Kulturgegenständen der Eskimos zusammen. Sein mehrbändiges Werk, das sehr eindrücklich die Lebensweise der Eskimos beschreibt, zeugt von der Arbeit eines großen Anthropologen und Menschenfreundes. Er lebte die Sitten und Bräuche der Eskimos und sah dabei auch ihr Glück und ihre Tragik. Trotzdem war er in der Lage, eine objektive Darstellung zu vermitteln. Er wußte, daß sich das Leben der Eskimos, das ja auch das seine war («Gebt mir Winter und Schlittenhunde, den Rest könnt ihr behalten»), bald ändern würde, sagte er doch: «Ich begrüße die Fliegerei in der Polargegend, doch ich lobe mir mein Schicksal, welches mich auf die Welt kommen ließ, als die Erforschung der Arktis mit Schlittenhunden noch keine Angelegenheit der Vergangenheit war.»
Dieser Schritt in die Neuzeit wurde von Rasmussens Begleiter, dem Kartographen und Geologen Lauge Koch, begrüßt. Wohl führte auch er noch dramatische Schlitten-Expeditionen, wie beispielsweise die von 1920 bis 1923 dauernde Kartierungsreise rund um Nordgrönland, mit Rückkehr über das Inlandeis nach Thule, durch. Danach stellte sich Koch in den Dienst der geologisch-erdwissenschaftlichen Erforschung Nordostgrönlands mit Hilfe von Flugzeugen und Motor-

Aus der Entdeckungsgeschichte

booten. Nur durch den Zweiten Weltkrieg unterbrochen, vollbrachten er und mehrere hundert Mitarbeiter bis zum Ende der fünfziger Jahre ein wissenschaftliches Werk, das mehrere Dutzend Bände der «Meddelelser om Grønland» umfaßt und in vielen Belangen richtungweisend wurde für die moderne Erforschung der Arktis.

Angeregt durch die Ideen der Internationalen Polarjahre 1882/83 und besonders 1932/33 wuchs das Interesse für die Arktis in neue Dimensionen hinein. Neben Geologie traten Wetter- und Klimakunde, Geomagnetik, Schnee- und Eisforschung an die Stelle der rein geographischen Entdeckung von Neuland. Wiederum wurden wegweisende Anfangserfolge in Grönland errungen. Meilensteine dieser Entwicklung sind J.P. Kochs erste Überwinterung auf dem Inlandeis (1912/13), während der eifrig atmosphärische und glaziologische Studien durchgeführt wurden und die deutsche Grönland-Expedition (1930/31) von Alfred Wegener, der schon J.P. Koch begleitet hatte. Wegener errichtete eine Forschungsstation auf der nahezu 3000 Meter über Meer gelegenen Kulmination. Auf «Eismitte» überwinterten ein Meteorologe und ein Glaziologe 400 Kilometer vom Eisrand entfernt. Für den Transport setzte Wegener einen Propeller-Motorschlitten ein, der aber bald versagte. So waren er und sein Eskimobegleiter gezwungen, zu Beginn des Einwinterns Vorräte per Hundegespann in einem vierzig Tage dauernden Marsch nach «Eismitte» zu bringen. Auf dem Rückweg kamen sie ums Leben.

Unser Wissen vergrößert sich fast exponentiell, je mehr wir uns der Gegenwart nähern. Eine Fülle von Fachliteratur steht zu unserer Verfügung. Es gälte, Vilhjalmur Stefansson, den Verfechter einer «friendly Arctic» und Experten im «living off the land» zu erwähnen. Er ist zwar mit seinen Ideen zu spät gekommen; er hätte sie den britischen Marineoffizieren früherer Jahrhunderte beibringen sollen; im 20. Jahrhundert, das langsam zu einem Umweltbewußtsein erwacht, wirkte er kontraproduktiv. Und es gälte auch, auf all die wissenschaftlichen Driftstationen der Russen und Amerikaner einzugehen, die, der Idee Nansens folgend, fast jede Strecke des Polarmeeres überschwommen haben. Und mit Salomon August Andrée begann 1897 die Entwicklung der Polarfliegerei. Heute ist das Flugzeug aus der Arktis nicht mehr wegzudenken. Doch dies ist Teil der technisch und naturwissenschaftlich orientierten Entwicklung der Gegenwart, die nur insofern hierher gehört, als 1948 die drei letzten Inseln der kanadischen Arktis durch Luftphotographie entdeckt wurden. Über diesen Fortschritt und über die Phasen der militärischen und wirtschaftlichen Entwicklung wird an anderer Stelle berichtet.

In diesem Abriß der ereignisreichen Geschichte der Arktis lag der Akzent auf der Darstellung der Entdeckung und Erforschung der kanadischen Arktis und Grönlands. Die Geschehnisse in Eurasien, Spitzbergen und Alaska wurden nur am Rande erwähnt. Doch selbst in dieser Beschränkung bleibt vieles unvollständig und sind gewisse Ereignisse überbetont. Auch ließ es sich nicht vermeiden, daß die Auswahl der dargelegten Fakten durch eine persönliche Auffassung und letztlich durch eigene Lebenserfahrung gesteuert wurde.

# Zu Fuß durch das nördlichste Grönland – Peary Land

*Juli 1953: Mit großen Plänen und viel Fronarbeit beginnt wiederum eine dänische Ostgrönland-Expedition unter der Leitung des erfahrenen Grönlandforschers Dr. Lauge Koch. Zwei Versorgungsschiffe, «Jupiter» und «Polarstar», liegen vor der idyllischen Basisstation Ella-Ø inmitten der schönsten Fjorde der Welt vor Anker. Sie sollen ihre Ladung – Proviant für die im nächsten Jahr stattfindende Expedition – so rasch als möglich löschen, denn draußen vor der berüchtigten Ostküste liegt sehr viel Treibeis. Die ungeübten Studentenmuskeln schmerzen vom Fässerrollen. Die Säcke mit den Trockenfischen für die Polarhunde stinken sehr, selbst für die Nase eines Bauernsohnes. Unsere übergroßen Lederhandschuhe sind zu tranig; wir werfen sie weg und riskieren, daß Holz- oder Eisensplitter in die Hände eindringen. Dabei kann eine noch so geringe Verletzung alle unsere Pläne für diesen Polarsommer gefährden. Erdi, ein Basler Geologe, und ich besprechen in jeder freien Minute die «Operation Nord-Nord» und den Fußmarsch zum Kap Morris Jesup. Sobald das isländische Katalina-Flugboot eintrifft, werden wir zusammen mit vier Engländern 1000 Kilometer weiter nach Norden zum Centrum-Sø in Nordgrönland fliegen. Von dort soll es zu zweit in dem mitgeführten einmotorigen Norseman-Wasserflugzeug über den geheimen Militärflugplatz «Nord» noch weitere 360 Kilometer zum nördlichsten Fjord, mit genügend offenem Wasser zum Landen, weitergehen. Die Norseman-Piloten sprechen nur von der «Operation S.P.» ( = sløve padde = faule Kaulquappe); sie sind von diesem Abenteuer nicht so begeistert. Trotzdem starten wir am 30. Juli von Ella-Ø und am 1. August vom Centrum-Sø. Nur mit großer Mühe hebt die überladene Maschine vom Wasser ab. Bei tiefroter Mitternachtssonne wird auf Station «Nord» nochmals aufgetankt, und beim Start steht die ganze «Nord»-Besatzung am Ufer. Die dicken Wolkenbänke im Norden versprechen wenig Gutes. Sie zwingen unseren Piloten Hans Lunding, auf nur 200 Meter über See zu fliegen. Es wird böig, und ich spüre die Luftkrankheit trotz Dramamin. Die Wolkenbänke rücken immer näher zusammen. Kurzfristig verhindern Nebelschwaden die notwendige Bodensicht. Ohne sie ist mit diesem Flugzeug und den skizzenhaften Karten nicht weiterzukommen. Doch wir haben Glück: Um 02.30, am 83. Breitengrad, beim Einbiegen in den Frederick E. Hyde Fjord, ist der Himmel klar und das Wasser unter uns fast eisfrei. Dr. Lauge Koch kennt sein Nordland. Bereits vor dem Abflug von Ella-Ø sagte er uns genügend offenes Wasser für eine Landung in Peary Land voraus. Vor vielen Jahren, auf einer seiner Pionierreisen per Hundegespann, gab er der Gegend, in der wir am 2. August um 03.30 landen, den Namen Grønemarken. Sehr grün kommt es uns zwar nicht vor, als wir, am Ufer stehend, das Flugzeug als winzigen Punkt am Morgenhimmel verschwinden sehen. Allein bleiben wir mit einem bescheidenen Häufchen von Ausrüstung, Proviant und wissenschaftlichen Geräten zurück. Von weit weg rufen einige Schneegänse. Am Ufer rennt ein Strandläufer. Eine Raubmöwe attackiert kreischend in unablässigen Sturzflügen; mit dem Fernglas erkennen wir, daß sie einen jung aussehenden Polarfuchs angreift, der im kühnen Luftsprung jedesmal den Gegner zu haschen versucht.*

*Nach der 12.00 Uhr Wetterbeobachtung marschieren wir ab, lassen Notproviant für acht Tage, den wir wegen der Wölfe und Bären mit schweren Steinen zudecken, am Ufer zurück. Den Rest unserer Sachen nehmen wir auf zwei Rucksäcke verteilt mit: Zelt, Schlafsäcke, Gewehr und Munition, Steigeisen, Pickel und Seil, Turnschuhe zum Überqueren der eiskalten Flüsse, Reservewäsche und die mit Brennsprit gefüllte Luciaflasche für den Kocher.*

## Zu Fuß durch das nördlichste Grönland – Peary Land

*Auf dem Marsch gegen Norden wird jede Pflanzenart registriert. Fast alle der Wegbegleiter, die wir von langen Märschen früherer Arktis-Sommer in Ostgrönland kennen, begegnen uns wieder: mehrere Steinbrech-Arten, die Glöckchenheide und die Dryas (Silberwurz), der gelbe Mohn und seine weiße Abart, der Schachtelhalm und der Sauerampfer, das Wollgras und der Hahnenfuß, das Läusekraut und der Knöterich, Pilze, Moose, Flechten. Bis zum ersten Lagerplatz – jenseits des Gletschers, der von Osten seine Piedmontzunge quer ins Tal herausstreckt – haben wir bereits 23 Blütenpflanzenarten gezählt. Auch die Mücken plagen uns wieder, und die Schneefinken umkreisen neugierig den ungewohnten Besuch, der hier ein Zelt aufschlägt und Pemmikan zu kochen beginnt. Dieses arktische «Universalfutter», mit Selleriesuppe gewürzt und mit Nudeln und Käse als Eintopfgericht zubereitet, belebt nach achtstündigem Lastenschleppen die Geister wieder.*

*Vom «Pemmikan-Camp» gegen Norden wird das weite Tal durch einen breiten Gletscher beherrscht, der an der Zunge in einem über 30 Meter hohen Eiskliff ohne Moräne endet. Erst einige Kilometer talaufwärts erlaubt eine Seitenmoräne einen mühsamen, zeit- und kräfteraubenden Aufstieg auf den Gletscher. Eisklettern mit 35 Kilogramm Last am Rücken macht wenig Spaß. Was beim Anmarsch aus der Ferne wie eine spiegelglatte weiße Oberfläche, auf der man tanzen könnte, aussah, erweist sich an Ort und Stelle als eine wild-belebte Hügellandschaft aus Eis. Schmelzbächlein haben sich bis auf das smaragdgrüne Blankeis durchgefressen. Weit schlimmer aber sind die meist kreisrunden Löcher, 1 bis 80 Zentimeter im Durchmesser und 4 bis 50 Zentimeter tief, mit schwarzem Bodensatz und Wasser gefüllt. Der Glaziologe nennt sie Kryokonitlöcher, und der schwerbeladene Gletscherwanderer verwünscht sie nach anfänglichem Interesse mehr und mehr. Mit jeder Stunde, die wir langsam gegen Norden höher steigen, werden diese Löcher heimtückischer. Durch eine trügerische dünne Eisschicht, mit einem Hauch von frischem Schnee getarnt, werden sie zu bösen Fußfallen. Unser Marsch wird zur Qual. Nicht nur, weil wir beide die Schuhe längst voll Wasser haben, sondern auch, weil wir mit jedem Schritt riskieren, einzubrechen und flach hinzufallen. Als wir auf 600 Meter über Meer in knöcheltiefen, aufgeweichten Firn geraten, wissen wir, daß wir die berüchtigte «plaine morte» erreicht haben. Mühsam nähern wir uns einem weit offenen Paß, dem «Polkorridor», der uns den Ausblick nach Norden, vielleicht zum Polarmeer, bieten soll. Doch Nebelschwaden und leichtes Schneegestöber machen das mit der Karte im Maßstab von 1:1 Million ohnehin unzuverlässige Navigieren zu einem wahren Geistesspuk. Meine sonst minutiös genauen Tagebuchnotizen setzen für mehrere Stunden aus, bis uns plötzlich auf der Nordseite ein Silberstreifen und bald darauf der Blick auf tiefverschneite Berge die Gewißheit geben, daß wir den Paß wirklich überschritten und uns nicht im Kreise gedreht haben. In traumhaft schöner Abendbeleuchtung liegt die nördlichste Gebirgslandschaft vor uns. Stundenlange Schinderei ohne die üblichen Marschhalte ist vergessen. Wir setzen uns auf die Rucksäcke und genießen die Entspannung und die große Ruhe des Nordens. Langsam wird es kalt, eine leichte Bise setzt ein. Wir kommen gut voran; der Rucksack gibt fast angenehme Wärme am Rücken. In weniger als einer Stunde sind wir auf Blankeis, in der nächsten Stunde legen wir gute fünf Kilometer zurück. Der Nordwind wird bissiger, und die Gräben der Oberflächengewässer werden tiefer und breiter. Neue Schwierigkeiten warten auf uns. So schnell wie möglich wollen wir an den Rand des Gletschers traversieren, um auf dem Trockenen zu kampieren, denn es ist bald Mitternacht. Aber* wir befinden uns auf der falschen Seite eines Flusses, der während der letzten halben Stunde rasch größer geworden ist. Ratlos halten wir an. Ich wage einen Sprung mit Anlauf; die Wucht der Last zwingt mich in die Knie, wirft mich nach vorne, der Rucksack schlägt mir ins Genick, und mit dem Gesicht lande ich auf dem Eis. Das Blut fühlt sich warm an, aber die Nase ist noch am richtigen Ort. Erdi ist vorsichtiger; er demontiert seine Packung und wirft sie Stück für Stück zu mir herüber. Der teuflische Zufall will es, daß sich beim Schleuderwurf das geologische Feldbuch aus der Kartentasche befreit und im Fluß verschwindet. Beim Abfangen des Gewehres reagiere ich ungeschickt, der Schaft bricht entzwei; wir hoffen nur, daß es noch schießt. Eine halbe Stunde später stehen wir an einem noch weit größeren Fluß, doch einige hundert Meter weiter flußaufwärts entdecken wir die Reste einer Eisbrücke. Wir benutzen sie als Sprungbrett und versprechen uns danach gegenseitig, daß wir «es» nie wieder tun werden. Die Randkluft des Gletschers, deretwegen wir uns seit Stunden Sorgen gemacht haben, erweist sich als harmlos. Das Stufenschlagen bleibt uns erspart, die Steigeisen genügen. Bei einem idyllisch gelegenen Gletschersee mit einer fast grünen Matte kommen wir heraus.

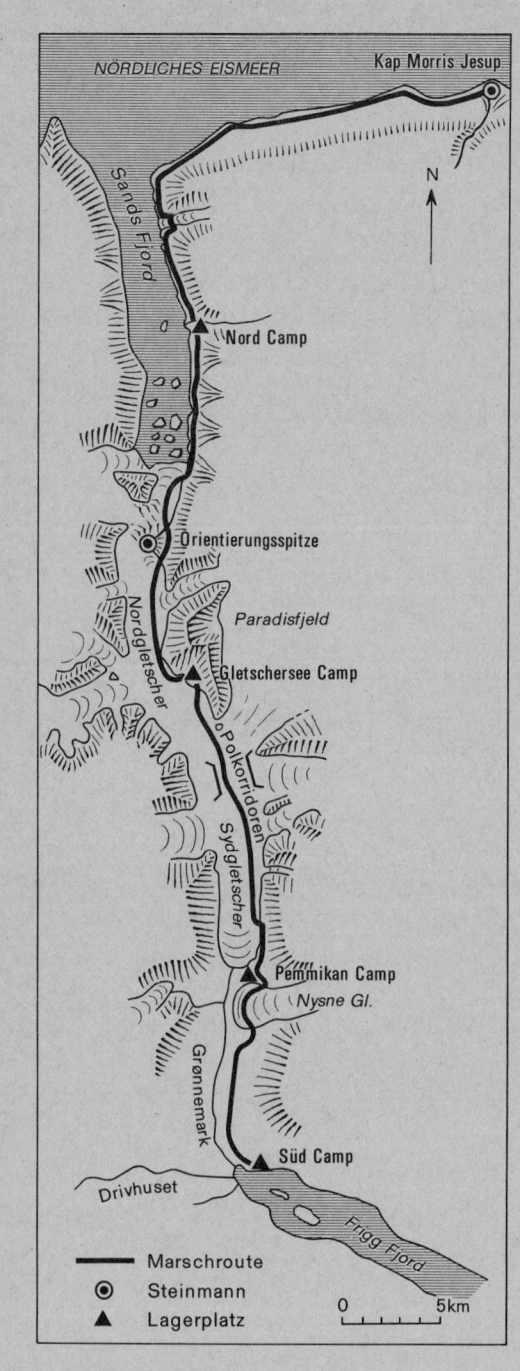

5. August, 03.00. Der Himmel ist wolkenlos, die Mondsichel und herrliche Berge spiegeln sich matt auf dem glatten Neueis des Gletschersees. Wir haben unser Lager aufgeschlagen, und inzwischen brodelt die Suppe mit Reis, Dörrgemüse und drei großen Löffeln Butter als Spezialzugabe im offenen Zelteingang. Während Erdi die geologischen Profile, die im Gletscherbach davonschwammen, aus dem Gedächtnis ins Reserve-Feldbuch zeichnet, ergänze ich die kargen Notizen zum vergangenen «Großkampftag»: Auf dem Gletscher haben wir Teile eines Moschusochsen und mehrere Lemmingskelette gesehen. Für die markantesten Berge erfinde ich Namen, denn sie sollen ja alle noch von keinem Menschen gesehen worden sein. Verdächtig ist nur, daß wir auf dem Gletscher ein meterlanges Stück ausgefranster, ausgebleichter Schnur fanden... aus einem Flugzeug gefallen? Oder sind wir vielleicht doch nicht die ersten Menschen in diesem Tal?

Kurz vor 12.00, rechtzeitig zum «Wettermachen», weckt uns ein Hermelin. Es hüpft aufs Zelt und beschnuppert unsere Schuhe, die zum Trocknen auf der Sonnenseite hängen. Meine Nase schmerzt. Wir errichten ein Proviant- und Materialdepot für den Rückmarsch, verbessern die Karte, skizzieren, messen, zeichnen die wichtigsten Bergspitzen ein und errechnen 2000 Meter für die höchste Erhebung. Eine Hummel macht ihren Mittagsflug und besucht die leuchtendgelben Papaverus und die violetten Saxifraga. – Heute wollen wir so nahe wie möglich an die Nordküste kommen. Auf dem Gletscher finden wir kilometerlange Hohlgassen. Wir kommen schnell voran, doch plötzlich hält uns ein Spaltengewirr auf. Von einem seitlich in den Gletscher vorspringenden Berg entdecken wir auf der Bergseite ein Trockental – von einem randglazialen Fluß des ehemals dickeren Gletschers ausgefressen. Wir bauen einen weithin sichtbaren Riesensteinmann auf der «Orientierungsspitze» und freuen uns über die Abkürzung. Doch am unteren Ausgang des steilen Trockentales versperrt uns der heutige Gletscherbach den Ausstieg. Wir schlüpfen in die Turnschuhe und binden Schuhe, Socken, Hosen und Unterwäsche auf den Rucksack. Das eiskalte Wasser läßt die Füße und Beine sofort blau werden, sie schmerzen. Man braucht die Eisaxt zum Balancieren. Auf keinen Fall dürfen wir jetzt ausgleiten und in den tosenden Fluß stürzen. Wir schaffen es und nach einer guten Viertelstunde kehrt eine herrliche Wärme in die Muskeln und Knochen zurück.

## Zu Fuß durch das nördlichste Grönland – Peary Land

*Um Mitternacht erreichen wir den Sandsfjord, der direkt nach Norden zum Polarmeer führt. Tiefhängende Nebelschwaden rücken über die riesigen Eisberge vor, die im Packeis des Fjords eingeschlossen sitzen. Die Mitternachtssonne wirft magisch und drohend Lichtbündel, bald auf den Nebel, bald aufs Eis. Mühsam schleppen wir unsere Lasten am Ostufer entlang. Mein Rucksack wiegt immer noch über 30 Kilogramm, aber jetzt drückt er so, als sei er mindestens doppelt so schwer. Die steilen Schutthalden, die bis ans Ufer reichen, erschweren unseren Marsch. Wir wanken von Stein zu Stein, reden kaum noch miteinander und legen immer häufiger Pausen ein. Ein starker Nescafé – zwei Löffelchen Pulver und etwas Zucker in Eiswasser angerührt – bringt uns wieder etwas in Bewegung. Wir sind überrascht über die erstaunliche Vielfalt der Vegetation, die an geschützten Stellen fast geschlossen erscheint. Zwischen flechtenbedeckten Felsen liegen verstreute Knochen und ein Moschusschädel. Ein Fuchs springt davon, überall Schneehuhn- und Hasenlosung, zwei Raubmöwen beschützen ihre zwei kuckuckartigen Jungen. Drei Schneefinken und eine große weiße Eismöwe folgen uns längere Zeit. Wir sind am nördlichsten Fjord der Welt, und morgen sollen wir den äußersten Festlandpunkt der Erde erreichen. Das Flußdelta, an der Ostküste des Fjordes, halbwegs zur Mündung, liegt auf 83°31,5′ Nord, Kap Morris Jesup auf 83°36′ Nord. Werden wir es erreichen? Bis jetzt waren erst drei Forschungsteams dort: 1900 Admiral Peary, anläßlich eines mißglückten Versuches, den Nordpol zu erreichen, 1909 D.B. MacMillan und 1921 Lauge Koch mit einem Eskimobegleiter. – Warum erzählen wir einander diese uns längst bekannte Geschichte unseres Reisezieles? Um zu vergessen, wie müde und erschöpft wir sind? Da taucht aus dem Grau des leichten Schneegestöbers gackernd eine Schar Schneehühner auf, die wieder etwas Leben in uns bringt. Erdi ist zu müde zum Jagen und bleibt bei den Säcken. Mit zehn Patronen erlege ich vier Hühner und höre von Erdi nur, daß ein echter Nimrod mit vier Patronen zehn Hühner geholt hätte. Doch Erdi ist bereit, das Rupfen im Eiswasser zu übernehmen. Nach dieser Arbeit schlottert er am ganzen Körper und kriecht, sobald das Zelt einigermaßen steht, in den Schlafsack. Trotzdem, zwei Schneehühner mit Reis, anstelle der vorgesehenen Pemmikansuppe, wecken unsere Lebensgeister selbst nach dem vierzehnstündigen Lastenschleppen über 25 Kilometer mühsames Gelände. Draußen schneit es leise, während drinnen im Zelt der Kocher brummt. Es ist der 5. August, 10 Uhr morgens als wir uns «Gute Nacht» wünschen und 7 Uhr abends als wir aufwachen.*

*Jetzt gilt's dem Kap! Über die Taktik des Vorgehens sind wir uns einig: Eilmarsch mit ganz leichter Packung. Wir lassen das Zelt stehen und verstauen alles Entbehrliche darin. In aller Ruhe bereiten wir eine Hauptmahlzeit vor. Nach dem üblichen Haferflockengericht mit aufgeweichten Dörraprikosen und Kaffee gibt es für jeden ein Schneehuhn mit Reis, Dörrgemüse und zum Abschluß Tee. Um 22 Uhr marschieren wir ab. Nach drei Stunden Schutthaldenhüpfen stehen wir unerwartet vor einem Hindernis. Ein Hängegletscher, kaum 1 Kilometer breit, fällt, aus einem versteckten Seitental kommend, steil in den Fjord ab. Pickel und Steigeisen sind im Zelt. Eine mühsame Plackerei in brüchigstem Fels – Klettern darf man das nicht nennen – gestattet eine Querung des Gletschers auf einer Verflachung. Nach weiteren zwei Stunden Schutthaldengehen biegt die Küste nach Osten um und wird flach. Wir stehen am Polarmeer. Es hat aufgehört zu schneien. Weit im Norden – irgendwo im Unendlichen – berühren sich der blaugraue Himmel und das Packeis. Eisberge beleben den*

Zu Fuß durch das nördlichste
Grönland – Peary Land

*endlos gleichförmigen Horizont. Es ist 4 Uhr morgens, 6. August. Wir gönnen uns den ersten kurzen Verpflegungshalt. In dem schmalen Streifen offenen Meeres nahe der Küste taucht ein Seehund auf. Neben unserem Rastplatz liegt ein Rentiergeweih.*

*Ein mehrere hundert Meter breiter Eisfluß zieht von der Sandsfjord-Mündung nach Osten. Für die nächsten fünf Stunden ist das Gehen wie auf einer Piste. Im Osten, vor uns, bricht die Sonne von Zeit zu Zeit durch die grauen, bedrohlichen Wolken, läßt das Packeis mit den Eisbergen und die aus Pressure Ice aufgetürmten Eisschlösser magisch weiß vor dunklem Hintergrund aufleuchten. Kurz nach 7 Uhr wird das Kap sichtbar. In etwa 7 Kilometer Entfernung springt im Osten ein dünnes, dunkles Band deutlich sichtbar ins helle Packeis vor. Ein Stück Treibholz liegt am Ufer, und wir finden eine völlig verrostete Konservenbüchse. Es ist unmöglich festzustellen, ob sie dänischer oder amerikanischer Herkunft ist. Wir begegnen einem Schneefinken, einer großen weißen Möwe, einer Raubmöwe und einer Seeschwalbe, die einen Fuchs bedrängt. Die letzte Marschstunde vor dem Kap verfolgt uns ein Wolf. Er begleitet uns halbversteckt auf der etwa 50 Meter hohen Felsterrasse, die parallel zu unserer Marschroute verläuft. Da wir inzwischen recht starken Rückenwind haben, muß er vor uns herrennen, wenn er uns in der Witterung haben will. Jedesmal wenn er anhält, zeigt er seine struppige Silhouette und heult bedrohlich.*

*Endlich, 9 Uhr morgens, stehen wir neben dem lebensgroßen Steinmann am Kap Morris Jesup. Dr. Lauge Koch hatte ihn am 16. Mai 1921 auf der äußersten Terrasse des weit ins Meer vorspringenden Deltas gebaut und vermessen. Wir machen uns unverzüglich an die Arbeit: Den von Dr. Koch in einer Blechbüchse zurückgelassenen Expeditionsbericht schreiben wir sorgfältigst ab, verpacken das Original für das dänische Arktismuseum im Rucksack und stecken die Kopie wieder zur dänischen Flagge in die Büchse. Wir sammeln je ein Exemplar jeder Pflanzenart, auch einige geologische Handstücke, zeichnen und photographieren geomorphologische und periglaziale Formen.*

*Es ist schon 12 Uhr. Die Finger und auch der ganze Körper sind steif vor Kälte. Die Temperatur ist unter Null, der Wind bläst unablässig von Westen. Wir teilen eine Büchse Thunfisch und machen uns, mit dem Gesicht gegen den Wind, auf den Rückmarsch. Jetzt sprechen wir nicht mehr, machen auch keine Notizen. Wir versuchen in einen inneren und äußeren Rhythmus zu kommen. Ich denke an die tibetischen Pendelmönche, die tagelang ohne Unterbruch im gleichen Schritt gehen. Eine leise Angst, daß wir es nicht bis zum Zelt schaffen werden, beschleicht mich. Nach fünf Stunden erreichen wir die Umbiegung nach Süden am «Sandsfjord-Eck»; zwei Stunden später stehen wir am Hindernisgletscher. Trotz einem starken Kaffee brauchen wir für die Kletterei und die Gletscherquerung fast doppelt soviel Zeit wie auf dem Hinweg. Zur Feier der vierundzwanzigsten Marschstunde essen wir den Rest des mitgenommenen Proviantes auf: drei Dörrzwetschgen für jeden! Der Stein der dritten Zwetschge wird während der nächsten zwei Wegstunden bis zum Zelt wohl gekaut. Wir gehen wie im Traum... bis zum Zelt. Bei der Ankunft ist es genau Mitternacht. Wir müssen etwas Warmes essen und trinken. Das Brummen des Primuskochers macht uns schläfrig. Ich notiere in meinem Tagebuch, daß Erdi beim Essen dreimal eingeschlafen ist, stelle aber später fest, daß meine Orthographie selbst bei den einfachsten Wörtern versagt hat. Um 02.00 Uhr kriechen wir in den Schlafsack. Wir versuchen noch auszurechnen, wieviel Zeit seit der letzten Tagwache vergangen ist, können uns aber nicht einigen. Und dann*

## Zu Fuß durch das nördlichste Grönland – Peary Land

*schlafen wir vierzehn Stunden ohne Unterbruch. Trotzdem brauchen wir sehr viel Zeit, um wieder richtig in Gang zu kommen, denn alle Glieder schmerzen. Zum Glück ist das Wetter gut, so daß wir, vor dem Zelt sitzend, unsere Notizen in Ordnung bringen können. Zur Zeit des Abmarsches, kurz vor Mitternacht, messe ich eine Temperatur von +3,2°C. Es ist windstill und der Himmel fast wolkenlos. Im Fjord spiegeln sich die Eisberge. Wir beschließen, das havarierte Gewehr, einen der beiden Eispickel und etwas Proviant zurückzulassen.*

*Das warme Wetter des vergangenen Tages hat den großen Gletscherbach beim Nordgletscher stark anschwellen lassen. Erdi gleitet aus. Zum Glück ist das Wetter gut genug; die Kleider können, am Rucksack baumelnd, wieder trocknen. Um 06.00 Uhr notiere ich auf dem Päßchen bei der «Orientierungsspitze» eine Temperatur von +4,2°C; um 12.00 Uhr – kurz nach der Ankunft im Gletschersee-Camp, auf 500 Metern über Meer – messe ich, trotz einer dünnen Eisschicht auf dem See, +4°C. Wir sitzen in der warmen Sonne vor dem Zelt.*

### LAUGE KOCHS RAPPORT

*Kap Morris Jesup, den 16. Mai 1921*

Die Jubiläumsexpedition Nord um Grönland

Komité:  Admiral Wandel                             Generalkonsul Valdemar Glückstatt
         Schiffreeder A. Erlandsen                  Prof. Eug. Warming.
         Direktor für Grönland Daugaard-Jensen

*Ich, der Unterzeichnete, kam hier am Morgen des 13. Mai an. Ich hatte Upernivik am 27. Januar verlassen und erreichte den Stützpunkt Igdloluorsuit, Kap Robertson, am Inglefield Golf am 18. März. Am 5. April kam ich nach Fort Conger, wo ich mit Erfolg Moschusochsen jagte. Am 19. April reiste ich weiter nordwärts, passierte am 24. April Kap Bryant, stieß ostwärts davon auf Preßeis und Tiefschnee, kam am 29. April nach der Beaumont Insel und fand anschließend ausgezeichnete Verhältnisse zum Schlittenfahren vor. Am 5. Mai hatten wir den De Long Fiord hinter uns, und an diesem Tag fing ich mit kartographischen Arbeiten an, um das Werk von der Zweiten Thule-Expedition 1916–1918 fortzusetzen. Von Kap Hammok schickte ich die Eskimos Etukussuk und Inuiterk mit 24 Hunden, die sich in ausgezeichneter Kondition befanden, und dem größten Teil des Expeditions-Materials nach Morris Jesup, um Jagd zu treiben. Diese kamen hier in Morris Jesup am 8. Mai an und haben seither 52 Hasen, einen Wolf und einen Falken gefangen. Ich und der Eskimo Nokupinguak reisten mit einem Schlitten und 8 mittelmäßigen Hunden langsamer, wegen der kartographischen Arbeit, und kamen erst am Morgen des 13. Mai hier an. Den 14.–15. Mai verbrachte ich im Packeis, ungefähr 12–15 Kilometer nördlich von hier, um das umliegende Gelände kartographisch zu erfassen. Heute ist es neblig, und es weht ein starker Wind bei einer Temperatur von –17°C.*

*Wir sind alle gesund und in guter Verfassung und verfügen über 3 Schlitten und 29 Hunde, von denen sich die meisten in sehr guter Form befinden. Wir haben immer noch 60 kg Pemmikan, 40 kg Haferflocken, 20 kg Zucker, 12 kg Schokolade, 70 Dosen Sardinen, Kaffee, Tee, Trockenmilch, Trockeneier, «Julienne»kräuter u.s.w. Wenn das Wetter besser wird, gehen wir der Küste entlang weiter in den Independence Fiord hinein und von dort über das Inlandeis nach Hause.*

*Im Jubiläumsjahr der dänischen Kolonisation von Grönland ist es mir gelungen mit der dänischen kartographischen Arbeit und den wissenschaftlichen Untersuchungen hinauf bis zur Nordspitze Grönlands vorzustoßen. Ich habe bereits zu mehreren Bergspitzen Aussicht, von denen I.P. Koch im Jahre 1907 Karten gemacht hatte, und ich nehme an, daß ich in etwa 3 Tagen sein Steinmännchen am Kap Bridgemann erreichen werde, womit ganz Grönland von Dänen bereist sein wird. Mir ist es ferner gelungen, die dänische Flagge weiter nördlich zu bringen, als sie bis jetzt geweht hat, bis ungefähr 83° 50 Min. n.Br.*

*Ich habe Pearys Bericht nicht finden können, sein Steinmann war zerstört. Hingegen habe ich ein Stück Holz mit der Markierung «Peary 1900» gefunden.*

*Diesem Bericht wird die dänische Flagge beigelegt.*

(Sign.) Lauge Koch, Mag. Sc.

Zu Fuß durch das nördlichste
Grönland – Peary Land

*Plötzlich habe ich das dringende Bedürfnis, mich zu waschen – zum ersten Mal seit der Abreise vom Centrum-Sø. Das eiskalte Wasser wirkt wunderbar belebend. Alle Müdigkeit scheint weggeflogen. Wir führen das Tagebuch nach, vervollständigen unsere wissenschaftlichen Aufzeichnungen und Skizzen. Mitten in der idyllischen Stille höre ich das Gackern einer Schneehuhnschar. Ein frisches Huhn, anstelle der ewigen Suppen, wäre jetzt herrlich. Schade, daß wir das Gewehr im Nord-Camp zurückgelassen haben. Vergeblich versuche ich, die Schneehühner im Schnellauf und durch Steinwürfe zu erhaschen. Ich muß doch schon sehr müde sein. Auch Erdis unaufhörliches Nasenbluten beweist wohl dasselbe. Nach den abendlichen Wetterbeobachtungen schlafen wir einige Stunden und sind beim Aufwachen um Mitternacht enttäuscht, daß der Himmel mit einer graublauen Wolkendecke überzogen ist. Die Luft ist zwar mild und warm, aber vor uns liegt ein langer Gletschermarsch mit den «Unglücksbächen» der «plaine morte» und der weit offenen Paßhöhe. Unser heutiges Marschziel ist, das «Pemmikan-Camp» zu erreichen. Um 06.00 Uhr stehen wir in dichtem Nebel und Schneetreiben auf der Höhe des Polkorridors. Dies stellen wir lediglich aufgrund einer Höhenmesserablesung und der Beschaffenheit der Kryokonitlöcher fest. Eine etwas unsichere Voraussetzung, um «geradeaus» weiterzumarschieren, aber wir tun es trotzdem, und eine Stunde später treten wir aus dem dichten Nebel heraus auf eine neue Landschaftsbühne. Wir befinden uns auf dem Südgletscher. Nun beschleunigen wir unser Marschtempo. Die frisch verschneiten Kryokonitlöcher sind auch jetzt wieder gemeine Fußfallen. Wir sind beide längst bis über die Knie naß. Es beginnt zu regnen. Der Regen schlägt durch die Mäntel, vor allem unter den Rucksackriemen und am Rücken. Das Gehen auf dem Eis wird besser. Wir steigern unser Tempo bis zum leichten Trab. Aber der Regen macht den Gletscher langsam immer schlüpfriger, und wir müssen die Steigeisen anziehen. Es fällt schwer, sich wieder an einen neuen Marschrhythmus zu gewöhnen. Den Abstieg über den steilen Gletscherrand bewältigen wir problemlos, dagegen ist das Schutthaldentreten mit aufgeweichten Schuhen und*

## Zu Fuß durch das nördlichste Grönland – Peary Land

müden Beinen höchst unangenehm. Wir fallen auch mehrmals hin. Und immer noch regnet es. Beim Aufstellen des Zeltes und Einquartieren im «Pemmikan-Camp» können wir bei aller Sorgfalt nicht verhindern, das Zelttuch zu berühren. Kaum sind wir aus unseren völlig nassen Kleidern in den Schlafsack umgestiegen, da beginnt es auch schon vom Dach zu tropfen. Wir beschließen, den gesamten noch vorhandenen Proviant aufzuessen, denn wir sind ja nur einen Tagesmarsch von den Honigtöpfen des Notlagers am Frigg-Fjord entfernt. Doch das Kochen, im Schlafsack sitzend, ist in dem nassen Zelt sehr mühsam. Gegen 14.00 Uhr sagen wir uns endlich gute Nacht. Um Mitternacht, als ich «Wettermachen» gehe, schneit es. Der Schlafsack ist steif, doch im Innern noch angenehm warm. Um 06.00 Uhr wiederhole ich dieselbe unangenehme Übung. Es liegt Schnee bis ins Tal. Heute, am 10. August, abends um sechs Uhr, erwarten uns die Piloten am Frigg-Fjord-Ufer. Wir wärmen die übriggebliebene Suppe von gestern auf und verbessern sie mit den zwei Knäckebrotscheiben und den zwei Handvoll Haferflocken, die wir eigentlich als Wegzehrung für unsere letzte Marschetappe aufsparen wollten. So bleiben uns nur die zwei Dörrzwetschgen, die ich heimlich für diesen Schlußmarsch aufgehoben habe.

Drei Stunden vor der mit den Piloten abgesprochenen Zeit kommen wir am Frigg-Fjord an. Hier liegt Proviant für drei Tage. Sobald das Zelt steht, machen wir uns an die Zubereitung eines Festessens: Gebratener Büchsenschinken, kalifornische Aprikosen, eine Tafel Schokolade und Kaffee mit viel gezukkerter Kondensmilch. Und da das Flugzeug zur vereinbarten Zeit nicht erscheint, heizen wir das Zelt auf, holen die äußerst notwendige Körperpflege nach und trocknen unsere Kleider. Endlich gelingt es, die mindestens sieben Tage alte Kruste von Schweiß, Blut und Dreck von Gesicht und Händen zu entfernen. Um Mitternacht gehen wir schlafen.

Den 11. August verbringen wir bei grauem Himmel mit «dolce far niente», nur ohne Rivierastrand. Statt Badenixen sehen wir einen alten Seehund, der etwa 50 Meter vom Ufer entfernt auf einer festgefahrenen Eisscholle rülpst. Am Nachmittag machen wir uns auf einen Ausflug, besteigen einen Berg und entdecken einen kleinen Steinmann, der entweder von den Eskimos oder der Peary-Land-Expedition von Eigil Knuth (1948–1951) stammen muß. Nach diesem nur vierstündigen Spaziergang fühlen wir uns bei der Rückkehr ins Zelt mehr erschöpft, als nach dem langen Marsch zum Kap Morris Jesup.

Am 12. August nutzen wir die Zeit, um zu arbeiten. Erdi betreibt Geologie. Er sagt zwar, daß diese Betätigung weit unter der Würde eines echten Polarforschers liegt. Ich selbst beschäftige mich mit den Strukturböden und grabe mit Eisaxt und Pfannendeckel zwei Schächte im Auftauboden. Der darunterliegende Dauerfrostboden beginnt in einer Tiefe von 55 bis 70 Zentimeter. Die schachbrettartigen Taimyrpolygone sind hier weniger gut ausgebildet als im Centrum-Sø-Gebiet, dagegen haben sich die Buckelwiesen beinahe zu Kugelfeldern entwickelt. Man balanciert hier wie auf Kegelkugeln. Die Steinringe und Streifenböden sind zwar vorhanden, bestimmen aber weniger ausgeprägt die Landschaft als weiter im Süden. Das Klima von Nord-Peary Land scheint weniger extrem zu sein als in manchen südlichen Gebieten. Viele Anzeichen sprechen dafür, daß Peary Land auch im Eiszeitalter nicht voll vergletschert war, sondern nur eine alpine Vergletscherung ähnlich der heutigen besaß.

Gegen Abend spazieren wir zu einem See, von dem schon gestern die Lummen riefen. Unterwegs legen wir eine dreifache Pflanzensammlung an. Die Seeufer sind versumpft und in Verlandung begriffen. Selten habe ich einen so üppigen

## Zu Fuß durch das nördlichste Grönland – Peary Land

*Sumpfpflanzenbestand in der Hocharktis gesehen. Ich zeichne einige der Kleintiere und Larven, die sich zu Hunderten in diesem Sumpf bewegen. Zwei Polarhasen weiden unbekümmert durch unsere Anwesenheit in der Nähe. Es liegt eine unbeschreibliche Zufriedenheit und Stille über dieser Landschaft. Für uns hat diese Ruhe jedoch fast etwas Unheimliches. Wir warten auf Flugmotorenlärm. Wie oft schon haben wir in diesen zwei Tagen ohne Erfolg den Horizont abgesucht und umsonst gelauscht. Hat vielleicht der Bordmechaniker eine falsche Zeit aufgeschrieben? Und falls unserem Flugzeug etwas zugestoßen sein sollte, würde uns doch sicher die U.S. Air Force von Station «Nord» eine Nachricht abwerfen. – Ins Zelt zurückgekehrt, beginnen wir sogleich, den noch vorhandenen Proviant in sechs, zwar furchtbar kleine, Tagesrationen einzuteilen.*

*Um 21.00 Uhr überrascht uns plötzlich schweres Motorengeräusch. Zehn Minuten später geht nicht unsere Norseman, sondern das Katalina-Flugboot der dänischen Marine aufs Wasser nieder. Dr. Koch und der dänische Leiter der Station «Nord», Herr Nielsen, sind an Bord. Zufriedenes Lachen. Wir wissen, daß alles in Ordnung ist. Während des Fluges hört sich Lauge Koch unseren Kurzbericht an, liest schmunzelnd seinen eigenen 1921er Kap Morris Jesup Rapport und reicht ihn an Herrn Nielsen und die Piloten weiter. Wir spüren, daß wir diesem bereits legendären Arktisforscher eine Freude bereitet haben. Nach der Landung auf Station «Nord» dürfen wir beide in Herrn Nielsens Haus ein Bad nehmen. Anschließend erwartet uns ein Festessen. Entspannt und zufrieden genießen wir diese Annehmlichkeiten. Später, beim Kaffee, hören wir die Brandenburgischen Konzerte von Bach – meine Musik. Und während ich versunken lausche, denke ich nochmals an die schönsten Augenblicke des Lebens in der Hocharktis.*

*Fritz Müller*

137. Halo der Mitternachtssonne, Cape Herschel.
138. Wasserausbruch im Eiskliff, Thompson Glacier.
139. Pollenstände der arktischen Weide, Ella Ø, Ostgrönland.

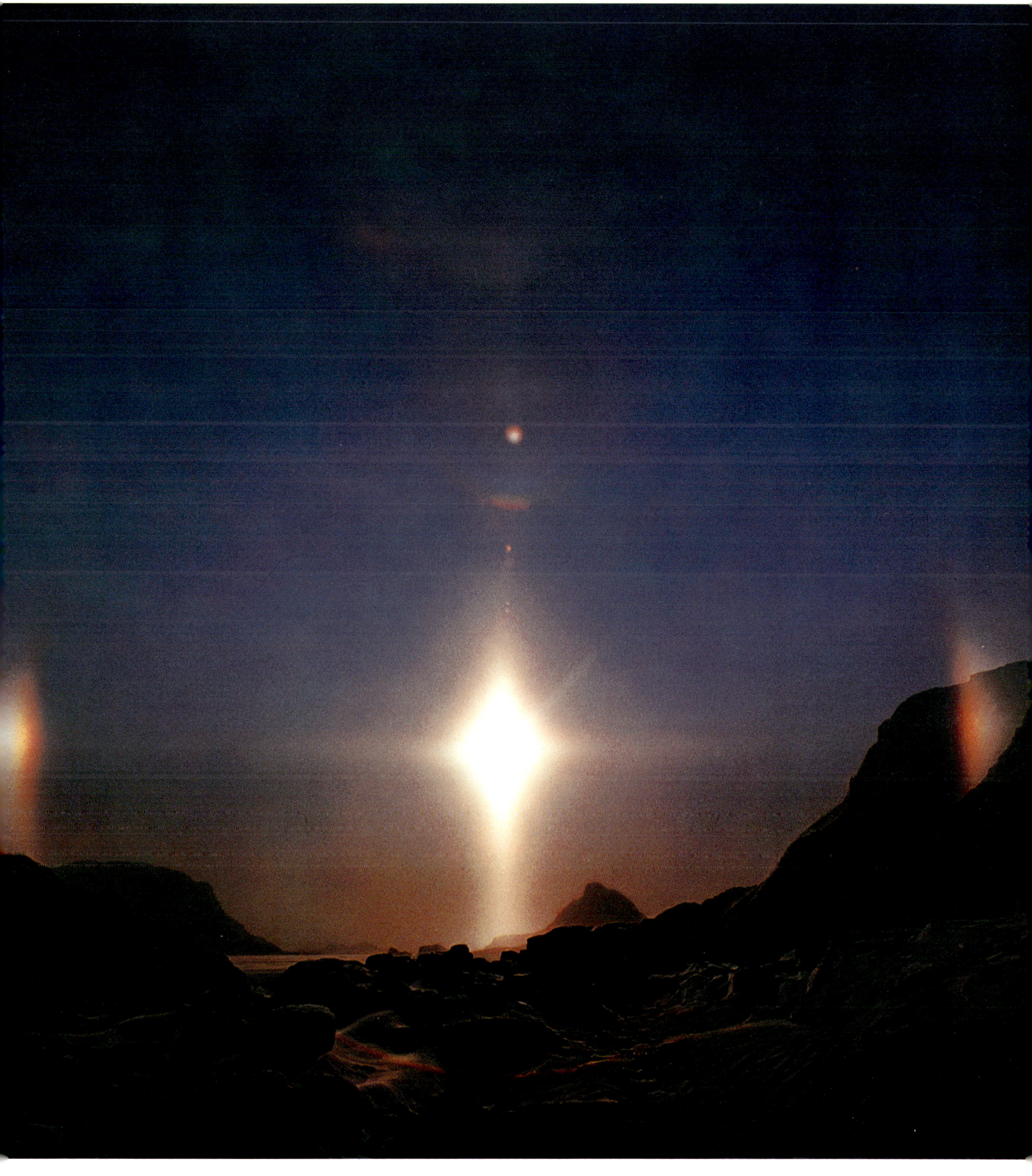

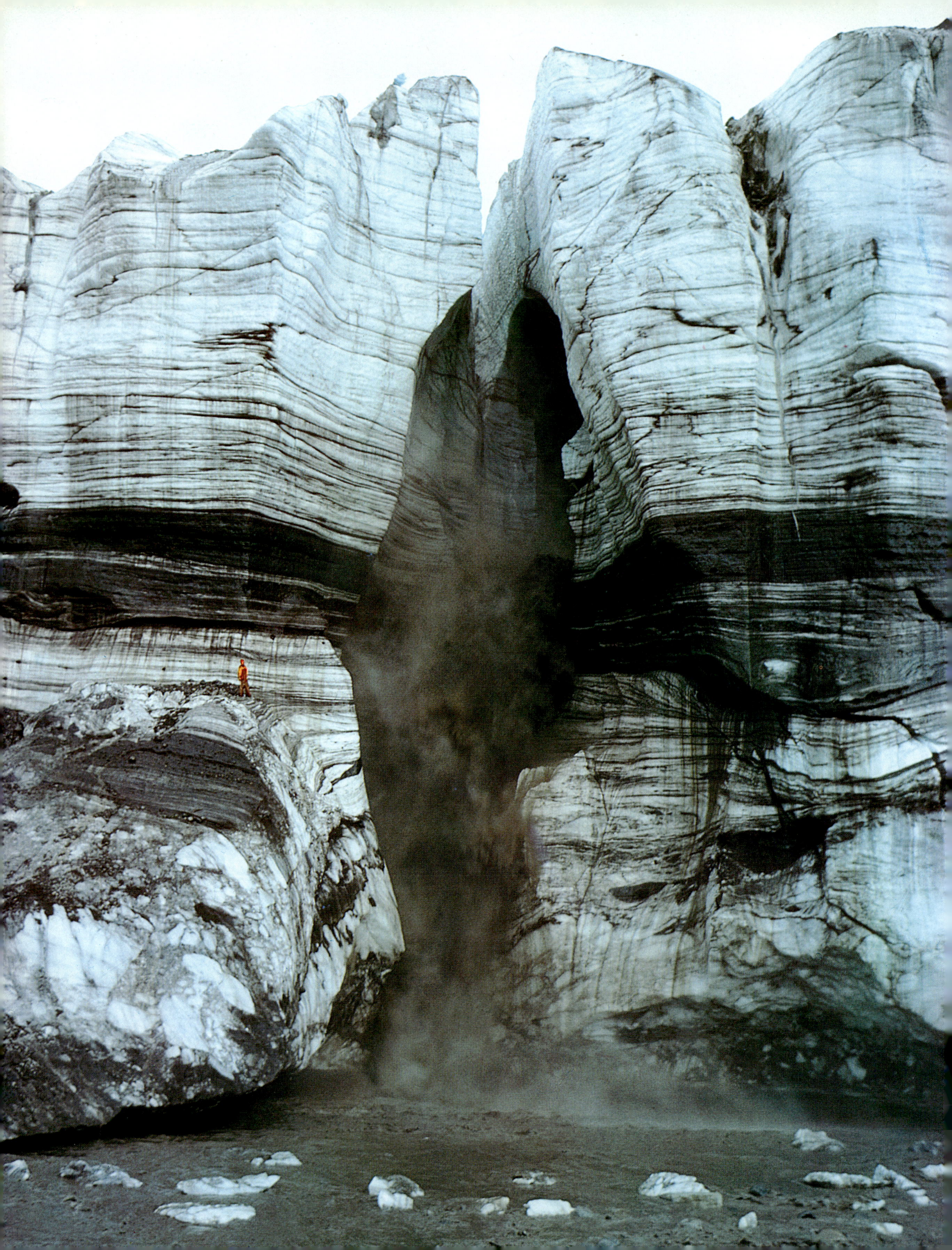

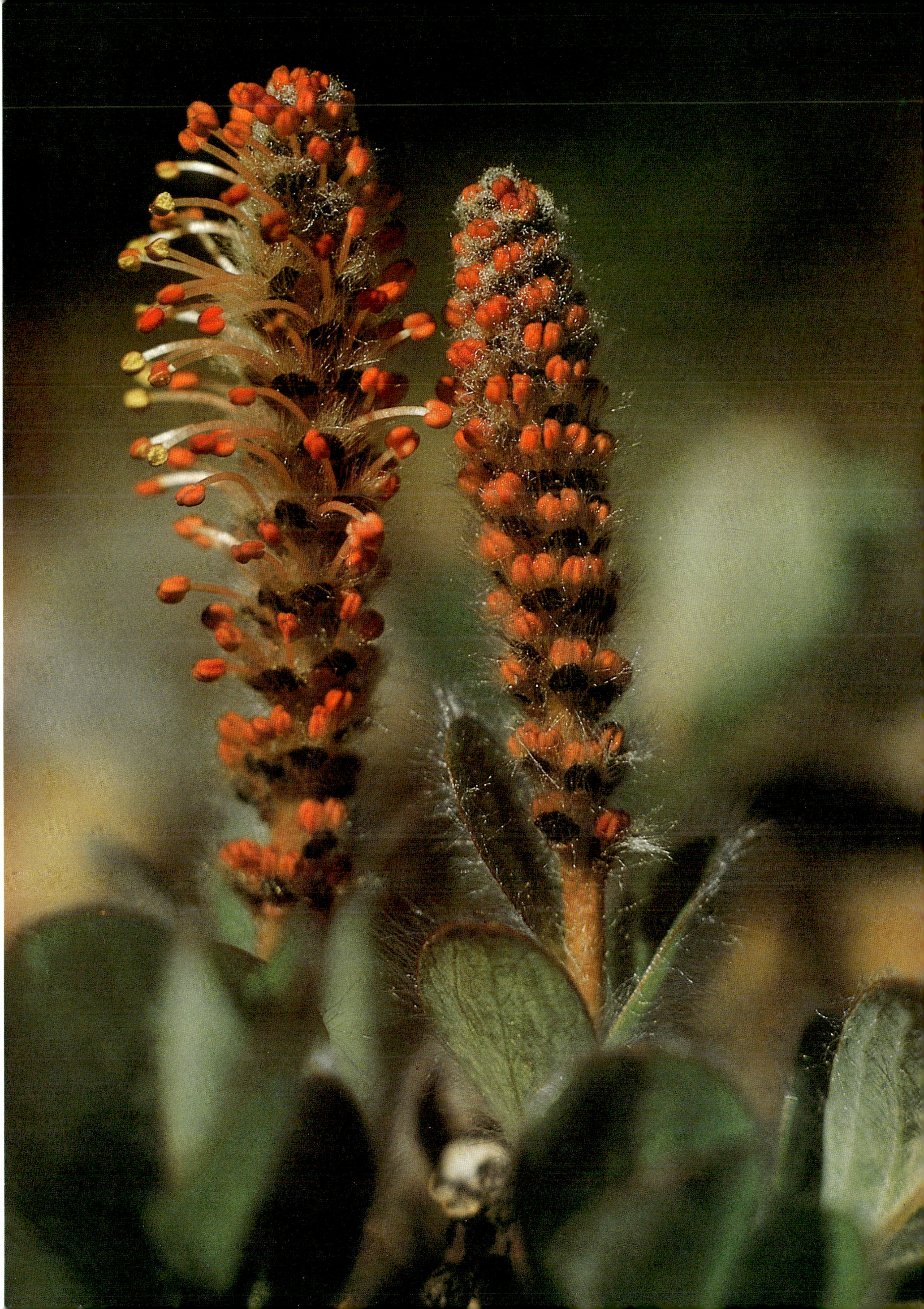

◁138
139

140. Öllager bei Hall Beach.

141. Mitternacht bei den Eskimokindern von Resolute Bay.

142. Sonnenaufgang im Süden bringt Frühlingsbeginn auf Coburg Island.

143. Herbstliches Moospolster auf Coburg Island.

144. Herbstliches Mitternachtslicht über Tundra-Seen bei Cape Sparbo, Devon Island.

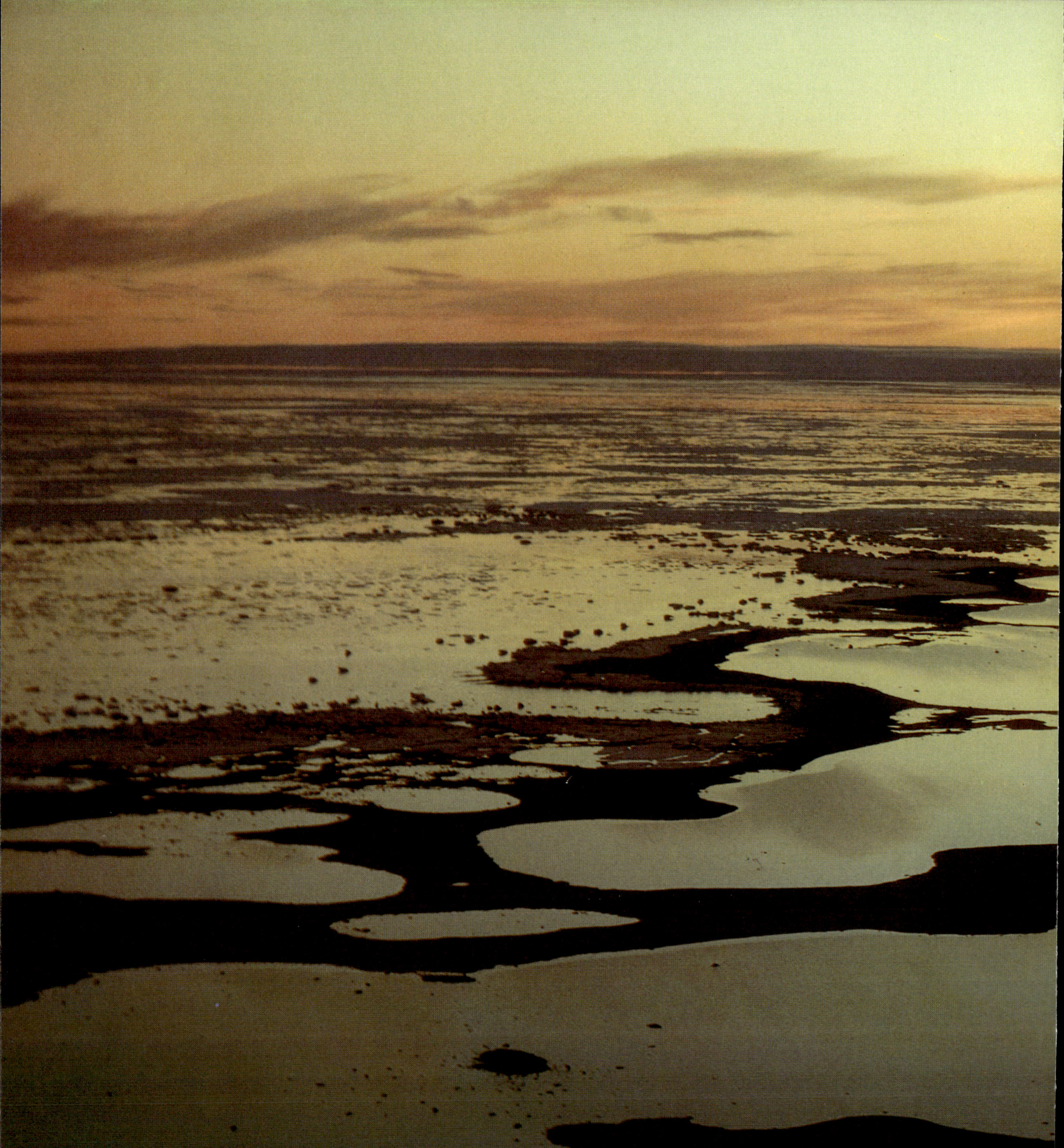

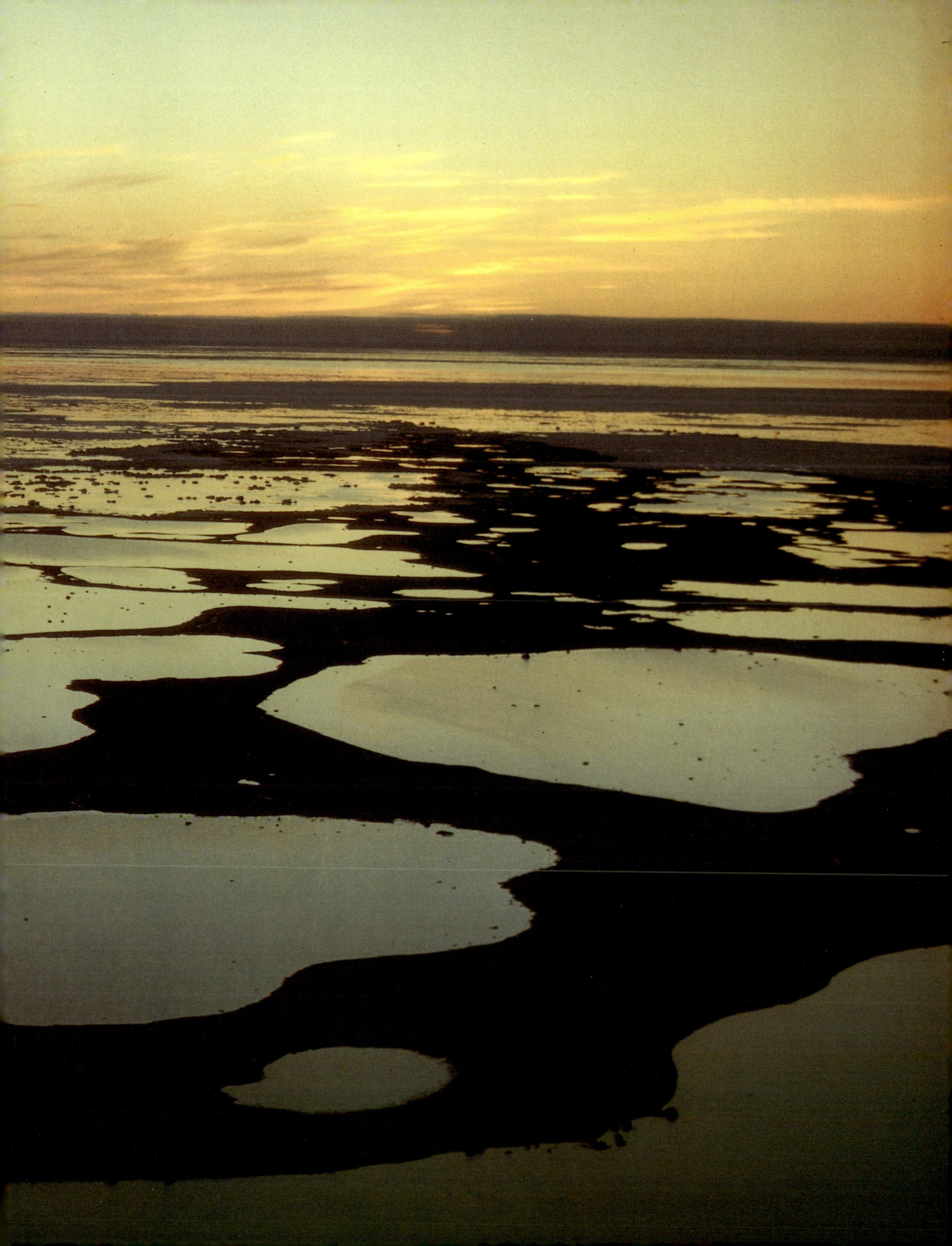

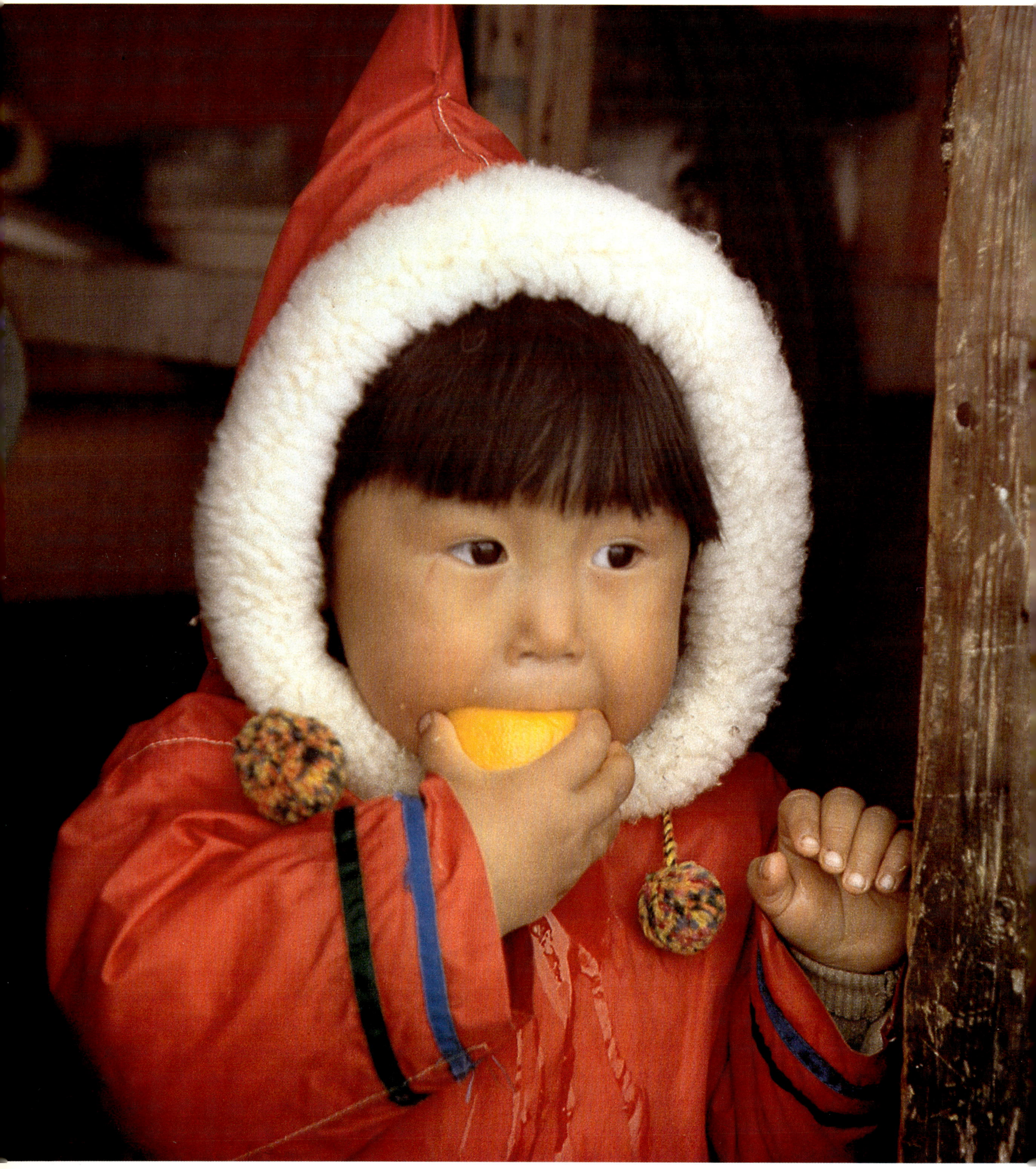

# Bilderläuterungen

1. Manchmal phantastische, manchmal bizarre Wolkenbilder gehören in der Arktis mehr als anderswo zum täglichen Leben. Aus meteorologischen Gründen sind sie enger mit den Formen des Landes verknüpft als in niedrigen Breiten. Ein Höhenzug von nur wenigen hundert Metern erzeugt eine Art Föhnmauer, über der ein stehender Wirbel die höchste Bergerhebung andeutet. An den Eiskristallen der Zirruswolken – auf wenigen tausend Metern Höhe – bricht das Sonnenlicht in die Farben des Regenbogens. Der Blick wird nicht durch Häuserreihen und Bäume eingeengt, so daß die ganze Fülle von Formen, Farben und Reflexionen sich zu Stimmung verdichten kann.

2. Draußen auf dem mit Schneewassertümpeln bedeckten Meereis des Lancaster-Sund erscheinen Hundeschlitten; aus ihren Behausungen tauchen Eskimofrauen und Kinder auf. 1962 lebte die Eingeborenenbevölkerung von Resolute Bay noch weitgehend von der Jagd auf Seehunde, Eisbären und Belugas (weiße Wale). Auf längeren Reisen nach Westen und Süden wurden auch Rentiere und Moschusochsen erlegt. Doch erste Schatten einer nicht ganz sorgenfreien Zukunft lagen schon damals auf den kleinen Bretterhütten.

3. Im Frühling, wenn in den südlicheren Gebieten der Baffin Bay noch über 1000 Kilometer geschlossenen Meereises jedem Schiff den Zugang nach Norden verwehren, findet sich zwischen 76° und 79° Nord bereits offenes Wasser, die sogenannte Nordwasser-Polynya. Meeresströmungen und Winde haben die winterliche Meereisdecke, soweit sie überhaupt vorhanden war, vorzeitig zerstückelt und den Eisbergen den Weg für ihre große Wanderung nach Süden freigegeben.

4. Außer diesem Mohn, bescheiden im Wuchs, jedoch um so eindrucksvoller in seinen Farben, gibt es hier, nur knapp 1000 Kilometer vom Nordpol entfernt, noch weitere 140 Blütenpflanzenarten. Dieser Blick auf die Zunge des Thompson Glacier, seine Stauchmoräne und auf die geologisch recht komplizierte Bergwelt gehört zu den unvergeßlichen Eindrücken eines Aufenthaltes in der Basisstation auf Axel Heiberg Island.

5. Unzählige Dickschnabel-Lummen besiedeln jeden Sommer diese kahlen Felskliffe auf der kleinen Carey-Inselgruppe inmitten des Nordwassers. Trotz der mildernden Wirkung der Polynya auf das Klima könnten die üppigen Matten mit fast knietiefen Moospolstern nicht gedeihen, wenn nicht die Vögel mit ihren Exkrementen den Boden reichlich düngen würden.

6. Die farbigen Blüten einer Steinbrechart, eine graue und eine gelbe Krustenflechte aus der Familie der Caloplaca, umgeben von einem Kranz Karibugeweihflechten (Cladonia), vereinen sich zu einem außergewöhnlich interessanten Bild. Nur der Eingeweihte weiß, wie sehr sich hier die Vegetation unter extremen Bedingungen wie Kälte, Wind und monatelanger Dunkelheit behaupten muß. Diese Gattungen gehören zu den zähesten Pionierpflanzen der Welt (Bild 56 und 71).

7. Schon vor etwa zwei Millionen Jahren sind Moschusochsen über die Steppen Europas, Asiens und Nordamerikas gestürmt. Heute leben sie nur noch im abgelegensten hohen Norden. Dank dessen konnten sie dem Schicksal der fast vollständigen Ausrottung, das die Büffel der Prärien erlitten, entgehen. In freier Wildbahn leben in der kanadischen Arktis noch 10000 Exemplare, in Grönland 6000 und in Alaska, durch Wiederansiedlung, etwa 1000. Von der Mitte des letzten Jahrhunderts an bis 1917 wurden die Herden durch Indianer, Eskimos, Walfänger und Forscher, aber vor allem durch die Pelzhändler, beträchtlich reduziert. Allein im Jahre 1890 handelte die Hudson's Bay Company 1681 Moschusochsenhäute. Seitdem Kanada im Jahre 1917 strikte Schutzgesetze erlassen hat, sind die Herden langsam wieder auf den heutigen Stand angewachsen. – Die Moschusochsen, von den Eskimos Omingmak, die Bärtigen genannt, sind nicht, wie oft angenommen wird, mit unseren Kühen verwandt, sondern eher mit den Ziegen und Schafen. Sie haben im allgemeinen auch deren gutmütiges und friedfertiges Wesen; doch schon ein unfreundlicher Pfiff oder Ruf kann sie in die Flucht jagen, wie hier bei Eureka auf Ellesmere Island.

8. Die Glaskugel, die eine Brennmarke auf einen Papierstreifen sengt, ist noch immer das einfachste und zuverlässigste Gerät, um die Sonnenscheindauer zu messen. Während der Sommermonate sind in der Arktis zwei solcher Instrumente nötig, um die Sonnenbahn von 360° zu überwachen. In dieser Kugel spiegelt sich die meteorologische Station auf der Zunge des White Glacier. Zwischen Wohn- und Arbeitszelt wird gerade eine Eisbohrung durchgeführt. Mit einem verlängerbaren Handbohrer,

145. Eskimoknabe mit Zitrone, Resolute Bay.

## Bilderläuterungen

Bohrgerät und Seilwinde wird ein Eiskern von 7,5 Zentimetern Durchmesser und einer Länge von 30 Metern aus dem Eis gehoben (Bilder 24, 27 und 103).

## Wetter und Klima

9  Der arktische Himmel ist dem der gemäßigten Breiten ähnlich und doch so verschieden. Die dynamischen, ausgefransten Zirruswolken aus reinen Eiskristallen sind immer irgendwo am Himmel sichtbar, hängen greifbar tief in einer Höhe von etwa 3000 Metern; in niedrigeren Breiten bilden sie sich in einer Höhe von 10 000 Metern. An ihnen läßt sich jederzeit ablesen, wo der «Wind und das Wetter» herkommen.

10  Eskimohunde können Temperaturen bis zu −50 °C und Schneestürme im Freien überleben. Eingerollt, die Schnauze unter dem buschigen Schwanz geschützt, lassen sie sich tief einschneien. Gleich nach dem Sturm sind sie wieder voll einsatzfähig. Höchstens für eine Hündin mit Jungen wird vorübergehend eine Schutzhütte errichtet.

11  Die Brandung des Meeres an den Eisschollen einer arktischen Küste – etwa im Nachklang eines Sturmes – bietet ein unvergleichliches Naturschauspiel: Wenn sich die Wellen an den Eisblöcken brechen, untermalen die Farben des Regenbogens das Klirren und Dröhnen des in Trümmer splitternden Eises.

12  Nach einem langen Winter ist man gespannt, ob die automatische Wetterstation am Cape Herschel brauchbare Werte aufgezeichnet hat. Alle drei Stunden werden acht Monate lang ohne jede Wartung Temperatur, Feuchte, Windgeschwindigkeit und Windrichtung sowie Luftdruck digital auf einem Lochstreifen gespeichert. An den Sensoren der Station bildet sich gerne Rauhreif, der die Messungen verfälscht. Zudem halten die Instrumente nicht immer der Gewalt der starken Winde am Rande des Nordwassers stand. Hier, wo sich Ellesmere Island und Grönland, dessen Küste sich im Hintergrund abhebt, auf wenige Kilometer nähern, sind die Nordwinde besonders stürmisch und treiben das Meereis nach Süden, so daß auf 79° Nord eine ungewöhnlich eisfreie Meeresfläche, schon von den Walfängern North Water getauft, entsteht. In diesem Meer ist reichliches Leben zu finden.

13–15  Die Erforschung des Klimas der Arktis ist gegenüber derjenigen der niedrigen Breiten im Rückstand. Das Netz der Beobachtungsstationen im hohen Norden ist zu weitmaschig und die Datenreihen sind zu wenig lang, um die heute brennenden Probleme weltweiter Klimaänderungen in diesem Schlüsselgebiet zuverlässig studieren oder die Belastbarkeit der arktischen Umwelt bei Entwicklungsprojekten prüfen zu können. Praktisch jedes Unternehmen in der Arktis muß seine eigenen Wetterbeobachtungen durchführen, und sei es nur, um die Sicherheit der Versorgungsflugzeuge zu gewährleisten. So sind denn auch beim internationalen North Water Project der McGill-Universität in Montreal und der Eidgenössischen Technischen Hochschule in Zürich, das seit 1972 mit Unterstützung der kanadischen Regierung, der amerikanischen Science Foundation und des Schweizerischen Nationalfonds das Nordwasser untersucht, Wetterstationen besonders wichtig. Auf Coburg Island, einer der drei Hauptstationen dieses Projektes, werden Sommer und Winter durch eine Mannschaft von drei oder vier Studenten Klimadaten erhoben. Neben den dreistündlichen Routinemessungen in Bodennähe, steigt täglich ein Ballon mit einer Radiosonde zur Erforschung der untersten 10 000 Meter der Atmosphäre auf. Die Daten werden bei diesem finnischen Radiosondenmodell auf ein kompliziertes Antennensystem übertragen; ein Teil davon ist auf dem Dach der Überwinterungsstation installiert (Bild 15).

16  Der Wärmeaustausch an der Erdoberfläche wird nicht nur von der Sonnenstrahlung, sondern auch von der Luftmasse gesteuert. Um die Energie, die aus der Luft an die Oberfläche, oder vice versa, abgegeben wird, berechnen zu können, müssen Windgeschwindigkeit, Temperatur und Luftfeuchte auf verschiedenen Niveaus über der betreffenden Oberfläche gemessen werden. Die Feuchte wird durch ein Meßgerät im Rohr links oben bestimmt, an dem Luft gleichmäßig vorbeigeführt wird, während die Temperatur mit kaum sichtbaren kleinen Platin-Elementen erfaßt wird. Das Filament von Haufenwölkchen über dem Horizont markiert in typischer Weise den 30 Kilometer entfernten Rand der Devon-Eiskappe.

## Die Gletscher

17  Allein in der kanadischen Arktis findet man viele tausend namenloser Talgletscher wie diesen von der Steacie-Eiskappe gespeisten Piedmontgletscher im südlichen Axel

## Bilderläuterungen

Heiberg Island. Das Eis, dessen Temperatur unter dem Druckschmelzpunkt liegt, kriecht, deutlich erkennbare Fließmuster bildend, zähflüssig dem Talboden zu. Die stark zunehmende Fließgeschwindigkeit im Sommer zeigt, daß diese Gletscher nicht starr am Boden festgefroren sind. Dadurch findet ein Teil des Schmelzwassers einen Weg unter dem Gletscher und beteiligt sich an der Schaffung der erkerartigen Gebilde am Zungenende. Das meiste Wasser fließt jedoch aus randlichen, gletschergestauten Seen in tiefen Seitengräben über mächtige Deltas zum typisch verzweigten und mäandrierenden Haupt-Talfluß. Die Endmoränen des jüngsten Gletschervorstoßes sind schwächer entwickelt und liegen näher beim Eisrand als jene der Gletscher niedrigerer Breiten.

18 Pockennarbige Oberfläche des Iceberg Glacier, des größten Gletschers auf Axel Heiberg Island. Der Ausschnitt dieser leicht schrägen Luftaufnahme aus 800 Metern Höhe zeigt eine Gletscheroberfläche von etwa 1,5 auf 1,5 Kilometer Ausdehnung. Diagonal windet sich ein großer Schmelzwasserfluß durch das Eis, welcher von unzähligen mäandrierenden Seitenbächen gespeist wird, die wiederum ihren Ursprung in den kleinen, schwarzen Seenbecken haben. Diese unzähligen, kraterähnlichen Schmelzpfannen – einzelne sind über 100 Meter breit und bis zu 20 Metern tief – sind unter der sommerlichen Sonnenstrahlung während Jahrzehnten und Jahrhunderten entstanden. Die deutlichen, leicht geschwungenen Längsstrukturen im Gletscher entstehen durch die Eisbewegung. – Von der größten Eiskappe der Insel herab fließt der Gletscher auf seiner langsamen Reise 80 Kilometer bis in die hier gezeigte Zungengegend, wo er bereits auf dem Wasser des Fjordes zu schwimmen beginnt, um dann wenig weiter draußen in riesige Tafeleisberge aufzubrechen.

19 Die Seismik war lange Zeit die beste Methode, die Dicke der Gletscher zu messen: Die Druckwellen einer Dynamitexplosion werden an der Trennfläche von Eis zu Fels reflektiert und bei ihrer Rückkehr an die Oberfläche registriert; aus den Laufzeiten dieser Wellen, nur Bruchteile von Sekunden, und der geometrischen Anordnung der Meßgeräte errechnet der Glaziologe die Gletschertiefe. Heute wird eine weniger aufwendige Methode benutzt; es werden Radarwellen, wie sie in den Höhenmessern der Flugzeuge verwendet werden, eingesetzt. Diese in der Glaziologie als Durchbruch geltende neue Art der Dickenmessung gestattet es, von Flugzeugen oder Schlitten aus, in kurzer Zeit ganze Profile und nicht nur Einzelpunkte aufzunehmen.

20 Oberflächengewässer auf arktischen Gletschern sind für die Expeditionsteilnehmer oft weit schwierigere Hindernisse als die Gletscherspalten: Viele Kilometer lang und manchmal mehr als zehn Meter tief ziehen sich diese Eiskanäle mäandrierend gletscherabwärts; ihre sommerlichen Schmelzwasser fließen reißend schnell; im Frühjahr, oberflächlich noch zugeschneit, sind sie ebenso tückische Fallen wie die Gletscherspalten. Die meisten dieser Eiskanäle sind mehrjährig; viele sind Jahrzehnte, einzelne sogar Jahrhunderte alt; die plastische Verformung des Eises und die Gletscherbewegung vermögen sie nur zu verändern, aber nicht zu schließen. Einige enden in Gletschermuhlen, die – so scheint es – noch bodenloser sind als jene der niedrigen Breiten (Bild 18).

21 «Schneewürmer» haben mit echten Würmern verschiedenes gemeinsam: Sie kriechen wie diese aus der Tiefe an die Oberfläche, doch unter anderen Klimabedingungen; sie bevorzugen Sonnenschein nach spätsommerlichem Schneefall. Ihre Größen sind unterschiedlich, etwa ein bis acht Millimeter im Durchmesser, sie bewegen sich einige Zentimeter bis höchstens einen Dezimeter täglich und hinterlassen auf unregelmäßigen, zufälligen Bahnen eine deutliche Kriechspur. Unerwartet legen sie sich zum «Sterben» hin. Sie sterben ab, wenn das schwarze Schieferplättchen, das wir «Schneewurm» nennen, mit der flachen Seite nach unten zur Ruhe kommt, nachdem es vorher stundenlang auf der Kante stehend durch die Kräfte der Sonnenwärme vorangetrieben worden ist. Ob sich diese «Schneewurm»-Schieferplättchen später wieder «erholen» und weiterbewegen, ist noch nicht bekannt. Das Phänomen der «Schneewürmer» gehört in den Bereich der Mikro-Klimatologie kleinster Räume – ein ungenügend beachteter, aber höchst interessanter Wissenszweig. Das Leben vieler arktischer Kleintiere, wie Insekten, und Kleinpflanzen oder Pflanzenteilen, wie Moose, Flechten, Knospen, Pollenstände, hängt von den komplizierten Vorgängen in Miniräumen ab.

# Bilderläuterungen

22 Kryokonitlöcher sind ein Phänomen, das, wie jenes der «Schneewürmer» (Bild 21), mit Methoden der Mikro-Klimatologie zu bearbeiten ist. An der Oberfläche arktischer Gletscher schmelzen Ansammlungen dunkler Staubpartikel und winziger Lebewesen wie Hefepilze, langsam ins Eis ein. Bei andauerndem Sonnenschein sinkt das Kryokonitmaterial in vertikalen Schmelzröhren 10 bis 30 Zentimeter tief unter die Oberfläche. Der Durchmesser dieser Röhren schwankt zwischen Millimetern und Dezimetern; durch Zusammenschwemmen von Kryokonitmaterial in Mulden können vertiefte Wannen von vielen Metern Durchmesser entstehen, die zumindest äußerlich mit den eigentlichen Kryokonitlöchern verwandt sind. Nach starken, besonders föhnartigen Winden bei bedecktem Himmel wird das morsche Eis zwischen den Löchern abgebaut, so daß der schwarze Kryokonit wieder oberflächlich aufliegt, wie hier im Bild, und der Prozeß von neuem beginnen kann. – Diese Erscheinungen sind manchmal auch auf Gletschern niedrigerer Breiten anzutreffen.

23–24 Dünnschliffe von Eis, 0,5 bis 2 Millimeter dick, werden von hinten mit diffusem Licht durchleuchtet und dann durch zwei senkrecht zueinander stehende Polarisationsfilter photographiert. Nun heben sich die Kristalle verschiedener Orientierung deutlich voneinander ab und lassen Größe und Form erkennen. In Bild 23 sind die winzigen Eiskristalle zu sehen, die im Laboratorium mittels einer Extrusionspresse, die in der Metallurgie verwendet wird, unter bedeutend höheren Drucken, als dies im Eis der freien Natur üblich ist, erzeugt wurden. (Fünffache Vergrößerung). – Der Ausschnitt aus Bohrkern M5D (Bild 24) von 7 Zentimetern Durchmesser (siehe Zentimeternetz) stammt von der Zunge des White Glacier, aus 17 Metern Tiefe. Die großen Eiskristalle sind von teilweise sehr komplexer Form; sie greifen hinter und vor der Bildfläche durch und bilden sogenannte «interlocking crystals».

25–26 Das Eis auf dem Colour Lake beim Basislager auf Axel Heiberg Island wächst im Verlaufe eines Winters bis zu einer Dicke von zwei Metern. Die beiden Aufnahmen zeigen eine Fläche von etwa 1,5 auf 2 Meter. Erfolgt die Eisbildung in ruhigen Winternächten ohne Schneefall, so entsteht dunkles, durchsichtiges Eis, in dem wie Steinchen verstreut einige Reifkristalle eingebettet liegen. Die Sprünge im sonst völlig glatten Eis sind Reaktionen auf die Kräfte des Gefrierens und der Temperaturschwankungen (Bild 25). – Im Frühjahr präpariert die langandauernde Sonnenstrahlung an schneefreien Stellen die einzelnen Kristalle des See-Eises heraus, da an den Grenzflächen der mächtigen Säulenkristalle (horizontaler Durchmesser bis über 10 Zentimeter; vertikale Höhe der Einzelkristalle bis 50 Zentimeter) das Schmelzen zuerst einsetzt (Bild 26).

27 Die Eiskappen der Polargebiete sind die Archive der Klimageschichte: In Firn- und Eisschichten ist detaillierte Information über Temperaturen, Niederschläge, chemische Zusammensetzung der Luft, Vulkanausbrüche, Schauer kosmischen Staubs und andere Geschehnisse aus vergangenen Zeiten verborgen. Mit Bohrausrüstungen, die je nach Probendurchmesser und Probenlänge einige Kilogramm bis viele Dutzend Tonnen schwer sind, werden Eiskerne gehoben. Dieser auf der McGill-Eiskappe ausgelegte Kern ist 7,5 Zentimeter dick und 14 Meter lang. Bei Camp Century in Nordwestgrönland wurde ein 1390 Meter langer Kern erbohrt und in noch gefrorenem Zustand an Laboratorien in den USA und Dänemark gesandt. Die Untersuchung solch großer Eiskerne dauert Jahre. Tausende von Isotopenanalysen (Sauerstoff 18/16, Tritium, gelegentlich Kohlenstoff 14/12 und Bleiveränderungen), Staubkornzählungen und Messungen der Kristallformen und -größen sind notwendig, um ein Stück Vergangenheit nachzuzeichnen. Aus dem Eiskern von Camp Century wurden Aufschlüsse über die Klimageschichte der letzten 120 000 Jahre gewonnen.

28 Eisbohrung beim Beaver Camp auf dem White Glacier: Zehn Meter über der Schneeoberfläche schwebt der Handgriff dieses Eisbohrers, der soeben zum Verlängern des schweren Rohres aus dem Loch gezogen wird. Meter für Meter dringt über diesen Handgriff angetrieben ein mit Schneidemessern versehener «Corer» langsam in die Tiefen des Gletschers. Nach jedem Meter Tiefe muß das Gestänge verlängert werden. Die hier eben geborgene Probe hat Schneeablagerungen aus den Jahren 1947 und 1948 zutage gefördert. – Ähnlich wie der Geologe aus Gesteinsschichten, erhält hier der Glaziologe wertvolle Aufschlüsse über den Gletscherhaushalt und das Klima der Vergangenheit. Aus der Abfolge von Eis- und Schneeschichten verschiedenster

## Bilderläuterungen

Art erkennt er die «Jahresringe» des Gletschers, und je nach Dicke und Dichte einer solchen Schicht kann er die Schneeablagerungen (Akkumulation) oder auch Schneeschmelzen (Ablation) vergangener Jahre quantitativ beurteilen. Anschließend werden im selben Loch durch Einfrieren von Thermistoren die Firntemperaturen gemessen. Durch Freigabe von latenter Wärme ergeben sich im Gletscher deutlich höhere Temperaturen als in der Luft darüber.

29–30 Gletschergestaute Seen gehören unzertrennlich zu arktischen Gletschern. Es gibt viele davon – kleine und große. Jedes Frühjahr werden sie durch die Schmelzwasser aufgefüllt und überfließen, falls das Wasser nicht schon vorher einen Weg in, unter oder neben dem Eis findet. Viele arktische Gletscher sind aber zumindest randlich festgefroren, daher sind katastrophenartige Überflutungen häufig. Würden sich diese Naturschauspiele, von oft nur einigen Stunden bis Tagen Dauer, statt auf dem fernen White Glacier auf 80° Nord in unserer Nähe abspielen, wären sie höchst lohnende Spektakel für Tausende von Touristen. In einer späteren Phase graben sich die Fluten eine rasch tiefer werdende Schlucht ins Eis (Bild 118).

## Geologie und Landformen

31 Der Bergtorso Mount Asgaard auf Baffin Island, Inbegriff arktischer Bergschönheit, ist von Dichtern und berühmten Malern wie A.Y. Jackson, der ihn noch als 83jähriger auf die Leinwand bannte, verewigt worden. Für die Morphologen ist er, wie seine Nachbarn, mit den auf gleicher Höhe abgeschnittenen Gipfelflächen, die sich besonders aus der Vogelschau zu einer endlosen Rumpffläche zusammenfügen, ein klassisches Schulbeispiel für die Entwicklung unserer Erdoberfläche: Eine Ebene wird gehoben und dann über Jahrmillionen durch Wasser, Eis und Wetter zerschnitten und umgestaltet, bis wiederum eine Ebene entsteht.

32 Die mächtigen Sedimentformationen mesozoischen und tertiären Alters im Expeditionsgebiet auf Axel Heiberg Island bestehen vorwiegend aus Sand- und Siltsteinen und Schiefern, daneben Karbonatgesteinen, Konglomeraten und Kohle. Beim Zerfall der schwarzen Schiefer der Christopherschichten kommen kuriose, wie von Menschenhand geschaffene Kanonenkugel-Konkretionen zum Vorschein. Die häufig kopfgroßen Kugeln haben einen Kern aus Pyrit, jenem «Gold», das einst Martin Frobisher vom Helden zum Narren werden ließ.

33 Von Montreal über Frobisher nach Resolute überquert das Düsenflugzeug auf einer Strecke von mehr als 2000 Kilometern den Kanadischen Schild; die Hälfte davon bedeckt die Tundra. Unzählige Seen und Flüsse verraten durch Form und Lauf die geologischen Strukturen dieser mächtigen Grundfeste unserer Erdkruste, die sich nur wenig über das Meeresniveau erhebt. Hier noch eisbedeckt, bald aber offenes Wasser, dienen diese Seen Millionen von Vögeln als Sommerheimat, deren Stille höchst selten einmal gestört wird.

34 Die sommerliche Milde, die Gräser, Moose und Flechten und die sanft zerfließenden Formen lassen vergessen, daß das vom Hügel des Basislagers aus photographierte Expedition Valley Teil einer Landschaft auf 80° Nord in der kanadischen Hocharktis ist. Doch die sphärische Verwitterung der Basaltfelsen im Vordergrund, der den ganzen Talboden überflutende Fluß und die Fließerdeformen am Abhang des durch Gips-Aufstiege verwilderten «Kleinen Matterhorns», bezeugen den periglazialen Charakter der Natur. Ganz links erkennt man bereits die Gletscher (Bild 4).

35–37 Noch faszinierender als die Blumen und Tiere der Hocharktis sind die allgegenwärtigen Strukturbodenformen. Man kann keine 100 Meter weit gehen, ohne mit irgendeiner der hundert Arten und Unarten der Oberflächengebilde des Dauerfrostbodens in Berührung oder gar in Konflikt zu geraten. Bald sinkt man knöcheltief in weiche Fließerde ein, bald strauchelt man über die unstabilen Kugeln eines Buckelbodens. Ihr Abstand ist natürlich selten der menschlichen Schrittlänge angepaßt. Durch tausendfach wiederholtes Gefrieren und Tauen, sogenannte Kryoturbation in der Auftauschicht, die einige Zentimeter bis über einen Meter tief hinunterreicht, werden Grob- und Feinmaterial sortiert, woraus sich Steinringe, Steinnetze und Streifenböden entwickeln. Das Wasser bleibt wegen der Undurchlässigkeit des darunterliegenden Permafrostes oberflächlich liegen. Kryoturbation erschwert es den Pflanzen, Fuß zu fassen. Fossile Strukturbodenformen in heute gemäßigten Breiten helfen den Wissenschaftlern bei der Abgrenzung von Kaltklimaten vergangener Zeiten.

## Bilderläuterungen

38  Die Anhydrit-Tektonik gibt den Inseln des Sverdrupbeckens, zu denen auch Axel Heiberg Island gehört, ihr Gepräge. Aus tieferen, älteren Schichten sind große Anhydritmengen in den Kern vieler Antiklinalen eingedrungen und haben deren schwarze Basaltflanken steil aufgerichtet. Der helle, im arktischen Klima zum Härtling gewordene Anhydrit zieht wie eine 15 Kilometer lange Schlange vom Expedition Fiord zum hinteren Strand Fiord.

39  Der mächtige Thompson Glacier begrenzt die wie Blätter eines offenen Buches daliegenden jurassischen Sandsteinschichten. Sie steigen, nach rechts oben älter werdend, zum zentralen Gebirgsrücken von Axel Heiberg Island auf. An der Nahtstelle zwischen Gletscher und Berg ist eine Kette von eisgestauten Seen aufgereiht; die erhöhten Uferlinien verraten einen einst höheren Stand von Gletscher und Seen.

40  Durch das Abschmelzen der eiszeitlichen Gletscher wurde die Erdkruste von einer großen Last befreit und hob sich in den Gebieten der ehemaligen Vergletscherung und deren Umgebung; wir sprechen von einer isostatischen Anpassung, die je nach ehemaliger Eismächtigkeit verschieden kräftig war. Zugleich bedingten aber die gewaltigen Schmelzwassermengen einen Anstieg des Meeresspiegels, eine sogenannte eustatische Hebung. Während der letzten 12 000 Jahre betrug diese Hebung etwa 60 Meter. Aus diesen beiden gegenläufigen Anpassungen resultieren – falls die Landhebung schneller vor sich geht – diese eleganten, geschwungenen Strandlinien, die hier auf Coburg Island besonders faszinierend sind, weil das Meer beidseitig seine Spuren hinterließ.

41  Die Granitwülste beim Cape Sabine an der Ostküste von Ellesmere Island sind Zeugen einer mächtigen eiszeitlichen Vergletscherung. Die nahen Gletscher reichen noch immer bis ans Meer hinunter. Heute fegen die häufigen Nordwinde, die hier ins Nordwasser blasen, die letzte Krume an Verwitterungsgrus weg, so daß kein einziges Pflänzchen Fuß fassen kann. Bei der Helikopter-Rekognoszierung für das North Water Project konnte ich mich nicht entschließen, an dieser unwirtlichsten Stelle der Arktis, die ich je gesehen habe, eine Überwinterungsstation einzurichten, obwohl dieser Platz für wissenschaftliche Zwecke am ergiebigsten wäre.

42  In Nordostgrönland scheint sich das Inlandeis auch während der Eiszeiten wenig verändert zu haben. Der Saefaxi Elv hatte also möglicherweise weit mehr als nur 10 000 Jahre Zeit, um seinen vier Kilometer breiten Talboden mit Silt und Sand zu füllen und, als sich das Basisniveau änderte, einen Teil dieser wüstenartigen Ebene wieder abzutragen. Die Talungen östlich vom Centrum Sø und jene von Peary Land zählen zu den echten Wüsten der Erde.

43  Flugaufnahme eines Tetragonalbodens aus 500 Metern Höhe, zehn Kilometer östlich des Centrum Sø in Nordostgrönland. Der Flußarm des Saefaxi Elv links im Bild ist gegen 100 Meter breit. Die Gräben sind der obere Abschluß mächtiger Eiskeile, die viele Meter tief vertikal in den Dauerfrostboden eingreifen. In feuchten Talsohlen ursprünglich aus feinen geradlinigen Spalten durch einen Jahrhunderte dauernden Wachstumsprozeß entstanden, sind solche Eiskeile überall in der Arktis zu finden. Besonders schön ausgebildete Formen bedecken riesige Gebiete der Taimyr-Halbinsel. Fossile Eiskeilböden in gemäßigten Breiten sind Zeugen ehemals arktischer Klimaverhältnisse.

44  Axel Heiberg Island zählt dank seiner Anhydritdome zu den klassischen Gebieten des Diapirismus. Am nördlichen Rand der Steacie-Eiskappe liegt ein Schulbeispiel eines Diapirs: Ein im Grundriß nahezu runder Aufstoß von Anhydrit ragt etwa 600 Meter über die Ebene hinaus; sein Durchmesser beträgt mehr als zwei Kilometer. Die Evaporite durchschlagen die darüberliegenden, hier bis 10 000 Meter mächtigen mesozoischen Sedimente des Sverdrupbeckens. Ähnliche Gebilde sind als Salz- und Gipsdome aus Texas, Rumänien und Persien bekannt. Auch auf Axel Heiberg Island scheint der Diapirismus mit Salz verbunden zu sein, denn am Fuße des Basislager-Anhydritdomes fließt selbst im Winter und trotz des viele hundert Meter dicken Permafrostes eine warme, stark salz- und schwefelhaltige Quelle.

## Das Polarmeer

45  Durch die Meeresstraße zwischen Ellesmere Island und Devon strömt im Frühsommer eine endlose Prozession von Treibeis und Eisbergen ins Nordwassergebiet und dann nach Süden: Das Polarmeer exportiert seine Kälte.

| | | |
|---|---|---|
| Bilderläuterungen | 46 | Meeresforschung in der Arktis ist auf Eisbrecher angewiesen. Der größte kanadische Eisbrecher, Louis S. St. Laurent, besitzt ein vorzügliches ozeanographisches Laboratorium, von dem aus Tiefenlotungen durchgeführt und Profile der Temperatur, des Salzgehaltes, der Sauerstoffkonzentration und verschiedener Isotopen gemessen werden. – An der Ostküste von Ellesmere Island versenkt ein kanadischer Ozeanograph, in hartem Zweikampf mit dem lästigen Treibeis, Knudsenflaschen bis in eine Tiefe von 300 Metern. |
| | 47 | In den Fjorden und entlang der Küsten bildet sich, verankert an Inseln und Halbinseln, jedes Jahr eine Festeisschicht von anderthalb Metern Dicke, die sich, im Gegensatz zum Treibeis des Nordwassers und des offenen Meeres, vom Herbst bis zum Spätfrühling kaum bewegt. Doch gegen Ende Mai oder anfangs Juni kann ein Kletterausflug zum Princess Charlotte Monument bei Coburg Island binnen weniger Stunden zum gefährlichen Unternehmen mit langer, unfreiwilliger Reise in den fernen Süden werden. |
| | 48 | Im April, wenn die Meereisdecke weiter im Süden der Baffin Bay noch für Monate winterfest ist und über Hunderte von Kilometern selbst den Eisbrechern den Durchgang verwehrt, ist hier auf 77° Nord im Nordwassergebiet bereits «break up time». Winde und Meeresströmung verschieben und zerkleinern die anfänglich viele Dutzend Quadratkilometer großen Meereisplatten in immer kleinere Stücke. Die Carey Øer ragen 200 Meter aus dem Meer. |
| | 49 | Der Meereisglaziologe sieht auf dieser Schrägaufnahme des polaren Packeises weit nördlich von Alaska aus etwa 600 Metern Flughöhe ein faszinierendes Spiel von Formen und zeitlichen Abfolgen, von Bewegungen und Kräftegruppierungen. Der mächtige, junge Zickzackspalt im Mittelgrund ist etwa 60 Meter breit, besitzt aber schon wieder eine dünne Neueisschicht. Von links vorn nach rechts hinten verläuft das nächst ältere Spaltensystem, gut verheilt und doch schon wieder zerrissen. Parallel dazu haben Druckkräfte lange, 4 bis 5 Meter hohe Eiszüge aufgetürmt, die unter dem Meeresspiegel einen Eiskeil mit einem Tiefgang von 12 bis 15 Metern bilden. |
| | 50 | Polares Meereis während der Sommerschmelze aus 600 Metern Flughöhe gesehen. Der diagonale, schnurgerade Graben, gegen anderthalb Kilometer lang, entstand als Spalte durch Zug- und Schubkräfte und wurde zum Entwässerungskanal für die weitverzweigten, kompliziert gewundenen Seitenbäche, die das Schmelzwasser sammeln. Alte Seehundatemlöcher dienen oft als Entwässerungszentren. Schmelzprozesse von oben und von unten und starke Winde vermögen in außerordentlich warmen Sommern die bis drei Meter dicke Meereisdecke westlich von Axel Heiberg Island in Stücke aufzulösen. |
| | 51 | Tafeleisberge tragen Gletschergeschichte nach Süden. Die zerklüftete Oberfläche ist diejenige des Zungengebietes des «Muttergletschers», von dem die Eisberge durch Gezeiten und Wind abgebrochen – «gekalbt» – wurden. Diese Tafeleisberge nordwestlich von Thule ragen bis 25 Meter über die Meeresoberfläche, haben einen Tiefgang des Vier- bis höchstens Siebenfachen davon und eine Länge von vielleicht 600 Metern. Sie stammen vom Humboldt-Gletscher (80° Nord), einem mächtigen Ausflußgletscher des grönländischen Inlandeises. Auf mehrjähriger Reise – je nachdem, wie lange sie in Fjorden hängenbleiben – treiben sie durch das Nordwasser hindurch in den Labradorstrom und gefährden gelegentlich die Schiffe der Europa–Amerika-Route. Die Eisberge der Arktis haben aber öfters nicht Tafel- sondern eher Turm- und Bergspitzenform. Den Winter hindurch sind sie zumeist im Packeis festgefroren. |
| Leben unter Grenzbedingungen | 52–53 | Frühlingsanfang und Herbstende liegen in der Arktis kaum drei Monate auseinander. In dieser kurzen Zeitspanne wird, unter Nutzung einer Vielfalt von erstaunlichen Anpassungen, der ganze Lebenszyklus der Pflanzen abgewickelt. Doch nur wenig ist bekannt über die entscheidenden Mechanismen der Anpassung, ganz besonders jener kritischen Phasen am Anfang und am Ende dieses Zeitabschnittes. Noch so geringe Unterschiede im Mikroklima vermögen die Lebensprozesse einzuleiten, zu beschleunigen, zu drosseln und anzuhalten. Die biologische Erforschung dieser Grenzbereiche ist für die Zukunft von großer Bedeutung. |
| | 54 | Die Glöckchenheide (Cassiope tetragona), eine weitverbreitete, auch in den Gebirgen niedriger Breiten vorkommende Pionierpflanze, sucht immer Schutz vor dem Wind |

# Bilderläuterungen

und braucht die Feuchte von Schneeflecken. Wo ihre Lebensbedingungen erfüllt sind, bildet sie ausgedehnte Heideflächen mit Hunderten von Blüten pro Quadratmeter. In ungünstigen Sommern verzichtet sie aufs Blühen. In ihren bis 10 oder gar 20 Zentimeter tiefen Polstern finden Insekten und Käfer einen günstigen Lebensraum mit gelegentlich subtropischen Bedingungen.

55 Früchte und Farben sind auch in der Arktis Zeichen des Herbstes. An den Hängen geschützter Talmulden wachsen häufig Blaubeeren (Vaccinium laevifolium), die von Eskimofrauen und Kindern gesammelt werden. In Ostgrönland sind im August die Blaubeeren so reichlich zu finden, daß sie zur täglichen Hauptnahrung werden. Die gelbe Zwergweide (Salix arctica), die Preiselbeere (Vaccinium Vitis-idaea) und ganz besonders die feuerrote Bärenbeere (Arctostaphylos alpina) bilden zusammen prachtvolle Farbenteppiche. – Von den Beeren naschen auch die Bären. Im Mackenzie-Delta erlebte ich einmal zu meinem Schrecken, wie sich eine vermeintliche beerensuchende Eskimofrau als Barren Ground-Grizzlybär entpuppte.

56 Flechten gehören zur Arktis wie Bäume zu den gemäßigten Breiten. Auf Axel Heiberg Island gibt es mindestens 400 Arten. Die Flechte besteht aus zwei Pflanzen, die in enger Symbiose leben: einem Pilz und einer grünen bis blaugrünen einzelligen Alge. Die Alge ist auf das Wasser und die Nährstoffe des Pilzes angewiesen, der von ihr die Produkte der Photosynthese bezieht. Jeder Stein, dessen Lage sich während längerer Zeit nicht verändert, ist mit Krustenflechten (Caloplaca elegans) überdeckt, die von einem nachträglich absterbenden Anfangszentrum aus langsam ringförmig nach außen wachsen. Wissenschafter messen den Flechtendurchmesser, um Moränen, Erdrutsche und andere Naturereignisse zu datieren. Rhizocarpon tinei wächst auf Axel Heiberg Island etwa 15 Millimeter in hundert Jahren. Obwohl von zartem Aussehen, fühlen sich diese Flechten ledrig bis steinhart an und können deshalb der monatelangen Abrasion durch windgetriebene Eiskristalle besser widerstehen als andere Pflanzen. Flechten leisten einen wesentlichen Beitrag zur Bodenbildung, denn ihre Säure und Feuchte fördern die chemische und mechanische Verwitterung der Gesteine.

57 Die junge Schnee-Eule (Nyctea scandiaca) beginnt nach zweimonatigem Wachstum ihre grauen Nestdaunen zu verlieren. Das neue Federkleid des jungen Vogels ist eine gute Tarnung und erhält erst beim Flüggewerden seine schneeweiße Farbe mit braunen Tupfen. Die Schnee-Eulen ernähren sich vorwiegend von Lemmingen, greifen aber gelegentlich auch Hasen an. Wenn sie bis in den bewohnten Süden vordringen, darf angenommen werden, daß Lemmingfutter im Norden rar geworden ist. Die Zahl der Lemminge bestimmt auch irgendwie die Anzahl der Eier einer Schnee-Eule. Wie die Raubmöwe legt sie diese auf den oft noch schneebedeckten Tundraboden. Daß fünf bis sieben Eier, oft sogar mehr, ausgebrütet werden, ist bei dem stark veränderlichen Nahrungszyklus von großer Wichtigkeit für die Arterhaltung.

58 Die Polarhasen (Lepus arcticus) der kanadischen Hocharktis und Nordgrönlands tragen ganzjährig einen weißen, warmen Pelz. Weiter im Süden jedoch wird dieses weiße Winterfell durch einen leichteren, bräunlich gefärbten Sommerpelz ersetzt. Polarhasen lieben Geselligkeit; sie sind immer in Gruppen unterwegs, die manchmal viele hundert Tiere zählen. Wenn Gefahr naht, hüpfen sie aufrecht wie Känguruhs auf den Hinterbeinen oder springen im schnellen Zickzacklauf davon, so daß ihre Feinde, Fuchs und Wolf, Mühe haben, sie einzuholen.

59 Die Moschusochsen durchwandern die weite Tundra in Herden von drei bis zwanzig, gelegentlich auch mehr Tieren. Ältere Bullen trifft man oft als Einzelgänger. Sie fressen, was der Boden an spärlichen Pflanzen hervorbringt, ohne aber ihre Weideplätze kahl zu grasen. Im Winter verbringen sie längere Zeit auf den freigeblasenen Plateaus. Zum Schutz gegen Feinde bilden sie einen Defensivkreis, stoßen die Jungen in die schützende Mitte und richten ihre gehörnten Häupter nach außen. Bei Provokationen greift der Leitbulle mit gesenktem Kopf wuchtig an. Zur Brunstzeit liefern sich die Bullen harte Kämpfe, wobei sie mit großer Geschwindigkeit mit den breiten Hornplatten aufeinanderprallen. – In den letzten zwanzig Jahren wurden mit wachsendem Erfolg Experimente zur Domestizierung des Moschusochsen (Ovibus moschatus) durchgeführt. Die unvergleichliche Qualität der Wolle, die schon vor Jahren für mindestens 60 Dollar pro Pfund gehandelt wurde, und das schmackhafte Fleisch bieten eine gute Verdienstmöglichkeit.

# Bilderläuterungen

**60** Raubmöwenattacke auf Ellesmere Island. Unablässig, mit einem die Stille zerreißenden Gekreisch, attackiert hier ein Raubmöwenpaar (Stercorarius longicaudus) den Photographen ihrer Jungen. Die Raubmöwe legt ihre Eier vielfach auf den bloßen, weiten Tundraboden, ohne ein eigentliches Nest zu bauen. Unerschrocken und verbissen scheucht sie dann Fuchs, Rentier oder Mensch weg, indem sie in sausendem Sturzflug mit großer Geschwindigkeit nur knapp am Kopf des Störenfriedes vorbeischießt und unter lautstarkem Geschrei mit einer abrupten Drehung im Flug, manchmal sogar mit einem Schnabelhieb, die irritierten Eindringlinge ablenkt.

**61, 63** Ein männlicher Eisbär (Thalarctos maritimus) wirkt mit seinen etwa 800 Kilogramm Gewicht wie ein Riese. Der Kraft seiner Pranken ist kaum etwas gewachsen. Er ist, verglichen mit anderen großen Raubtieren, nicht bösartig, doch kann ihn seine unersättliche Neugier plötzlich gefährlich machen. Hier, bei einem seiner gelegentlichen Besuche auf der Nordwasser-Forschungsstation Coburg Island, begnügte er sich zwar damit, die kostspieligen Plastikdome der Strahlungsgeräte abzufressen. Auf seinen scheinbar ziellosen Wanderungen kennt er nur wenige Feinde. Im Wasser muß er die mächtigen Fangzähne der Walroßbullen meiden; auch ist das Jagen zwischen bewegten Packeisschollen selbst für Eisbären nicht ganz ungefährlich. Die verspielten Jungen werden von der Mutter in zweijähriger «Schule», während der sie viel liebevolle Behandlung, wie etwa das Mitschwimmen auf dem mütterlichen Rücken, erfahren, aber auch harte Ohrfeigen einstecken müssen, auf das Leben vorbereitet. – Für die Eskimos bedeutet Nanuk, der große, weiße Bär, mehr als nur eine Jagdbeute, die Fleisch und Felle liefert, – er ist der Mittelpunkt ihres Lebens.

**62** Ein Eskimo markiert für die kanadische Fisheries Research Board eine Walroßherde in der nördlichen Hudson Bay. Auf dem Land sind die Walrosse (Odobenus rosmarus), von den Eskimos Aivik genannt, recht unbeholfene Kolosse. Weibliche Tiere wiegen durchschnittlich 600 Kilogramm, männliche bis zu 1000 Kilogramm. Schwimmend sind die männlichen Tiere aber viel aggressiver, als ihr großväterlich schnauziges Aussehen vermuten ließe. Die Jungtiere sind fast zwei Jahre von der Mutter abhängig und werden entsprechend verteidigt. Das Walroß gehörte zu den wichtigsten Beutetieren der Eskimos. Die Jagd mit Kajak und Harpune war ein gefährliches, aber auch lohnendes Unternehmen. Massenabschlachtungen mit Gewehren, oft nur der elfenbeinernen Fangzähne wegen, wobei jedes dritte oder vierte Tier versank und damit verlorenging, haben zu einem bedrohlichen Rückgang des Bestandes geführt.

**64** Die Grönlandrobben (Phoca groenlandica) leben in drei verschiedenen Gebieten der Arktis: im Weissen Meer, im «West-Eis» südwestlich von Spitzbergen und im Labrador-Golf des St. Lorenz-Gebietes. Die kanadischen Herden wurden um 1900 auf 10 Millionen Tiere geschätzt, 1951 auf 3 Millionen, 1960 auf 1,2 Millionen und heute nur noch auf etwa eine halbe Million. Ende Februar bis Mitte März werfen die Robben ihre Jungen, um später im April und Mai zur Sömmerung an die Westküste Grönlands bis nördlich von Thule und in die Gewässer der östlichen kanadischen Arktis zu ziehen. Die rücksichtslose Abschlachtung der weißpelzigen Jungtiere, mit ihrem sanften Aussehen eine Inkarnation der Unschuld, hat in jüngster Zeit internationale Proteste hervorgerufen. Die kanadische Regierung bemüht sich, die «Nutzung», an der auch andere Staaten, wie Norwegen, beteiligt sind, auf biologisch und ökologisch vertretbare Zahlen zu reduzieren.

**65** Der Narwal (Monodon monoceros, das Einzahn-Einhorn) ist ein naher Verwandter des Beluga oder Weißwals (Delphinapterus leucas) und hat wie dieser eine Länge von höchstens sechs Metern. Bei den erwachsenen Narwalmännchen springt grotesk ein elfenbeinerner, spiralförmig gewundener Zahn von zwei bis drei Metern wie eine Verlängerung der Körperachse vor. Im Mittelalter galt der Stoßzahn des Narwals als Horn des mythologischen Einhorns und fand in der Alchimie Verwendung. Heute glauben die Wissenschafter, daß es sich bei dem Stoßzahn nur um eine Verzierung handelt, ein sekundäres Geschlechtsmerkmal des ausgewachsenen männlichen Tieres, vergleichbar mit dem Kamm eines Hahnes. Narwale treten in mächtigen «Schulen» von oft mehreren hundert, manchmal bis zu 2000 Tieren auf, die elegant im Verband schwimmen. Der Gesamtbestand dürfte weniger als 20000 Individuen umfassen, wovon etwa die Hälfte im Baffin Bay-Gebiet zu leben scheint. Hier bei Pond Inlet

# Bilderläuterungen

im nördlichen Baffin Land führte die kanadische Fisheries Research Board Studien über diese kuriosen Meeressäuger durch.

66 Die pazifische Subart der Dickschnabel-Lumme (Uria lomvia arra) bewohnt zu Tausenden selbst kleinste Vorsprünge der oft überhängenden Felsklippen bei Cape Parry östlich des Mackenzie-Deltas. Diese Lummen-Felsen sind von einem unvorstellbaren Lärm umgeben. Auf winzigen Standplätzen werden die birnenförmigen Eier ohne Nest auf dem blanken Fels ausgebrütet. Vögel, die nicht brüten, gleiten von Zeit zu Zeit im Sturzflug ins Meer, um nach Fischen zu tauchen.

67 Eine Kliffkolonie von Meervögeln (Familie Alcidae) wird zu Recht Bazar genannt. Das Geschrei der jungen und alten Vögel ist ohrenbetäubender als das Keifen auf einem östlichen Markt. Immer in großen Scharen – viele hundert bis mehrere zehntausend Tiere – stehen sie aufrecht auf jedem Felsvorsprung. Die am nördlichsten lebende und wohl auch widerstandsfähigste der vierzehn arktischen Alcidae-Arten, Brünnich's Dickschnabel-Lumme (Uria lomuia arra), kommt auch auf den Carey Øer vor, zieht sich aber trotz der klimamildernden Wirkung der Nordwasser-Polynya im Winter nach Süden zurück.

68 Selbst in Gletschernähe finden Karibus (Rangifer arcticus) auf Axel Heiberg Island reichlich Nahrung. Merkwürdigerweise wurden diese freundlich-neugierigen Tiere in den sechziger Jahren im Expeditionsgebiet nicht beobachtet; erst in unserem Jahrzehnt begannen sie in mehreren Gruppen von zehn bis zwanzig Tieren unsere Arbeitstäler zu durchstreifen. Ein altes Sprichwort sagt: «Niemand kennt die Wege der Winde und der Karibus.» Jedenfalls legen sie im Sommer bei ihrer Nahrungssuche täglich große Strecken zurück. Im August sind sie wohlgenährt, doch zehren der lange Winter, Schnee, Kälte und Dunkelheit diese Reserve wieder auf. Ihre größten natürlichen Feinde sind die Wölfe.

69 Der Mohn (Papaver radicatum) ist König unter den hocharktischen Blütenpflanzen. Oft schwingt ein kräftiges Mohnbüschel seine zarten Blütenköpfe auch dort im Wind, wo weit und breit keine andere Pflanze Fuß zu fassen vermag. Die schalenförmigen Blütenkelche wenden sich stets der Sonne entgegen und sammeln wie Hohlspiegel Wärme für die Pollen und die Insekten. Ein unerwarteter Schneefall kann die Blumen zu Boden zwingen, doch werden sie sich rasch wieder erheben. Die Behaarung hilft, Schaden durch Nässe und Kälte zu verhindern. Ab und zu findet man eine weiße Abart. Roten Mohn sucht man vergebens.

70 Über die Wasserflächen der Seen und Sümpfe der Tundra ertönt oft ein schauerlichheiserer Schrei, ein mysteriöses Lachen, das für mich – und viele andere – ebensosehr zur persönlichen Erinnerung der Arktis gehört wie Eskimos, Seehunde und Mitternachtssonne: Es ist der Ruf der Lumme, eines eleganten, schön gefärbten Tauchers aus der Familie der Gaviidae. Von den vier Arten ist die Rothalsige Lumme (Gavia stellata) in der kanadischen Arktis die am weitesten verbreitete. Nur im Winter ist sie südlich der Waldgrenze anzutreffen. Dieses brütende Lummenweibchen ließ den Photographen bis auf wenige Schritte an sich herankommen. – In den blau-getönten Bergen, die sich im Hintergrund abzeichnen, wurde im Juli 1962 – nur wenige Tage nachdem diese Aufnahme entstand – das bedeutendste Eisenerzvorkommen der Arktis (Mary River im nördlichen Baffin Island) entdeckt.

71 Unter den eckigen Felsblöcken und der höchst kärglichen Krume aus Feinmaterial bestehen arktische Moränen größtenteils aus Gletschereis. An Stellen, wo die Sonne an langen Sommertagen dieses Eis nur ein wenig schmelzen läßt, gedeihen auf wunderbare Weise alle möglichen Pflanzenarten. Immer wieder begegnet man unvermutet zwischen Steinen dem Steinbrech (Saxifraga oppositifolia), dessen farbige Rosetten oft dichte Polster bilden.

72–73 In der Tundra verlassen sich brütende Vogelmütter und Jungtiere noch mehr als in anderen Gebieten auf ihre Tarnfarbe, da Verstecke in Büschen und auf Bäumen fehlen. Erst bei Berührung bekennen sie Leben. – Junge Raubmöwen durcheilen nach dem Ausschlüpfen eine Wachstumsfolge, die uns baß erstaunt: Nach wenigen Wochen erreichen sie nahezu die Körpergröße ihrer Eltern, sofern sie nicht vorher in dem hilflosen Zustand eines «behaarten Fettklumpens» Opfer eines Fuchses werden. Sie entwickeln sich in kürzester Zeit in einer ähnlich faszinierenden Metamorphose, wie sie bei Schmetterlingen stattfindet, zu einem der elegantesten Vögel der Welt

## Bilderläuterungen

(Bild 60). – Eiderentenweibchen (Somateria mollissima) polstern das Nest für ihre vier bis sechs Eier mit jenen molligen (lat. mollis = weich) Brustfedern, die als «Daunen» Weltruhm erlangt haben. Jährlich werden viele tausend Kilogramm dieser kostbaren Federn zu Bettdecken und warmer Kleidung verarbeitet. Schon die Wikinger kannten den Wert der Eiderenten und bauten ihnen Schutzhüttchen. Ein von Otto Sverdrup nordwestlich von Devon Island entdecktes Eiderentenhaus läßt vermuten, daß die Wikinger auch die dortigen Entenkolonien besuchten. Unüberlegtes Abschießen und Eiersammeln haben den Bestand mehr als nur dezimiert; allein in Grönland wurden jährlich 100000 Eier gesammelt und 150000 Enten geschossen; in Kanada fertigten die Eskimos Kleider aus Eiderentenhäuten – 30 Stück wurden für einen Anzug benötigt! Doch sind seit Audubon's lebhaftem Protest im letzten Jahrhundert langsam wirkungsvolle Maßnahmen zum Schutz dieser interessanten Vögel getroffen worden.

74 Der Polarfuchs (Alopex lagopus) kann größer als eine Hauskatze werden und bewohnt die Tundra von Alaska über Grönland bis nach Ostsibirien. Neben der weißen, hauptsächlich von Lemmingen lebenden, Unterart trifft man in der Arktis auch den dunkleren Blaufuchs. Der Polarfuchs hat seines wertvollen Pelzes wegen – rund um den Pol – Geschichte gemacht. Noch im letzten Jahrzehnt wurde allein in Kanada jährlich 10000 bis 68000 Polarfüchsen der Pelz über die Ohren gezogen, damit die exklusiven Modewünsche der Damenwelt befriedigt werden konnten.

## Die Eskimos

75 Die Kleidung und die numerierte Behausung dieser Eskimofamilie in Resolute Bay (im Frühjahr 1967) lassen höchstens noch Spuren der traditionellen Kultur erkennen. Wegen der guten Jagdgründe im Lancaster-Sund siedelte die kanadische Regierung hier 1953 vorerst vier und zwei Jahre später weitere fünf Eskimofamilien an. Doch der nahe gelegene Flugplatz beeinflußte und veränderte ihre Lebensweise. Von 1947 bis 1962 war Resolute Militärbasis, seither verkehren mehr und mehr – heute fast täglich – zivile Flugzeuge. Eine Wetterstation, verschiedene Forschungszentren, Niederlassungen von Ölgesellschaften, ein Kino und ein Laden der Hudson's Bay Company gehören ebenfalls zur «Base», wo heute viele Eskimos Teilzeit- und einige wenige Vollbeschäftigung finden. In weißem Hemd mit Krawatte begegnet man ihnen oft am Flugschalter, an der Registrierkasse der «Bay» oder im Postbüro. Einzelne gehen aber noch mit dem Skidoo, statt mit Hundeschlitten, auf die Jagd. Doch bringt diese Mischkultur schwer zu bewältigende Probleme.

76 Eskimos beim Lagern. Im Thule-Distrikt, dem nördlichsten Bereich der Westküste Grönlands, leben noch einige Dutzend Eskimos das ursprüngliche Jägerleben ihrer Vorfahren. Jedes Frühjahr folgen sie einer mündlich überlieferten Reiseroute und überqueren die Meeresstraße nördlich des Nordwassergebietes, um durch die reichen Jagdgründe an der Ostküste von Ellesmere Island bis nach Grise Fiord hinunterzuziehen. Die Jagd auf Seehunde, Walrosse und Eisbären ist Hauptzweck dieser mehrmonatigen strapaziösen Fahrt, doch genießen die Eskimos auch die Gastfreundschaft ihrer Bekannten in Grise Fiord. Und gelegentlich wird eine Braut mit nach Hause genommen. Die Lagerzelte werden improvisiert an Harpunen über dem Schlitten aufgespannt, so daß im Innern eine mit Fellen isolierte, leicht erhöhte Schlafstelle entsteht, während die Kocher auf dem harten Schneeboden stehen. Rund um die Zelte liegen Fleischbrocken. Konservierungssorgen kennt man zur Zeit dieses Besuches bei Cape Herschel nicht, da die Temperaturen im sonnigen, trockenen Frühjahr noch nicht über –15 °C steigen. – Die schönen Eisbärfellhosen sind der Stolz eines jeden Jägers und der Beweis seiner Fähigkeiten.

77 Der Thule-Eskimo belädt seinen Schlitten oft mit gegen 400 Kilogramm Gepäck. Die sechs bis zwölf Hunde eines Gespanns können bei 40 Kilogramm Zuggewicht pro Tier eine Tagesleistung von bis zu 50 Kilometern erbringen. Nur einmal im Tag erhalten sie eine steinhart gefrorene Mahlzeit. Beim Rasten oder im Lauf lecken sie Schnee vom Boden auf. In Nordwestgrönland ist die fächerförmige Zugformation verbreitet.

78–79 Im nördlichsten Eskimodorf Kanadas, Grise Fiord an der Südküste von Ellesmere Island, werden Iglus nur noch für spezielle Anlässe, wie beispielsweise einen königlichen Besuch, gebaut. Eskimos und Weiße ziehen es vor, in vorfabrizierten, von der Regierung subventionierten Häusern zu wohnen. Im April 1975 gab es zwar noch genügend wohldressierte Hundegespanne im Dorf, um für Kronprinz Charles und

## Bilderläuterungen

Entourage eine eindrückliche Schlittenpartie zu veranstalten. Heute aber lassen die vielen Skidoos und Motorräder, zum Teil mit Seitenwagen, vermuten, daß der Prinz bei seinem nächsten Besuch einem Motorschlittenrennen zuschauen wird. Die Eskimos sind mit diesem neuen Transportmittel bereits bestens vertraut. Doch trotz dieser modernen Einrichtungen leben die meisten Grise Fiord-Eskimos immer noch von der Jagd auf Meeressäuger.

80  Die Kleider dieses Eskimojungen aus Resolute Bay stammen allesamt aus den Läden des weißen Mannes und werden in der Waschmaschine gereinigt. Doch im Benehmen des Jungen lebt noch die Vergangenheit. Er ist weder schüchtern noch arrogant. Die Kindererziehung der Eskimos war und ist auch heute noch frei von Zwang und Strafe. Kinder werden nicht zur Arbeit angehalten.

81  Eskimos haben seit Urzeiten in Mußestunden aus Elfenbein und Stein Tier- und Menschenfigürchen geschnitzt und Knochen und Geweihe verziert. Seit 1950 wird nun, dank der Initiative des Künstlers James Houston, überall in der kanadischen Arktis ein Kunsthandwerk ausgeübt, das Steinschnitzen. In den Kunstwerken aus Speckstein offenbart sich das Wesen eines Volkes, seine Kultur und seine Mythologie. Kritiker haben zwar diese aus dem Süden angeregte «Produktion» wegen der unvermeidlichen Kommerzialisierung verurteilt, doch die wirklichen Kenner sind zutiefst beeindruckt von der Inspiration und der naturverpflichteten Wahrheit dieser modernen Eskimokunst. – Im Frühjahr 1966 waren in der Gegend von Pangnirtung auf Baffin Island sämtliche Hunde an einer ansteckenden Krankheit gestorben, was zur Folge hatte, daß die Eskimos nicht mehr auf die Jagd gehen konnten und von der Arbeitslosenunterstützung abhängig wurden. Angeregt durch Regierungsbeamte, begannen auch die hier ansässigen Eskimos mit der Specksteinschnitzerei. Der weltweite Verkauf dieser Kunstwerke hat die wirtschaftliche Lage der Eingeborenen in vielen Dörfern verbessert, so auch in Pangnirtung.

82  Auch in der Arktis haben die Menschen einen Gott. Während Jahrtausenden haben Schamanen das zwischenmenschliche Zusammenleben wegen ihrer Verbindung mit den Geistern des Jenseits geregelt. Nach dem Kontakt mit den Weißen traten die Eskimos zwar rasch zum christlichen Glauben über, zu dem sie sich heute zu fast hundert Prozent bekennen, doch sind einige ihrer alten Sitten und Bräuche bis in die Gegenwart erhalten geblieben. So auch die eigenartig enge Beziehung zu ihren Toten. Eskimofriedhöfe strahlen etwas Geheimnisvolles, wenn nicht Gespenstisches aus. Hier scheinen die Toten den Lebenden näher zu sein – und sie sind es auch, denn sie können im Dauerfrostboden nur ungenügend tief begraben werden. Die Toten werden mit Steinen beschwert und, um sie vor wilden Tieren zu schützen, auch mit Steinen zugedeckt.

83  Der Klang einer Kirchenglocke, wie hier bei Resolute Bay am Lancaster-Sund, erhält in der Arktis eine besondere Reinheit – jene der weithin tragenden Luft. Das Gotteshaus ist noch immer das Zentrum vieler Eskimodörfer. Die Rituale der anglikanischen und der katholischen Kirche sagen den Eskimos zu. Trotzdem dauert es oft Jahre, bis das technische Problem, die Glocke in den Kirchenturm zu heben, gelöst wird.

84  Den Eskimokindern in Resolute Bay dient die freie Natur als Spielplatz. Im stillen Wasser tummeln sich an diesem Frühlingsabend Tausende von Fischen. Die Kinder versuchen sie mit den bloßen Händen zu haschen.

## Die Ressourcen des Nordens und der Weiße

85–86  Die Hälfte der noch etwa 12000 Eisbären der gesamten Arktis lebt in Kanada. Mit Hunden und Speeren haben die Eskimos jahrtausendelang dem «Nanuk», wie sie den für ihre Existenz so wichtigen Eisbären nennen, nachgestellt. Bei vielen Eskimos war es Brauch, daß das Fell demjenigen gehörte, der das Tier zuerst gesehen hatte. Das Schaben der Felle mit dem halbmondförmigen Frauenmesser, dem Ulu, ist traditionsgemäß Frauensache.

87  In Kanak auf Grönland, dem zweitnördlichsten Eskimodorf der Welt – einzig ein paar Familien im benachbarten Siorapalick wohnen noch etwas nördlicher – leben die Eskimos von Robert Pearys und Knud Rasmussens berühmter Thule-Station. Vor etwa 20 Jahren hat man sie, wegen des Baus der amerikanischen Militärbasis Thule Air Base, 100 Kilometer weiter nordwärts an die Inglefield Bay umgesiedelt. Obschon

## Bilderläuterungen

sie heute vorfabrizierte Wohnhäuser und moderne Fischkutter besitzen und regelmäßig von Helikoptern mit Waren versorgt werden, zählen sie zu den Eskimos, die sich die Ursprünglichkeit ihres Lebens bewahrt haben. Im Frühjahr sind sie jeweils bis zu drei Monaten mit ihren Hundeschlitten unterwegs auf der Jagd. Durch kommunalen Entscheid haben diese Grönländer auf Skidoos verzichtet. Auch haben sie sich eine sehr strikte Rationierung des Alkohols auferlegt. So scheint am Rand unserer Erde eine der vorbildlichsten modernen Demokratien in sinnvoller Naturverbundenheit zu gedeihen.

88–89 Prudhoe Bay: Ein Name, den vor zehn Jahren niemand kannte, der aber heute die Presse der ganzen Welt beschäftigt. Er steht für das größte Erdölvorkommen der Vereinigten Staaten, symbolisiert aber auch das Aufeinandertreffen von zwei diametral verschiedenen Weltanschauungen unserer Zeit: jener der Wirtschaftskreise, die Sachzwängen des Energiebedarfs und der Ökonomie folgen, und jener der «Freunde der Erde», die kurzfristigen Vorteilen zuliebe keine weiteren Naturopfer bringen wollen. In den neun Jahren, die zwischen der Entdeckung des Ölfeldes und dem Beginn des Abtransportes durch die teuerste Pipeline aller Zeiten (7,7 Milliarden US-Dollar) vergangen sind, wurde mancher Kompromiß geschlossen. Um die Beschädigung der leicht verletzlichen Tundra zu verringern, werden von einer einzigen Bohrplattform aus bis fünf Schräglöcher durch den 700 Meter mächtigen Dauerfrost gebohrt, so daß Ölbecken in 3000 Metern Tiefe und mehreren Kilometern Entfernung voneinander angezapft werden können. Um die Pipeline bis zur vollen Kapazität, zwei Millionen Faß pro Tag, mit Öl zu speisen, müssen die etwa zweihundert Bohrlöcher produktiv sein. Als Anfangsleistung fließen etwa 30 000 Faß pro Tag durch die 1,2 Meter dicke und 1250 Kilometer lange Leitung, die teils auf Stelzen über Grund, teils im Boden vergraben, über zahllose Flüsse, Seen, Sümpfe und Berge nach dem eisfreien Hafen Valdez führt. Von dort bringen Riesentanker mit mehr als 100 000 Tonnen Fassungsvermögen das Öl zu den Verbraucherzentren.

90 Methoden für Ölbohrungen in eisbedeckten nördlichen Flachmeeren wurden erst in den vergangenen zehn Jahren entwickelt. Die Technologie dieser Unternehmen grenzt in ihrer Kühnheit an jene der Raumfahrt. Im Cook Inlet, wo das Meereis subarktischen Charakter hat, also mehrjähriges Eis nicht vorkommt, werden verstärkte konventionelle Bohrplattformen eingesetzt, wie sie aus der Nordsee, den Küsten Venezuelas und Kaliforniens bekannt sind. Wo aber mit mehrjährigem Packeis, Eisinseln und Eisbergen gerechnet werden muß, mit bewegten Eismassen also, die von den starren Tragsäulen der Plattform nicht mehr zersägt werden können, sind andere Lösungen vorgesehen: In den untiefen Wassern vor dem Mackenzie Delta werden künstliche Bohrinseln aufgeschüttet; für Bohrungen in den tieferen ölhöffigen Partien der Beaufort Sea sollen schwimmende, möglicherweise unterseebootartige Stationen eingesetzt werden; auf dem Festeis sind großflächige Luftkissen-Plattformen vorgesehen; in der Nähe der Küste von Melville Island in der kanadischen Hocharktis werden von künstlichen Eisinseln mit einem Durchmesser von 150 Metern und 6 Metern Dicke, welche 500 Tonnen schwere Ausrüstungen tragen, erdgasfündige Bohrungen durchgeführt. Bis 75 Prozent des arktischen Erdöl- und Erdgas-Potentials sollen unter dem Meeresspiegel liegen, ein Großteil davon in der Eurasischen Arktis. «Off shore»-Bohrungen mögen erfolgversprechend sein; doch die damit verbundenen Umweltgefahren sind enorm.

91 Tagebau im Eisenerzgebiet von Schefferville im nördlichen Quebec. Aus diesen Großminen, die seit den fünfziger Jahren in Betrieb sind, stammen heute etwa 70 Prozent des gesamten kanadischen Eisenerzes; ein Großteil davon wird nach den USA exportiert. Obwohl eigentlich am Rande der Arktis gelegen, mußten auch hier alle die schwierigen Probleme des Bergbaus im Permafrostbereich, unter arktischen Winterbedingungen, gemeistert werden. Beträchtliche Anpassungen sowohl in den Abbau- und Lagermethoden als auch in der Ausrüstung waren erforderlich.

## Transportmittel und Verkehrswege

92 Auf dem angeschmolzenen Meereis der Beaufort Sea bei Tuktoyaktuk erreichte David Nasoguluaks Hundegespann eine Geschwindigkeit von bis zu 30 Kilometern pro Stunde, vor allem, wenn wir nachts reisten. Trotzdem war es selten möglich, Distanzen von mehr als 50 Kilometern im Tag zurückzulegen. Oft waren die Pfoten der

# Bilderläuterungen

Hunde blutig gescheuert und mußten mit Lederflecken geschützt werden. Auch die sich infolge der Abkühlung bildenden Bodennebel beeinträchtigten das Vorwärtskommen. Der häufig tiefe Schnee zwingt zu der für die westliche Arktis typischen Reihenanordnung des Gespanns. Davids Team enthielt in den Positionen «fünf» und «sechs» zwei Halbsamojeden, die im Gegensatz zu den Huskies nicht nur heulen, sondern auch bellen und sich durch besondere Intelligenz auszeichnen: Jedenfalls, als ich einmal unbefugt – eines schönen Photos zuliebe – das Gespann verschieben wollte, erfolgte ein so energischer Angriff, daß ich nachher einer neuen Hose bedurfte.

93–94 Die Behinderung der Schiffahrt durch das Meereis ist noch immer das größte Hindernis bei der Entwicklung der Arktis. Eisbrecherbegleitung ist auf fast allen wichtigen Arktis-Routen der USA, Kanadas und der UdSSR notwendig. Dänemark behilft sich für seine Aufgaben in Grönland mit speziell gepanzerten Frachtschiffen. In der UdSSR, den USA und in Kanada werden seit dem Zweiten Weltkrieg immer mächtigere Eisbrecher gebaut, die zum Stolz dieser Nationen gehören: so die amerikanischen «Polar Star» und «Polar Sea» (gebaut 1975 und 1977, 122 Meter lang, 60000 PS), der kanadische «Louis S. St. Laurent» (gebaut 1967, 112 Meter lang, 24000 PS) und die russischen atombetriebenen «Lenin» (gebaut 1959, 134 Meter lang, 38000 PS) und «Arktika» (75000 PS), der im August 1977 als erstes Schiff den geographischen Nordpol erreichte. – Das größte Schiff der kanadischen Eisbrecherflotte, «Louis S. St. Laurent», hier neben einigen mehrjährigen Packeisschollen bei Cape Herschel (79° N), ist für vielfältige Arbeiten ausgerüstet: Neben einem meteorologischen und zwei gutausgerüsteten ozeanographischen Laboratorien besitzt er auch einen beachtlichen Laderaum, so daß abgelegene, für andere Schiffe unerreichbare Stationen, wie zum Beispiel Alert auf 82,5° Nord, auch in Jahren mit viel Meereis versorgt werden können; zwei dazugehörige Helikopter dienen der Eisrekognoszierung und werden auch beim Ein- und Ausladen von Frachtgut eingesetzt, da diesen abgelegenen Außenposten oft jegliche Hafenanlagen fehlen.

95–97 Flugzeuge haben das Transportwesen in der Arktis revolutioniert. In rascher Folge verwendete man neue, bessere Typen, die weniger Wartung und kürzere Landestrecken benötigten und größere Frachten bewältigen konnten. Die meisten dieser Flugzeuge kommen sogar ohne Landepisten aus. Je nach den Bodenverhältnissen führen sie ihre Landemanöver auf Skiern, Pistenrädern oder großen Ballonpneus durch, wobei die Erfahrung der Piloten eine noch entscheidendere Rolle spielt als bei der herkömmlichen Fliegerei. Die heute effizientesten Flugzeugtypen in der nordamerikanischen Arktis – Otter (Bild 95), Twin Otter (Bild 96) und C-130 Herkules (Bild 97) – transportieren eine, zwei, respektive dreizehn Tonnen Fracht und können auf jedem größeren Flugplatz gechartert werden. Die C-130 besitzt einen Aktionsradius von 4500 Kilometern. Twin Otter und C-130 sind meistens mit computergesteuerten Navigations- und Blindlandeinstrumenten ausgerüstet und werden daher auch in der Polarnacht eingesetzt.

98 Ein Monster-Helikopter – speziell für Container und große Sperrgüter konstruiert – hebt die Fracht vom Deck eines Schiffes, das zu einem von Eisbrechern begleiteten Konvoi gehört. Noch während das Schiff in den Hafen einläuft, wird die Ladung vom Helikopter über das Küsteneis hinweg gleich zum Tor des Lagerhauses in Resolute Bay gebracht. Die äußerst kurze Schiffahrtssaison im hohen Norden scheint solche zeitsparenden Technologien zu bedingen. Der hier ausgeladene Jeep war fahrbereit.

99 Im Herbst 1969 durchquerte der US-Öltanker «Manhattan» als erstes Handelsschiff die gefürchtete Nordwestpassage. Das Riesenschiff (287 Meter lang, Nutzlast 110000 Tonnen, Motorenstärke 43000 PS) war für diese Testfahrt zu einem Eisbrecher umgebaut worden, der bis zu 5 Meter dickes Eis aus eigener Kraft bewältigen konnte. Trotzdem blieb es zweimal in dicken Preßeiszonen stecken und mußte durch kanadische Eisbrecher befreit werden. Obwohl die Fahrt als Erfolg gebucht wurde und der Transport von Alaskaöl nach den großen Verbraucherzentren im Osten Nordamerikas mit solchen oder noch größeren Tankern verhältnismäßig günstig ausgeführt werden könnte, hat dieses teure Großexperiment bis heute noch keine Früchte getragen.

## Die Veränderung des Lebensraumes

100 Im Herbst lag die Nordwasser-Station Coburg Island weithin sichtbar auf einer Küstenterrasse. Doch im Frühjahr, nach sieben Monaten unberechenbarer Winterstürme, war sie so unter dem Schnee verborgen, daß ich sie zweimal überflog, ohne sie zu sehen. Das Drei-Mann-Überwinterungs-Team mußte ich schließlich durch eine Falltüre und einen langen Schneekorridor suchen.

101 Noch weit verlorener als es die Vogelschau vom höchsten Berg der Insel, dem White Crown Mountain (2120 Meter über Meer), ahnen läßt, liegt auf der McGill-Eiskappe die Upper Ice II-Station. Dieses Sommerlager beherbergte Gruppen von vier, manchmal sechs Leuten, die einen 30 Meter tiefen Firnschacht zum Studium der Schneeablagerungen vergangener Zeiten gruben und das Wetter beobachteten. Hier oben waren Unberührtheit und Ruhe Gegenpol zur harten Arbeit. Daß selbst die Berge unter Eis begraben sind und nur sanfte Hügel ihre Gestalt andeuten, läßt daran denken, daß auch unser Camp bald in vergessene Tiefen versinken wird. Die endlose Ebene wird wieder weiß sein.

102 Die Gegensätze können in der Arktis unerwartet groß sein. Sie reichen von der Eiskappen-Station, wo mitten im Sommer innert Stunden Hochwinter herrschen kann, bis zum Badestrand bei Churchill an der Hudson Bay, wo die Kinder der Eskimos, Indianer und Weißen gemeinsam baden. Die Zelte am Strand werden teils von Eskimos, teils von Indianern bewohnt: eine Gemeinschaft, die äußerst selten vorkommt!

103 Messung von Eistemperaturen auf Lower Ice Station, White Glacier, Axel Heiberg Island. Mit Hilfe einer Widerstandsbrücke werden auf der Gletscherzunge die Temperaturen des Eises in verschiedenen Tiefen gemessen. Im Vordergrund sind die Thermistorenkabel sichtbar, welche in diesem Fall jedes Jahr um etwa 2 Meter ausschmelzen. Jedes einzelne Kabel führt in dem längst wieder zugefrorenen Bohrloch in unterschiedliche Tiefen hinab, so daß ein exaktes Temperaturprofil von der Oberfläche bis zum Gletschergrund aufgezeichnet werden kann. Bis in eine Tiefe von 10 bis 15 Metern machen sich die jahreszeitlichen Temperaturschwankungen der Luft deutlich bemerkbar; in größerer Tiefe beeinflussen außer dem Klima auch der Erdwärmefluß von unten, die Gletscherbewegung und das Wasser im Gletscher die Temperaturverhältnisse.

104 Fernverbindungen zu Flugzeugen und mobilen Feldmannschaften sind Lebensfäden der modernen Arktis. Die physikalischen Gesetze der Ätherwellen verlangen, daß solche Funk- und Navigationszentren oft auf weit abgelegene Außenposten – in diesem Fall auf eine kleine Insel auf 80° Nord am Rande des Polarmeeres – vorgeschoben werden. Von der Zuverlässigkeit dieser Posten hängt das Leben der Menschen ab, die Hunderte von Kilometern entfernt auf dem Meer ihre Messungen durchführen.

105 Gene Brawley, während Jahren in der Wetterstation Eureka der zweitnördlichste Küchenchef der Welt, backte die besten «american pies» und war in der Geschichte der Arktis belesen wie nur wenige.

106 Nur wenige Kilometer vom Nordpol entfernt arbeiteten im Mai 1967 sieben kanadische und amerikanische Geophysiker und Hydrographen der kanadischen Dominion Observatory North Pole Expedition mit logistischer Unterstützung durch das Polar Continental Shelf Project auf dem mehrjährigen Packeis des Polarmeeres. Preßeiszüge, viel mächtiger als die Zelte, zeugen von der Rastlosigkeit und Zerbrechlichkeit dieser Einöde. Unter der Leitung des aus der Schweiz stammenden Kanadiers J.R. Weber wurden Schwere- und Eisdriftmessungen sowie Tiefenlotungen durchgeführt. Für die Ortsbestimmungen des sich täglich mit dem Meereis etwa zehn Kilometer verschiebenden Lagers wurde eine neuartige Methode angewendet: Genaue Positionsmessungen von Sonne, Jupiter und Venus wurden über Funk einem Computer in Minneapolis eingegeben, der die komplexe Lageberechnung ausführte und in wenigen Minuten zurückmeldete. – Dreißig Jahre früher hatten unweit von hier Otto Schmidt und Iwan Papanin die erste russische Nordpoldriftstation NP-1, der eine ganze Serie folgen sollte, eingerichtet.

107 Mußestunden sind auf Axel Heiberg Island selten und kostbar. In einer Basisstation wären immer tausend Dinge zu tun: Generatoren flicken, Socken stopfen, Kleider waschen, Felddaten bereinigen, Briefe schreiben. Doch manchmal ist ein Kartenspiel um ein «pin up» – psychologisch – viel wichtiger.

Bilderläuterungen

108 Tückisch sind Schmelzwasserbäche auch abseits des Gletschers. Ein Überqueren ist nur noch mit hüfthohen Gummistiefeln und Seilsicherung möglich, spült doch die mächtige Strömung den mobilen Gletschersand unter den Füßen weg und läßt einen nirgends sicher Fuß fassen. Unter dem Druck der drängenden Fluten kann schon die geringste Unsicherheit in dem sich stets bewegenden Bachbett zum Sturz führen. Das Wasser dieser Bäche erreicht auch im Sommer nie eine Temperatur von mehr als 2 bis 3 °C.

109 Foxe III auf Baffin Island, ein Glied in der langen Kette der nordamerikanischen Radarverteidigungslinie am 70. Breitengrad, der sogenannten DEW-Line (Distant Early Warning Line) des Kalten Krieges. Erbaut Mitte der fünfziger Jahre unter Einsatz von 23000 Mann, war sie schon kurz nach ihrer Vollendung überholt. Das Herzstück einer jeden der sieben Haupt-, dreißig Neben- und einiger Zusatzstationen ist die Radarkugel mit fast 20 Metern Durchmesser. Doch diese gespenstigen Zeugen einer bösen Zeit haben in der Arktis trotz aller schlechten Omen eine neue Epoche eingeleitet, deren Wertung erst die Geschichte liefern wird.

110 Nirgends ist die Angst vor dem Feuer so begründet wie in der winterlichen Arktis: Die Behausungen liegen weit verstreut, und die Umwelt ist allzu oft lebensfeindlich. Viele gutgeplante Unternehmen haben ein schlimmes Ende genommen, weil ein unbewachter Primuskocher ein Zelt – das einzige – in Brand setzte.

111 Riesenradarstationen auf Stelzen. Erst 1960 und 1961 wurde mit den Stationen Dye II und Dye III auf dem Grönlandeis das technisch kühnste Stück der DEW-Radarlinie vollendet. Unter dem Polarkreis auf 2000 und 2500 Meter über Meer gelegen, beide 200 Kilometer vom Eisrand entfernt, befinden sich diese Stationen im Nährgebiet der Eiskappe, wo kräftige Schneeakkumulation und -drift jedes Hindernis bald begraben. – Windkanalexperimente ergaben, daß die Dye-Stationen auf zehn Meter hohen, hydraulisch verstellbaren Stelzen zu errichten waren. Die fast ausschließlich zivile, größtenteils dänische Besatzung wird per Flugzeug eingeflogen. Im Geschäftsanzug, mit Brieftasche und Reisekoffer, steigen Leute vom Flugzeug in eine künstliche Raumkapsel um, die sie während der paar Monate ihrer Grönlandzeit kaum je verlassen; wo wollten sie auch hingehen in dieser endlosen, gefährlichen weißen Einöde, die einst Forscher wie Nansen, Rasmussen und Koch faszinierte.

112 Mission und Polizei spielten bei der Entwicklung der Arktis eine bedeutende Rolle. Kritiker mögen heute diese beiden Institutionen noch so sehr zerzausen, doch kann die Geschichte der Arktis von Alaska bis Grönland (und vielleicht auch Sibirien?) nicht geschrieben werden, ohne manchen Missionar und manchen Polizisten lobend zu erwähnen. Das Spektrum der Pflichten ist für beide viel breiter, als ihre Uniformen es vermuten lassen. Ich kannte einen Missionar, der fünf Wochen lang in einer achtköpfigen Eskimofamilie Krankenpflege und Haushalt besorgte, weil die Mutter schwerkrank und der Vater auf Fuchsjagd war. – Im Juli 1962 überreichte der RCMP-Offizier Robert Pilot von Pond Inlet im nördlichen Baffin Island dem ehemals französischen Missionar Guy Mary-Rousselière den kanadischen Bürgerrechtsausweis. «Ataata Mari» (Father Mary), wie ihn die Eskimos nennen, lebt seit 1944 in der östlichen kanadischen Arktis. Er ist nicht nur ein fast legendärer Priester, Arzt und Lehrer, sondern auch ein international bekannter Archäologe und Anthropologe. Mehrere Siedlungen vergangener Eskimokulturen wurden von ihm entdeckt und ausgegraben. Er ist auch Sammler von Eskimolegenden und -gedichten.

113 Frobisher Bay auf Baffin Island – früher Ikaluit genannt. Vorfabriziertes Haus, Kühlschrank und Blue Jeans haben die ursprüngliche Lebensweise der Eskimos verändert. Nur das Klima ist gleich geblieben. Im «Dorf» stehen ein mehrstöckiges «Hilton», eine modernistische, igluähnliche Kirche, Schule, Spital, mehrere Banken und ein Motel. Auch eine Taxizentrale, ein Polizeiposten und eine Hilfestation für Alkoholiker sind vorhanden. Frobisher Bay ist Verwaltungszentrum für die östliche kanadische Arktis. Der Flugplatz und ein Hafen, der von Ende Juli bis Oktober eisfrei ist, sichern der zahlreichen weißen Bevölkerung den Anschluß an das südliche Leben.

114 Thule Air Base – eine der größten Militärflugbasen des «Kalten Krieges» – auf 76,5° Nord auf der Nordwestseite des grönländischen Inlandeises. Nur 1500 Kilometer vom Pol entfernt wurden vier Riesenantennen von der Höhe 30-stöckiger Häuser zur Früherkennung von Interkontinentalraketen errichtet. Eine neuartige Bauweise auf

## Bilderläuterungen

Dauerfrostboden erlaubte die Errichtung von Riesenhangars, Flugpisten für die größten Flugzeuge der Welt, Lagerhäusern und Öltanks, um, falls nötig, jahrelang autark existieren zu können. Heute, mit dem langsamen Abzug der Amerikaner, ist Thule bald einmal eine Geisterstadt, die nur noch drittklassigen «show-girls», einigen Raben und Füchsen zu gefallen scheint. Jedenfalls wird es langsam wieder ruhig am historischen Dundasberg, an dessen Fuß die farbigen Wohnhäuser von Knud Rasmussen und Peter Freuchen die Erinnerung an eine vergangene, nie wiederkehrende Zeit wachhalten.

115–116 Berufliche Fähigkeiten und zwischenmenschliche Beziehungen – nicht einzeln, sondern gemeinsam – bestimmen Erfolg und Mißerfolg im arktischen Leben noch weit mehr als in den gemäßigten Breiten. «Helden» sind in der Arktis ebenso fehl am Platz wie «Mimosen». Und doch findet man in der Arktis viele eigenwillige, schillernde Persönlichkeiten. Der irisch-kanadische Pipercubpilot der Axel Heiberg Island Expeditionen flog später Wasserbomber im Kampf gegen Waldbrände in den Rocky Mountains und ist heute Kapitän eines vierstrahligen Jetflugzeugs. Der englisch-kanadische Student übte sich schon vor 15 Jahren auf dem White Glacier im witzigen Debattieren; heute wendet er diese Fähigkeiten auf Hochschulebene und auf dem politischen Parkett der Provinz Ontario an.

117 Trotz pfeifendem Wind und niedrigen Temperaturen lassen sich diese Teilnehmer der Axel Heiberg Island-Expedition ihr Feierabendvergnügen nicht nehmen. War auch der Tag bereits mit körperlicher Arbeit ausgefüllt, so bietet dieses vormitternächtliche Fußballspiel auf dem glitschigen Eis des Colour Lake doch geschätzte Abwechslung und entspannendes Gelächter.

118 Eine klaffende Schlucht von 20 Metern Tiefe verwehrt den Übergang vom White Glacier zum Thompson Glacier. Eine vor kurzem noch ungestörte Eisoberfläche wurde vom ausbrechenden Wasser eines gletschergestauten Sees überflutet und in wenigen Tagen von den wilden Fluten tiefer und tiefer zerschnitten. Dieses Naturschauspiel wiederholt sich von Jahr zu Jahr; während der acht Wintermonate schließt der Eisdruck der beiden Gletscher die Kluft.

119 Am 8. Mai 1967 versenkten Wissenschafter der kanadischen Dominion Observatory North Pole Expedition bei 89° 23′ 33″ nördlicher Breite und 120° 32,4′ östlicher Länge durch ein Bohrloch im Eis einen akustischen Impulssender auf den 4250 Meter tiefen Meeresgrund. Mit Hilfe eines Netzes von Empfängern auf der sich bewegenden Eisoberfläche wird die Meereisdrift registriert. Die von der Vertikalen nach rechts abweichende Schnur eines Lotes zeigt die Richtung der Meereisströmung unter dem Eis an. Der Impulssender ist mit den Wappen aller «arktischen» Länder geschmückt, denn 90° Nord gehört allen und niemandem, obwohl Kanada dem Sektorprinzip der politischen Aufteilung der Arktis verpflichtet ist.

## Ein arktischer Winter

120 Vor den Konturen der Nordwasser-Expeditionsbasis auf Cape Herschel erhellt die grelle Außenbeleuchtung die Winternacht ein wenig. Bläßliches Mondlicht enthüllt die Weite der Landschaft. Es ist Mittag. Der Vollmond schenkt die hellsten Tage für Feldarbeiten, bevor das Lager wieder in der kompakten Dunkelheit des Leermondes oder eines aufziehenden Sturmes versinkt.

121 Zwischen dem hellen Sommer und dem dunklen Winter herrscht in der Hocharktis eine Zeitlang stetig abnehmendes Dämmerlicht. Indirektes Licht der verschwundenen Sonne und der Mond verdrängen hier noch einmal die kommende Winternacht. Die Gezeiten sind auch unter der starren Eisdecke am Werk. Zur Zeit des Vollmondes preßt die besonders starke Springflut unter den ächzenden Eisschollen Wasser am Ufer empor. Trotz seines Salzgehaltes gefriert das Wasser rasch und die Uferstelle wird passierbar, bevor die Ebbe die ganze Eisoberfläche mehrere Meter hinabsinken läßt und damit ein neues Hindernis bildet.

122 Geburtstag auf der Station Cape Herschel. In der Abgeschiedenheit langer und dunkler Wintermonate erhalten Ereignisse wie Weihnacht oder Geburtstage wieder etwas von dem Glanz und der Einmaligkeit, wie sie eigentlich nur Kinder empfinden können. Ohne den Einfluß von Fernsehen oder Zeitungen, ja, ohne den Kontakt mit anderen Menschen wird das einfache Festessen in der kleinen Gruppe zum freudigen Ritual und zur genußreichen Abwechslung im Alltag. Das Gespräch – oder auch das

Bilderläuterungen

gedankenvolle Schweigen – ersetzen alle Medien. Der vor unbekannter Zeit in der Nähe umgekommene Eskimo oder Forscher nimmt selbstverständlich als wohlverstandener Freund am Anlaß teil.

123 In der Überwinterungsstation Cape Herschel am Nordwasser sind die stillen Momente auf der Ofenbank seltener als man denkt. Stürme zwingen vielfach zu Überstunden. Die Arbeit ist oft erschöpfend. Stunden der Entspannung werden dafür um so intensiver erlebt.

Gefährdung und Fortschritt

124 Verbrennung beschleunigt den Zerfall von mancherlei Unrat, doch leider nicht, ohne dabei die Luftverschmutzung auch in der Arktis zu fördern. Der Boden selbst kann nicht viel Abfall verarbeiten, denn zuerst einmal macht der Permafrost das Vergraben schwierig, und dann verlangsamt die durch die Kälte reduzierte bakterielle Tätigkeit die Zersetzung auf einen Bruchteil derjenigen niedriger Breiten. So bleibt für die Vernichtung vieler Abfälle nur der kostspielige Rücktransport in den Süden. Erst seit kurzer Zeit denkt man daran, die Kosten für die Abfallbeseitigung im Verkaufspreis der Waren einzukalkulieren, um mit dieser Reserve wirkungsvolle Maßnahmen zur Bekämpfung der Verschmutzung finanzieren zu können.

125–126 Für die Ausbeutung der Erdöl- und Erdgasfelder der Nordabdachung von Alaska wurden dringend Flugplätze und Straßen in der Tundra benötigt. Doch bevor Großflugzeuge und schwere Lastwagen verkehren oder Bohrtürme errichtet werden konnten, mußte man den sommerlich morastigen Boden mit mindestens 1,5 Meter tiefen Schotterschichten bedecken. Allein die Beschaffung des benötigten Schotters schlug der Landschaft große Wunden; ein Netz von Narben begann sich vom Flugplatz Deadhorse über die Tundra auszubreiten. Der Transport der Bohreinrichtungen und Behausungen für Prudhoe Bay bedingte die größte Luftbrücke in der Geschichte der zivilen Luftfahrt; zwischen 1969 und 1977 wurden viele hunderttausend Tonnen Material von Fairbanks an die Nordküste geflogen; zeitweise fanden mehrere hundert Herkules C-130-Landungen an einem Tag statt. – Neben großen Erfolgen waren auch folgenschwere Mißgeschicke zu verzeichnen. Der sogenannte Hickel Highway von Fairbanks ins Ölgebiet sollte auf einer Strecke von 600 Kilometern Überlandtransporte gestatten. Er brachte der Tundra die schlimmste Wunde in der arktischen Geschichte bei (Luftaufnahme Bild 126). Anfänglich eine unbedeutende Verletzung der Oberfläche, wurden bald beide Fahrbahnen – vor allem in Gebieten mit viel Bodeneis – zu metertiefen Moraststreifen, die für Jahrzehnte, wenn nicht viel länger, als Mahnmale sichtbar sein werden.

127 Japanische Riesenstahlrohre für die Alyeska-Pipeline, 120 Zentimeter im Durchmesser, die in aller Eile nach Alaska gebracht wurden. Ende 1971 gelang es jedoch, dank Bemühungen der Eingeborenen und der Naturfreunde, eine mehr als zweijährige Denkpause zu erzwingen, während der die Rohre unnütz auf dem Stapel lagen. Doch heute strömt durch diese Rohre warmes Erdöl aus der kalten Arktis.

128–129 Brennstoffässer sind Symbole der Verschmutzung. Solange sie farbenfreudig, Inhalt und Herkunft andeutend, im Verteilerzentrum aufgeschichtet lagern, mögen sie vielleicht malerisch wirken. Doch wenn sie verstreut, verbeult, leer und rostig in der sonst unberührten Landschaft liegen, wirken sie wie Fäkalien menschlicher Tätigkeit. Da alle Zersetzungsprozesse bei tiefen Temperaturen verlangsamt sind, entstehen durch das rostende Metall und die faulenden Brennstoffreste langfristige Schäden an der Vegetation und im Wasser. Einzig auf der Eiskappe verschwindet dieser Abfall der Fliegerei rasch unter den Schneeschichten... doch auch dies wird sich in ferner Zukunft rächen. Leider verleitet die Weiträumigkeit der Arktis dazu, jede Verschmutzung als Bagatellfall zu betrachten. Die kanadische Regierung versucht durch gesetzliche Bestimmungen, dieses schwierige Problem zu meistern: Großverbraucher benutzen heute oft riesige Gummibehälter statt der vielen kleinen Metallfässer.

130 Ein sommerlicher Spaziergang auf den Strandterrassen des Eskimodorfes Resolute Bay kann unter Umständen für Auge und Nase eine recht unangenehme Erfahrung bringen. Da die Eskimos kaum mehr Hunde halten, verfault das überflüssige Beluga-Fleisch, denn die Skidoos verbrauchen ja nicht Walspeck, sondern fossilen Treibstoff. Dies erklärt auch, weshalb die Umgebung des Dorfes mit Benzinkanistern und leeren

| | | |
|---|---|---|
| Bilderläuterungen | | Fässern übersät ist. Wenn hoher Besuch kommt, wird dieser Unrat von einem Bulldozer der nahen Flugbasis mit Schotter überdeckt. |
| Axel Heiberg Island | 131 | Die kleine Arbeitsgruppe, ein Kanadier und ein Schweizer, der Axel Heiberg Island-Expedition führt nur das bare Minimum an Ausrüstung mit, um während dreier Wochen im Nährgebiet des White Glacier durch regelmäßige Messungen dem interessanten Phänomen nachzuspüren, warum die Eistemperaturen in diesem hochgelegenen Becken bis in große Tiefen weit wärmer sind als weiter unten im Zehrgebiet des Gletschers. Heute glauben wir diese Laune der Natur zu verstehen: die Schmelzwasser der kurzen Sommer bringen beim Einsickern latente Energie in die tieferen Firn- und Eisschichten, die dann beim Gefrieren frei wird. |
| | 132–133 | Die Station Upper Ice II auf dem obersten Plateau der McGill-Eiskappe auf 1920 Meter über Meer und 80° Nord kann nur bei günstigen Schnee- und Wetterverhältnissen durch das mit Kufen ausgerüstete Expeditionsflugzeug erreicht werden. Das Erlebnis eines Schneesturms auf dieser luftigen Höhe begann und endete wie so oft mit Sonnenschein, doch dazwischen lagen drei Tage Inferno mit Schneetreiben, vereisten Instrumenten, wie Zündhölzer gebrochenen Wettermasten und langem Warten und Bangen. Langsam versank Zelt um Zelt unter Treibschnee, bis nur noch das große Gemeinschaftszelt herausragte. Mehr als eine Woche verging, bis das ganze Lager wieder funktionstüchtig auf dem neuen, höheren Niveau stand. |
| | 134 | Die 30 Meter hohe Stirnfront des Thompson Glacier rückt jährlich etwa 25 Meter vor. Das Bett des Between River wird periodisch durch niederstürzende Eisséracs verstopft, so daß sich der Fluß weiter rechts in der Schotterebene immer wieder einen neuen Lauf suchen muß. Im verschmutzten Unterbau der Eisfront überfährt der Gletscher seine eigenen Trümmer und nimmt sie wieder in sich auf, bevor die kurze Sommerwärme sie zu schmelzen vermag; einzig weit vorgeprellte Brocken wie jener neben dem kühnen Wanderer werden ganz schmelzen. |
| | 135 | Zungengebiet von zwei verschiedenartigen Talgletschern im Expeditionsgebiet (79° Nord, 91° West) auf Axel Heiberg Island. Der 16 Kilometer lange, gleichmäßig abfallende White Glacier hat bei seinem langsamen Rückzug eine kleine Stirnmoräne hinterlassen. Er wird seit 1959 durch Expeditionen der McGill-Universität, Montreal und der Eidgenössischen Technischen Hochschule Zürich untersucht. Von rechts im Bild stößt der von der McGill-Eiskappe gespeiste, 40 Kilometer lange Thompson Glacier vor und schiebt eine mächtige Stauchmoräne vor sich her. Wie ein Bulldozer bricht er auf einer Breite von 3 Kilometern bis 15 Meter dicke Schotterblöcke aus dem Dauerfrostboden der Schwemmebene heraus. |
| | 136 | Auch bei den Moschusochsen sind alte Herren gelegentlich sehr unberechenbar. Jahrelang waren wir aus sogenannter Erfahrung überzeugt, daß ein Moschusochse nie hangabwärts angreife, solange eine ungenützte Höhenstellung hinter oder über ihm sei. Doch als wir uns mit Kameras bewaffnet eines Tages aus der Tiefe eines steinigen Bachbettes allzu nahe heranwagten, raste der vielleicht doch nicht so alte Einzelgänger unvorstellbar schnell von seiner etwa anderthalb Meter hohen Terrasse herunter und stürmte hinter den beiden flüchtenden Photographen her. Instinktive Hechtsprünge nach links und rechts brachten die Rettung. Moschusochsen sollen nach einer kurzen Anlaufstrecke eine Geschwindigkeit von 60 Kilometern pro Stunde erreichen, was ich nun gerne glaube. |
| Abschließende Sequenz | 137 | Faszinierende Halo-Erscheinungen gehören ebenso zum Wesen der Polargebiete wie Mitternachtssonne und Nordlicht. Die Brechung des Sonnen- und gelegentlich auch des Mondlichtes durch winzige Eiskristalle in der Atmosphäre erzeugt Regenbogenfarben und geometrische Regelmäßigkeit. Häufig sind drei Nebensonnen erkennbar, gelegentlich sogar mehr. |
| | 138 | Der 40 Meter hohe Frontabbruch des Thompson Glacier wird von schäumenden Wasserfluten zerschnitten. Das durch Moränenschutt getrübte Schmelzwasser frißt sich jeden Sommer tief in diese gewaltige Eismasse ein und treibt Geröll und losgerissene Eisbrocken dem Fjord zu. Erst kalte Winterruhe gibt dem sich langsam aber unaufhaltsam bewegenden Gletschereis Gelegenheit, die Schluchten teilweise wieder vernarben zu lassen. Das schwarze Band verschmutzten Eises in halber Höhe – winzig |

# Bilderläuterungen

nimmt sich der direkt darunter stehende Mann aus – trennt das stärker bewegte Eis der oberen Hälfte vom «gestauchten», langsameren Eis in Bodennähe. Die deutliche Bänderung wurde durch die Verformungskräfte des fließenden Gletschers während seiner 40 Kilometer langen Reise von der Eiskappe abwärts hervorgerufen und kommt in dieser Musterung an der immer wieder abbrechenden Zungenfront zum Vorschein.

139  Die arktische Weide (Salix arctica) ist der größte «Baum» der Hocharktis. Die zweihäusige Pflanze erreicht nur ganz selten eine Höhe von mehr als 10 Zentimetern. Die Behaarung der Blätter und Pollenstände an diesem männlichen Blütenstand auf Ella Ø in Ostgrönland schützt diese empfindlichen Teile vor gefährlicher Eisbildung. Durch besonders starke Behaarung erwehren sich übrigens die meisten arktischen Pflanzen und Tiere der Kälte. Die sternförmig ausgreifenden Wurzelstämme können während ihres jahrzehntelangen Wachstums fingerdick werden. Bei Zählungen von Jahresringen hat man Alter von über hundert Jahren festgestellt. Die arktische Weide bildet für Rentiere, Moschusochsen, Hasen und Schneehühner einen wichtigen Bestandteil der Ernährung.

140  Utopisch wirken diese sich im noch stillen Wasser vor der Melville-Halbinsel, Kanada, spiegelnden Öltanks. Symbolisieren sie das zukünftige Bild der Arktis?

141  Mehr als 95 Prozent aller Eskimos wohnen heute in festen Siedlungen. Wie wenige davon noch ein Jägerdasein führen, verrät diese Wäscheleine in Resolute Bay. Anstelle von Robbenfellkleidern hängt billige Massenkonfektion aus Warenhäusern im Wind. Noch spielen die Kinder Nanuk (Eisbär) und Tuktu (Rentier) unter der Mitternachtssonne, doch bald wird sie die Schulpflicht rufen. In Schulbänken sitzend werden sie in einer fremden Sprache mit dem Wissen des Südens vertraut gemacht.

142  Langersehnter Sonnenaufgang im Süden über dem Meereis von Coburg Island. Nach dreimonatiger Dunkelheit erreicht die Sonne erstmals den Horizont, um sogleich wieder zu verschwinden. In wenigen Wochen jedoch wird sie für lange Zeit nicht mehr untergehen.

143  In der Tundra der Hocharktis gedeihen mehr Moos- als Blütenpflanzenarten; auf Axel Heiberg Island sind es mindestens deren zweihundert. Auf Coburg Island ist die Zahl wegen des härteren Sommerklimas geringer, doch auch hier entstehen an geschützten Stellen überraschend üppige Polster, die sich wie prächtige Farbenteppiche ausbreiten.

144  Im Herbst sinkt die Sonne zuerst im Norden unter den Horizont. Sie legt eine stundenlange Abendstimmung auf die unzähligen Tundraseen und das Meer, an dessen Ufern sich in der Stille der Halbnacht bereits wieder neues Eis an den Treibeisschollen anzusetzen beginnt. Schon in wenigen Tagen werden Eis und Schnee und das Dunkel der Polarnacht alle diese Formen und Farbenmuster verwischen.

145  Mit dem Biß in die Zitrone ging auch den Eskimos ihr Paradies verloren. Ob dieser Junge aus Resolute Bay einmal, wie sein älterer Dorfgenosse Markoosie, als Pilot mit fremden Menschen im Flugzeug über die Tundra streifen und seine Verbundenheit mit dem Leben seiner Vorfahren aufschreiben wird, ist noch ungewiß. Vielleicht verdient er seinen Lebensunterhalt später als Angestellter? Doch ist kaum anzunehmen, daß er wie einst seine Vorfahren als nomadisierender Jäger in einem zeitfreien Leben mit Hundegespann und Kajak unterwegs sein wird.

# Der Verfasser dankt

In der Arktis kann und darf niemand allein reisen. Früher waren Schlittenhunde oft die einzigen Begleiter; heute sind Piloten, Funker, Logistiker und Projekt-Koordinatoren mit dabei – sichtbar und unsichtbar. Auf dem Gletscher gehen drei am Seil; im Zweierzelt ist man zu dritt; beim Lastenschleppen, wenn drei nötig wären, manchmal zu zweit; auf dem Meereis bedarf es gegenseitiger Hilfe, um den eingeklemmten Motorschlitten aus dem wilden Preßeis zu reißen; beim Wetterbeobachten und Eisschachtgraben gibt es – meistens – eine Ablösungsmannschaft... und im Basislager den Techniker, der alles reparieren kann. All diesen Helfern schulde ich sehr viel Dank.

Um meine in 25 Jahren angesammelte Dankespflicht nur annähernd erfüllen zu können, müßte ich mehrere hundert Namen erwähnen. So stehen stellvertretend auch für all jene, «ohne die es nicht gegangen wäre»: Dr. Fritz Schwarzenbach, Chur, der mich 1952 auf meine erste Grönland-Expedition mitnahm; Dr. Lauge Koch †, Kopenhagen, der mir vier Grönlandsommer ermöglichte; Dr. Svenn Orvig, Montreal, der mich 1954/55 bei der Vorbereitung der Pingo-Studie beriet; Dr. George Jacobsen, der den Anstoß zu den Axel Heiberg Island-Expeditionen gab; Simon Ommanney, Ottawa, der bereits mit 18 Jahren Assistent auf Axel Heiberg Island war; Dick de Blicquy, Ottawa, der im Mai 1960 allein mit seinem Beaver-Flugzeug in etwa hundert Flügen zwei Häuser von Eureka nach Axel Heiberg Island flog; Dr. Fred Roots und Dr. George Hobson, Ottawa, die 1960 Dieselölfässer auf die Lower Ice Station schleppten und seither als Leiter des Polar Continental Shelf Project Jahr für Jahr unsere Arktis-Arbeit fördern; Phyllis Kelsey, Montreal, die seit 1961 als Sekretärin an der McGill University mit unermüdlichem Einsatz und ungewöhnlicher Selbständigkeit unsere Projekte betreut; Dr. Peter Fricker, Geologe, Bern, und Dr. Roland Beschel †, Botaniker, Kingston, die mir den Zugang zu Nachbarwissenschaften verschafften; Dr. Ted Blachut, Ottawa, der moderne Karten unserer Arbeitsgebiete anfertigte; Karl Schroff, Zürich, der seit 1967 als Techniker Hunderte von Instrumenten entwickelte, baute, reparierte und verpackte; Fred Alt, Ottawa, der als «Polar Shelf»-Dispatcher in Resolute Bay tausend Freuden in die Außenstationen schickte; Dr. Geoff Hattersley-Smith, London, und Dr. Fred Barber, Ottawa, die wissenschaftlichen Höhenflug unterstützten; Dr. Jørgen Taagholt, Kopenhagen, der alle Formalitäten für wissenschaftliche Tätigkeit in Grönland regelte; Dr. Hans Oeschger, Bern, dessen Isotopenlaboratorium uns seit zwei Jahrzehnten offensteht; Dr. Walter Hitschfeld, Montreal, der als Dean of Graduate Studies and Research der McGill University uns das Prestige und die «home base» einer sehr geachteten Hochschule zur Verfügung stellt. Ich danke auch der Schulleitung der Eidgenössischen Technischen Hochschule, Zürich; dem Schweizerischen Nationalfonds zur Förderung der wissenschaftlichen Forschung; dem Kanadischen National Research Council; der Kanadischen Regierung und der U.S. National Science Foundation, die unsere Forschungsarbeit unterstützten.

Doch ehe aus Feldarbeit und wissenschaftlichen Datenbergen ein Buch wie dieses druckreif wird, ist selbst ein eingefleischter Einzelgänger auf endlose Mithilfe angewiesen, die nur allzuoft für die Betroffenen zur Nervenprobe wird: Jakob Weiss hat beim Bildersammeln und «Mit-Ideen-Spielen» bis zu ersten Entwürfen einzelner Bild- und Textkapitel mitgeholfen; Esther Jampen hat schwerleserliche Manuskripte ins Reine gebracht; Karl Scherler hat bei der Manuskriptredaktion wertvolle Hilfe geleistet sowie Korrekturen gelesen; Professor Ernst Spieß vom Kartographischen Institut der Eidgenössischen Technischen Hochschule, Zürich, und die Kartographen Heinz Leuzinger und Michel Matthey sowie Frau Carmen Brun, Zug, haben mir in kurzer Zeit die zahlreichen Karten gezeichnet. Und schließlich ist die Lektorin des Verlages, Barbara Händler, zu erwähnen, der immer noch mehr als nur ein Pflichtpensum blieb.

Ihnen allen – und auch den vielen Ungenannten – herzlichen Dank!

# Unsere Bildautoren

Da für das Entstehen der meisten Aufnahmen die «Gelegenheit» weit wichtiger war als die künstlerische Inspiration, haben wir hinter den Namen der Bildautoren vermerkt, welchem Forschungsprojekt sie verpflichtet waren. Danken möchten wir auch all jenen hier nicht genannten Expeditionsteilnehmern, die Schnee schaufelten, das Essen zubereiteten, den Dieselgenerator pflegten oder sich sonstwie nützlich machten, während die Photographen einem Tier, einer Pflanze oder einer schönen Stimmung nachjagten. – Hinter den Namen der Bildautoren, die nicht zu unserem Kreis gehören, uns aber für dieses Buch in höchst verdankenswerter Weise ergänzende Aufnahmen aus ihren persönlichen Sammlungen überließen, ist der Wohnort vermerkt.

Alean, J. (AHI): 6
Berger, P. (NWP): 137
Braun, L. (NWP): 12, 123
Brown, R.J.E., Ottawa: 91
Bruemmer, F., Montreal: 64, 65
Campbell, W., Tacoma: 49
Deichmann, N. (NWP): 9, 10, 11, 14, 15, 47, 100, Schutzumschlag
Frei, H. (NWP): 77, 85, 96
Hofer, E. (AHI): 4, 34, 58, 75, 82, 93, 109, 140
Iken, A. (AHI und NWP): 13, 117
Iverson, R., Washington: 110
Jonas, J.J. und Müller, F., Montreal: 23
Kälin, M. (AHI): 71
Kappenberger, G. (NWP): 1, 61, 142, 143
Klein, D.R., Fairbanks: 88, 89
Leuthold, E. (AHI): 39
Maag, A. (AHI): 8, 69, 133
Maag, H.U. (AHI): 19, 28, 72, 108, 118, 138
Mansfield, A.W., (Canadian Fisheries Research Board): 62, 63
Müller, F. (AHI und NWP): 2, 3, 7, 16, 17, 18, 20, 21, 22, 24, 27, 33, 35, 36, 37, 38, 40, 41, 42, 43, 44, 45, 46, 50, 51, 54, 55, 56, 66, 68, 73, 78, 79, 80, 83, 84, 87, 92, 94, 95, 98, 101, 102, 103, 105, 114, 116, 129, 130, 131, 132, 134, 135, 139, 141, 144, 145
Niemi, J. (AHI): 26, 32
Redpath, B. (AHI): 97
Reed, J., Washington: 125, 126
Rutz, H. (AHI): 59, 60
Schwarzenbach, F.H. (SSAF): 31, 53, 86
Stauffer, B., Bern: 111
Stones, S. (AHI): 115
Swithinbank, C.W.A., Cambridge: 99
Terroux, D. (AHI): 29, 30, 128, 136
Thomas, D., (durch R. Asher, Chicago): 90
Tomsen, W.C., Washington: 127
Weber, J.R., Ottawa (SSAF): 57, 70, 81, 104, 106, 112, 119
Weiss, J. (AHI und NWP): 25, 52, 76, 113, 120, 121
Wuilloud, C. (NWP): 122
Züst, A. (NWP): 5, 48, 67, 74, 124
Zwicky, R. (AHI): 107

AHI = Axel Heiberg Island-Expedition
NWP = North Water Project
SSAF = Schweiz. Stiftung für Alpine Forschung

Die Textillustrationen wurden den Eskimo Graphic Art Catalogues der Jg. 1962, 1964/65, 1966 und 1973 entnommen. Herausgeberin aller Kataloge ist die West-Baffin Eskimo Co-operative, Cape Dorset, N.W.T., Canada.
Seite 8: Große Eule, von Pudlat; Seite 12: Jonglierende Eskimofrau, von Shoroshiluto; Seite 129: Heimkehrender Jäger, von Kuananaapi; Seite 169: Iglubau, von Papi; Seite 211: Eisbär mit Robbe, von Kovinaktilliak; Seite 244: Kanada-Gans, von Kananginak; Schmutztitel: Frühlingslager, von Tanirunili.

Unser besonderer Dank gilt dem Photographen Ernst Hofer, der im Feld manchem Amateur wertvolle Ratschläge gab und bei der ersten Bildauswahl und Gestaltung dieses Buches maßgeblich mitgewirkt hat.

# Bibliographie

Andrews, John, T.: Glacial systems, an approach to glaciers and their environment. Belmont 1975.
Arctic Transport, Vol. III, Information Canada. Ottawa 1971.
Armstrong, Terence: The northern sea route; Soviet exploitation of the North East Passage. Cambridge 1952.

Baird, Patrick D.: The polar world. London 1964.
Bandi, Hans-Georg: Urgeschichte der Eskimo. Stuttgart 1964.
Belov, M.I. (Hrsg.): Problems of polar geography. Trudy, Vol. 285. Israel Program for Scientific Translations. Jerusalem 1970.
Berger, Thomas R.: Northern frontier; northern homeland. The report of the Mackenzie Valley Pipeline Enquiry: Vol. I. Ministry Supply and Services Canada. Ottawa 1977.
Bertram, Colin: Arctic and Antarctic. Cambridge 1957.
Bird, J. Brian: The physiography of Arctic Canada. Baltimore 1967.
Birket-Smith, Kaj: Die Eskimos. Zürich 1948.
Boas, Franz: The Central Eskimo. Lincoln 1964.
Brody, Hugh: The people's land; Eskimos and Whites in the Eastern Arctic. London 1975.
Brower, Kenneth: Earth and the great weather; The Brooks Range. Friends of the Earth. San Francisco 1971.
Brown, Jerry (Hrsg.): Ecological investigations of the tundra biome in the Prudhoe Bay region, Alaska. University of Alaska Special Report No. 2. Fairbanks 1975.
Brown, Tom: Oil on ice; Alaskan wilderness at the crossroads. Sierra Club. San Francisco und New York 1971.
Bruemmer, Fred: The Arctic. Montreal 1974.
– Encounters with Arctic animals. Toronto 1972.
– Seasons of the Eskimo; a vanishing way of life. Toronto 1971.
Byhan, U.: Die Polarvölker. Leipzig 1909.

Christiansen, Hans C.: Grönland: Arktisches Land im Zeitenwandel. Kopenhagen 1969.
Courtauld, Augustine: From the ends of the earth; an antology of polar writings. London 1958.
Croft, Andrew: Polar exploration. London 1947.

Davies, J.L.: Landforms of cold climates. Cambridge (Mass.) 1969.
Dunbar, Max J.: Ecological development in polar regions; a study in evolution. London 1968.
Dunbar, Moira und Greenaway, Keith R.: Arctic Canada from the air. Canada Defence Research Board. Ottawa 1956

Erngaard, Erik: Greenland, then and now. Kopenhagen 1972.

Fisher, Frank R. (Hrsg.): Man living in the Arctic. National Academy of Sciences. Washington D.C. 1961.
Fristrup, Børge: The Greenland Ice Cap. Kopenhagen 1964.
Fuller, William A. und Holmes, John C.: The life of the far north. New York 1972.

Gould, Laurence M.: The polar regions in their relations to human affairs. The American Geographical Soc. New York 1958.

Hamilton, W.: The Uralides and the motions of the Russian and Siberian platforms. Bulletin Geological Society of America, Vol. 81, 1970.
Hertling, Knud (Hrsg.): Greenland; past and present. Kopenhagen 1970.

Ives, Jack D. und Barry, Roger G. (Hrsg.): Arctic and alpine environments. London 1974.

# Bibliographie

Jenness, Diamond: Eskimo administration. I Alaska. Technical Paper No. 10, Arctic Institute of North America. Montreal 1962.
- II Canada. Technical Paper No. 14, Arctic Institute of North America. Montreal 1964.
- III Labrador. Technical Paper No. 16, Arctic Institute of North America. Montreal 1965.
- The people of the twilight. Chicago und London 1959.

Joerg, W.L.G. (Hrsg.): Problems of polar research. American Geographical Society Special Publication No. 7. New York 1928.

Keating, Bern: The Northwest Passage from the Mathew to the Manhattan 1497 to 1969. Chicago 1970.
Kemp, William B.: The flow of energy in a hunting society. Scientific American, September 1971.
Kimble, George H.T. und Good, Dorothy (Hrsg.): Geography of the northlands. American Geographical Society Special Publication No. 32. New York 1955.
Kirwan, L.P.: The white road, a survey of polar exploration. London 1959.
Kosak, Hans-P.: Die Polarforschung. Braunschweig 1967.

Lotz, Jim: Northern realities. Toronto 1970.

MacDonald, Stewart D.: The breeding behaviour of the Rock Ptarmigan. From: The Living Bird, 9th Annual Meeting 1970, Cornell Laboratory of Ornithology.
Macpherson, Andrew H.: The dynamics of Canadian Arctic fox populations. Report Series, No. 8, 1969.
Mansfield, Arthur W.: Seals of Arctic and eastern Canada. Fisheries Research Board of Canada. Ottawa 1967.
McCullum, Hugh und Karmel: This land is not for sale. Toronto 1975.
Meldgaard, Jørgen: Eskimo sculpture. London 1960.
Mirsky, Jeannette: Die Erforschung der Arktis. Zürich 1953.
Mowat, Farley: People of the deer. Scarborough 1968.
Müller, Barbara S. (Hrsg.): Axel Heiberg Island; preliminary report 1959–1960. McGill University. Montreal 1961.
Müller, Fritz, u.a.: Axel Heiberg Island; preliminary report 1961–1962. McGill University. Montreal 1963.

Nansen, Fridtjof: Farthest north, 2 Bde. New York 1897.
Naysmith, John K.: Canada north; man and the land. Dept. of Indian Affairs and Northern Development. Information Canada. Ottawa 1971.
Nelson, Richard K.: Hunters of the northern ice. Chicago 1969.

Orvig, Svenn (Hrsg.): Climates of the polar regions. World Survey of Climatology, Vol. 14. Amsterdam, London, New York 1970.
Ostenso, Ned A. (Hrsg.): Problems of the Arctic and Antarctic, No. 11. Arctic Institute of North America. Washington D.C. 1966.

Peary, Robert E.: The north pole. London 1910.
Phillips, R.A.J.: Canada's north. Toronto 1967.
Pimlott, Douglas H. (Hrsg.): Arctic alternatives. Canadian Arctic Resources Committee. Ottawa 1973.
- Oil under the ice; off-shore drilling in the Canadian Arctic. Canadian Arctic Resources Committee. Ottawa 1976.

Poncins de, Gontran: Kabluna. Zürich 1943.
Porsild, A.E.: Illustrated flora of the Canadian Arctic Archipelago. National Museum of Canada, Bull. 146. Ottawa 1964.

Raasch, G.O. (Hrsg.): Geology of the Arctic, 2 Bde. Toronto 1961.
Rasmussen, Knud: In der Heimat des Polarmenschen; die zweite Thule-Expedition 1916–1918. Leipzig 1922.

Bibliographie

– Intellectual culture of the Copper Eskimos. Kopenhagen 1932.
– Intellectual culture of the Iglulik Eskimos. Kopenhagen 1929.
– The Netsilik Eskimos. Kopenhagen 1931.
Rohmer, Richard: The Arctic imperative. Toronto 1973.

Sater, John E. (Hrsg.): The Arctic basin. Arctic Institute of North America. Washington D.C. 1969.
–, u.a.: Arctic environment and resources. Arctic Institute of North America. Washington D.C. 1971.
Savile, D.B.O.: Arctic adaptions in plants. Monograph No. 6; Research Branch, Canada Department of Agriculture, 1972.
Science and the North: A seminar on guidelines for scientific activities in northern Canada 1972. Information Canada. Ottawa 1973.
Smiley, Terah L. und Zumberge, James H. (Hrsg.): Polar deserts and modern man. Tucson 1974.
Smith, I. Norman (Hrsg.): The unbelievable land. Ottawa 1964.
Snyder, L.L.: Arctic birds of Canada. Toronto 1957.
Steensel, Maja von (Hrsg.): People of light and dark. Ottawa 1966.
Stonehouse, Bernard: Animals of the Arctic; the ecology of the far north. New York 1971.
Sugden, David E. und John Brian S.: Glaciers and landscape; a geomorphological approach. London 1976.
Sverdrup, Otto: Neues Land, 2 Bde. Leipzig 1903.
Swinton, George: Eskimo sculpture. Toronto 1965.
Symington, Fraser: Tuktu; the caribou of the northern mainland. Canadian Wildlife Service. Ottawa 1965.

Taylor, Andrew: Geographical discovery and exploration in the Queen Elizabeth Islands. Ottawa 1955.
Tener, John S.: Muskoxen in Canada. Department of Northern Affairs. Ottawa 1965.
Thibert, Arthur: Eskimo-English-Eskimo dictionary. Ottawa 1969.
Treude, Erhard: 40 Jahre Rentierhaltung im Mackenzie Delta, N.W.T. Polarforschung, 45. Jg., Nr. 2, 1975.

UNESCO 1975: The Eskimo, a people that refuses to disappear. UNESCO-Kurier No. 1/1975.

Valentine, Victor F. und Vallee, Frank G.: Eskimo of the Canadian Arctic. Toronto 1968.
Vibe, Christian: Arctic animals in relation to climatic fluctuations. Meddelelser om Grønland, Bd. 170, No. 5, 1967.
Victor, Paul Emile: Eskimos; Nomaden der Arktis. Lausanne 1972.

Washburn, A.L.: Periglacial processes and environments. London 1973.
Weiss, Walter: Arktis. Wien 1975.
Wonders, William C. (Hrsg.): The north; studies in Canadian geography. Toronto 1972.
Woodford, James: The violated vision. Toronto 1972.
Wright, H.E. und Osburn, W.H. (Hrsg.): Arctic and alpine environments. Bloomington und London 1968.